Udo Di Fabio

Die Weimarer Verfassung

Die Weimarer Verfassung

Aufbruch und Scheitern

Eine verfassungshistorische Analyse

von

Udo Di Fabio

2018

C.H.BECK

www.beck.de

ISBN 978 3 406 72388 9

1. (berichtigter) Nachdruck

© 2018 Verlag C.H.Beck oHG
Wilhelmstraße 9, 80801 München
Druck und Bindung: CPI – Ebner & Spiegel GmbH
Eberhard-Finckh-Straße 61, 89075 Ulm
Satz: Fotosatz Buck
Zweikirchener Straße 7, 84036 Kumhausen
Umschlaggestaltung: Kunst oder Reklame, München

Umschlagabbildung: Deutsches Nationaltheater Weimar um 1920 © ullstein bild
Foto Umschlagsklappe: © privat

Gedruckt auf säurefreiem, alterungsbeständigem Papier
(hergestellt aus chlorfrei gebleichtem Zellstoff)

VORWORT

1. Vor einem Jahrhundert ist die Weimarer Verfassung in Kraft getreten. Das ist Anlass für verfassungshistorische Analysen zum Aufbruch und Scheitern einer Republik, mit dem das Schicksal Deutschlands und Europas so eng verbunden ist. Das Ende der nach ihrem Verfassungsursprung benannten Republik löste einen neuen Weltbrand und einen totalitären Zivilisationsbruch aus. In unserer Zeit einer wieder tiefer greifenden Verunsicherung werden Fragen an die Vergangenheit rasch auch zu solchen an Gegenwart und Zukunft. Die neuen volatilen Gesellschaften des Westens betreiben zwar Geschichtspolitik, aber sie verlieren im Alltag an vielen Stellen das Verständnis für die Grundlagen einer freien Gesellschaft – institutionell und kulturell.

Nüchterne historische Forschung und geschichtspolitische Grundlegung einer Gesellschaft müssen nicht zu widersprüchlichen Ergebnissen führen. Denn auch die Erinnerung an Aufbruch und Scheitern der deutschen Demokratie von 1918 bis 1933 bleibt lebendig, wenn die einmal gefundenen Auffassungen und Interpretationen nicht versteinert werden, sondern offen bleiben für neue Erkenntnisse und Wertungen. Zum beinah kanonisierten Narrativ der jungen Bundesrepublik gehörte die Auffassung, die Weimarer Demokratie sei auch an ihrer Verfassung gescheitert: Zu viel Plebiszit, ein zu starker Reichspräsident, zu viele Parteien im Parlament. Ein anderes Narrativ ist die Überzeugung, die Wirtschaft sei das Schicksal der Demokratie und Weimar sei an der Weltwirtschaftskrise gescheitert. Die allen modernen ökonomischen Theorien Hohn sprechende harte Brüningsche Sparpolitik habe das Land reif gemacht für die braune Flut. Stand also am Grab der Demokratie auch das Instrument der Notverordnungen nach Art. 48 der Weimarer Verfassung, welches eine rigide Wirtschafts- und Fiskalpolitik überhaupt erst möglich machte? Diskutiert wird auch, ob das Ende der Republik eigentlich mit dem Tag der Machterschleichung *Hitlers* am 30. Januar

1933 vollendet war oder erst begann – kam *Hitler* legal zur Macht, gleichsam auf dem Boden der Verfassung? Oder besiegelte nicht schon die Entlassung *Brünings* das Ende der verfassungsgemäßen Republik und war der Preußenschlag nicht schon ein Staatsstreich? Auch personale Einschätzungen spielen eine erhebliche Rolle, wie die gängige Überzeugung, ohne den frühen Tod *Gustav Stresemanns* 1929 wäre die Republik gerettet worden, weil sie just zum offenen Ausbruch der Weltwirtschaftskrise ihren größten Staatsmann verloren habe.

2. Die Weimarer Verfassung wird hier nicht rechtsgeschichtlich thematisiert, sondern als Ausgangspunkt gewählt für die Darstellung einer Republik, die ihre Form, ihre Gestalt und ihr Prozedere aus dem Verfassungsdokument gewann und in der Abwendung von dieser Werteordnung ihren abschüssigen Weg einschlug. Es geht darum, Geschichte aus einer bestimmten verfassungshistorischen und zugleich aus einer institutionenanalytischen Perspektive zu schildern. Es ist eine Position, die danach fragt, welche soziokulturellen Wirkungsbedingungen bestanden oder fehlten, damit ein politisches System, eine Staatsorganisation erfolgreich sein oder scheitern konnte – oder auch scheitern musste. Es geht um das Zusammenwirken von Verfassungsnormen und geistigen Impulsen, es geht um damals gängige Weltdeutungen sowie um tiefere ideengeschichtliche Einflüsse. Die Beziehung von Institutionen und handelnden Personen ist ebenso bedeutsam wie der Einfluss gesellschaftlicher Prägekräfte und die unabweisbaren Sachprobleme, die den politischen Prozess herausforderten. Die Weimarer Verfassung ordnete eine Gesellschaft, die unter extremer Belastung stand. Eine erste provokante These sei in Richtung der scharfen Kritiker der Weimarer Verfassung gewagt: Wäre im August 1919 das deutsche Grundgesetz von 1949 in Kraft getreten, darf bezweifelt werden, ob die Republik auch nur bis zum Jahr 1924 gekommen wäre, wenn nicht ein *Friedrich Ebert* aus seinem starken Amt heraus über die Reichswehr und das Notverordnungsrecht hätte verfügen können. Hätte dagegen ab 1924 das Grundgesetz gegolten, würde man womöglich wieder anders urteilen; vielleicht hätte schon ein anderer Wahlmodus für die Reichspräsidentenwahl 1925 mit einer Stichwahl gereicht, um die Weichen gänzlich anders zu stellen.

Mit der hier vorgelegten Darstellung Weimars aus verfassungsanalytischer Sicht sollen jene Wirkkräfte eingeblendet werden, die zum Verständnis des Geschehens unabdingbar sind: Historische Ausgangspunkte und politische Grundbedingungen, soziokulturelle Prägekräfte im intellektuellen und künstlerischen Raum, die großen politisch wirksamen Erzählungen einer fragmentierten Gesellschaft, der Raum öffentlicher Meinungsbildung mit seinen Strukturbesonderheiten etwa in der Presselandschaft, die ähnlich konzentriert und kartelliert war wie andere Sektoren der Wirtschaft. Es geht auch um die Bedeutung von Symbolen am Beispiel des Flaggenstreits. Und es geht um die Funktionsbedingungen politischer Macht im Nationalstaat unter den erheblichen Prägebedingungen internationaler Beziehungen. Die Kriegsniederlage, ein harter, ein oktroyierter Versailler Vertrag, Gebietsverluste, die Rheinlandbesetzung, Rüstungsbegrenzungen und Reparationspflichten lasteten drückend auf der Innenpolitik des Reiches. Die Dialektik von nach innen schlagendem Außen und nach außen drängendem Innen ist ein wichtiger Faktor der Weimarer Entwicklung und damit ein Merkposten für die Beurteilung der Chancen zur Selbstbehauptung einer freiheitlichen Verfassung.

Am Ende wird sich erweisen, dass gängige Einschätzungen keineswegs falsch, aber häufig zu einfach angelegt, zu monokausal sind. Das komplexe Beziehungsgeflecht von Institutionen und Personen, von Normativität und Faktizität, von Zwängen und Zufällen, von nationalkulturellen Tiefenströmungen und Themen des Augenblicks erlaubt keine allzu einfachen Antworten auf die Frage, warum die demokratisch verfasste Republik unterging. Das hier gewonnene Bild mahnt jedenfalls zur Vorsicht. Das Grundgesetz ist eine reife Verfassung, die aus Weimarer Erfahrungen viel gelernt hat und als ausgewogenes System den Respekt nicht nur ihrer professionellen Interpreten verdient, sondern aller Bürger. Und doch kann keine noch so kluge Verfassung vor dem Versagen der Demokratie, vor ihrer Selbstzerstörung schützen. Das kluge Rechtssystem der wehrhaften Demokratie mag zwar einen normativen Selbstschutz mit Normen zur Identitätssicherung vorsehen. Aber niemand kann garantieren, dass in extremen Machtlagen nicht auch Amtsträger, Richter und Soldaten vom demokratiefeindlichen Zeitgeist angesteckt oder von blanker Furcht ergriffen werden und zurückweichen.

Das Grundgesetz steht in Reaktion auf die Weimarer Verfassung nicht nur für innere Stabilität und für eine Werteordnung der Freiheit, sondern es will auch auf eine innovative Art das Innen und das Außen neu verbinden. Nicht der geschlossene Nationalstaat mit seinen diplomatischen Beziehungen nach außen ist das Leitbild, sondern der neue, der offene und integrationsbereite Verfassungsstaat. Doch heute, am Ende des atlantisch geprägten Rechts der internationalen Beziehungen und angesichts der Erschöpfung des supranationalen Paradigmas der europäischen Integration, spüren wir auch an dieser Stelle erhebliche Verunsicherung. Durch die westlichen Demokratien zieht sich ein neuer Riss, es weht ein Wind des linken und rechten Populismus, eine Rebellion gegen die kalten Bedingungen einer globalisierten Wirtschaft und gegen die stahlharte Logik überstaatlichen Regierens.

Bonn war nicht Weimar, Berlin ist nicht Weimar. Aber die Welt ist neuerdings voll von autokratischen Verführungen, offen oder subkutan – selbst in liberalen Demokratien, die sich auf der Lichtseite politischer Moral sehen. 100 Jahre Weimarer Verfassung sind auch Anlass, in Aufbruch und Scheitern einer Verfassung das Herz für die liberale Demokratie neu zu finden. Wer das Scheitern der Demokratie und ihrer Verfassung studiert, wird umso überzeugter für eine offene Gesellschaft streiten, eine die Meinungsstreit und Parteienstreit liebt und nicht verachtet, die Kompromissfähigkeit unter Parteien nicht per se als Verrat oder Kungelei verurteilt. Aber jeder Beobachter wird auch sehen, dass keine Demokratie davor gefeit ist, dass sich in ihr Subkulturen der Ablehnung und Gesprächsverweigerung bilden. Und auch die Eliten können den Kontakt zu Menschen verlieren, wenn sie sich in ihrer eigenen Blase über die (anderen) Echokammern der Gesellschaft erregen und so der Fragmentierung der Gesellschaft noch Vorschub leisten. Aber auch und gerade auf die Bürger kommt es an, egal welche Verantwortung die Taktiker der Macht tragen. Die Einteilung in „Gutbürger" und „Wutbürger", in helle und dunkle Landesteile ist nichts, was wir hinnehmen und stehen lassen sollten. Die Geschichte Weimars lehrt auch, dass der Druck der Wähler dazu beigetragen hat, das Verfassungssystem aus den Angeln zu heben: Die Deutschen haben in freien Wahlen auf der Ebene des Reiches zwar nie der NSDAP die Mehrheit gegeben, aber sie haben 1932 doch sehr deutlich die Demokratie abgewählt. Das ist heute eine Mahnung für Deutschland und Europa.

3. Mit dieser Schrift wird ein Forschungsansatz fortgeführt, den das Bonner „Forschungskolleg normative Gesellschaftsgrundlagen" verfolgt und der eine erste theoretische Grundlegung in der Abhandlung „Herrschaft und Gesellschaft" (2018) gefunden hat. Den Mitarbeitern des Bonner Forschungskollegs, allen voran Frau Mimoza Beciri, auch für ihre Rechercheleistung, Herrn Olaf Kowalski und Herrn Malte Seyffarth schulde ich ebenso Dank für redaktionelle Arbeiten wie meiner Lehrstuhlmitarbeiterin Frau Kristina Isabel Schmidt, die mitwirkten an der Verwandlung des unmöglich Scheinenden in das Wirkliche. Dank gebührt auch dem engagierten Lektorat des Beck-Verlages und nicht zuletzt meiner Frau Bettina Di Fabio für kritische Durchsicht des Manuskripts. Dem wirtschaftswissenschaftlichen Fellow des FnG Herrn Dr. Julian Dörr verdanke ich wertvolle Hilfe bei den wirtschaftsspezifischen Fragestellungen, geschichtswissenschaftlichen Rat holte ich mir bei Herrn Dr. Andreas Rose; die Haftung für Irrtümer bleibt bei mir.

Bonn, im Juli 2018

Inhaltsübersicht

9

C. Ideelle Prägekräfte und kulturelle Strömungen der Republik

D. Der Reichspräsident

E. Wirtschaft als Schicksal der Demokratie

F. Parlament, Parteien, Öffentliche Meinung

G. Die Rolle der Reichswehr

H. Der abschüssige Weg: Sturz der Regierung
Müller und Regierung Brüning

I. Von oben deformiert, von unten abgewählt:
das Scheitern der verfassungsstaatlichen Demokratie

A. EINLEITUNG

I. Die kurzlebige Verfassung

„Wenig beachtet von den Zeitgenossen, ungeliebt von nahezu allen politischen Strömungen in den darauffolgenden Jahren der Weimarer Republik, viel gescholten durch die Historiker: mit dem Hauptdokument der deutschen Demokratiegeschichte ist wenig Staat zu machen.“[1]

Die Weimarer Verfassung existierte als verbindliches und wirksames Staatsgrundgesetz kaum mehr als 13 Jahre, sie galt vom 14. August 1919 bis zum Antritt der Kanzlerschaft *Hitlers*. Nach dem 30. Januar 1933 wurde die Weimarer Verfassung durch Gewaltakte der SA, durch eine staatsstreichartige Praxis der neuen Machthaber in Preußen und im Reich, dann auch rechtlich durch die Notverordnung des Reichspräsidenten zum Schutz von Volk und Reich vom 28. Februar 1933 und durch das Ermächtigungsgesetz vom 23. März 1933 bis zum Tod *Hindenburgs* praktisch außer Kraft gesetzt, wenngleich nie formell als Ganze.

13 Jahre materielle Geltungsdauer: Das ist für eine Verfassung keine imposante Zeitspanne. Aber das mindert nicht ihre Bedeutung, gerade für eine historische Analyse, die das Regelungssystem der Verfassung und ihre normative Struktur im Kontext politischer und gesellschaftlicher Umwälzungen sieht. Diese Verfassung war Ergebnis eines dramatischen Umbruchs. Sie war die normative Geltungsgrundlage einer von Krisen geschüttelten Republik. In ihrer Kompetenzordnung und in ihren verfahrensrechtlichen Bahnen wurden Aufstände von links und rechts abgewehrt, außenpolitische Zwangslagen in Spielräume verwandelt, ein Währungszusammenbruch gemeistert. Unter der schwarz-rot-goldenen Verfassungssignatur erlebte das Land eine kurze Phase halbwegs bürgerlicher Normalität – und verlor doch Anhänger. Die ebenso

liberale wie soziale Verfassung war Hintergrund einer Blüte von Kunst und Kultur in Literatur, Architektur, Malerei oder Theater. Auf ihrer rechtlichen Grundlage – und teilweise auch schon gegen sie gerichtet – wurde ein zuerst sanfter autoritärer Umbau aus dem Amt des Reichspräsidenten heraus vorgenommen. Schon kurz nach ihrem Inkrafttreten radikalisierte sich die öffentliche Meinung mitunter bis ins Hysterische und Hasserfüllte. Unter ihrer Geltung wurde ein Verfassungsnotstand, womöglich ein Staatsstreich geplant. War der Preußenschlag Sprungbrett für die Machterschleichung und die folgende brutale Ausnutzung der Amtsmacht durch die Nazis oder sollte er Schlimmeres verhüten? Schlussendlich erfolgte auf der Grundlage der Verfassung von Weimar die Ernennung ihres Zerstörers zum Reichskanzler.

Das wirft Fragen auf. Welchen Anteil hatte die Verfassung – ihr Regelungsgehalt, ihre Entstehungsbedingungen und ihre (angeblich fehlenden) Identitätssicherungen – am Untergang der deutschen Demokratie? Hat sie wirklich maßgeblich zur politischen Blockade und zur Abwahl der Demokratie im Jahr 1932 beigetragen? Vieles davon ist seit Jahrzehnten diskutiert worden und war einige Zeit in den Ergebnissen beinah kanonisiert. Auch die Rechtswissenschaft und das Verfassungsrecht insbesondere haben sich intensiv mit Weimar und der Verfassung beschäftigt. Die staatsrechtliche und politikwissenschaftliche Befassung mit der Weimarer Methodendiskussion oder die Darstellung von Antipoden wie etwa *Hans Kelsen* und *Carl Schmitt* oder von *Gerhard Leibholz* und *Hermann Heller* bleiben sektoral begrenzt und die Erklärungen vor allem rechts- und ideengeschichtlich wertvoll.[2]

Angesichts eines in den Fachdisziplinen erreichten sehr ausdifferenzierten Forschungsstandes kommt es heute darauf an, Perspektiven der Rechts-, Geschichts- und Sozialwissenschaften stärker zusammenzuführen. Wenn die Interpretation der Weimarer Geschichte aus der Perspektive von Verfassungsordnung, politischem Geschehen und soziokulturellen Prägekräften die vorherrschenden Darstellungen bekräftigen oder aber in einzelnen Punkten erschüttern sollte, hätte das für das Verständnis der europäischen Gegenwart und auch für die deutsche Selbstwahrnehmung Konsequenzen. Haben wir in einer Zeit der Verkantungen auf der Sachebene des politischen Betriebsablaufs und angesichts neuer populistischer Blockaden eigentlich das Richtige aus dem Scheitern Weimars gelernt, wenn wir brav unseren Kanon von den Mängeln der Weimarer Verfassung aufsagen, die dann vom Grundgesetz anscheinend so überzeugend vermieden worden sind?

II. Die Lehren aus Weimar: zwischen kanonisierter Gewissheit und neuer Kontingenz

Die Jahre zwischen 1914 und 1945 bedeuteten für die Zeitgenossen ungeheure Umbrüche. In nur drei Jahrzehnten verwandelte sich die Welt der Deutschen in beispielloser Dramatik. Vor 1914 schauten die Zeitgenossen auf ein Reich, auf das die meisten stolz sein durften und stolz waren – allen ersichtlichen Webfehlern zum Trotz. Sie schauten auf eine kraftvolle, dynamische Industrienation, deren Universitäten Weltgeltung besaßen, deren technische Leistungen und Innovationen Wirtschaft und Gesellschaft antrieben, deren Wohlstand sich mehrte und die es den Arbeitern erlaubte, allmählich an den Erfolgen zu partizipieren, mit Hilfe mächtiger Gewerkschaften und der mit jeder Wahl stärker werdenden Sozialdemokratie.

Der Krieg war eine ungeheure Zäsur. Und doch vermittelte er noch einmal und vielleicht stärker denn je das Gefühl, ein großes nationales Schicksal zu teilen, personales Element einer wahrhaft bedeutenden Nation zu sein, die notfalls gegenüber einer ganzen Welt von Feinden bestehen könne. Doch dieses manchmal ans Hysterische grenzende Selbstbewusstsein verflüchtigte sich bereits im Verlauf des Krieges, als Stillstand der Fronten, Verarmung und Hunger, als ein hoher Blutzoll für Ernüchterung sorgten. Die dennoch bis in die Träger der Elite hinein überraschende, vollständige Niederlage, die Erfahrung außenpolitischer Ohnmacht, die Zerstörung einer verlässlichen Wirtschaftsordnung, die Hyperinflation, vor allem aber die offene Gewalt auf den Straßen und die Radikalisierung des Denkens – und dies alles innerhalb nur eines einzigen Jahrzehnts – erschütterten die Gesellschaft.

Wer im Jahr 1913 seinen 21. Geburtstag feierte, der war geprägt durch die selbstbewusste, dynamisch nach vorn strebende, traditionell und ordnungsfixiert sich entwerfende, aber in der Tat auch nervöse wilhelminische Welt.[3] Er oder sie erlebten nach Jahren der Auszehrung und der Opfer im Ersten Weltkrieg eine in Art und Umfang überraschende, bittere Niederlage, anschließend die Krisenwelt Weimars mit den Wirren der Revolution und der Inflation, dann die Nazidiktatur und schließlich einen zweiten, alles umwälzenden Weltkrieg. Und dieser Mann oder diese Frau waren dann im Jahr 1945, sofern sie überlebten erst 53 Jahre alt, als sie auf die beispiellose sittliche und materielle Zerstörung des Landes blickten. Es war ein in geschichtlichen Proportionen extrem kurzer Weg von den „herrlichen Zeiten", zu denen *Wilhelm II.* die Deutschen führen wollte, vom prophezeiten deutschen Jahrhundert[4] bis in die materielle und ideelle Trümmerwüste von 1945.

15

Die scheinbar festgefügte Ordnung des wilhelminischen Deutschlands meinte eine uralte und gediegene Staatstradition fortzuführen und zugleich unglaublich modern zu sein. Die Nation war jung, dynamisch, glänzte mit Erfolgen in Wissenschaft, Technik, Wirtschaft, Kultur oder Sozialpolitik. Das war eine denkbar hohe Position, um zu fallen. Es war ein schmerzhafter Weg von Opfern, Hunger, Niederlage, Inflation, internationaler Demütigung, Wirtschaftskrise, Massenarbeitslosigkeit, Gewalt, Diktatur bis zur Hybris des Angriffs- und Rassenkrieges und zum organisierten Mord an den europäischen Juden. Was war das für eine zwischen dem Reich der Hohenzollern und dem angeblich Dritten Reich *Hitlers* die Brücke bildende Verfassung, in welchem gesellschaftlichen und ideellen Kraftfeld wirkte sie, jenes Staatsgrundgesetz, das im Übergang und am Beginn des Weges in die nationale und europäische Katastrophe die maßgebliche rechtliche Grundlage war?

Irgendetwas an dem Weimarer Rechts- und Gesellschaftssystem muss doch falsch gewesen sein, auch an dem Staatsgrundgesetz, wenn es den Absturz in die Naziherrschaft nicht verhindern konnte, vielleicht sogar gefördert hat. Doch sind viele der früheren Einschätzungen heute umstritten. Lag der Webfehler tatsächlich in der zu starken Stellung des Reichspräsidenten, in der Möglichkeit, mit Notverordnungen zu regieren? Waren es die Plebiszite, jene Prämie für Demagogen, wie es *Theodor Heuss* formulierte?[5] Oder lag der Fehler im Wahlrecht mit einem reinen Verhältniswahlsystem[6] und im Fehlen einer Sperrklausel?

Als unbestritten darf die Auffassung gelten, dass das Grundgesetz die Webfehler Weimars korrigieren wollte und korrigiert hat. Das Grundgesetz wirkt wie eine Verfassung, die alles tut, um einen erneuten Zivilisationsabbruch zu verhindern. Ihr posttotalitärer Charakter, ihr Dementi der Nazidiktatur und die Vorkehrungen zum Schutz der Demokratie werden vom Bundesverfassungsgericht als besonderes Identitätsmerkmal gelesen. „Das Grundgesetz kann weithin geradezu als Gegenentwurf zu dem Totalitarismus des nationalsozialistischen Regimes gedeutet werden und ist von seinem Aufbau bis in viele Details darauf ausgerichtet, aus den geschichtlichen Erfahrungen zu lernen und eine Wiederholung solchen Unrechts ein für alle Mal auszuschließen."[7] Das Grundgesetz gilt mit seiner grundrechtlichen Werteordnung und seinen unabänderlichen Staatsstrukturen geradezu als eine Versicherungspolice des Rechts für die Stabilität der rechtsstaatlichen Demokratie und der persönlichen Freiheit. Bei solch scharfer Pointierung darf man vielleicht sogar schon fürchten, dass die Liberalität und die nüchterne Gleichheit vor dem Gesetz gerade in Belastungssituationen in Richtung einer politischen Moralisierung der Verfassung verschoben werden.

Das Bonner Grundgesetz ist jedenfalls in Reaktion auf die Weimarer Verfassung geradezu raffiniert ausgelegt. Es wird alles getan, um deren Fehler zu vermeiden. Das betrifft etwa das als verhängnisvoll betrachtete Zusammenspiel zwischen einem in entscheidender Phase destruktiven Parlament und einem Reichspräsidenten, der in der Grauzone zwischen einem klaren präsidialen System (wie in den USA) und einem parlamentarischen Regierungssystem (wie im Vereinigten Königreich) irgendwie unbestimmt agierte. Nicht noch einmal sollte im Halbdunkel der Vor- und Hinterzimmer präsidialer Einflüsterer das parlamentarische Regierungssystem überspielt und ausgehebelt werden. Deshalb lenkt das Grundgesetz mit einem mehr als nur sanften Zwang zur konstruktiven Unterstützung der Regierung – auch wenn es dadurch das Parlament phasenweise zur abnickenden Langeweile verurteilt. Auch die Grundrechte der Bonner Verfassung von 1949 waren keine verfassungsgerichtlich praktisch nicht durchsetzbaren Rechtssätze,[8] sondern sie wurden subjektiv geltende, individuelle Ansprüche, die seit 1951 mit der Verfassungsbeschwerde wirksam einklagbar sind. Ein weiterer wesentlicher Punkt war die Vorstellung, die Verfassung von Weimar sei in ihrer demokratisch-formellen Stringenz gegenüber destruktiven Mehrheitsentscheidungen wertneutral und damit wehrlos gewesen. Der berühmte Legalitätseid *Hitlers* vor dem Reichsgericht konnte von ihm ganz problemlos mit der Drohung verbunden werden, nach legaler Machtergreifung würden die Köpfe der „Novemberverbrecher" rollen.[9]

III. Gewandelte Welt, verwandelter Blick

Die gängigen Auffassungen über die normative Kraft des Grundgesetzes zur Stabilisierung der Demokratie werden inzwischen nicht mehr mit derselben Emphase vorgetragen wie noch vor einigen Jahrzehnten. In den achtziger Jahren galten solche Verständnisse noch einigermaßen unbezweifelt. Sie wurden durch zusätzliche Narrative wie das des „Verfassungspatriotismus"[10] verstärkt, weil dieser auf die Wertegrundlagen einer toleranten Gesellschaft aufsetzende normative Patriotismus an die Stelle von Nationalismus oder gar völkischer Identitäten treten sollte. Später wurde die „Leitkultur" als eine Art feste Burg der kulturell heterogener werdenden Gesellschaft, ebenso gefordert wie abgelehnt.[11] Die Suche nach den Gemeinschaftsgrundlagen einer modernen liberalen Gesellschaft betrifft indes nicht nur die grundrechtliche Werteordnung mit ihrem gleichsam politischen, identitätsstiftenden Charakter. Auch das Bundesverfassungsgericht war und ist eine Instanz, auf die die öffentliche Meinung schaut, deren Verfahren die Rechtsbindung politischer Herrschaft anschaulich macht und die als eine wirksame Rückversicherung gegen jede Erosion des freiheitlichen Verfassungsstaates auftritt.

Aber gilt das noch? Ist nicht bereits die parlamentarische Repräsentanz eines politisch rechten Randes im Bundestag mit gleitenden Übergängen in die völkische Tonlage ein Warnzeichen? Ist das Bundesverfassungsgericht bei allem Ansehen nicht doch in der Wirksamkeit ein wenig verblasst – als nur noch einer der Akteure im europäischen Mehrebenensystem, in Konkurrenz stehend zum Straßburger Menschenrechtsgerichtshof und zum Gerichtshof der Europäischen Union in Luxemburg? Sind die Bemühungen des Karlsruher Gerichts nicht letztlich vergeblich, wenn es versucht, der Entgrenzung politischer Herrschaft mit seiner Rechtsprechung nachzufolgen?[12]

Und vielleicht noch bedeutsamer: Ist Deutschland heute, ein Jahrhundert nach Inkrafttreten der Weimarer Verfassung, nicht unter der formalen Oberfläche wieder subkulturell tiefer gespalten? Entwickelt sich nicht erneut eine stärker fragmentierte Gesellschaft, eine Gesellschaft der Echokammern, die Eliten dabei nicht ausgenommen? Ist der Rechtsstaat immer noch so unbestritten und praktisch wirksam wie bislang oder erodiert da etwas, wenn das Gefühl der Sicherheit öffentlicher Räume schwindet oder das Vertrauen in verlässliche Verwaltungen? Ist die ordnungspolitisch-institutionelle Ausgestaltung der Sozialen Marktwirtschaft als kluge Symbiose von lebendigen Marktkräften und sozialstaatlicher Verantwortung noch wirksam und überzeugend? Hat das System der Demokratie noch dieselbe Widerstandskraft gegen institutionelle Grenzüberschreitungen oder populistische Verführungen?

Das Italien des Jahres 2018 hat gewiss nichts unmittelbar mit seiner eigenen Geschichte seit 1920 zu tun und schon gar nichts mit einem Deutschland ab 1930. Aber der Populismus von links und rechts vereint heute in einem Gründungsmitglied der EU wie Italien mehr als die Hälfte der Stimmen auf sich und könnte eine Blockadewirkung im europäischen Institutionensystem erzeugen. Der in der Gegenwart erst aufgekommene Begriff des Populismus meint nicht irgendeine Spielart populärer Politikangebote, sondern das aggressive Werben mit allzu einfachen Parolen, von denen man weiß oder wissen muss, dass sie nicht verwirklicht werden können, ohne eine Ordnung zu zerstören, die man vorgibt, erhalten zu wollen. Der linke Populismus will nichts mehr von einer Logik der Märkte hören, an die man sich anpassen müsse, um den Wohlstand zu erhalten. Er wird vermutlich mehr Armut produzieren. Der rechte Populismus will nationale Homogenität und ethnisch-kulturell ausgrenzende Volksvorstellungen im System überstaatlichen Regierens durchsetzen, um mehr inneren Frieden zu erreichen. Er wird womöglich innere und äußere Spannungen erhöhen.

Die nicht unbeträchtlichen Schnittstellen beider Verweigerungen des bislang üblichen kooperativen, rechtsgebundenen Politikstils erlauben heute jedenfalls gemeinsames Handeln gegen die eingespielte europäische Machtmechanik. Ob der Protest einen rationalen Kern hat, weil das supranationale und universalistische Paradigma ersichtlich an Leistungsgrenzen gestoßen ist und deshalb nach einem Politikwechsel verlangt, ist ein offenes Feld unserer Tage. Aus solchen verkanteten Situationen können aber Verfassungskrisen wachsen. Im Nachhinein scheint dann manchmal das Regelsystem für schlechte Ergebnisse verantwortlich. Regelsysteme wie das Wahlrecht oder die Staatsorganisation sowie Verfahren der Gesetzgebung sind regelmäßig bedeutsam. Aber manchmal sind die soziokulturellen Prägekräfte und auch Zerstörungskräfte einer Gesellschaft derart groß, dass sie sich unter jedem Regelsystem einen Weg gebahnt hätten, vielleicht nicht diesen, aber doch einen ähnlichen.

IV. Was kann eine verfassungshistorische Analyse leisten?

Die heute wieder stärker um sich greifende Verunsicherung in den Demokratien des Westens könnte immerhin auch den Vorteil haben, dass sie die aus lange währendem Erfolg resultierenden Risiken der Selbstgefälligkeit mindert. Wer Verfassungsgeschichte studiert, der weiß, dass eine Verfassung als durchdachtes normatives Fundament segensreich wirken kann, aber nie seine Voraussetzungen zu garantieren vermag, weil Recht als Steuerungsinstrument zwar gewiss wirksam, aber doch in der Wirkung beschränkt ist. Es entspricht einfach nicht der Logik der modernen Gesellschaft, aus nur einem Funktionssystem heraus die Stabilität des Ganzen *für* alle anderen und nicht *mit* allen anderen Akteuren zu bewahren.[13] Das gilt gleichermaßen für andere Funktionssysteme wie Wirtschaft, Erziehung oder Wissenschaft, ebenso für die Kunst und die Alltagskultur. Und es gilt auch für die handelnden Personen sowie für die Persönlichkeit und die Mentalität der Bürger, die eine Republik mit ihrem Verstand, ihren Werteeinstellungen und ihren Mentalitäten ausmachen.

Das Zusammenspiel von verfassungsrechtlichen Institutionen mit den soziokulturellen Grundlagen des politischen Prozesses ist komplizierter als einfache Kausalitätsmodelle es nahelegen. Und auch richtige, im Einzelnen zutreffende

Analysen können falsch informieren, wenn sie andere Ursachen mit ihren ebenfalls triftigen Erklärungen allzu sehr ausblenden. Die Annahme, dass Weimar an den wirtschaftlichen Krisenverhältnissen gescheitert sei, ist eine ebenso zutreffende wie für sich genommen nicht vollständige, deshalb nicht überzeugende Annahme. Gewiss, ohne die Weltwirtschaftskrise und ohne die besondere Mechanik aus Kapitalabfluss, gestörtem Außenhandel, Reparationslasten, Rezession, Massenarbeitslosigkeit und der Brüningschen Sparpolitik hätte es für *Hitlers* Machterschleichung und den anschließenden Staatsstreich nicht gereicht. Aber ebenso gewiss hätte auch die Wirtschaftskrise für sich genommen in einem halbwegs gefestigten Gemeinwesen nicht ausgereicht, die demokratische Grundlage der Republik so dramatisch zu zerstören, wenn nicht bei Eliten und den Wählermassen zugleich eine innere Abkehr von der Demokratie und ihrer Liberalität – längst und lange vorbereitet – stattgefunden hätte.

Auch wenn sich die Lage heute nicht mit Weimar vergleichen lässt, großtönender Alarmismus und Kassandrarufe also unangebracht sind, so kann uns die verfassungsgeschichtliche Analyse des Werdens und Vergehens der Weimarer Verfassung doch eine Menge mitteilen. Das gilt für ihren demokratischen Aufbruch und erst recht für die Anatomie ihres Scheiterns. Es ist eine Erzählung über grundlegende Voraussetzungen einer freien Gesellschaft und allzu gering geschätzte Zerstörungskräfte.

Die vorliegende Studie möchte einen Beitrag zur verfassungshistorischen Analyse der Weimarer Republik leisten, aber weder klassische Geschichtsschreibung noch Rechtsgeschichte sein. Die Geschichte Weimars wird aus der Perspektive verfassungsrelevanter Fragen erzählt: Wo kam die Legitimität der Verfassung her? Welche sinnstiftenden Erzählungen nutzten die Verfassungsanhänger und welche die Verfassungsfeinde? Welche Regelungen wirkten zum Schutz der Republik, welche wirkten mit an ihrer Zerstörung und welche Wirkungen gingen vom Amt des Reichspräsidenten aus? Wie war das Verhältnis von Wirtschaftsverfassung, wirtschaftlicher und finanzpolitischer Lage zum Schicksal der Demokratie? Wie war das Verhältnis von bewaffneter Macht und demokratischer Republik am Anfang und am Ende Weimars? War der Preußenschlag Auftakt zur Rettung der Republik durch Verfassungsbruch oder nur der Probelauf für den gewaltsamen Staatsstreich nach dem 30. Januar 1933? Und noch eines ist wichtig. Grundlegende Institutionen wie Demokratie, Bürgerstatus, Rechtsstaat, Privatautonomie und Vertrag, Markt und Wettbewerb: Sie bewähren sich als Regelsysteme im ständigen Prüfungsprozess am Maßstab der Wirklichkeit und dort im Widerstreit der Interessen. Institutionen müssen angepasst oder rekonstruiert werden, wenn sie nicht mehr wirksam sind oder ihr ideeller Sinnkern verloren geht. Doch letztlich brauchen sie die Unterstützung der Köpfe und Herzen. Keine Institution überlebt, wenn im kommunikativen Prägeraum der Gesellschaft etwas wächst, was der normativen Signatur einer freien und humanen Gesellschaft entgegenläuft. Keine politische Gemeinschaft kann sich behaupten, wenn ihre Funktionserfordernisse bestritten, wenn sie und ihre Repräsentanten nicht akzeptiert werden. Die Würfel fallen häufig in jenem Prägeraum, dort wo Bilder vom Menschen entstehen, von der Welt, von Wichtig und Unwichtig, wo die fundamentalen Regeln von Gut und Böse formuliert werden. Hier bietet das Schicksal der Weimarer Verfassung reiches Anschauungsmaterial für Einsichten, die Mahnung und Warnung sind.

B. Verfassungsentstehung zwischen Revolution und Kontinuität

I. Funktion der Verfassungsgebung: Korrektur oder Zäsur

Allen Verfassungen ist gemein, dass sie Regularien politischer Herrschaft festlegen und im näheren die Funktionsbedingungen des von ihnen verfassten Staatswesens bestimmen.[14] Doch nicht nur Programmatik, Inhalte und Regelsysteme variieren, auch der Kontext ihrer Entstehung, die Verfassungsgenese, kann sehr unterschiedlich sein. Die neu konstituierte Ordnung kann aus dem gärenden Teig einer Revolution entstehen, aus dem Zusammenbruch eines überlebten Systems folgen. Mit dem Mittel der verfassungsgebenden Versammlung kann sich eine Revolution neu legitimieren oder sie kann beendet werden. Sie kann die völlige Neuorganisation eines politischen Herrschaftsverbandes sein: mit all dem Pathos, der Romantik einer Neufundierung oder ihrer nüchternen Zweckrationalität. Die Entstehungsbedingungen sind Teil jener Identität einer grundlegenden Norm und weit darüber hinaus auch Teil jener Gemeinschaft, die verfasst wird. Bereits die Beschreibung, die Deutung, die Wertung der Entstehung einer Verfassung legt einen Pfad fest, der nicht leicht verlassen werden kann.

Eine neue Verfassung muss indes keinen Umsturz besiegeln. Sie kann ebenso lediglich eine wichtige Korrektur im politischen Herrschaftssystem sein, wie die französische Verfassungsentwicklung im 20. Jahrhundert im Übergang von der vierten zur fünften Republik. Die punktuelle Verfassungsänderung oder ihre konzeptionelle Neuschöpfung kann zudem ein Herrschaftsinstrument sein, um Gegner auszuschalten oder einmal errungene Macht zu sichern. Die Verfassungsneuschöpfung mag selbst ein Instrument bestehender Herrschaft, ja auch eines der Unterdrückung sein, eines Weges von einem höheren Niveau der

Legitimität auf ein niedrigeres oder gar in die Illegitimität. Mit dem Instrument der Verfassungsgebung kann man wie in Venezuela unter Staatspräsident *Maduro* staatsstreichartig die parlamentarische Demokratie abschaffen. Oder aber die neue Verfassung kann den Weg der Demokratie aus einer Diktatur heraus bahnen oder neu befestigen, wie dies im Spanien nach *Francos* Tod der Fall war.[15] Zu einer neuen Verfassung gehört häufig auch eine politische Erzählung, eine Konstruktion des Kontextes, des Woher und des Warum, der Helden, der Schurken, ein Bild von „Gut" und „Böse". Was von alldem trifft auf die Verfassung von Weimar zu?

II. Deutschland im Herbst 1918 – zwischen Revolution und Implosion

1. Kontexte der Revolution

Die Verfassungsentstehung von Weimar war das Resultat einer Revolution. Es handelt sich um einen Umsturz, bei dem lange Zeit Unsicherheit herrschte, ob es überhaupt eine Revolution war. Im Sprachgebrauch seit der Französischen Revolution von 1789 versteht man den gewaltsamen Umsturz einer politischen und sozialen Herrschaftsordnung als Revolution. Daran gemessen handelte es sich im November 1918 um eine Revolution, weil das alte Regierungssystem und seine Verfassungsordnung komplett, im Reich wie in den Ländern, beseitigt wurde. Wichtige, den alten Eliten vorbehaltene gesellschaftliche Positionen und Privilegien (des Adels) wurden beseitigt oder verändert.

Aus marxistischer Sicht handelte es sich dagegen um keine Revolution, weil die Eigentumsverhältnisse, die private Verfügungsmacht über Produktionsmittel im Kern unangetastet blieben, auch wenn sie durch Formen betrieblicher Mitbestimmung (Betriebsräte) modifiziert wurden.[16] Da dies beim Ur-Modell des modernen Revolutionsbegriffs, bei der Französischen Revolution von 1789 auch nicht anders war, hat dieser Einwand wenig Gewicht und gehört bereits zu einem die Republik delegitimierenden Narrativ, nämlich der unvollendeten, ja der verratenen Revolution.[17] Diskutieren lässt sich dagegen die mangelnde Konsequenz gegenüber Militär und Verwaltung. Doch zum bestehenden Heer gab es keine Alternative, die wirksam und ihrerseits verlässlich Garant der inneren Ordnung und äußeren Stabilität gewesen wäre und die Verwaltung war zwar monarchisch in der Gesinnung, aber auch auf Gesetzestreue hin professionalisiert. Durch wen hätten Beamte in Massen ersetzt werden sollen, ohne die Stabilität der entstehenden und durch Gewaltakte bedrohten Republik zu gefährden? Was an Wandel dennoch möglich war, zeigte die preußische Verwaltung, die schon in den späten zwanziger Jahren jedenfalls in bestimmten Führungspositionen wachsende republikanische Verlässlichkeit zeigte – und ja gerade deshalb zum Objekt einer umstrittenen Reichsexekution wurde.[18]

Die Novemberrevolution nahm einen Verlauf, der einiges erklärt, was die politisch-kulturellen Prägekräfte Weimars ausmachte. Die alten Eliten des Kaiserreichs hatten das Land in den Krieg und die Niederlage geführt, sie hatten Illusionen genährt, waren manchmal mehr in die heroische Niederlage verliebt, als in den nüchtern kalkulierten Erfolg. Am Schluss verloren sie die Nerven, warfen die Waffen hin, ließen sich von der Bühne der Geschichte widerstandslos abführen. Aber die Scham blieb und bestimmte die Ressentiments gegen dasjenige System, das an ihre Stelle getreten war. Die Mitglieder der alten Elite hatten, nachdem sie nicht mehr weiterwussten, die Parteiführer um Hilfe gerufen, wie jene Unterhändler des Reichstags, die um Waffenstillstand nachsuchen durften und später dafür verfemt wurden. Es ist eines der größten Ungeheuerlichkeiten in der Geschichte politischer Moral, dass anständige Männer wie *Matthias Erzberger*, *Walther Rathenau* oder *Philipp Scheidemann* dafür verhöhnt, verhasst, bedroht und zum Teil ermordet wurden[19], während ein *Hindenburg*, der sie gerufen hatte, feige die Dolchstoßlegende in Umlauf setzte und sich als nationaler Heros feiern ließ.

Der im Krieg aufgeheizte Nationalismus, die massenhafte Gewalterfahrung, eine innerlich nicht akzeptierte Niederlage, die narzisstische Kränkung einer kollektiven Seele und die angeblich daraus zu ziehenden Lehren mündeten in einen latenten bis offen extremen Rechtsradikalismus, der die alten behäbigen Eliten als „Reaktion" beinahe ebenso hasste, wie die politische Linke, die als Hauptfeind auf dem Weg zur Rettung des Vaterlandes bekämpft werden musste. Die Revolution dagegen war maßgeblich getragen von der SPD und der USPD, während die bürgerlichen Verbündeten der Weimarer Koalition, das Zentrum und die Liberalen der DDP, die in den Räten nicht zu finden waren, sich an die gemäßigte SPD anlehnen mussten, um nicht gänzlich den Kontakt zu den Massen zu verlieren, in jener ersten Phase der Republik. So fiel die eigentliche geistige Führung der Revolution dem SPD-Vorstand und der Reichstagsfraktion der Sozialdemokraten zu. Die SPD wurde von der extremen Linken massiv zur Radikalisierung gedrängt und traf auf der rechten Seite entweder auf Ressentiments oder auf Hass.

Die erste Phase der Revolution zeigt vor allem die Unfähigkeit der alten Eliten und das überraschende Machtvakuum, das die verfahrene Kriegslage hatte entstehen lassen. Der Matrosenaufstand von Kiel, der auf Berlin und das ganze Land übergriff, war durch die sich abzeichnende Niederlage Deutschlands im Ersten Weltkrieg ausgelöst worden. Die rasche, beinah unvermittelte Erschütterung der Macht durch revoltierende Soldaten trug Züge einer Implosion des herrschenden Systems, das buchstäblich nicht mehr weiterwusste.

Dabei markiert bereits diese Initialzündung des Umsturzes, der Matrosenaufstand in Kiel beginnend in der Nacht vom 29. auf den 30. Oktober 1918, eine Struktur, eine nationalkulturelle Disposition, die für die kommende Weimarer Republik prägend war – insbesondere für die der militärischen und politischen Eliten. Es handelt sich um zwei ineinander verschlungene Hypotheken, die auf jedem seriösen Politikansatz lasteten: das unverstandene nach innen schlagende Außen, die unrealistische Einschätzung der Außenpolitik und die im Innern schlummernde Tendenz zur politischen Romantik. Ohne diese beiden Wirkkräfte wäre Deutschland nicht zuerst in die Isolation geraten und dann 1914 vermutlich nicht in die Falle des Weltkrieges gegen zwei starke Landmächte und die überlegene maritime Weltmacht gegangen. Ursache verheerender politischer Fehlkalkulationen waren die verzerrte Wahrnehmung außenpolitischer Bedingungen und ein letztlich provinziell bleibendes Verständnis von Europa- und Geopolitik. Nach dem Ende der Kanzlerschaft *Bismarcks* schlingerte das wilhelminisch (un)gesteuerte Staatsschiff zwischen der Kraftprotzerei einer dynamischen Wirtschafts- und Kulturnation, dem Unverständnis von Motiven und Interessenlagen anderer Mächte und jenen seltsamen außenpolitischen Romantizismen, wie die Treue zu dem letzten Bündnispartner oder das Vertrauen in die Gemeinschaft gekrönter Häupter.

Eine romantische Gestimmtheit und fehlende politische Urteilskraft waren nicht nur persönliche Dispositionen von *Wilhelm II.*, sondern hatten auch Wurzeln in tieferen sozialpsychologischen Schichten der deutschen Nationalkultur. Die Initialzündung des Matrosenaufstandes, seine nähere Erklärung, belegt diese tragisch-gefährliche Konstellation.

2. Kriegsende zwischen Nibelungenmythos und Ohnmachtserfahrung

Am 24. Oktober 1918 hatte der Chef der Seekriegsleitung Admiral *Reinhard Scheer* einen geheim gehaltenen, aber bei den Betroffenen naturgemäß nicht geheim gebliebenen Flottenbefehl erlassen. Der Flottenbefehl war nicht nur, aber auch eine romantisch motivierte Übersprunghandlung auf das gebieterisch nach innen durchschlagende Außen. Der Befehl reagierte auf den Notenwechsel zwischen der Reichsregierung und dem US-amerikanischen Präsidenten *Woodrow Wilson*, eine diplomatische Kommunikation in Richtung Waffenstillstand, die durch Rückübertragung der faktischen Reichsleitung von der Obersten Heeresleitung (OHL) auf Reichskanzler und Reichstag ermöglicht wurde.[20]

Der Notenwechsel war sichtbarer Ausdruck der Wiederherstellung verfassungsgemäßer Zustände auf der Ebene der Reichsleitung. Zuvor, beginnend 1916 mit der Ernennung der dritten OHL unter *Paul von Hindenburg* als Chef des Generalstabs und *Erich Ludendorff* als Generalquartiermeister[21], war das Reich praktisch unter stillschweigender Suspendierung der geltenden Verfassungsordnung quasi durch die OHL militärisch administriert worden – vom eher unpolitischen Militärfachmann Generalquartiermeister *Ludendorff* und seinem mal gefügigen, mal eigensinnigen Vorgesetzten Feldmarschall *Hindenburg*.

Diese informelle, indirekte und im Grunde wenig effektive Militärherrschaft endete ebenso informell am 29. September 1918.[22] An jenem Tag erlitt der Quasi-Diktator *Ludendorff* einen Nervenzusammenbruch, weil sich die Situation an der Westfront immer aussichtsloser gestaltete, die Friedensnote Österreich-Ungarns vom 14. September 1918 auf den Zusammenbruch der k. u. k. Monarchie hindeutete und nach der Kapitulation Bulgariens letztlich die Rückkehr eines Zwei-Fronten-Krieges absehbar wurde, der ja eigentlich mit dem Friedensvertrag von Brest-Litowsk beendet worden war. Mit der Regierungsumbildung und der Kanzlerschaft Prinz *Max von Badens* wurde die faktische Militärherrschaft aufgrund des Drucks der militärischen Situation zwar praktisch beendet, allerdings bereits mit Anzeichen implosiver Erschöpfung. Immerhin war der verfassungsmäßige Zustand für einen kurzen Moment wiederhergestellt: eine Situation, in der die politischen Fäden zurück in die Hand des Reichskanzlers gelangten, der den Kontakt zum Parlament suchte und letztlich auch bereits um Direktiven aus diesem Ort der Volksrepräsentation nachsuchte.

Doch die auswärtige Dynamik und das militärische Geschehen ließen keine Zeit für die zaghaft begonnenen parlamentsfreundlichen Reformen. Es mussten umgehend Verhandlungen über einen Waffenstillstand aufgenommen werden, nachdem der in Panik geratene *Ludendorff* den Zusammenbruch der Westfront innerhalb von Tagen erwartete. Die in das Geschehen eingeweihten Eliten des Reiches hofften – hier wiederum mit geringer politischer Urteilskraft begabt – auf einen Frieden, der auf der Grundlage von *Wilsons* 14 Punkten ausgehandelt werden sollte.[23] Die alten Eliten wollten Gesichtswahrung und Erhaltung des Großmachtstatus. Sie träumten, wenn Sieg nun mal nicht möglich war, so doch letztlich von einem Remis in der großen Völkerschlacht. Währenddessen setzten die alliierten Streitkräfte zu einer massiven Offensive an und als dann die Forderungen *Wilsons* in seiner dritten Note am 23. Oktober 1918 bekannt gegeben wurden, schien das, die Sprache des Zweiten Weltkrieges vorwegnehmend, wie die Aufforderung zur bedingungslosen Kapitulation. Denn dort wurde verlangt, dass für eine Waffenruhe sichergestellt sein müsse, dass „eine Wiederaufnahme der Feindseligkeiten seitens Deutschlands unmöglich" gemacht sei; dies meinte die Entwaffnung des Heeres und die Auslieferung der Flotte. Damit musste – so der aus den Träumen gerissene Wachblick auf die Wirklichkeit – jede folgende Friedensverhandlung zu einer Unterwerfung des Landes unter die Gnade der Sieger werden.

Auf diese durch die Forderung nach konstitutionellen Umwandelungen der Verfassung des Reiches noch verschärfte, als brutal empfundene Ernüchterung von außen folgte umgehend im Innern die trotzige, romantisch gespeiste Reaktion der alten Eliten. Plötzlich, vier Wochen nach dem Nervenzusammenbruch, fand der offenbar wieder zu Kräften gekommene *Ludendorff* die Sprache wieder. Sein vorgesetztes Sprachrohr *Hindenburg* erließ am 24. Oktober 1918 einen Durchhaltebefehl, der im eigenständigen Befehl der Seekriegsleitung am Tag darauf nur sein Pendant fand und der zwei Tage später zur Entlassung *Ludendorffs* führte.[24] Hinter dem Befehl der Seekriegsleitung stand das letzte, aber auch seit der Entscheidung zum Kriegseintritt 1914 oder zum unbeschränkten U-Boot-Krieg 1917 charakteristische Kalkül einer bereits vollständig gescheiterten Militärführung, „es doch noch einmal zu versuchen": entweder das Unmögliche zu schaffen oder jedenfalls kämpfend und „ehrenvoll" unterzugehen – subkutan, in einer tieferen kulturellen Prägeschicht, dem Nibelungenmythos folgend.[25]

Die seit der Skagerrak-Schlacht von 1916 untätige, aber immerhin mit Schiffsneubauten und der U-Boot-Flotte verstärkte deutsche Hochseeflotte sollte in den Ärmelkanal vorstoßen und die deutlich überlegene britische Grand Fleet zum Kampf, zum Entscheidungskampf herausfordern. Das Unternehmen war trotz seiner ausgesprochen wenig realistischen Annahmen und der romantischen Affekte nicht ganz frei von einem (wenngleich verzweifelten) zweckrationalen Kalkül. Im glücklichen Fall des Seesieges würde sich zwar an Land wenig ändern, aber – so die vage Hoffnung – es würde sich dann doch die bislang aussichtslose Verhandlungsposition Deutschlands für Friedensverhandlungen verstärken, während bei Untätigkeit die Flotte ohnehin verloren war, weil sie nach der dritten Note *Wilsons* bedingungslos auszuliefern war.

Die Matrosen der Hochseeflotte hatten wenig Interesse an diesem Himmelfahrtskommando. Es herrschte bereits ein Klima sich erkennbar anbahnender Waffenstillstandsverhandlungen und nach dem Verschwinden des Mantras vom nahen Sieg wurde die ausbrechende Friedenssehnsucht übermächtig, wie bei einem zum Äußersten gespannten, nunmehr aber reißenden Seil. Letztlich war die Revolte der – schon zuvor als nur eingeschränkt zuverlässig geltenden – Matrosen nicht auf fehlenden Mut zurückzuführen und auch nicht allein auf Infiltrierung mit sozialistischer Propaganda (USPD/SPD/Gewerkschaften). Im harten Kern beruhte das Kalkül der Matrosen auf einem Realismus, der den herrschenden Eliten offenbar abhandengekommen war. Womöglich waren die Motive der Matrosen auch gespeist von der Orientierung an der parlamentarisch von der SPD informell gestützten Reichsregierung, die solche Befehle eigentlich nicht politisch gegeben haben konnte und bei nur vager Information des Kanzlers über den Durchhaltebefehl *Hindenburgs* tatsächlich ihre Zustimmung nicht gegeben hatte. Auch für die Marine hatte sich der Kaiser seinen Befehl zum Einsatz vorbehalten, war aber nicht gefragt worden.[26] Man könnte insofern sagen, dass es sich um eine im Kern rechtmäßige Befehlsverweigerung gegen einen verfassungswidrigen Befehl handelte, folglich vielleicht sogar die Matrosen gegenüber der OHL unter *Hindenburg* und *Ludendorff* und der Seekriegsleitung das Staatsrecht des Reiches durch ihren Widerstand wahrten. Der Kaiser hatte am 15. Oktober 1918 verfügt, der „Obermilitärbefehlshaber trifft alle seine Anordnungen und Entscheidungen im Einverständnisse mit dem Reichskanzler oder dem von diesem bestellten Vertreter"[27], was das Ende der faktischen Militärdiktatur der OHL bedeutete. Wenn man es rechtlich scharf stellen will: Die mit den Befehlen vom 24. und 25. Oktober 1918 plötzlich und ohne Auftrag, weil unter geänderten konstitutionellen Bedingungen, wieder eigenmächtig in Aktion tretende OHL/Seekriegsleitung hatte mit einem Verfassungsbruch die Befehlsverweigerung geradezu provoziert.

Die Revolte führte bei geringer Gegenwehr und Gewaltanwendung[28] bereits am 4. November zur Übernahme Kiels durch Soldatenräte und dann auch durch Arbeiterräte, die von der SPD, der USPD und den Gewerkschaften personell besetzt wurden. Damit man in Kiel nicht eingeschlossen werden konnte, schwärmten die Matrosen ins Landesinnere aus, verbreiteten sich rasch auf andere wichtige Städte[29] und setzten eine Dynamik in Gang, die schon am 7. November zur Ausrufung des Freistaats Bayern durch *Kurt Eisner* führte und am 9. November zur eigentlichen Revolution auf Reichsebene in der Hauptstadt Berlin: „Bekanntgabe" der Abdankung des Kaisers und Ausrufung der Republik durch *Philipp Scheidemann*.

Während auf der Straße die Mehrheitssozialdemokraten und der radikale linke Flügel der USPD um die Führung der in Bewegung geratenen Massen und der bewaffneten Soldaten rangen, folgte der Übergang an der Reichsspitze gänzlich unspektakulär; er trug alle Züge einer Machtimplosion. Mit ihrem Ultimatum an Reichskanzler Prinz *Max von Baden* am Abend des 7. November begannen der SPD-Parteivorstand und die SPD-Reichstagsfraktion, die politische Führung im Reich zu übernehmen. In Städten und Garnisonen „fiel die Autorität der Militärs in sich zusammen".[30] Es war eine aus der Provinz kommende Revolution, die mehr war als eine Reaktion auf einen verfassungsrechtlich und militärisch zweifelhaften Befehl. Das Aufbegehren war so rasch erfolgreich, weil es sich in ein politisches Vakuum hinein widerstandslos ausbreitete – ein Vakuum, das entstanden war zwischen abgewirtschafteter Militärführung, eines an den Rand des Geschehens gedrängten isolierten und entscheidungsunfähigen Kaisers sowie einer schwachen Reichsregierung im prekären Übergang – und das unter der Sogwirkung der überwältigenden außenpolitischen und militärischen Dynamik und einer alles überlagernden Friedenssehnsucht.

Es war trotz der föderalen Struktur des Landes dann doch Berlin, die Hauptstadt des Reiches, wo die revolutionäre Dynamik am 9. November 1918 kulminierte – in jenem Wettlauf zwischen dem linken USPD-Flügel der Spartakisten um *Rosa Luxemburg* und *Karl Liebknecht*, die eine Sowjetrepublik nach dem Muster der leninistischen Diktatur erstrebten und den gemäßigten Sozialisten, insbesondere der SPD, die einen geordneten Übergang in die soziale Republik, in die rechtsstaatliche Demokratie wollten.

III. Eine republikanische Deutung: Revolution der teleologischen Kontinuität

Entscheidend für den Fortgang der Revolution und für das geistige Klima der von ihr begründeten Republik war ihre Deutung. Mit guten Gründen konnte man die Revolution einer eigenen ideellen Logik des Umsturzes folgend[31] als einen Akt der Befreiung von einem alten, morschen und despotischen Regime verstehen und als eine Gründung der neuen demokratischen, freiheitlichen Ordnung. Bei Licht betrachtet stand hinter der von *Ebert* und *Scheidemann* gewählten Revolutionsrhetorik ein gutes Stück Kontinuitätsabsicht, die lediglich dramaturgisch als großer Umsturz etikettiert wurde. Die Suche nach Kontinuität statt radikaler Zäsur hatte einen handfesten machtpolitischen Hintergrund. Die jetzt die Straßen und die Mannschaften des rückflutenden Heeres[32] beherrschende Massenpsychologie musste in Richtung parlamentarische Demokratie gelenkt und vor einer Stimmungstendenz in Richtung Rätediktatur bewahrt werden. Im ersten revolutionären Ambiente musste die Zäsur stark betont werden, um

Bild 1: *Novemberrevolution 1918*

Bild 2: *Novemberrevolution 1918*

nicht die Gunst der Massen an die Anhänger der Rätediktatur zu verlieren. Die
Betonung der Zäsur klang schon an in den knappen Worten *Philipp Scheidemanns*
bei der Ausrufung der Republik: „Wir haben auf der ganzen Linie gesiegt; das
Alte ist nicht mehr".[33] Dabei ist der ursprüngliche Wortsinn des Begriffs der
Revolution als Wiederherstellung der guten, der natürlichen Ordnung gegen
die Verzerrungen einer angeblich neoabsolutistischen Monarchie durchaus auch
hier für den November 1918 anzutreffen. Im Februar 1919 gab *Friedrich Ebert* bei
seiner Begrüßung der Nationalversammlung bereits rückblickend eine schärfere
Interpretation:

> *„In der Revolution erhob sich das deutsche Volk gegen eine veraltete,
> zusammenbrechende Gewaltherrschaft."*[34]

Hier wurde die Dramaturgie der überwundenen Despotie gewählt, wie es gewiss der revolutionären Kommunikationslogik, aber kaum den Tatsachen entsprach. In der revolutionären Dynamik untergegangen waren die letzten Reformschritte des Kaiserreichs vom 28. Oktober, die auf eine Vollparlamentarisierung der Monarchie hinausliefen, den Reichskanzler an das Vertrauen des Reichstages banden, die Exekutive vom Kaiser lösten und sogar die Entscheidung über Krieg und Frieden an die Zustimmung des Reichstags banden. Die Revolution stürzte somit eine „Despotie", die bereits verblichen war und setzte an die Stelle eine Verfassungsordnung, die erhebliche Strukturähnlichkeiten mit der alten, zuletzt noch reformierten aufwies.

Das Bild *Eberts* von der gestürzten Gewaltherrschaft war dennoch verständlich, weil es nach einer Legitimation des revolutionären Übergangs in die demokratische Legalität suchte. Aber nicht nur die extreme Rechte musste von der Umwertung der bisherigen deutschen Innenpolitik in eine Despotie, wie man sie zuvor dem russischen Zaren vorgehalten hatte, wenn nicht empört, so doch irritiert sein. Das Protokoll der Nationalversammlung verzeichnet jedenfalls Proteststrufe der Rechten auf diese Einschätzung *Eberts*. Hier wird bereits eine Spaltung deutlich, die auch etwas damit zu tun hat, dass bis in die Alltagserfahrungen des bürgerlichen Lagers hinein das Kaiserreich nicht als Despotie empfunden worden war. Das Kaiserreich war Rechtsstaat und auch konstitutionelle Demokratie; die Presse dort war vielfältiger und in den Meinungen weitaus pointierter als heute in manchem Mitgliedstaat der Europäischen Union. Allerdings war die Demokratie durch einen nur reaktiven Reichstag und fürstliche Prärogativen oder ständische Restbestände, wie das preußischen Dreiklassenwahlrecht, belastet und durfte insofern als unvollkommene oder unzeitgemäße Demokratie verstanden werden.[35] Jetzt aber wurde die bürgerliche Lebenserfahrung durch das Signum der „Gewaltherrschaft" *ex post* umgedeutet.

Indes wird jede Analyse sehen müssen, wie wenig Bewegungsspielraum *Friedrich Ebert* besaß, wenn er sein Programm der Transformation revolutionärer Gewalt in republikanisch rechtsstaatliche Volkssouveränität erfolgreich umsetzen wollte. Die gegen ihn antretenden spartakistischen und syndikalistischen Kräfte, jene bei *Hannah Arendt* in Anführungszeichen gesetzten „Revolutionäre"[36], jene, die sich den Putsch der russischen Oktoberrevolution von 1917 gegen eine demokratisch gewählte Regierung zum Vorbild genommen hatten, waren in der aufgewühlten Atmosphäre des Landes und in der Hauptstadt Berlin eine ernsthafte, eine bewaffnete Herausforderung. Das revolutionäre Moment konnte aus Sicht *Eberts* nicht frontal gebrochen werden, etwa mit dem Hinweis darauf, dass die Revolution neben der erzwungenen Abdankung des Kaisers eigentlich nichts an demokratischer Verbesserung gebracht hatte, wenn man den Vergleich zog zum letzten vom Reichstag ausgehenden Reformschritt zur Veränderung in die konstitutionelle Monarchie und der Abschaffung des ungeliebten preußischen Dreiklassenwahlrechts.

Man konnte den Schritt in die soziale Republik nur, aber auch mit guten Gründen, verstehen und ausflaggen als eine „Revolution der teleologischen Kontinuität", also als eine konsistente Fortführung der seit den napoleonischen Befreiungskriegen wirkmächtigen Tendenz zur parlamentarischen und sozialpolitisch auf Integration zielenden Demokratie. Diese republikanische und demokratische Interpretation machte aus der Revolution eine Sache der historischen Zwangsläufigkeit und der Befreiung von antiquiertem, mitgeschlepptem ständisch-monarchischen Ballast. Eine solche, in allen führenden Mächten der Zeit spürbare Entwicklungslogik zum Parlamentarismus und zur modernen Massendemokratie mit sozial integrativer Wirkungsrichtung ließ sich für Deutschland vor 1918 gut belegen. Bereits das Reich von 1867/1871 war mit der legislativen Zentralität des frei gewählten Reichstages nach damaligen Maßstäben durchaus eine Demokratie, allerdings eine mit konstitutionellen „Schönheitsfehlern".

Einer der Schönheitsfehler war die unvollständige Parlamentarisierung Preußens durch die Vorenthaltung der Wahlrechtsgleichheit, die jedoch durch die einsetzende Unitarisierung – also die praktische Verschiebung maßgeblicher politischer Entscheidungen auf die Reichsebene – auch wieder gemildert wurde. Die zweite Demokratieeinschränkung betraf die Stellung des Kaisers im Verfassungsgefüge. Die auf *Bismarck* zugeschnittene Verfassung sah den Kanzler als Brücke zwischen Monarch und Parlament. Der Kanzler benötigte das Vertrauen beider Verfassungsorgane. Die Stellung der Ambiguität konnte man in die eine oder die andere Richtung gewichten und entwickeln: entweder hin zu einer sich immer stärker ausprägenden parlamentarischen Regierungsform und dementsprechend zu einer Rücknahme des Monarchen auf Repräsentationsfunktionen oder zu einem Vorrücken des demokratisch nicht legitimierten Monarchen in die politische Reichsleitung, die dann aber die Reibungen mit dem demokratisch gewählten Reichstag hätte gefährlich zunehmen lassen.

Bei einem zurückhaltenden Kaiser wie *Wilhelm I.* konnte der Kanzler eine eigene Statur gewinnen und seine politische Richtlinienkompetenz ausüben. Der Kanzler hatte sich dem Reichstag zu stellen und zu verantworten, obwohl er nicht der Kanzler der Parlamentsmehrheit war, aber sie zur Gesetzgebung dennoch brauchte. Schon *Bismarck* war ein Kanzler, der praktisch mit wechselnden Mehrheiten regierte, solange er das grundsätzliche Vertrauen des Kaisers nicht verlor. Das im Hinblick auf die Doppelrolle des Reichskanzlers und preußischen Ministerpräsidenten diagonal angelegte Bismarcksche System rückte faktisch den ursprünglich gar nicht so zentral positionierten Reichskanzler in die Mitte des Organsystems. Der Kanzler versicherte sich mit instrumentellen Interventionen politischer Mehrheiten im Reichstag, wo bestimmte politische Richtungsentscheidungen wie die Abkehr von der liberalen Handelspolitik, der Kulturkampf oder die Sozialistenverfolgung die Klaviatur waren, auf der ein *Bismarck* die Partitur seiner Politik spielte.

Diese prekäre Balance der Verfassungsorgane war indes überaus anfällig für den subjektiven Faktor. Es kam auf das persönliche Format von Kaiser und Kanzler an. Insofern erwies sich *Wilhelm II.* in seiner Unreife, die er nie ablegte, als eine Art konstitutionelles Unglück, zumal sich der junge Monarch auch rasch und ganz folgerichtig ebenso unglücklich wirkende, schwache Kanzler suchte. Aus der diagonalen Machtzentralität *Bismarcks* wurde ohne jede Verfassungsänderung ein Herrschaftssystem der organisierten Unverantwortlichkeit, ein Machtstaat ohne handlungsfähiges strategisch denkendes Zentrum: Ein Kanzler abhängig von einem Parlament, das sich nicht zur Regierung und stabilen Majorität berufen fühlen konnte, ein Reich, das abhängig von Länderregierungen war, die sich indes längst der unitarischen Tendenz beugten, abhängig von den Launen eines Kaisers, der gerne so tat, als würde sein persönliches Regiment alles retten. In Wirklichkeit war *Wilhelm II.* aber ein flatterhafter, unsteter Charakter, der gerne redete, posierte und imponierte. Die Zweideutigkeit der Stellung des Kaisers, die später in die Weimarer Verfassung hineinkopiert werden sollte, war ein politisches Kardinalproblem, das die dynamische Großmacht in der Mitte Europas als kräftigen Körper ohne politischen Kopf erscheinen ließ.

Der Kaiser war eben nicht nur formell an Regierungsgeschäften beteiligt, sondern durfte bei entsprechend selektivem Blick den Kanzler als sein persönliches Werkzeug verstehen. Es handelte sich um ein Werkzeug, das indes mit der unleidlichen Aufgabe belastet war, für die allfällige Gesetzgebung eine Mehrheit im Reichstag zu „organisieren", um den kaiserlichen Willen auszuführen. Mit der Entlassung *Bismarcks* war im Grunde die ohnehin bereits unter dem eisernen Kanzler prekäre Balance der Verfassung von 1871 verloren und die stringente politische Führung einer dynamischen europäischen Großmacht wurde Mangelware. Die konstitutionell bedeutsamen Affären *Wilhelms II.* (Eulenburg/Daily Telegraph/Zabern[37]) kreisten immer wieder um die beiden konkurrierenden Modelle einer modernen parlamentarisch verantwortlichen Reichsregierung und den rückwärtsgewandten, postabsolutistisch erscheinenden Neigungen zum persönlichen Regiment.

Die politische Romantik, ein Defizit an kühler Verantwortungsethik und Pragmatik sowie der national-dynamische Zeitgeist des Kaiserreichs trafen gegen Ende des Krieges auf eine schonungslos harte Realität. Die bereits deutliche Züge der völligen Aussichtslosigkeit tragende militärische Lage war der eine und die von Friedenssehnsucht wie von Hunger getriebene Stimmung im Volk der andere Teil der Wirklichkeit. Daran zerbrach die alte Herrschafts- und Verfassungsordnung ideell und praktisch. Und doch wäre es falsch, aus dem Faktum der Implosion auf die völlige Antiquiertheit und mangelnde Modernität des wilhelminischen Deutschlands zu schließen, eines Landes, welches sich angeblich bereits wegen seiner unlösbaren inneren Konflikte in den Krieg hatte stürzen müssen oder von inneren Zerstörungskräften getrieben, aggressiv nach außen geworden sei. Das Bismarcksche Reich fühlte sich saturiert, der Wunsch nach Kolonien war eher ein modischer Spleen der Zeit, für den man keinen Krieg riskiert hätte. Es war eher ein allgemeines Gefühl der Defensive. Nationalbewegungen störten in Ost- und Mitteleuropa die Ordnung der drei Kaiserreiche. Panslawismus und russischer Expansionismus, französischer Gebietsrevanchismus und die recht offenkundige Niederlage im maritimen Rüstungswettlauf mit dem Empire lieferten viele Gründe, mittelfristig besorgt zu sein und deshalb in eine Stimmung des „lieber jetzt als später" zu verfallen. Es war eher eine Tendenz zum politischen Pessimismus in Kombination mit Romantizismen, die das Reich ohne zwingenden Grund in den Weltkrieg manövrierten. Weder der „Griff nach der Weltmacht"[38] noch eine anders nicht lösbare innere Spannungslage drängten die deutsche Führung zum großen Krieg.[39] Aus innenpolitischen Gründen war der Krieg noch viel deutlicher vermeidbar als aus außenpolitischen Gründen. Das Reich war vor 1914 eines der führenden entwickelten Länder der Welt, wirtschaftlich, wissenschaftlich, technisch und auch sozialpolitisch, aber es war keine wirkliche Weltmacht. Die Nation, wenn sie sich nicht selbst überschätzte, konnte sich jenseits des historisch allmählich verblassenden Glanzes der Kronen als wissenschaftliche, industrielle und sozialreformerische, als kulturelle Großmacht verstehen, die letzten Endes ihre Zukunft finden würde. Und doch waren die alten monarchischen Traditionen und ihre elitären Standesvertreter stark geblieben – eine Folge der 1849 gescheiterten liberalen Revolution.

Es ist insofern für die letzte Etappe gegen Kriegsende durchaus fraglich, ob es ohne den außenpolitischen Druck zur Abkehr von der Monarchie und bei einem halbwegs annehmbaren Friedensschluss überhaupt zur deutschen Republik gekommen wäre. Wahrscheinlicher wäre eine weitere parlamentarische Reform des bestehenden Verfassungssystems gewesen, wie sie sich bereits mit der Demokratisierung Preußens (Abschaffung des Dreiklassenwahlrechts) seit der Osterbotschaft des Kaisers vom 7. April 1917 abzeichnete. Die Ereignisse im November 1918 erzwangen insofern eine deutlichere Zäsur, als einem der zentralen Protagonisten wie *Friedrich Ebert* erforderlich schien, der zunächst lieber an der Monarchie festgehalten hätte und offenbar den Abbruch der Legitimitätskontinuität für eine Hypothek der neuen Republik und für einen Verlust im Ordnungsfundament des Staates hielt.

IV. Transformierende Kontinuität: die Legitimität der Verfassung vom 11. August 1919

1. Legitimität und Legalität

Politische Herrschaft braucht Legitimität. Das bedeutet faktische Anerkennung, es geht also um ein empirisch feststellbares Phänomen. Legalität ist lediglich ein Spezialfall von Legitimität. Nicht nur Rechtlichkeit, sondern jedes soziale Instrument kommt zur Billigung, zur Akzeptanzerzeugung von politischer Herrschaft in Betracht: Charisma des Herrschers[40], Gemeinschaftsgefühle, Einheitssymbole, Gerechtigkeits- oder Rechtlichkeitsüberzeugungen, Imposanz der Machtmittel, Faktizität einer Ordnung.[41] Das neuzeitlich-westliche Gesellschaftsmodell bedient sich in kennzeichnender Weise rationaler Rechtfertigungsstrategien, um politische Legitimität zu erzeugen, ohne dass man die irrationalen Momente von der Rechnung nehmen dürfte.

Der Glanz gekrönter Häupter und religiöser Weihen oder die Unverbrüchlichkeit von Traditionen traten als Mittel zur Herstellung politischer Legitimität zurück und wurden im Zeitalter der Aufklärung mehr und mehr durch die Vorstellung eines politischen Gesellschaftsvertrages ersetzt. Erst mit der amerikanischen Unabhängigkeit und der Französischen Revolution setzte sich die Vorstellung durch, dass das Volk sich selbst eine Verfassung gibt und damit die Grundlage politischer Herrschaft durch die Faktizität der Verfassungsgebung und durch die Normativität der Verfassungsgeltung setzt. Man kann insofern für die Zeit vom Ende des 19. Jahrhunderts bis in das 20. Jahrhundert und bis in die Gegenwart hinein von einer konstitutionellen Dominanz – aber keineswegs Ausschließlichkeit – der Legitimitätsinstrumente sprechen.

Vor dem Ersten Weltkrieg, aber bereits lange nach dem Zeitalter der Aufklärung, hielten wichtige Mächte wie Russland, Deutschland, Österreich-Ungarn oder Japan an politischen Identitätskonstruktionen fest, die zumindest eine Symbiose von alten Legitimitätsmustern monarchischer Dignität und Zentralität mit neuen, modernen Begründungsmustern wie der Volkssouveränität erreichen wollten. Aus der Dominanz rational-deduktiver Begründungen und aus dem Umstand, dass mit einem in der Verfassungsgebung ursprünglich angelegten Rechtsakt Legitimität als Legalität erzeugt wird, kann leicht auf eine Identität von Legitimität und Legalität geschlossen werden. Das aber würde den Blick verengen. Analysiert man die Weimarer Verfassungsentstehung, so findet sich reicher Lehrstoff für solch größere Zusammenhänge.

2. Die Legitimation der Nationalversammlung

Am 6. Februar 1919 wird im Nationaltheater von Weimar die Nationalversammlung eröffnet. Sie ist aus einer freien und gleichen Wahl hervorgegangen, zum ersten Mal von Männern und Frauen gewählt. Diese Versammlung ist selbst noch ohne verfassungsrechtliche Grundlage, fungiert zugleich als Volksvertretung (Parlament) und als verfassungsgebende Versammlung. Nur drei Monate nach der Revolution ist sie die auf der Grundlage des Prinzips der Volkssouveränität einzige vom Volk regelrecht über einen feststellbaren Wählerwillen gebildete Vertretung. „Die Reichsverfassung vom 11. August 1919 hatte ihre unmittelbare Grundlage im Alleinentscheid der deutschen Nationalversammlung."[42] Die alte Verfassungsordnung war durch ihre Implosion der alten Machtverhältnisse wie ausgelöscht. Es ist die Rede von einer „konstitutionelle(n) tabula rasa"[43]. Alle Macht, ungeteilt und unbegrenzt, liegt bei der Nationalversammlung, die das freie deutsche Volk repräsentiert.

Die am 19. Januar 1919 durchgeführte Volkswahl war angeordnet worden durch einen Beschluss des Rates der Volksbeauftragten vom 30. November 1918. Der Rat der Volksbeauftragten war ein revolutionär gebildetes Organ. Das heißt, es war ohne rechtliche Grundlage entstanden, allein der konkreten Machtlage folgend. Es bestand keine Kontinuität zur Verfassung des Deutschen Reiches von 1871. Allerdings war in der Person *Friedrich Eberts*, der vom letzten Reichskanzler der alten Verfassung Prinz *Max von Baden* noch zum Reichskanzler ernannt worden war und der zugleich Vorsitzender des Rats der Volksbeauftragten wurde, eine eigentümliche Verzahnung von alter Legitimität und revolutionärer Neukonstituierung gegeben.

Friedrich Ebert balancierte und transportierte auch in seiner persönlichen Disposition das traditionelle Rechtsstaatsverständnis über die Revolution in die neue Normativität der Republik – unter erheblichem Widerstand und Anfeindungen der extremen Linken und der extremen Rechten. *Ebert* hatte als Vorsitzender der SPD und der stärksten Reichstagsfraktion von einer kopflosen Reichsleitung

(Kanzler und OHL) Amt und Macht in die Hand gelegt bekommen, er hatte die Reste der alten Legitimität und die revolutionäre Selbstermächtigung zusammengeführt und dann in eine neue rechtliche Grundlegung auf der Grundlage des Prinzips der Volkssouveränität überführt. *Ebert* hatte entscheidenden Anteil daran, dass die Delegierten der Arbeiter- und Soldatenräte im November 1918 mit 400 gegen 50 Stimmen für die Wahl einer Nationalversammlung zum frühestmöglichen Zeitpunkt stimmten.

Eben jener Vorsitzende des Rats der Volksbeauftragten – der nach eigenem Verständnis und funktionell treuhänderisch die Reichsregierung bildete – *Friedrich Ebert* sprach als erster zur zusammengetretenen Nationalversammlung:

> *„Die provisorische Regierung verdankt ihr Mandat der Revolution; sie wird es in die Hände der Nationalversammlung zurücklegen.“*[44]

Mit diesem Satz wird der Revolution zugleich die Legitimität des ursprünglichen Neuanfangs bestätigt und auch wieder „genommen", besser gesagt transformiert durch Überführung in eine neue Rechtsordnung, die auf der Grundlage der Verfassungsgebung der Nationalversammlung erfolgen sollte.

3. Die Deutschen zwischen Rechts- und Obrigkeitsstaat

Für ein Land wie Deutschland war die Frage der Rechtlichkeit einer Regierung von wichtiger, gerade für den öffentlichen Dienst vielleicht ausschlaggebender politischer Bedeutung, wenn es um die Anerkennung, die dauerhafte Akzeptanz nicht nur einer momentanen Regierung, sondern einer neu geschaffenen Ordnung selbst ging. Der Rechtsstaat war für viele Deutsche tiefer verankert als die Demokratie. Rechtlichkeit und Ordnung waren verwurzelte Erwartungen einer politischen Kultur, der nicht selten obrigkeitsstaatliches Denken und die Bereitschaft zur Unterwerfung vorgeworfen wurde – im 20. Jahrhundert wohl am pointiertesten verkörpert durch den literarisch überzeichneten Phänotypus Diederich Heßling in *Heinrich Manns* Roman „Der Untertan". Aus der Erwartung von Ordnung wurde im Prozess des verlorenen Krieges und der auf Gewalt setzenden Revolution die Angst vor Ordnungsverlust und sie förderte reaktionäre Gewalt.[45] Aber auch das selbstbewusste Bürgertum glaubte nachhegelianisch an die Form des Staates und war voller Misstrauen gegenüber der unmittelbaren Herrschaftsmanifestation einer Masse, die Minderheit war.[46]

Für das Staatsrecht der beginnenden Weimarer Republik war die Verarbeitung der revolutionären Zäsur eine erhebliche Herausforderung. Sie konzentrierte sich auf die Vorstellung einer ursprünglichen verfassungsgebenden Gewalt (*pouvoir constituant*). Die Vorstellung einer originären Quelle für politische Legitimität verweist auf das Faktum unmittelbarer, nicht rechtsbedürftiger und nicht regelungsfähiger unmittelbarer Willensbildung des Volkes in Grundfragen des staatlichen und gesellschaftlichen Lebens. Das Bild erlaubt mit der Figur der normativen Kraft des Faktischen eine Überleitung in die neue Rechtlichkeit.[47] Mit der Revolution sind nicht nur der Matrosenaufstand und die Entstehung lokaler Räte gemeint, sondern vor allem die Ausrufung der Republik am 9. November 1918 durch *Philipp Scheidemann*.[48] Der letzte Reichskanzler des kaiserlichen Deutschlands Prinz *Max von Baden* hatte am 9. November 1918 in einem formal betrachtet extrakonstitutionellen Akt die Reichskanzlerschaft an den Vorsitzenden der SPD *Friedrich Ebert* übergeben.[49] Materiell gesehen war der Reichskanzler *Max von Baden* der einzige verfassungsgemäße und handlungsfähige Vertreter des Reichs angesichts der Flucht des Kaisers und der Unmöglichkeit, Entscheidungen des Bundesrats herbeizuführen. Damit konnte der Kanzler auch die Funktion des Kaisers zur Ernennung des Reichskanzlers übernehmen. Der fortbestehende gewählte Reichstag wäre im Sinne einer Notstandsinterpretation noch weniger als der immerhin ursprünglich vom Kaiser ernannte Kanzler als funktioneller Ersatz des Kaisers in Frage gekommen. Es wäre unter erheblicher Strapazierung von juristischen Auslegungsmöglichkeiten demnach verfassungsrechtlich begründbar gewesen, *Friedrich Ebert* als legitimen Reichskanzler anzusehen, was gegenüber der OHL und dem Beamtenapparat durchaus von Bedeutung war. Aber die drängende Dynamik ging von den Revolutionären aus, sodass sich *Ebert* weniger als Reichskanzler, sondern lieber als Vorsitzender des Rates der Volksbeauftragten präsentierte – also eines revolutionären Organs, das die von November 1918 bis Februar 1919 reichende Legitimität der Revolution im Sinne einer Tatsache, aber auch als Treuhänder des Volkes als Recht genoss. Und das eben war wichtig in Konkurrenz zu den Räten und einer gewaltbereiten Spartakusbewegung, die auf eine Revolution nach leninschem Muster drängte, obwohl das ersichtlich (wie die eindeutigen Wahlergebnisse der Nationalversammlung zeigen) gegen den Willen der Mehrheit des Volkes gerichtet war.

Am 10. November bildete sich aus Vertretern der SPD und der USPD der Rat der Volksbeauftragten, der praktisch die Regierungsgewalt übernahm. Unter Legalitätsgesichtspunkten konnte man weder die Übertragung der Reichskanzlerschaft noch die Selbstermächtigung des Rats der Volksbeauftragten als „rechtmäßig" im Sinne der Reichsverfassung von 1871 bezeichnen – und das wurde ja auch gar nicht gewollt oder in Anspruch genommen. Allerdings war der Rat angesichts des Zusammenbruchs einer auf Kaiser und Monarchie zugeschnittenen Institutionenwelt und der Personenidentität von Reichskanzler und Ratsvorsitzenden *Ebert* doch derjenige, der am ehesten Legalität und demokratische Legitimation für sich in Anspruch nehmen konnte – immerhin war die SPD in freien, gleichen und geheimen Wahlen zum Reichstag die stärkste Partei geworden.[50]

Bereits mit einem solchen Argument wird allerdings deutlich, dass die Bezeichnung der Weimarer Republik als „erste" deutsche Demokratie[51] nicht selbstverständlich ist. Denn das Kaiserreich durfte sich im internationalen Vergleich seinerzeit durchaus als respektable Demokratie verstehen, die durch die monarchische Übergewichtung lediglich erhebliche institutionelle und mit *Wilhelm II.* dann auch personelle Webfehler aufwies.[52] Ohne den Reichstag als Repräsentationsorgan des Volkes, der auf Grundlage des Mehrheitswahlsystems demokratisch zustande gekommen war, konnte kein Gesetz erlassen werden[53] und deshalb auch der vom Kaiser ernannte Reichskanzler nicht dauerhaft gegen eine Mehrheit des Reichstags regieren. Zudem herrschten im kaiserlichen Deutschland seit dem Norddeutschen Bund bis zum Beginn des Ersten Weltkriegs, also zwischen 1866 und 1914, rechtsstaatliche Sicherungen der bürgerlichen Freiheit durch gesetzmäßige Verwaltung und unabhängige Gerichte, Wissenschaftsfreiheit, die Gewährleistung des Eigentums, grundrechtliche Garantien in den Ländern und vor allem landes- und reichsrechtlich Meinungs- und Pressefreiheit: Die großen politischen Debatten und auch die immer wieder stattfindenden persönlichen Angriffe auf den Kaiser durch die Presse wie in der Affäre um das Daily Telegraph-Interview, die Marokkokrise (Panthersprung) oder die Zabern-Affäre belegen die Wirksamkeit einer freien Presse[54] und einer durchaus pluralen und kontroversen bis hitzigen öffentlichen Meinungsbildung.

Mitunter störte die freie öffentliche Meinung sogar die Möglichkeiten diplomatischer Diskretion und ließ manch einen Akteur bei Hof und in der Regierung mit populistischen Winkelzügen spielen. Bestimmte Auffassungen wie die, dass eine so bedeutende Wirtschaftsmacht wie Deutschland auf Dauer ihre wirtschaftlichen Möglichkeiten nur durch eine entsprechende politische Stellung und militärische Absicherung behaupten könne[55], waren im gesellschaftlichen Raum weit verbreitet und nicht etwa genuin eine Einzelmeinung des zum „persönlichen Regiment" neigenden Monarchen, und auch diese Chimäre war nur „Scheinabsolutismus".[56] Das Machtpragma und die Symbolisierung nationaler Stärke wurden Gegenstand der öffentlichen Meinungserwartung, so dass ein auf Popularität schielender Monarch zu Konzeptionen griff wie die vom „Platz an der Sonne" oder die Vorstellung, dass die Zukunft auf dem Wasser zu finden sei. All das sollte die Klaviatur der öffentlichen Meinung bedienen, reagierte aber auch auf entsprechende Erwartungen des Publikums: und das eben ist typisch für eine responsive Demokratie. Es war ein Großteil der freien Presse, der im Mainstream vor 1914 lauthals einen „Präventivkrieg gegen die Einkreisung Deutschlands" gefordert hatte[57] und jede Diplomatie zu einem Kampf gegen den innenpolitischen Gesichtsverlust werden ließ. Es waren 1914 in Russland, Deutschland, Frankreich, England und Österreich womöglich gar nicht „Schlafwandler", sondern *Getriebene*: Politiker und Militärs, die sich neben aller Bündnis- und Militärlogik auch durch ihre antreibenden öffentlichen Meinungen in konfliktmindernden Alternativen beschränkt sahen: Konnte der Kaiser denn nach seinem elend gescheiterten Panthersprung nach Agadir schon wieder einknicken und den Bundesgenossen zum schmählichen Rückzug bewegen? Konnte der Zar mit Deutschland noch verhandeln, wenn panslawische Solidarität mit den Serben und ihrer Ehre in der russischen Presse eingefordert wurde?

Das wilhelminische Deutschland jedenfalls war kein absolutistisches Regiment und schon gar keine Diktatur. Die Verfassung von 1871 schuf eine unvollkommene und unvollendete Demokratie, deren Gebrechen und Konstruktionsfehler keineswegs nur den militärischen oder adligen Eliten allein zugerechnet werden können. Es war seit 1900 auch der hitzig-verrückte, nationalistische Geist der Zeit und nationale Vorprägungen, die negativ wirksam wurden. Der machtstaatliche Etatismus, die Verbindung von industrieller Robustheit mit der Neigung zu politischer Romantik und militärischem Gepränge ließen das kaiserliche Deutschland nicht nur für Sozialdemokraten, sondern auch für Liberale oder den politischen Katholizismus als verformte, als unvollendete Demokratie erscheinen, die erst mit der Abdankung der Monarchen und dem Übergang zur Republik vollendet werden konnte.

Was das Schicksal auch der unvollkommenen Demokratie anging, konnte man allenfalls seit 1916 in der praktischen Dominanz der OHL unter *Hindenburg* und *Ludendorff* ein faktisches Abgleiten in eine Art Militärautokratie diagnostizieren, die aber an der verfassungsrechtlichen Stellung von Kaiser, Reichskanzler und Reichstag nichts änderte. Im kollektiven Erfahrungsraum der Nation war aber die faktische Herrschaft der 3. OHL zusammen mit der gelenkten Kriegswirtschaft nicht so negativ besetzt wie ihre Ergebnisse eigentlich nahelegten. Für *Hindenburg* und seine Anhänger blieben die Jahre von 1916 bis Oktober 1918 diejenigen der unerschütterlichen nationalen Einheit und widerständigen Stärke.

Die Rede vom preußischen Militarismus oder von einer Despotie hatte deshalb mehr im kulturellen Bereich ihre Berechtigung denn als ernsthaftes politisch-institutionelles Argument. Vor diesem Hintergrund wird deutlich, dass in der Aufbruchphase der Republik nur die Politik *Friedrich Eberts* und seiner SPD im Verein mit dem Zentrum und den Liberalen im Sinne einer transformierenden Kontinuität im Volkswillen verankert und legitimiert war. Die deutsche Novemberrevolution war ihrerseits nicht unvollendet, nicht durch falsche Kompromisse verformt, sondern sie war konsequent auf die Bewahrung eines nationalen Institutionensystems der Rechtsstaatlichkeit und der Demokratie gerichtet und suchte zugleich nach einer neuen rationalen, durchdachten Grundlage für die Vollendung der Demokratie mit einem sozialen Gesicht.

V. Verratene Revolution oder Verrat durch Revolution: die Narrative der Extreme

1. Revolutionsverständnisse

Am Verständnis der revolutionären Zäsur schieden sich die Geister, damals in rasch gewalttätiger und hasserfüllter Art und Weise, viele getrieben von Furcht, andere verroht nach vier Jahren eines Krieges, der sich bei vielen Frontsoldaten als Erfahrung eines brutalen Massensterbens und der Bedeutungslosigkeit eines einzelnen Menschenlebens eingebrannt hatte. Für die revolutionär gestimmte Linke war die Überführung des Umsturzes in die Bahnen eines Verfassungsprozesses eine vertane Chance auf die große, die soziale Revolution. Für sie war das werdende Weimar eine unvollendete, eine verratene Revolution, das Linsengericht, für das die Räterepublik von Sozialdemokraten verkauft worden war. Diese politisch extreme Ablehnung von links wurde damals gemessen an den Wahlergebnissen 1919 von etwa 5 bis 10 % der Deutschen geteilt. Auf der anderen Seite des politischen Spektrums stand die nationalistische oder reaktionäre Rechte. Für sie war der Prozess der Verfassungsgebung die notarielle Beurkundung des „Novemberverbrechens". Die Verfassung war Kind einer ungeliebten Revolution, mit allzu weitgehenden Konzessionen an die politischen Kräfte von SPD, Gewerkschaften und des politischen Katholizismus. Die extreme Rechte sah in der Liberalität und parlamentarischen Pluralität die Einheit von Staat und Nation gefährdet, ein Verrat auch aus dieser Sicht.

Bei näherer Betrachtung ist diese Verfassung vor allem die Umsetzung, die Verwirklichung dessen, was an parlamentarischen Kräften und demokratischen Zielen in Deutschland seit dem 19. Jahrhundert vorhanden und wirksam war. Zugleich ist die Verfassungsgenese der gelungene Versuch, eine totalitäre Re-

volution abzuwehren und möglichst rasch über die Organisation der Nationalversammlung den bestehenden Staat als innere Friedensordnung und Institution
gegen die Gefahr eines Bürgerkrieges zu bewahren.

2. Große Erzählungen

Der französische Philosoph *Jean-Francois Lyotard* hat die Großen Erzählungen
als Teil einer Kultur des narrativen Wissens untersucht.[58] Große Erzählungen
sind Weltdeutungen, wie sie jede Gesellschaft und vor allem jede Hochkultur in
einfacher oder elaborierter Form entwickelt. Die Ordnung der Welt und damit
auch das System politischer Herrschaft werden in solchen Erzählungen gedeutet, erklärt, legitimiert oder attackiert. Die Idee der ägyptischen Pharaonen,
die Erzählungen der attischen Republik, der Auszug der Juden aus Ägypten,
die antike oder christliche Weltsicht, die Erzählung des Renaissancehumanis-
mus und die politische Aufklärung des 18. Jahrhunderts, der Liberalismus und
der Marxismus sind solche Großen Erzählungen, in die sich häufig nationale
oder regionale kleinformatigere Narrative einpassen. Auch die Bewältigung
von Umbrüchen oder Krisenerfahrungen, die Legitimierung, die Begründung
oder Erschütterung bestimmter Machtstrukturen erfolgt mit häufig gezielt
eingesetzten Deutungsmustern, die dann langfristig im öffentlichen Prägeraum
einer Gesellschaft konstruktiv oder destruktiv wirken. Erfolgreiche politische
Welterklärungen sind indirekte, aber langfristig sehr potente Machtmittel, weil
sie wie unter der Oberfläche verborgene Magneten die Eisenspäne öffentlicher
Meinungsbildung als Feld des Sagbaren und sogar des Denkbaren formen, ohne
dass man unmittelbar die Ursachen erkennt.[59] Jede Gesellschaft und jedes politische Herrschaftssystem, die Gegenwart natürlich eingeschlossen, folgt solchen
Kraftfeldern, die regelmäßig große einfache Erklärungen (Weltdeutungen) mit
moralischen Positionsbestimmungen und Alltagsorientierungen verbinden.

3. Erster Radikalisierungsschub: Wahlergebnisse 1919 und 1920

Bei den Wahlen zur verfassunggebenden Weimarer Nationalversammlung,
die zugleich neuer (provisorischer) Reichstag war, erlangten demokratische und
republikanische Parteien eine sehr deutliche Mehrheit. Im Grunde hatte sich seit
der Reichstagswahl 1912 – und zwar trotz Veränderung des Wahlrechts und der
Einführung des Frauenwahlrechts – gar nicht so viel geändert. Die SPD war wie
im Kaiserreich gewohnt noch stärker geworden (jetzt 37,9 % der Stimmen), aber

auch das Zentrum (knapp 20%) und die linken Liberalen der DDP (mit 18,5%) waren stark. Die verfassungskritischen, revolutionär oder restaurativ-reaktionär gestimmten Parteien blieben relativ schwach: Die linke USPD kam auf 7,6% der Stimmen und die rechte DNVP auf 10,3% der Stimmen, die rechtsnationale DVP erreichte nur 4,4% der Stimmen – keine großartige Bilanz der Verfassungsfeinde[60] und für die schwarz-weiß-rot Distanzierten. Es war ein überragendes Mandat für die neue republikanische und soziale Demokratie.

Die Weimarer Koalition aus SPD, Zentrum und DDP kam zusammen auf sehr komfortable 76,1% der abgegebenen Stimmen. Am 11. Februar 1919 erhielt *Friedrich Ebert* von dieser Nationalversammlung bei der Wahl zum Reichspräsidenten 73,1% der Stimmen. Doch diese Dominanz der Demokraten und die scheinbare Kontinuität des Wahlverhaltens im Vergleich zum kaiserlichen Deutschland dürfen nicht täuschen. Sie hielt jedenfalls den sozialpsychologischen, wirtschaftlichen und politischen Umbrüchen der nicht abreißen wollenden ersten Krisenmonate der Republik nicht stand. Bei der Wahl der Nationalversammlung ging die stabilitätssuchende und die den inneren wie äußeren Frieden herbeisehnende überwältigende Mehrheit an die Urnen, mental offenbar noch an ihre Parteien der Vorkriegszeit gebunden. Das eigentliche Trauma der Niederlage, die Verarmung der bürgerlichen Mitte, das Gefühl des Ausgeliefertseins an die Sieger und die gravierenden Ordnungsverluste: das alles war noch gar nicht richtig angekommen und sorgte erst bei der regulären, auf der Grundlage der neuen Verfassung stattfindenden Reichstagswahl 1920 für eine unangenehme Überraschung.

Die Reichstagswahlen 1920 gelten bereits als ein Wendepunkt der Weimarer Republik.[61] Jetzt, im Juni 1920 stürzte die SPD dramatisch ab. Sie sackte auf 21,9% (ein Minus von 16 Prozentpunkten!)[62], die linksliberale DDP verlor 10,2 Prozentpunkte und das Zentrum 6,1 Prozentpunkte, während die der Republik distanziert oder feindlich gegenüberstehenden Parteien DVP[63], DNVP, USPD und KPD insgesamt auf knapp die Hälfte der Stimmen kamen. Die konstruktive und prägende Weimarer Koalition hatte in nur anderthalb Jahren ihre Mehrheit eingebüßt.

Die Radikalen von links und rechts waren deutlich angewachsen. Propagandistisch hatten sie die Massenpsychologie einer erschütterten Gesellschaft jeweils auf ihre Art bedient. Die radikale politische Linke von den Kommunisten bis hin zu einflussreichen Intellektuellen und Künstlern wie *Bertolt Brecht* oder sogar *Kurt Tucholsky*[64] griffen die Sozialdemokratie entweder als Verräter der sozialen Revolution oder doch als korrupte Bundesgenossen der alten Eliten an, die schuld waren am Niedergang des Landes. Sie bogen die aufwallende nationale

Bild 3: *Friedrich Ebert und seine Frau Luise bei der Stimmabgabe für die Reichstagswahl 1920*

Stimmung in eine antikapitalistische um, aber auch in antirepublikanische Ressentiments. Für sie war die „Ebertrepublik" nur eine „bürgerliche" Republik, nicht jene „freie sozialistische Republik", die *Karl Liebknecht* nur kurze Zeit nach *Scheidemann* mit wenig Widerhall ausgerufen hatte.[65] Für die Kommunisten war klar, dass Deutschlands Elend nur durch eine Räterevolution und ein Bündnis mit dem Russland *Lenins* wirksam bekämpft werden würde. Geradezu ihr Hauptfeind war die SPD, die Partei, die die Revolution angeblich verraten hatte und mit dem Kapitalismus paktierte:

> *„Die SPD ist die Partei der kapitalistischen Stabilisierung, und die
> KPD ist die Partei der proletarischen Revolution. Darum müssen wir
> in allen Fragen den schärfsten Kampf gegen die Sozialdemokratie
> führen."*[66]

Die KPD bezeichnete sich als die einzige Partei, die die Arbeiterklasse nicht „verraten" habe[67] und argumentierte gegen Ende der zwanziger Jahre noch deutlicher mit der stalinistischen Hetzparole vom „Sozialfaschismus"[68], wonach die Sozialdemokratie der linke Flügel des Faschismus sei und vorrangig bekämpft werden müsse. Dieses linksextreme Propagandakonstrukt wirkte auf die SPD-Führung wie ein vor allem ihren Anhängern injiziertes Gift, das den Spielraum zu Kompromissen minderte. *Ex post* ist schwer nachzuvollziehen, warum der sozialdemokratische Reichskanzler *Müller* 1930 mit der SPD die Regierung verlässt und damit die abschüssige Bahn in die präsidiale Autokratie öffnet. Hier müssen die Kräfte links und rechts der Sozialdemokratie und die von ihnen verursachten Stimmungslagen in der öffentlichen Meinungsbildung richtig gewichtet werden, um zu erkennen, wie extrem gering der Handlungsspielraum der sozialdemokratischen Führung noch war. Die propagandistischen und ideologisch verankerten Erklärungsmuster sind die Bataillone politischer Macht, auch wenn sie nicht immer in die Richtung marschieren, die ihre Erzähler einschlagen wollten. Insgesamt für das politische Prägeklima der Weimarer Republik einflussreicher als die linksextreme Behauptung vom Revolutionsverrat und vom Sozialfaschismus und letztlich noch tödlicher für die Demokratie war die ebenso giftige wie verlogene Erzählung der extremen Rechten: die Dolchstoßlegende. Einer ihrer maßgeblichen Urheber war derjenige, der ab 1925 in die Mitte des Weimarer Verfassungssystems rückte.

C. Ideelle Prägekräfte und kulturelle Strömungen der Republik

I. Wirkmächtige Einstellungen der Vorkriegszeit und Kriegserfahrungen

Wer die ideellen Prägekräfte zu Beginn der Weimarer Republik verstehen will, muss das durch den Krieg massiv mediatisierte politische Meinungsklima des Jahrzehnts bis zu den ersten wankenden Schritten der Republik, also etwa die Zeit zwischen 1910 und 1920 vor Augen haben. Die historische Forschung sieht mit aller Berechtigung im Ersten Weltkrieg eine Epochenzäsur (Ende des langen 19. Jahrhunderts[69]), genauso wie dies viele Zeitgenossen wahrgenommen haben, die *Spenglers* „Untergang des Abendlandes" gelesen hatten. Man darf sich jedoch keinen Illusionen darüber hingeben, dass selbst jemand wie *Gustav Stresemann* – im Kaiserreich erzogen, ausgebildet und geprägt – sein Koordinatensystem zunächst nicht aufgab, wenn er die Niederlage des Krieges, innere Unruhen und das Ausgeliefertsein an Siegermächte zu verarbeiten hatte und sich auch dieser Verfassung nicht wirklich unterwerfen wollte.[70]

Was war die grundlegende Richtungsgebung der öffentlichen Meinungsbildung in einem national ausgerichteten Prägeraum? Eine für Demokraten nicht nur erbauliche Nachricht ist, dass die freie öffentliche Meinung in allen kriegführenden Nationen in den letzten Jahren vor 1914 einen erheblichen Anteil an der Verursachung des Krieges hatte. Mit Ausnahme der Sozialdemokratie gab es im deutschen Reichstag vor 1914 kaum Stimmen, die zur Erringung deutscher Weltgeltung nicht auch einen Krieg jedenfalls in Kauf nahmen oder sogar nach dem Motto „Lieber jetzt als später" präventiv führen wollten. Das seit der zweiten Marokkokrise 1911 („Panthersprung nach Agadir") unübersehbare außenpolitische Einverständnis zwischen Frankreich und England mit der zusätzlichen östlichen Festlandsdrohung Russland sorgte für Ohnmachtgefühle einer Nation, die sich eingekreist wähnte. Die Isolationsfurcht stand im Widerspruch zum Gefühl nationaler Potenz. Im Blick auf wirtschaftliche und wissenschaftlich-technische Indikatoren war das Land kraftvoll, aber sah man da nicht den neidischen Blick der anderen? Die Divergenz von Kraft und außenpolitischer Ohnmachtserfahrung geriet für den damaligen Zeitgeist vor 1914 immer wieder zum Skandal, galt es doch als feststehende Tatsache, dass der Anteil an der globalen Wertschöpfung vom Umfang und der Qualität eines Kolonialreichs abhing. Dass sich Frankreich beispielsweise mit Rückendeckung des alten Rivalen Englands Marokko einverleiben konnte, ohne dass das Reich mit angemessener Kompensation oder Mitsprache rechnen konnte, wurde in Reichstagsdebatten erregt konstatiert und der Regierung ihre „Handlungsschwäche" vorgehalten. Aufmerksam wurde auch registriert, wie Russland die Nationalismen auf dem Balkan unterstützte und so latent aggressiv gegenüber der verbündeten Habsburger Monarchie wirkte oder wie das Osmanische Reich unter Druck geriet wegen der kolonialen Erwerbsinteressen von England, Frankreich oder auch des an sich mit den Mittelmächten verbündeten Italien. In diesem Wettlauf hatte Deutschland kaum stechende Karten im Spiel, konnte aber nach Ansicht Vieler auch nicht aussichtsreich den Status quo verteidigen – schon gar nicht gemeinsam mit den alten, vielen Zeitgenossen überlebt scheinenden, Vielvölkermächten Österreich oder dem Osmanischen Reich.

Kraftgefühl und Ohnmachtserfahrung, aber auch eine Neigung zum politischen Dilettantismus ergaben eine brisante Mischung. Das demokratische Meinungsklima aller bürgerlichen Parteien stand auf nationale Selbstbehauptung, notfalls mit jenem Schwert, das nicht rosten durfte; die Einheizer von rechts fanden sich vor 1914 beim Alldeutschen Verband.[71] Es war der maßgebliche politische Prägeraum[72] öffentlicher Meinungsbildung, der in allen 1914 kriegführenden Mächten die Weichen auf Krieg stellte, weil der Bewegungsspielraum handelnder Politiker erheblich verengt war, wenn sie nicht ohnehin schon Exponenten einer herrschenden Stimmungslage waren. Der aufgeheizte Nationalismus wich nach 1918 nicht einfach einer Ernüchterung, die bei klügeren Politikern wie *Aristide Briand* oder *Gustav Stresemann* erst in der zweiten Hälfte der zwanziger Jahre zu einem kurzlebigen, aber weit in die Zukunft gerichteten Politikansatz führte. Die nationalistische Stimmungslage in Frankreich unmittelbar nach 1918 ließ keinen klugen Verständigungsfrieden zu. In Deutschland war der alldeutsche Gesinnungstaumel ergänzt worden durch das nun stärker wirkende Gift des Antisemitismus, des völkischen Sozialdarwinismus und der Ästhetik eines soldatischen Elitenbewusstseins wie bei *Ernst Jünger*.[73]

Doch nicht nur in England oder, etwas zögernder, in Frankreich, sondern auch in Deutschland hatten trotz der retardierenden nationalistischen Stimmungen weite Kreise der Öffentlichkeit die Lektion des Krieges gelernt. Der überhitzte Nationalismus befand sich in einem Abklingbecken, welches allmählich die Aggressivität und den Hass verminderte, aber nicht notwendig zur bürgerlichen Normalität zurückführte, sondern auch von neuen aggressiven Prägungen überlagert wurde. Die politische Linke pflegte unter dem Einfluss von *Karl Marx* immer schon eine auf Klassenkampf angelegte Revolutionsidee, die allerdings von den meisten Sozialisten, die reformorientiert waren, mehr als Herzensnahrung im Kreis der eigenen Anhänger denn als Richtschnur praktischer Politik verstanden wurde. Mit der Durchsetzung der leninistischen Diktatur in Russland 1917 änderte sich das Bild. Ein Teil der politischen Linken, in Deutschland zuerst der Spartakisten, dann ergänzt durch einen Teil der USPD, dann als „vereinigte" KPD setzte auf den russischen Weg, mit Gewalt die bürgerlich-liberale Republik zu beseitigen, die allenfalls als Durchgangsstadium zur sozialistischen Umwälzung der Produktions- und Herrschaftsverhältnisse galt.

Nicht zu unterschätzen ist in einem Deutschland, das zumindest nördlich des Mains durch den preußischen Etatismus doch erheblich geprägt war, auch der Fortbestand traditionellen Staatsdenkens. Der Staat war politisches Argument[74], in verschiedene Richtungen nutzbar, aber doch mit einer Präferenz zu den alten „staatstragenden" Eliten. Die Revolution hatte insofern aus dem Blickwinkel der alten Gleichsetzung von Staat und Gesellschaft, Staat und Vernunft, unter der Dignität der Kronen doch Züge eines Legitimitätsabbruchs, der Beamten, Lehrern und Offizieren die Bejahung der neuen Republik erschwerte. War die Weimarer Verfassung – so ihre Frage – eine Neubegründung des Staates, also seine fällige Modernisierung (so die Lesart der die Verfassung tragenden Weimarer Parteien) oder war die Revolution eine Erschütterung des Staatswesens und demgemäß die Verfassung nur ein gebrechlicher Abglanz des Alten? Stand diese Verfassung nicht für übermäßige Teilung der Gewalten, für das ungeliebte Parteien(un)wesen, verlor der Staat nicht seine Einheit? Aus Sicht der radikalen Rechten war die Weimarer Verfassung entweder Verfallsprodukt der zersetzenden Fermentierung der Nation durch Liberalismus und Pazifismus oder allenfalls ein transitorischer Vorgriff des Kommenden, des wiederhergestellten, eigentlichen und kraftvollen Staatswesens. Für sie brauchte der Staat die starke und glanzvolle Autorität, um Einheit von Staat, Nation und Herrschaft zu sein.

Dass am Anfang der Republik und ihrer Verfassungsurkunde – wenngleich begrenzte – Gewalt stand, war für den staatlichen Traditionalismus ein weiteres Problem. Die Ideologie der politischen Rechten nahm die republikanische Demokratie mit ihrer organisatorischen und kommunikativen Pluralität als durch Gewalt künstlich aufgenötigte Auflösung des Staates wahr und setzte dem einen aus der Selbstbehauptungserfahrung des vergangenen Jahrzehnts gespeisten radikalen Nationalismus als Homogenitätsrezept entgegen, der seine eigene Gewalttätigkeit hinter der Vorstellung des „Organischen" verdeckte.[75] Dahinter stand eine in das 19. Jahrhundert zurückreichende und nun voll aufbrechende Kontingenzerfahrung. Die Philosophie gab die Prämisse nach Letztbegründung auf und machte sich auf die Suche nach Äquivalenten der Gewissheit und der Festigkeit. Schon der Marxismus hatte das naturwissenschaftliche Erkenntniskonzept auf Gesellschaft und Geschichte übertragen und erzeugte damit Gewissheit und Standhaftigkeit des Glaubens an den Telos der Geschichte, den derjenige zu erkennen vermag, der zuvor die Gesetzmäßigkeit des Klassenkampfes begriffen hatte. Hier sah die politische Rechte in Konkurrenz dazu und dann erst recht unter dem Eindruck eines Zerfalls der bürgerlichen Gesellschaft seit der Stimmung des Fin de Siècle und unter der Herausforderung avantgardistischer Kunstbewegungen einen Bedarf für entsprechende Anker der Gewissheit im Hinblick auf menschlichen Sinn und metaphysische Weltdeutung.

Es gab konkurrierende, intellektuell seriöse, aber auch unfassbar primitive Angebote. Je nach Höhe des intellektuellen Horizonts konnte das ein einfach gestrickter Sozialdarwinismus sein, der vom Überlebenskampf des stärkeren Volkes redete. Rassenideologische Grundierungen des Volkes wurden populär und der Antisemitismus zum Geschichtsprinzip erhoben. Aber es gab eben auch eine geistesgeschichtliche Tiefenströmung, die mit solchen Versatzstücken gar nichts zu tun hatte, aber dennoch Teil der großen Suche nach Gewissheit war. Sie arbeitete mit existentiellen Grenzerfahrungen des Individuums, anthropologischen Konstanten der Kulturgeschichte, Rückgriffen auf religiöse Signaturen wie bei *Max Scheler*[76] oder phänomenologischen Untersuchungen wie bei *Edmund Husserl* und *Martin Heidegger*.

Im Sommer des Jahres 1923 erschien *Carl Schmitts* „Die geistesgeschichtliche Lage des heutigen Parlamentarismus". Die antiparlamentarische Stoßrichtung dieser kleinen Schrift liegt darin, den Parteienbetrieb, die Verhältniswahl, ja die Wahl von Abgeordneten überhaupt als letztlich sogar undemokratische Fehlentwicklung zu denunzieren und so den Weg zu bereiten für charismatische, akklamierende, unmittelbare und identitäre Begründung einer Herrschaftsform des wahren Volkswillens. Diese eigenwillige Sichtweise hält es durchaus für möglich, den Bolschewismus in Russland oder den Faschismus in Italien für demokratisch zu erklären.[77] Die deduktive Ableitung politischer Herrschaft aus bei Wahlen „registrierten" Einzelwillen und die Organisation von Interessen in politischen Parteien wird im Grunde als unnatürlich, unorganisch angesehen, für konstruiert erklärt und natürlichen, homogenen Volksvorstellungen gegenübergestellt.[78]

> *„Auch wenn der Bolschewismus unterdrückt und der Fascismus ferngehalten wird, ist deshalb die Kritik des heutigen Parlamentarismus nicht im geringsten überwunden. Denn sie ist nicht als Folge des Auftretens dieser beiden Gegner entstanden; sie war vor ihnen da und würde nach ihnen fortdauern. Sie entspringt den Konsequenzen der modernen Massendemokratie und im letzten Grunde dem Gegensatz eines von moralischem Pathos getragenen liberalen Individualismus und eines von wesentlich politischen Idealen beherrschten demokratischen Staatsgefühls. (…) Es ist der in seiner Tiefe unüberwindliche Gegensatz von liberalen Einzelmensch-Bewusstsein und demokratischer Homogenität.“*

Das liberale und demokratische Denken sucht seinen letzten Anker in der Personalität der Bürger und der Volkssouveränität[79]: Doch das ist für *Schmitt* artifiziell und Ausdruck des *relativen Rationalismus* des parlamentarischen Denkens, dem etwa der Mythos des italienischen Faschismus überlegen sei, weil er auf dem Glauben an eine Mission beruht, auf das anthropologisch gründende Gefühl für Ordnung bis in die Choreographie der Massenaufmärsche hinein – der Glaube an etwas, das existentiell tiefer greift.[80] Intellektuelle wie *Carl Schmitt* waren geistige Wegbereiter des deutschen Faschismus, ohne Frage. Sie und ihre Pendants auf der kommunistischen Seite haben mit ihrem Antiparlamentarismus den Weg bereitet, lange bevor die Wähler an der Wahlurne versagten und die Demokratie abwählten. Aber bei *Ernst Jünger* und *Carl Schmitt* wird auch in einer Zeitenwende etwas ausgesprochen, was die Rechts- und Demokratietheorie *Hans Kelsens* nie angemessen in den Blick bekam und die parlamentarische Demokratie eben nicht ignorieren darf, wenn sie die Kräfte des *absoluten Irrationalismus* nicht stärken will. Die Demokratie braucht auch metaphysische Überzeugungskraft[81], braucht Identitätsgefühle und Ordnungsgewissheiten, alles nur relativ, aber präsent. Deshalb muss der Rechtsstaat konsistent und wirksam sein, ist Patriotismus keine Entgleisung und nicht allein beschränkt auf grundlegende Normbejahung, auch die Demokratie bedarf der Symbole. Wer Universalismus als Argument gegen handlungsfähige Staaten einsetzt[82], macht es denjenigen leicht, die den zivilisierten Verfassungsstaat mit mythischen Einheitsphantasien solange aufpumpen, bis er die Freiheit zerstört. In Weimar konnte sich der schwarz-rot-goldene Patriotismus nicht durchsetzen; im Deutschland unserer Tage sollten die Symbole der Republik nicht dem rechten Rand überlassen werden. Und es gilt, die

Balance zu wahren von individuellen Freiheiten und gemeinsamer demokratischer Regierung. Subjektive Grundrechte des Einzelnen und demokratische Selbstregierung bilden im offenen Verfassungsstaat eine unauflösliche normative Doppelhelix: Beide Bereiche gehören untrennbar zusammen und benötigen doch einen wohldefinierten Abstand. Wenn die Funktionsfähigkeit demokratischer Gemeinwesen nicht mehr richtig gewichtet wird und ein menschenrechtlicher Universalismus nicht mit dem Verfassungsstaat in Respekt seiner Existenzinteressen verwirklicht wird, sondern gegen ihn, werden neue Forderungen nach „illiberalen Demokratien" laut werden, weil – wie in der Zeit Weimars – die liberale Demokratie verdächtigt wird, von transnationalen Eliten präformiert und blockiert zu werden.

II. Tiefenströmungen: westliche Moderne und antimoderner Protest

Unter der Oberfläche der politischen Weltanschauungen, Interpretationen und Programme existieren in jeder Gesellschaft kulturelle, subkulturelle Tiefenströmungen. Sie bahnen sich ihren Weg in Kunst und Kultur, wachsen aber auch im Umgang und der Deutung von Alltagserfahrungen bis hin zu der Verarbeitung persönlicher Schicksale im sozialen Nahbereich, sie beeinflussen die Ausbreitung und Verwandlung von Moden oder Lebensstilen. Jede Welterklärung wird auch individuelle Erlebnisse rezipieren und ordnen. Ein kategorialer Individualismus wird die Welt als Ergebnis individuellen Handelns begreifen, nach Gestalten, Personen und Emanationen des Mehrheitswillens suchen. Ein kategorialer Kollektivismus dagegen sucht nach prägenden Gemeinschaften und wird das individuelle Schicksal lediglich als Konsequenz kollektiver Kräfte verstehen.

Der im 19. Jahrhundert noch vorherrschende politische Liberalismus war zu Zeiten der Weimarer Republik noch wirkmächtig, aber in der Defensive und parteipolitisch auf die Deutsche Demokratische Partei (DDP) konzentriert, eingeschränkt noch der rechtsnationalen DVP zurechenbar. Der Liberalismus war im Vergleich zum vorangegangenen Jahrhundert geschrumpft und seine Bedeutung schwand durch schwache Wahlergebnisse gerade in der Endphase Weimars beträchtlich. Nach der Gewalterfahrung des Krieges und der Revolution, angesichts des Verlustes gesellschaftlicher Stellungen und beruflicher wie persönlicher Rückschläge war es für viele Menschen einleuchtender, die eigene Angst vor der Zukunft in ein kollektives Schicksal zu projizieren. Es war einfacher, sich selbst als Element eines gemeinschaftlichen Erleidens, sei es der Klasse oder einer Nation, zu verstehen und zu deuten. Damit konnte man erlittenen Schmerz oder mangelnden persönlichen Erfolg erklären, aber auch die eigene kleine Bedeutung in ein großes Kollektiv hinein steigern, sich in geschichtliche Dimensionen vergrößern und seiner eigenen Existenz Sinn stiften. Die grausigen Erfahrungen des Weltkrieges im Massensterben der Schützengräben, diese Totalität einer Maschinerie, die den Einzelnen um seine Individualität bringt und ihn zum Kanonenfutter degradiert, sie wollte bewältigt werden. *Ernst Jüngers* Heroismus der Stahlgewitter wirkt so modern wie Kubismus, setzt aber ein antimodernes politisches Programm in ästhetische Szene, konkurriert mit dem Arbeiter- und Revolutionsheroismus des linken Radikalismus, weist hier ästhetische Überschneidungen auf. Aber er zeigt auch sakralisierte Todessehnsucht aus millionenfacher Todesangst:

> *„Und immer wieder, trotz Widersinn und Wahnsinn äußeren Geschehens, bleibt eine strahlende Wahrheit: der Tod für eine Überzeugung ist das höchste Vollbringen. Es ist Bekenntnis, Tat, Erfüllung, Glaube, Liebe, Hoffnung, und Ziel: er ist auf dieser unvollkommenen Welt ein Vollkommenes und Vollendung schlechthin. Dabei ist die Sache nichts, die Überzeugung alles. Mag einer sterben, in zweifellosen Irrtum verbohrt; er hat sein Größtes geleistet. Mag der Flieger des Idealisten Barbusse tief unter sich zwei gerüstete Heere zu einem Gott um den Sieg ihrer gerechten Sache beten sehen, so heftet sicher eins, wahrscheinlich beide einen Irrtum an seine Fahnen; und doch, ein Gott wird beide zugleich in seinem Wesen umfassen. Der Wahn und die Welt sind eins, der Sieg ist nicht die Wahrheit, wer für einen Irrtum starb, ist doch ein Held.“*[83]

Das war gewiss nicht die einzig mögliche Deutung und die einzig mögliche Umformatierung der Sinnlosigkeit des großen Sterbens und der Niederlage. Aber sie war eine, die im konservativen, elitären und auch im völkisch rechtsradikalen Milieu Anklang fand. Sie erklärt vielleicht sogar den Heißhunger *Hitlers* auf „seinen" Krieg, als ein unendliches Ringen ohne kalkulierbare Siegesaussicht, ohne die Sachzwänge des Unvermeidlichen und in völliger Ignoranz globaler Kräfteverhältnisse oder praktischer Folgen. Noch im Untergang des Dritten Reiches, noch in der völligen Gleichgültigkeit der Machthaber für das Schicksal des Volkes oder gar einzelner Menschen wurde diese Jüngersche Attitüde in ihrer ganzen morbiden, antizivilisatorischen Ästhetik wirksam. Es handelt sich um eine Metaphysik des sakralisierten Todes als Opfer, ein Opfer für nichts als die Gabe auf dem Altar eines kalten Heroismus, ein existentialistischer Zivilisationsabbruch auf der Linie von *Friedrich Nietzsche* über *Ernst Jünger* zu *Martin Heidegger*.[84]

Die kleinere, aber viel ältere Münze passend dazu war der tiefer verankerte deutsche Hang zum politischen Romantizismus, der indes im Nibelungenepos eine innere Beziehung auch zur Todessehnsucht offenlegt. Man kann die Romantik der Suche nach der blauen Blume als nach innen gekehrte Reaktion auf die Versachlichung, Industrialisierung und Politisierung der Lebensverhältnisse zu Beginn des 19. Jahrhunderts verstehen und schätzen. Man kann das Biedermeier auch als Rückzug aus der politischen Arena beklagen. Die deutsche Politik zeigt bei all ihrer Bereitschaft zu kruder Gewalt auch einen Hang zum Träumen. Doch als Muster lässt sich das schwerlich bis auf die Stauferkaiser zurückführen; es ist mehr die neuzeitliche, erst seit Anfang des 19. Jahrhunderts wirkmächtig werdende Rezeption von *Friedrich Barbarossa* und seinem *Enkel Friedrich II.*, die auch das romantische Potential wecken will.[85] Politische Romantik beherrschte keineswegs immer die deutsche Szene; mit ihrem periodischen Aufflackern muss aber gerechnet werden. Vergangenheitsverklärung und opake Zukunftsvisionen waren nicht die von kühl rechnenden Kaufleuten, sondern häufiger die von Theologen oder Philosophen und nicht zuletzt auch die von Fürsten. Als *Wilhelm II.* 1890 den Eisernen Kanzler entließ, verabschiedete auch ein junger Romantiker den alten Machiavellisten, schickte ein Träumer den Lotsen von Bord. Aber der junge *Wilhelm* war keine nationalkulturelle Entgleisung, sondern er traf die Sprache der Zeit, erreichte den Prägeraum des Politischen. Der junge Kaiser sprach warm und stark zur deutschen Seele: Schimmernde Wehr, Platz an der Sonne, Zukunft auf dem Wasser, der Kaiser als „König der Bettler". Seine monarchische Vorstellung eines Herrschers, mit Fantasieuniformen, technischer Verspieltheit und herrlichem Mythos hatte keine Scheu ebenso ins Mittelalter wie in eine großartige Zukunft zu greifen, gerade weil das technisch und wissenschaftlich prosperierende Land ein ökonomischer Riese wurde. Politische Romantik fusionierte mit „Weltpolitik" und machte den Handlungsraum kluger Politik deutlich enger. Die Weimarer Republik sah sich vor dieser Projektionsfläche buchstäblich und grob desillusioniert, sah sich einer eiskalten Friedensordnung der Sieger unterworfen.

Das Gefühl der Ohnmacht und der Wut nach dem Traum von der Weltgeltung und dem deutschen Kulturauftrag blieb als Gleichzeitigkeit von Superioritäts- und Inferioritätsgefühlen wie ein gefährlicher Krankheitserreger virulent. In der großen Weltwirtschaftskrise zerstörte diese nationale Krankheit ein weiteres Mal den dringend nötigen politischen Pragmatismus, den innenpolitischen von Zentrum und SPD, den außenpolitischen *Stresemanns* und dann selbst den hölzernen eines *Brünings*. Die Irrationalität des triumphierenden Willens und die ins Perverse gedrehte Sehnsucht nach der naturhaft wilden, rassereinen, zivilisatorisch ungebändigten Volksgemeinschaft: sie setzte mörderische Zerstörungskräfte frei.[86]

Man wird die Bonner Republik von 1949 und das nüchterne Grundgesetz deshalb auch als Abkehr von den romantischen Geistern der Vergangenheit lesen müssen. Westbindung, NATO und europäische Integration waren auch Ausdruck eines klugen Pragmatismus, ebenso wie die kühl berechnete Ordnungspolitik der Sozialen Marktwirtschaft. *Adenauer* und *Erhard*, später auch ein Kanzler wie *Helmut Schmidt*, verbannten das Träumen und das Emotionale aus den Wandelgängen der Politik, bei manch taktischer Konzession doch sehr entschieden. Auch *Willy Brandts* Ostpolitik war im Kern pragmatisch. Der charismatische Brandt bediente indes auch das Gefühl, mit ihm konnte man noch recht gefahrlos träumen, aber der Ruf nach Pragmatismus, vor allem wirtschaftlicher und sozialer Rationalität war lauter und trug erheblich zum Kanzlerwechsel 1974 bei. Das Romantische bei *Helmut Kohl* wirkte immer irgendwie gebremst durch außen- und europolitisches Kalkül, während bei der im Markenkern völlig pragmatisch auftretenden *Angela Merkel* im Spätsommer 2015 nach Ansicht einiger Beobachter doch ein romantischer Reflex im Gewand konsequent wertrationaler Ethik durchgeschlagen sei.

Wer politische Prägekräfte gewichten will, sollte jedenfalls romantische Übersprunghandlungen und heimliche Sehnsüchte immer mit einkalkulieren. *Schlegel* und *Novalis*, aber auch *Marx* oder *Nietzsche* fanden keinen rechten Geschmack an der kalten Vernunft praktischer Urteilskraft des Königsberger Meisterdenkers *Immanuel Kant* und damit auch keinen wirklichen Anschluss an die damals in England, Frankeich und Nordamerika längst dominierende westliche Zivilisationstendenz. Gegen westliche Kälteströme setzten sie auf die Geothermie tiefbohrender Wärmequellen utopischer Gemeinschaftssehnsucht, auf gänzlich neue Verhältnisse, neue Menschen oder auf Übermenschen.

Maßgebliche Vertreter des intellektuellen Prägeraums in Deutschland suchten nach mythisch überliefertem Volksgeist, nach tieferen Bewegungsgesetzen einer metaphysisch gewendeten Geschichte oder nach dem mythischen Urgrund rationalen Denkens. Die Romantiker hatten „eine Verbindung hergestellt zwischen extremem Individualismus und ausschweifendem Universalismus"[87]. Der Sinn und der Geschmack für das Unendliche ließen auch nach Transzendenz in den politischen Orientierungen suchen. Das schwächte nach 1871 die Fähigkeiten einer politisch ungeübten Nation, die konstruktive Dialektik differenzierter Institutionen und universeller Menschenbilder konstruktiv nüchtern zu handhaben. Bei *Novalis* wurde die alte katholische Kirche zur politischen Universalitätsadresse, während bei *Fichte* der Universalismus in Nationalismus umschlug und bei *Marx* in eine staatenverachtende sozialtechnische Revolutionsmechanik, die als der vom historischen Materialismus[88] ernüchterte und erleuchtete Weltgeist alles ergreifen und umgestalten sollte.

III. Geschichtsphilosophie und Zukunftserwartung

In einer beachtlichen Arbeit hat *Rüdiger Graf* über das Verhältnis der Weimarer Zeit zur Zukunft berichtet. In der gesamten Neuzeit kommt es darauf an, wie eine Weltdeutung sich zur Zukunft verhält. Gerade die Temporalität, das Bewusstsein von Zeithorizonten, Offenheit des Kommenden und Dynamik ist ein bestimmendes Merkmal der westlichen Neuzeit, ein Kennzeichen dieser Epoche.[89] Alltagserfahrung der Menschen und ihre Bedürfnisse nach praktischer Orientierung erfordern eine Erklärung von Vergangenheit und Gegenwart und eine handlungsleitende Projektion in die offene Zukunft. Selbst der Konservatismus muss eine Vergangenheit so erklären, dass sie in der Idee der Reform als restitutio das Handeln leitet. Innerhalb der rationalen Matrix der Neuzeit sollte zudem ein Weltbild eine wissenschaftlich kompatible oder sogar wissenschaftlich abgeleitete Erklärung beanspruchen[90] und da das politische Gemeinwohl immer auch Moral des Ganzen und vor allem Hilfe für die Schwachen sein will, fließen hier seit den politischen Utopien eines *Thomas Morus* im Jahr 1516[91] die Vorstellungen aller zukünftigen, rational gestalteten und gerecht geschaffenen Gemeinschaften als Bedingung menschlichen Glücks zusammen.

Die politische Linke Weimars argumentiert moralisch und szientistisch zugleich. Sie beansprucht radikale Modernität und radikalen Humanismus für sich. Die radikale Linke will, angeblich wissenschaftlich belegt, den Sinn der Geschichte kennend die Zukunft ins Werk setzen. Sie will gegen eine zurückgebliebene, störrische Gegenwart das verwirklichen, was in den Sozialutopien geschildert ist, insbesondere jene gute Gemeinschaft ohne Privateigentum, die schon bei *Morus* beklemmend wirkt in der Allmacht der Regeln und der Verwaltung des Alltags. Die Weimarer Republik ist für die KPD nicht nur irgendeine „bürgerliche" Republik als Durchgangsstadium zur sozialistischen Gesellschaft, zu der man ein taktisches Verhältnis bis zu ihrer Überwindung entwickeln kann, sie ist zugleich und viel mehr jene verhasste Verfassungsordnung, die der Logik der Geschichte und dem Emanzipationskampf der Arbeiterklasse wie ein Sperrriegel den Weg verlegt. Die radikal linke Zukunftserwartung ist die Revolution als Sturz des Kapitalismus im Innern wie nach außen. Ein ganzes Stück weit können die Kommunisten die auch bei Arbeitern und Intellektuellen verbreitete Aversion gegen die Westmächte und das Versailler System für sich nutzen, weil nationale Befreiung zugleich den Bruch mit dem internationalen Kapitalismus bedeuten muss, Seite an Seite mit der Sowjetunion, der das bereits gelungen ist.

Die Führung der Sozialdemokratie besetzt das reformerische Gegenbild dazu, wonach die Arbeiter sich auf dem Boden dieser schwarz-rot-goldenen Republik die Plattform erkämpft haben, auf welcher die Gleichstellung der Arbeiter und ihr steigender Anteil am Wohlstand Schritt für Schritt weiter erkämpft werden können. Es versteht sich von selbst, dass dieser subkutan immer schwelende und häufig explizit ausgetragene Streit um die Zukunft im marxistischen Denksystem ein gutes Stück weit von der jeweiligen politischen und wirtschaftlichen Entwicklung abhing. Erfolge wie die Einführung der Arbeitslosenversicherung und der Rückgang der Arbeitslosigkeit mussten die Führung der SPD bestätigen, während die große Krise seit dem Herbst 1929 jene marxistische Prognose vom Untergang des Kapitalismus, der zugleich der Anfang vom Aufstieg des Sozialismus sein müsse, in der alltäglichen Erfahrung von Massenarbeitslosigkeit und Elend zu bestätigen schien und folgerichtig auch in den Gewichtsverhältnissen der beiden Parteien zueinander der Wählergunst folgend abgebildet wurde.

Die kompromisslose Identifizierung der Weimarer Verfassungsordnung mit dem angeblich sterbenden kapitalistischen System und dem Klassenfeind ließ eine wirkliche Volksfront zur Verteidigung der Republik keinen Augenblick wahrscheinlich erscheinen, es sei denn *Stalin* selbst hätte einen solchen Befehl erteilt.[92] Und man wird auch in Rechnung zu stellen haben, dass es zwischen dem Kampf der KPD gegen die parlamentarische Demokratie und der Verteidigung der Weimarer Verfassungsordnung durch die Führung der SPD mittlere, aber letztlich nicht vermittelnde Positionen gab, die ursprünglich die USPD einnahm, aber auch linke Jungsozialisten: „Die Republik ist nicht viel, der Sozialismus ist unser Ziel", so die Parole der aus dem linken Flügel der SPD 1931 herausgewachsenen Sozialistischen Arbeiterpartei (SAP), die ebenfalls eine proletarische Diktatur installieren wollte, bis eine Wiederkehr der bürgerlichen Klassenherrschaft unmöglich geworden und die Mehrheit des Volkes für den Gedanken des Sozialismus gewonnen worden sei.[93]

IV. Religiöse Dispositionen und vagabundierende Religiosität

Wer die soziokulturelle Ausgangslage der deutschen Gesellschaft zur Zeit der Weimarer Republik verstehen will, wird den Kirchen als Sozialisationsagenturen, aber auch als Projektionsflächen säkularen Protestes und institutionell ansonsten ungebundener Suche nach Transzendenz einige Aufmerksamkeit schenken müssen. Der Protestantismus „stand nach Ausbruch der Novemberrevolution 1918 zunächst unter Schock, nach vier Jahrhunderten war das landesherrliche Staatskirchentum erloschen."[94] Wie sollte man umgehen mit einem weltanschaulich neutralen Staat und ohne *summus episcopus*, also Landesherren als obersten Bischöfen?[95] Art. 137 Abs. 3 Satz 2 WRV war an die Adresse der Religionsgesellschaft (Kirche) gerichtet und lautete: „Sie verleiht ihre Ämter ohne Mitwirkung des Staates oder der bürgerlichen Gemeinde." Die Weimarer Verfassungsartikel zum Staatskirchenrecht ließen den Kirchen ihren Status als Körperschaften des öffentlichen Rechts[96], sie konnten formal weiterhin jene Nähe zum Staat leben, der für den deutschen, den lutherischen Protestantismus wichtig war. Sie verloren aber jene hergebrachte paternalistische Bindung an den Landesherren, die nach den Worten *Martin Heckels* immer auch Fürsorge bedeutete und auch die Möglichkeit, theologische Dispute, beispielsweise die Überwachung der Bekenntnistreue von Religionslehrern und Theologieprofessoren, dem Staat zuzuschieben.[97]

Der Verlust der Landesherren betraf im protestantischen Deutschland nicht nur Fragen oberflächlicher Organisation oder institutioneller Vorteile. Er hatte auch zu tun mit dem tieferen theologischen Verhältnis von Kirche und Staat, mit dem Widerstandsrecht gegen eine nichtlegitime Ordnung. War die Weimarer Verfassung überhaupt eine legitime Ordnung, wo sie doch aus einer Revolution hervorgegangen war, die von *Luther* womöglich, gemessen an seinen Stellungnahmen zum Bauernkrieg, als illegitim und damit als nicht gottgewollt angesehen worden wäre? Die vom Staat gelöste und mit der gesellschaftlichen Säkularisierungstendenz konfrontierte protestantische Religiosität begann ortloser zu werden und nach weltlich-nationalen Komplementäridentifikationen zu suchen, während auch der politische Katholizismus, obwohl hier mit der römischen Orientierung spürbar distanzierter, durch Bindungsverluste ebenfalls für nationale (indes nicht rechtsextreme) Rhetorik anfälliger wurde.

Die deutsche Religionsgeschichte und der Bürgerkrieg der Bekenntnisse hatten tiefe Spuren bis in die Positionen der Parteien hinterlassen. Der norddeutsche Protestantismus war stark ordnungsfixiert und wertrational. Das ließ ihn nach entsprechend stark auftretenden politischen Gemeinschaften streben, welche mehr im nationalen als im linksliberalen Lager gefunden werden konnten. Der politische Katholizismus war kulturell abschirmend orientiert, deshalb überschnitt er sich in der Staatsabwehr mit liberalen Positionen. Er überschnitt sich durch seine Soziallehre und seine Subsidiaritätsvorstellung aber auch mit demokratischen und sozialen Programmen, ohne dabei in irgendeiner dieser Richtungen aufzugehen. Damit war der politische Katholizismus des Zentrums viel stärker koalitionsfähig als der in der DNVP angesiedelte norddeutsche Protestantismus.

V. Kultur und Kunst in der verletzten und zerklüfteten Gesellschaft der zwanziger Jahre

Die großen europäischen Nationen waren durch den Krieg, der manchen wie ein Abbruch der großen Zivilisierungstendenz erschienen war, zutiefst verunsichert. Für kein Land galt das mehr als für das geschlagene, aus großer Höhe gefallene und ideell im Weltkrieg durch die alliierte Kriegspropaganda auch kulturell attackierte Deutschland. Wer mit heutigen Augen auf die Kunst der zwanziger Jahre blickt, ist fasziniert, was in Malerei, Architektur, Theater und Musik, mit Literatur und Poesie auf den Weg gebracht worden ist und wie unglaublich modern und nah auch heute Bilder von *Paul Klee*, von *Otto Dix*, die Ästhetik des Bauhauses, das Theater *Bertolt Brechts*, die atonale Musik *Schönbergs*, das Werk *Franz Kafkas* und nicht zu vergessen das Kino mit solch großen, futuristischen Filmen wie „Metropolis" auf uns wirkt. Berlin wurde geradezu zu einer Weltstadt der Kultur, pulsierend, innovativ, aber auch verstörend.[98] Die Distanz zwischen Stadt und Land war ausgeprägter als heute. Die Vergnügungen und Kontexte der liberalen und linken Elite entfernten sich vom geistig eher retardierenden Land. Nicht nur die Expressionisten wie *Ernst Toller* provozierten das Publikum. Die allgemeine Erfahrung, dass große Kunst der Zeit voraus ist und deshalb disruptiv und provokativ wirken muss, weil sie Blickwinkel und Sehgewohnheiten verändert, war das eine, aber die Verwobenheit der Künstler in gesellschaftlichen Umbrüchen, Zerklüftungen, Gewalterfahrungen und Ablehnung des hergebrachten bürgerlichen Institutionensystems war das andere und es machte Kunst produktiv für die Suche nach einer neuen Ordnung, mitunter aber auch destruktiv. *Ian Kershaw* hat bei seiner Untersuchung der Ursachen des Aufstiegs *Hitlers* in Richtung Kunst diagnostiziert:

„Auf kultureller Ebene waren die Verwerfungen ebenso tiefgreifend. Die Avantgarde-Kunst von Weimar stieß weit mehr Menschen ab, als sie anzog. Wie immer gingen kultureller Konservatismus und Philistertum ein enges Bündnis ein. Avantgarde und Populärkultur waren gleichermaßen verschrien. Goebbels' Angriffe auf die ‚Asphaltkultur‘ fanden später nicht nur unter den zum harten Kern gehörenden Nationalsozialisten ein Echo, sondern auch im Kreise der soliden, reaktionären Bourgeoisie, die mit Befremdung auf die Amerikanisierung der großstädtischen Populärkultur in den zwanziger Jahren reagierte.“[99]

Auch wenn man etwas weniger die Position der Avantgarde selbst einnimmt und mehr Verständnis für die Entfremdungsgefühle und Orientierungsverluste der bürgerlichen Mitte mitbringt, also nicht den üblichen Ton gegenüber der „reaktionären Bourgeoisie" anschlägt, so ist doch nicht zu übersehen, dass die produktiven Eruptionen der Zwanzigerjahre, aber auch die Erfolge der Unterhaltungsmusik und der deutschen Filmindustrie für viele wie eine *Überwältigung* wirkten und unverstanden blieben. Dies führte dazu, dass die Angriffe auf den „Kulturbolschewismus" aus den Hugenberg-Medien und dann noch einmal verschärft aus der Ende der Zwanzigerjahre stärker werdenden Nazi-Partei ebenso wie die elitäre Attitüde mit ihren Klagen über die Verflachung des Massengeschmacks, die bis hinein in die kunstanalytischen Schriften *Theodor W. Adornos* zu finden sind, eine nicht zu unterschätzende Erregungsfolie unterhalb wirtschaftlicher, sozialer oder politischer Diskurse darstellten.

Nicht nur für Rechtsintellektuelle, die sich von *Jünger* und *Spengler* angezogen fühlten und von der konservativen Revolution als einem gerade auch kulturrevolutionärem Umbruch redeten, sondern auch die marxistisch inspirierte intellektuelle Linke stand nicht zur Republik[100], für sie war auch ein *Friedrich Ebert* Stütze des kapitalistischen Systems.[101] Zwischen „konservativen Revolutionären" und Linksintellektuellen herrschte mitunter ein subkutanes Einverständnis, derselbe Geist elitärer Überheblichkeit gegenüber den Repräsentanten der ungeliebten Republik.[102] Auch die Universitäten blieben wie die Justiz und die Verwaltung distanziert, die Studenten mehr noch als die Professoren.[103] Am ehesten noch konnte die wichtige preußische Verwaltung unter dem jahrelangen Einfluss der von *Otto Braun* geführten Koalitionsregierung schrittweise jedenfalls Vernunftrepublikaner in leitende Positionen bringen. Aber insgesamt blieben die Eliten in ihren fragmentierten Kulturräumen zurückhaltend bis ablehnend und nur wenige Künstler wie *Thomas Mann* oder *Max Liebermann* bekannten sich zur parlamentarisch-demokratischen Republik als einzig mögliche Form echten Patriotismus.[104]

Der Instinktpolitiker *Hitler* inszenierte jedenfalls sein krudes, eigentlich in jeder Hinsicht spießiges Kunstverständnis einigermaßen propagandistisch wirkungsvoll gegen das, was er als „entartete Kunst" bezeichnete, in der Anprangerung der negativen Ästhetik des „Abjekten"[105]. In der Weimarer Zeit jedenfalls schwelte ein von den politischen Großereignissen aus betrachtet subkutaner Kulturkampf, der etwa in Aktionen wie dem von *Goebbels* wirksam ins Werk gesetzten Protest durch die Freisetzung weißer Mäuse im Kino gegen die Uraufführung der Verfilmung von *Remarques* „Im Westen nichts Neues" einen Niederschlag fand.[106] Die Kluft zwischen der linksliberalen Elite bei der geschlossenen Premiere am Vortag und dem rechten Mob mit kulturprotestierendem Habitus in der öffentlichen Abendvorstellung des Folgetages hätte größer kaum sein können. Für den ruhig-gesitteten 4. Dezember 1930 findet sich folgende Beschreibung:

> „Im Premierenpublikum viel Prominenz: aus der Politik Preußens Innenminister Severing, mit Scheidemann, Marx, Müller gleich drei Reichskanzler a. D. sowie der rote Verleger Münzenberg, aus der Kultur die Herren Döblin, Zuckmayer, Kisch, Grosz. Auch an der Kasse alles prima. ,Man riss den Händlern die Karten aus den Händen', erinnerte sich später Hanns Brodnitz, Direktor des Mozartsaales am Nollendorfplatz. Und die Vorführung? Wie erhofft: ,Das Publikum, das noch in der Mitte des Films einigen Dialogen, die sich gegen den Krieg richteten, demonstrativ Beifall gespendet hatte, verließ zum Schluss das Haus still und im Innersten aufgewühlt, unfähig, Beifall zu äußern' – so tags darauf die ,Vossische Zeitung'. Störungen? Keine."

Dann am 5. Dezember 1930 die öffentliche Premiere:

> „[...] erst in der 7-Uhr-Vorstellung ging der Terror los. Anfangs drehte man die Lautstärke hoch – vergeblich: ,Der Tumult wurde immer wilder, an allen Ecken des Theaters brüllten Volksredner, und die wüstesten Beleidigungen und Beschimpfungen erfüllten die Luft.' Die Vorstellung wurde unterbrochen, was auch nicht half. Goebbels hetzte, Fäuste flogen, nach Fortführung des Films folgten Stinkbomben, bis als Höhepunkt ,aus kleinen Pappkartons weiße Mäuse in solcher Zahl losgelassen wurden, dass man auf einen Ausverkauf dieses Artikels in sämtlichen Berliner einschlägigen Tierhandlungen schließen konnte', wie Brodnitz schrieb. Die 16 anwesenden Polizisten wurden der Lage nicht Herr, zumal ,knapp drei Dutzend der Hauptschreier' ihre Abgeordnetenausweise zückten."[107]

Die Nazis griffen auf mehreren Ebenen und am radikalsten an. Sie wussten auch, wie man die virulenten Ressentiments gegen die „bürgerliche" Normalität, gegen den institutionellen Betrieb von Markt, Demokratie und rechtsstaatlichen Alltag in Stellung bringt, wie man sich als antibürgerliche Bewegung zur Rettung der Substanz des Bürgerlichen aktionistisch in Szene, in Kunstszene setzt. Sie ernteten später ab 1930 auch auf dem Feld, das seit 1918 als Matrix der fragmentierten Gesellschaft entstanden war: dem Leiden am unbegriffenen Neuen, an verstörenden Möglichkeiten, an Borniertheit und Egoismus, an skandalösem Elend. Die Nazis als Bodensatz einer entwurzelten und mit Gewalt konfrontierten Bürgergesellschaft profitierten von den verbreiteten Ressentiments, vom Hass, von Irrungen und Verwirrungen – und sie traten verstörend modern und antimodern zugleich auf.

VI. Wertbestimmtheit, Liberalismuskritik und antiwestlich-romantische Unterströmungen

In Salons, Universitätsseminaren, der großen Weltdeutung der Philosophie, der Sozialpsychologie bis hinein in die Feuilletons der Tagespresse und Wochenschriften, häufig fragmentiert und nicht unmittelbar aufeinander bezogen, hatte sich ein fruchtbarer, aber auch destruktiver Humus gebildet. Eine wichtige Lehre, die das Grundgesetz aus dem Scheitern der Weimarer Verfassung ziehen wollte, war die Betonung, dass die Grundrechte und die freiheitlich-demokratische Struktur der Staatsorganisation nicht unbegrenzt disponible Ergebnisse jeweiliger Mehrheiten sind, sondern Ausdruck einer tiefer verankerten Werteordnung, die in ihrem Menschenbild universell und deshalb nicht dispositiv ist. Damit wird korrigierend auf eine angebliche, seit *Kant* bemerkbare deutsche Sonderentwicklung reagiert, die in der Weimarer Reichsverfassung und der von ihr verfassten politischen Kultur ihren Niederschlag gefunden habe.

> *„Verhöhnung und Verketzerung der parlamentarischen Regierungsform während der Weimarer Republik galt für weite Kreise als Pflicht und Ehrendienst an Reich und Nation. Die Wurzeln dieser Haltung sind vornehmlich in der Antwort des deutschen Geisteslebens auf die Herausforderung von 1789 zu suchen. Wie verschieden auch immer diese Antworten ausfielen, welche mit den Namen der großen Denker verbunden sind, so haben doch Kant, Fichte, Schelling, Hegel, Marx und Nietzsche in je eigener Weise die Naturrechtstradition zerstört oder*

*modifiziert, indem sie alle im Banne oder in Reaktion auf die politischen
Folgen jener Ideen neue geistige Entwürfe schufen.*"[108]

Das Verhältnis der Geisteselite Deutschlands zur Französischen Revolution und zur amerikanischen Unabhängigkeit mit ihrem zugrundeliegenden Verständnis universeller Menschenrechte und dem republikanischen und demokratischen Typus der Selbstregierung war nicht durchweg ablehnend, aber ambivalent. Die politische Philosophie *Hegels*, die Romantik und die historische Rechtsschule prägten hier das 19. Jahrhundert. Es hieße gewiss, den Gedanken zu überspannen, wenn man sagt, dass damit ein antimodernes Programm zur westlichen Fortschrittsidee aufgelegt worden sei. Aber ein latenter Gegensatz, ja eine ihrerseits elitäre Attitüde der angeblich tiefer denkenden und moralisch besseren Nation schwang durchaus und kräftig mit:

> *„Eine ewige, Moral und Recht gemeinsam begründende rationale und gottgesetzte Ordnung dort, eine immer neue und lebendige, individuelle Verkörperung des historisch-produktiven Geistes: das ist der letzte Unterschied. Wer an das ewige göttliche Naturrecht, die Gleichartigkeit der Menschen, die Einheitsbestimmung der Menschheit glaubt und darin das Wesen der Humanität sieht, der empfindet die deutsche Lehre als seltsame Mischung von Mystik und Brutalität.*"[109]

Und umgekehrt besteht die deutsche Sicht immer auch aus Vorbehalten gegen universelle Humanität und den politischen Kontraktualismus seit *Hobbes* und *Locke*:

> *„Es gibt aber auch eine andere Gemeinschaftsidee: nicht Vertrag oder zweckrationale Konstruktion schaffen von den Individuen her den Staat und die Gesellschaft, sondern die von grundlegenden Individuen ausstrahlenden überpersönlichen geistigen Kräfte, der Volksgeist oder die religiös-ästhetische Idee.*"[110]

In großen Männern sublimiert sich der Volksgeist und findet in dieser Konkretion eine neue Qualität, um allgemein auf einer höheren Stufe zu stehen: nicht seelenloser, mechanischer Fortschritt also, sondern geschichtliche Entwicklung.[111]

Das Naturrecht in der Lesart der politischen Aufklärung geht von der Subjektqualität des Menschen aus, betont seine von Natur aus gegebenen, angeborenen Rechte, die jeder Gemeinschaft, jeder politischen Herrschaftsform vorausgehen und nicht erst von ihr verliehen, sondern geschützt und gewährleistet werden. So wird politische Herrschaft zu einem Resultat des zusammenfließenden, mit Mehrheit entscheidenden Volkswillens, der die Summe der freien und gleichen Bürger eines Landes, einer Nation, eines Staates ist.

Dieses Prinzip der politischen Liberalität wirkte durchaus auch im deutschen 19. Jahrhundert bei preußischen Reformern, dem deutschen Liberalismus und der demokratischen Nationalbewegung, es ließ auch die Sozialdemokratie nicht unbeeinflusst. Aber die Widerstände gegen diese kalt-formalen und scheinbar oberflächlichen Prinzipien waren stark und einflussreich. Bei *Hegel* wird die Geschichtlichkeit zum Evolutionsprinzip und der Volksgeist zum eigentlichen Wesen der Nation, das mit dem formalen Staatsbürgerbegriff nicht zu erfassen war. Die Einheit von Nation und Staat war letztlich ein kollektivistisches Konstrukt, das bei aller subjektphilosophischen Grundierung eine Eignung zum politischen Missbrauch gegen die liberale Demokratie in sich trug. Das gilt sowohl für die Vorstellung von *Karl Marx*, das universelle Geschichtsprinzip im Klassenkampf und der säkularen Eschatologie der kommunistischen Gemeinschaft gefunden zu haben, mitsamt dem Kollektivismus der Klasse, die jedenfalls transitorisch über die individuelle Selbstbestimmung gelegt wurde. Entsprechendes gilt auch für die Verkörperung einer Nation, die weder in einer Nationalversammlung, noch in einem Parlament ihr wirkliches Wesen zeigt, sondern eher im Grenzfall existenzieller Behauptung und Herausforderung.[112]

Wenn die Weltgeschichte das Weltgericht ist und insofern jeder Deutsche bewusst oder unbewusst Hegelianer sein muss, so bekommt man eine Vorstellung davon, wie tief die Niederlage des Weltkrieges und die alleinige Schuldzuweisung des Versailler Vertrages, die Abwertung zu einer moralisch befleckten Nation, den Nerv der Deutschen treffen musste. *Oswald Spenglers* „Untergang des Abendlandes", jenes „in der Hauptsache von *Nietzsche* herkommende spenglersche Untergangsbuch und sein kolossaler Eindruck"[113] bleiben in Weimar virulent. Bei *Hitler* wird die romantische Sehnsucht sozialdarwinistisch und in der Rassentheorie vulgarisiert, schmiegt sich aber an jene gefühlsgeladene Suche nach Taten großer Männer als Ausdruck des Volksgeistes und des Kampfes der Kulturen. So erlangt die krude und diffuse sozialdarwinistische Rassentheorie, die sich szientistisch modern gibt, aber den gesamten Prozess der Zivilisation in der Richtung ändern will, Anschlussfähigkeit an den deutschen politischen Romantizismus der nationalen Rechten, dessen folgerichtiges Ergebnis sie aber nicht per se ist. Wie auch auf anderen Feldern wird *Hitlers* antisemitische Kriegs- und Hasslehre an Traditionen andocken und sie zerstören, Gutes wie Schlechtes, so auch den vielbeschworenen deutschen geistesgeschichtlichen Sonderweg seit 1789.

Aber auch was scheinbar unwiderruflich zerstört ist, kann – wenn es Teil einer kulturellen Tiefenströmung war – in neuem Gewand wiederkehren. Das insofern gut Gemeinte kann auf Nachbarn dennoch präzeptoral und überheblich wirken, als subkutan gespeiste Superioritätsgeste moralischer Selbstsicherheit. Es spricht jedenfalls einiges dafür, dass die geistesgeschichtliche Tiefenströmung eines in der Tendenz antiwestlichen politischen Romantizismus tatsächlich ein wichtiger Teil der deutschen Nationalkultur war – dessen gestaltgewandeltes Wiederauftreten auch die Gegenwart nicht ausschließen kann. Da auch Geschichte ironische Dialektik kennt, kann es gut sein, dass diese Disposition heute nicht als antiwestliche Tendenz, sondern als pointiert westliche Positionierung auftrifft, aber eben auch hier mit romantischen Spurenelementen. Es mag jedenfalls seltsam anmuten, dass das Deutschland unserer Tage nach dem (vorübergehenden?) Rückzug der USA und des Vereinigten Königreichs aus der westlichen Führungsverantwortung sich einigermaßen bereitwillig als ein globaler Akteur empfindet mit besonderer Verantwortung für die Bewahrung politischer Moral in den internationalen Beziehungen. Liegt etwa der deutsche Sonderweg der Gegenwart im Festhalten am atlantischen Universalismus, während die Welt sich gerade partikular neu organisiert?

VII. Gesellschaftliche und politische Wirkung von kulturellen Tiefenströmungen: zur Theorie politischer Herrschaft

Die deutsche Ideengeschichte, insbesondere der Idealismus, war enorm fruchtbar. Sie war jedenfalls nicht determinierend für das Scheitern der Weimarer Verfassung, aber doch ein erheblicher Prägefaktor im Spiel um Weltdeutung und Macht. Prägefaktoren sind gesellschaftliche Kräfte, mit denen jeder Akteur und jedes Institutionendesign zu rechnen hat, die jedoch nicht unüberwindbar, sondern in gewissen Grenzen auch lenkbar und gestaltbar sind, also eben nicht deterministisch überschätzt, aber auch nicht als kulturelle Nebenbedingungen unterschätzt werden dürfen.

Für das Verständnis eines historischen Geschehensablaufs ist das Zusammenwirken von verschiedenen Bestimmungsfaktoren im Grunde genommen nur auf der Folie einer dem Komplexitätsgrad der modernen Gesellschaft angemessenen Theorie der Gesellschaft möglich. Die moderne Gesellschaft kann nur als eine der funktionalen Ausdifferenzierung ohne wirkliches Zentrum verstanden werden. Jede Erklärung muss deshalb die Selbstbezüglichkeit der großen Funktionssysteme wie Wirtschaft, Religion, Recht, Politik, Wissenschaft oder Kunst in Rechnung stellen. Aber das ist nur eine funktionelle – wenngleich in ihren eigenlogischen Konsequenzen häufig unterschätzte – Folie. Das gesellschaftliche Geschehen findet auf dieser grundlegenden organisatorischen Folie statt, und zwar mit einem Geflecht struktureller Kopplungen und institutioneller Verknüpfungen, aber auch der persönlichen Dispositionen, Mentalitäten und Einstellungen.

Eine institutionenanalytische Perspektive wird zur Erklärung des politischen Geschehens zunächst danach fragen, wie die Regeln des politischen Machtspiels gestaltet sind und wie die Machtverteilung im Ämtersystem einer politischen Handlungseinheit aussieht. Dabei wird man in einer Demokratie rasch darauf stoßen, dass die Zustimmung in Wahlen oder Abstimmungen elementar ist und damit der öffentliche Meinungsraum eine geradezu zentrale Bedeutung erlangt. Jedes politische System – nicht nur die Demokratie – bedarf zumindest eines gewissen Grades an Zustimmung derjenigen, die ihm unterworfen sind.[114] Die Demokratie entschärft das Zustimmungsproblem, indem sie es verschärft. Der Satz, wonach alle Staatsgewalt vom Volke ausgehe, macht die Zustimmung durch Wahl- und Abstimmungsakte konstitutiv. Damit wirkt aber auch die selbstbezügliche Entwicklung, etwa die Weltdeutung der Geisteswissenschaft oder die Perspektive der Kunst, in den politischen Meinungsraum und in die Köpfe der Menschen hinein, wird so zu einem politischen Prägefaktor, ob dies intendiert ist oder nicht. Die Mechanik des Räderwerks der Wirtschaft oder die Organisationsstruktur von Regierung und Verwaltung ist das eine, aber die Dynamik und Entwicklung eines darauf bezogenen, komplexen öffentlichen Prägeraums ist das andere. Dabei muss gerade das politische Herrschaftssystem – und zwar auch wegen seiner transnationalen Vernetzung und seiner nach innen wirkenden Loyalitäts- und Identitätszwänge – als selbstbezügliches Funktionssystem angemessen verstanden werden. Das politische System steht für die Einheit der Gesellschaft, obwohl die Gesellschaftsarchitektur so aufgebaut ist, dass diese Einheit gerade nicht politisch hergestellt werden kann.

Probleme der Gesellschaft, auch „objektiv" sehr drängende, sind nur Probleme für das politische System, wenn es politische Probleme sind. Das politische System löst insofern nicht einfach nur Probleme für die Gesellschaft, sondern in seiner Selbstreferenz ist es vor allem mit der Gewinnung, Verteidigung und Ausdehnung von Macht beschäftigt. Mitunter ist es von diesem selbstbezüglichen Spiel so gefangen genommen, dass sachlich drängende Probleme wie ein Haushaltsdefizit, Massenarbeitslosigkeit oder Gewalt auf den Straßen zwar wahrgenommen, aber lediglich als Faktoren im Machtkalkül auf den Bildschirm der Akteure treten. Der Zusammenhang von Problemen der Wirtschaft oder das existenzielle Schicksal einzelner Menschen auf der einen Seite und das Wahlverhalten auf der anderen Seite besteht, aber er ist keine starre Korrelation, sondern durch die Bedingungen eines verselbstständigten politischen Systems mediatisiert.

So gehört zum Verständnis der funktional differenzierten Gesellschaft, dass eine Regierung oder ein Gesetzgeber so stark mit sich selbst beschäftigt sein kann, dass dringende gesellschaftliche Probleme dort nur Randereignisse sind oder aber politische Themen auf gesellschaftliche Fragen antworten, die niemand gestellt hat. Mitunter mag sogar die „Beantwortung" ungestellter Fragen durch Regierung oder Gesetzgeber außerhalb des politischen Systems erst Probleme erzeugen, die später womöglich dann politisch gelöst werden oder üblicherweise von anderen gesellschaftlichen Funktionssystemen wie dem Recht oder der Wirtschaft einigermaßen bewältigt werden müssen.[115] Die Entkopplung von drängenden gesellschaftlichen Problemen und politischen Operationen kann sehr weit gehen, aber wenn politisches Verhalten allzu dysfunktional wird, ist mit Rückschlägen und erzwungenen Richtungsänderungen oder gar strukturell destruktiven Durchgriffswirkungen auf das politische System gerade über den Raum der öffentlichen Meinungsbildung zu rechnen.

Funktionslogik, Institutionendesign und ein soziokulturell unterströmter politischer Prägeraum wirken als Faktoren zusammen, dürfen aber nicht das personale Element, die Unberechenbarkeit der Dezision außer Acht lassen. Das Spiel um politische Macht findet auf dem Spielbrett einer Herrschaftsordnung statt, das für Weimar eben durch die namensgebende Verfassung markiert ist. Der öffentliche Meinungsraum wirkt über die strukturelle Kopplung von Wahlen und Abstimmungen bestimmend auf die Chancen der Macht. Personen, die ein Amt erlangen, können gerade in Interaktion mit dem öffentlichen Meinungsraum und angedockt an ausschlaggebende kulturelle Prägekräfte eine ganze Gesellschaft vom politischen System her in eine bestimmte Richtung lenken oder aber auch gewaltige Zerstörungskräfte freisetzen. Das gilt umso mehr, als die angeblich so kühle, so rationalisierte Politik immer auch Emotionen mobilisieren muss oder von ihnen getrieben wird. Dem beobachtenden Publikum muss jedenfalls – bei aller nüchtern funktionalen Bedingtheit – warme Identität und Einheit auf der Bühne mit entsprechender Dramaturgie gezeigt werden. Das beherrschten zur Zeit Weimars sowohl der Kommunismus als auch und noch besser der Nationalismus.

Die moderne Gesellschaft lebt von konstruktiven Widersprüchen, die fortwährend Spannung erzeugen. Auch die individualisierte und mobile Gesellschaft sehnt sich nach Gemeinschaft und Heimat. Der Prozess der Säkularisierung und Entzauberung der Welt lässt die Sehnsucht nach Transzendenz nicht verschwinden, sondern kann sie in anderen Formen umso stärker wieder hervorbrechen lassen. Vernunft und Leidenschaft bleiben zusammengebunden, auch wenn das eine über das andere zu siegen scheint. Vor diesem theoretischen Hintergrund erweist sich das Amt des Reichspräsidenten in der Weimarer Verfassungsordnung geradezu als zentrale Schaltstelle in der Mechanik der Macht *und* der Symbolisierung der Einheit. Und die Analyse dieses Amtes belegt die Schicksalsgemeinschaft von Institution und Person, belegt die Zentralität des öffentlichen Prägeraums in Abhängigkeit von der Person des Amtsinhabers. Denn man wird sehen, welche Schwierigkeiten der integre *Friedrich Ebert* mit diesem Prägeraum hatte und wie gekonnt *Paul von Hindenburg* diesen Prägeraum für sich nutzte, bevor nicht so sehr er, sondern sein Land von den Kräften, die er dabei entfesselt und von der Lawine, die er auslöst, begraben wird.

D. Der Reichspräsident

I. In die Verfassung hineinkopierte Ambivalenz: der Kanzler des Reichspräsidenten

1. Doppelt verkörperter Volkswille: Wer regiert?

Als Staatssekretär des Innern sagte der geistige Vater der Weimarer Reichsverfassung *Hugo Preuß* Anfang 1919 in einem Interview:

> *„Die neue Verfassung Deutschlands wird eine republikanische Verfassung sein. Über die Grundzüge meines Entwurfes sind Sie ja schon unterrichtet. Ich möchte nur hervorheben, daß die Stellung unseres Präsidenten nach dem Entwurf ungefähr die Mitte einnimmt zwischen der Stellung des französischen Präsidenten und des Präsidenten von Amerika. Sie unterscheidet sich von der Stellung des amerikanischen Präsidenten insofern, als wir es in unserem Entwurf vermieden haben, den Präsidenten der deutschen Republik als eine ausgesprochene parteipolitische Persönlichkeit hinzustellen, und zugleich in dem Reichsministerium ein Organ schaffen wollen, dass nicht wie in Amerika ausschließlich dem Präsidenten verantwortlich ist, sondern der Volksvertretung."*[116]

Bereits in dieser frühen Erklärung wird eine kennzeichnende Ambivalenz sichtbar. Jedes gut funktionierende Regierungssystem ist darauf angewiesen, eine und möglichst nur eine Stelle für politische Richtungsentscheidungen klar zu benennen. Ein System der Gewaltenteilung bedeutet im klassischen Staatsrechtsverständnis nicht, dass es entweder keine oder aber mehrere Stellen gibt, die politische Richtlinienentscheidungen treffen, sondern dass bestimmte

71

Funktionen wie die Gesetzgebung, die Verwaltung und Rechtsprechung nach der Idee von „checks and balances" horizontal geteilt werden.[117] Auch in einer Gegenwart, die im europäischen Mehrebenensystem Multizentralität zum vorherrschenden Organisationsprinzip zu machen scheint, weist doch beinah jede bekannte staatliche Herrschaftsordnung eine Zentralitätstendenz auf, gerade auch innerhalb des europäischen Mehrebenensystems. Lediglich in der Schweiz ist das Verfassungssystem gerade und in atypischer Weise darauf gerichtet, Richtungsentscheidungen in der Hand nur eines Amtsträgers zu verhindern. Der Bundesrat entscheidet hier konsensual bei starker föderaler Gliederung mit einer beachtlichen Reservezentralität des Referendums, also des Souveräns selbst.

So wie die Bundesrepublik Deutschland nach 1949 sehr rasch zu einer Kanzlerdemokratie wurde oder die Fünfte Französische Republik seit *de Gaulle* sehr deutlich in ihrem Präsidenten die richtungsgebende Mitte fand, so richtet sich die Frage an die Weimarer Republik: Wo ist das politische Gestaltungszentrum, wenn sich zwei Organe auf die Wahl unmittelbar durch das Volk berufen können? Dualität der demokratischen Repräsentation und Zentralität politischer Leitentscheidungen stehen zueinander in Spannung. Zentralität in diesem Sinne meint personale Richtungsgewalt. Häufig wird gerade in ausgeklügelt gegliederten Herrschaftssystemen der personale Faktor unterschätzt, weil er verdeckt ist. Das politische Herrschaftssystem drängt aber in seiner Logik zu personaler Verantwortlichkeit und zu personaler Einheitsrepräsentation, also zu sichtbarer Befehlsgewalt gebündelt in einer Person, auch wenn die Bindung an das Recht oder an parlamentarische oder föderale Zustimmungsakte eine ganz andere Wirklichkeit zu erzeugen vermag.

Jede Herrschaftsform muss ihre Funktionalität unter Beweis stellen, sonst verliert sie Anerkennung. Aber gerade Autokratien und Diktaturen wollen ihre besondere Berechtigung über eine Output-Legitimation im Sinne funktionaler Nützlichkeit[118] (Entschlossenheit, Fähigkeit zu schneller und konziser Entscheidungsbildung) und unter Berufung auf die eigentliche Funktionslogik des politischen Systems selbst herleiten, so wie etwa das Führerprinzip in der nationalsozialistischen Diktatur gleichsam biologisch und sozialdarwinistisch als die eigentliche Natur politischer Herrschaft propagiert wurde.

Solche simplen Funktionsbegründungen und biologistischen Analogien bleiben indes weit hinter der Komplexität moderner Gesellschafts- und Herrschaftsformationen zurück. Das personale Moment als Machtfaktor entfaltet sich gerade auch durch die Einbindung in eine Organisation, durch die Bindung an das Recht und durch Verhandlungen und Kompromisse. Politische Herrschaft, die versucht, sich von den Unwägbarkeiten einer freien Meinungsbildung zu lösen, verliert am Ende des Tages Kraftressourcen. Jeder politische Machthaber, der die Gesetze marktwirtschaftlicher Rentabilität als lästigen Widerstand aus der Welt schaffen will, riskiert vor allem wirtschaftliche Leistungsverluste und damit Einbußen an Macht.

Aber es wäre am anderen Ende einer Argumentationslinie ebenso realitätsfern, den personalen Faktor auch in ausdifferenzierten Verfassungs- und Herrschaftssystemen zu unterschätzen. Politik braucht Richtung und sucht sich Führungsfiguren – eine kluge Verfassung trägt diesem Bedürfnis Rechnung. Das Grundgesetz verfasst eine Demokratie, die das Parlament in einen Legitimationsmittelpunkt stellt, aber den Kanzler mit seiner Richtlinienkompetenz zum eigentlichen Motor des politischen Betriebes macht. Der Kanzler oder die Kanzlerin werden immer wieder auf den Bundestag zurückverwiesen und von ihm gestützt oder gestürzt. Die Dialektik liegt eben darin, ein Entscheidungszentrum in das System horizontaler und vertikaler Gewaltengliederung zu stellen und zur Kommunikation und Interaktion mit hemmenden und kontrollierenden Gewalten zu zwingen. Etwas völlig anderes ist es, in einem Schema der Gewaltenteilung nicht nur *ein* personell hervorgehobenes Entscheidungszentrum vorzusehen, sondern gleich zwei personal besonders hervorgehobene, die dann in einen Wettbewerb der Zentralität und Legitimation treten. Bei *ambivalenter Zentralität* scheinen Dysfunktionalitäten und Störungen vorprogrammiert, weil und soweit Kompetenzen nicht klar verteilt und die Amtsinhaber nicht zur ergänzenden Zusammenarbeit fähig sind. Ob die Weimarer Verfassung einen solchen Konstruktionsfehler aufweist oder ob sie lediglich personell schlecht angewandt wurde, ist eine offene Frage.

2. Plebiszitärer Präsidentialismus als Modell

Die Diskussion über die Rolle eines in Direktwahl bestimmten Präsidenten ist einer der Klassiker demokratietheoretischer Erwägungen. Sie kreist regelmäßig auch um die vom Amt des Präsidenten ausgehenden autoritären Gefahrenlagen – heute etwa in Russland, der Türkei oder Venezuela.

> *„In seinem berühmten Artikel von 1990 ging Juan Linz von der Beobachtung aus, dass die meisten stabilen Demokratien in Europa und im Commonwealth zu jener Zeit parlamentarische Demokratien waren. Demgegenüber waren präsidentielle Regime entweder autoritär oder instabil. Er argumentierte, dass die Instabilität präsidentieller Demokratien auf ihr Grundmerkmal zurückzuführen sei, nämlich das Prinzip*

der doppelten Legitimität: Sowohl der Präsident als auch die Legislative leiteten ihre Macht aus Wahlen ab und beide Institutionen würden für eine feste Amtszeit gewählt. Die feste Amtszeit mache das Präsidialsystem rigide und erschwere die Krisen- und Konfliktbewältigung. Demgegenüber stünden der parlamentarischen Demokratie sehr viel flexiblere Lösungen zur Verfügung, einschließlich der Auflösung des Parlaments, des Misstrauensvotums und der Möglichkeit vorgezogener Neuwahlen. Die Direktwahl von Exekutive und Legislative in Präsidialsystemen gebe beiden Gewalten, dem Präsidenten und dem Kongress, direkte demokratische Legitimität und provoziere auf diese Weise inter-institutionelle Machtkämpfe, bei denen nicht absehbar sei, wer sich durchsetzen werde, sollte es wirklich zu einem offenen Konflikt kommen. Linz argumentierte, das Fehlen von Mehrheiten im Kongress mit der Folge, dass die Wahrscheinlichkeit politischer Blockaden zunimmt, sei im Wesen präsidentieller Systeme begründet."[119]

Solche allgemeinen institutionellen Beobachtungen gelten auch für das Weimarer Verfassungssystem. Wenn politische Richtungsentscheidungen von mehreren Organen gefällt werden können oder sollen, kommt es regelmäßig zu Problemen, sei es Machtkonkurrenz, sei es, dass eine drückende Verantwortung auf die jeweils konkurrierende Gewalt bereitwillig abgegeben wird. Insofern kopiert die Weimarer Reichsverfassung einen entscheidenden Webfehler des vorangegangenen Kaiserreichs in die republikanische Ordnung. Denn *Wilhelm II.* entsprach in seinem Rollenverständnis eher einer plebiszitären Präsidentschaft: Er regierte mehr als gelegentlich „seinem" parlamentarisch verantwortlichen Kanzler hinein, indes ohne ernsthaft, das heißt verantwortlich, zu regieren.[120] Der Kaiser als Verfassungsorgan war jedenfalls neben der Reichsregierung latent immer eine Stelle für politische Richtungsentscheidungen über Fragen der Sozialpolitik, für außenpolitische Weichenstellungen und Rüstungsvorhaben bis hin zur Frage von Krieg und Frieden. Solche Regierungssysteme mit starken Präsidenten sind abhängig von den jeweiligen Persönlichkeiten im Amt. Der entscheidende Konstruktionsfehler lag im Kaiserreich – jedenfalls in der Zeit nach *Bismarck* – in der Ortlosigkeit von Richtlinienkompetenz und eigentlicher Regierungsverantwortung im Falle ungeeigneten Führungspersonals. Letztlich konnte sich in diesem Herrschaftssystem jedes Verfassungsorgan verantwortlich, aber ebenso gut auch unverantwortlich fühlen.

Auf dem Papier der Demokratietheorie hatten sich die Verhältnisse mit dem Übergang von der Monarchie zur Republik indes so entscheidend verändert, dass nicht mehr mit als illegitim empfundenen monarchischen Übersprunghandlungen und unbedachten Interventionen zu rechnen war. Demokratietheoretisch schienen die Interventionen des Monarchen ja deshalb „irregulär", weil der Monarch nicht durch einen Wahlakt des Volkes legitimiert war[121], worauf es herrschaftstechnisch, also funktional, weit weniger ankam.

Die Weimarer Verfassung führt konsequent alle Amtsmacht auf den Willen des Volkes zurück – so Art. 1: „Das Deutsche Reich ist eine Republik. Die Staatsgewalt geht vom Volke aus." Aber was machte die Volkswahl im Vergleich zur monarchischen Erbfolge vorteilhafter im Hinblick auf die Möglichkeit eines stabilen Regierens? Die besondere plebiszitäre Mechanik einer nur graduell schwankenden, aber prinzipiell aufgeheizten öffentlichen Stimmungslage[122] ließ es bereits *Friedrich Ebert* und den ihn stützenden Akteuren angeraten erscheinen, die eigentlich fällige Volkswahl des Reichspräsidenten hinauszuzögern.

Der demokratische Souverän, das Volk, konnte unter Geltung der Weimarer Verfassung zweimal unmittelbar Verfassungsorgane auf Reichsebene wählen: mit der Direktwahl des Reichspräsidenten und mit der Wahl des Reichstags. Das verfassungsrechtlich vorgeschriebene Verhältniswahlsystem[123] schien im Vergleich zum vorangegangenen Mehrheitswahlsystem, das durch die Einteilung der Wahlkreise mit der Bevorzugung des Landes gegenüber der Stadt politisch verzerrend wirkte, für eine bessere Chancengerechtigkeit und Proportionalität zu sorgen. Hinzu traten plebiszitäre Entscheidungsverfahren bei der Reichsgesetzgebung[124], aber auch bei der Absetzung des Reichspräsidenten[125], die den unmittelbaren Einfluss des Volkes noch einmal vermehrten. Aber Verfassungen werden nicht allein am demokratietheoretischen Reißbrett entworfen. Es muss der Verfassung immer auch darum gehen, politisch funktionsgerecht zu organisieren. Und gerade die ambivalente Stellung des Reichspräsidenten hat sich bei institutionenanalytischer Betrachtung des historischen Ablaufs als verhängnisvoll erwiesen. Unter dem Einfluss von *Max Weber* und *Hugo Preuß* war das Vertrauen in das personelle Element der charismatischen Erneuerung und der Ganzheitsrepräsentation womöglich doch zu hoch veranschlagt, während ein Stück weit auch das Misstrauen in die kalte Technizität des parteipolitischen Betriebes wirkte.[126]

Die von dem Modell der konstitutionellen Monarchie übernommene Ambivalenz zwischen den politischen Entscheidungszentren des Reiches kommt schon dadurch zum Ausdruck, dass der Reichstag durch Art. 20 bis 40 der Weimarer Verfassung in der Regelungssystematik für sich allein steht, während im dritten Abschnitt der Verfassung von Art. 41 an von dem „Reichspräsidenten und der Reichsregierung" wie von einem Zwillingsorgan die Rede ist. Während das

Grundgesetz von 1949 den Kanzler klar als den Kanzler des Bundestages ausweist, schien der Kanzler der Weimarer Republik ein Kanzler des Reichspräsidenten zu sein, ein „Regierungschef", der sich zwar ähnlich wie im Kaiserreich einer Mehrheit des Reichstages zur Gesetzgebung zu versichern hatte und auch der parlamentarischen Kontrolle unterlag, aber streng genommen eben nicht der Kanzler des Reichstages war.

Denkt man zudem daran, dass der Reichspräsident nicht nur ein rein formelles Ernennungsrecht für Reichsbeamte und Offiziere besaß, sondern auch – anders als der Bundespräsident unter der Geltung des Grundgesetzes – materiell darüber zu entscheiden hatte (Art. 46 WRV) und zudem einen keineswegs nur formellen Oberbefehl über die gesamte Wehrmacht des Reiches besaß, so wird man der schlagwortartigen Charakterisierung vom „Ersatzkaiser" kaum widersprechen können.[127] Insofern kopierte die Weimarer Verfassung im Vertrauen auf die Urteilskraft des Volkes ein gutes Stück der sich bereits als verhängnisvoll erwiesenen Ambivalenz der politischen Führung des wilhelminischen Deutschlands in die republikanische Neuordnung hinein.

Einen Kanzler nach dem Geschmack des Staatsoberhaupts zu ernennen und dies nicht notwendig auf der Grundlage einer parlamentarischen Mehrheit, das erinnert an die Konstellation im Kaiserreich. Dort hatte *Wilhelm II.* nach der Entlassung *Bismarcks* seine Kandidaten ausgewählt und auf diese Weise einen Einflusskanal auf ein Regierungsgeschäft gelegt, das der Reichstag mit seiner Gesetzgebungsmacht mehr austarieren, als konzeptionell steuern konnte. Dies galt gerade im Bereich der außen- und militärpolitischen Agenden, wo die Stellung des Monarchen stärker war.

Für den Architekten der Weimarer Reichsverfassung *Hugo Preuß* war die wichtigste selbstständige Funktion des Reichspräsidenten die Ernennung und Entlassung des Reichskanzlers sowie der Reichsminister, die der Reichskanzler vorzuschlagen hatte.[128] Die Balance lag nicht anders als im Kaiserreich gerade darin, dass der Reichskanzler zu seiner Amtsführung das Vertrauen des Reichstags benötigte – alles andere waren einstweilige Maßnahmen des Notstandes (gestützt auf das Notverordnungsrecht des Reichspräsidenten) und endeten bei tiefgreifender Disparität des politischen Willens regelmäßig in der vorzeitigen Auflösung des Reichstags. Der Reichstag der Weimarer Republik kam nicht ein einziges Mal ohne Auflösung durch den Reichspräsidenten an das Ende der Legislaturperiode.

Der Hinweis auf das Notverordnungsrecht gehört zu den gängigen Elementen der Weimarer Institutionenanalyse. In der Tat macht das Notverordnungsrecht den Reichspräsidenten noch stärker als den Kaiser im alten System. Allerdings wird das Instrument dabei mitunter auch überschätzt, denn in der Gesamtkonstellation sind der Einfluss des Präsidenten auf die Reichsregierung, das informelle Gespräch mit Reichskanzlern und Ministern, der Einfluss des Reichspräsidenten auf die Auswahl der Minister und sein unmittelbarer Zugriff auf die Reichswehr womöglich noch gravierender gewesen: Die eigentliche Systementscheidung liegt eben darin, die Reichsregierung mit ihrem Kanzler an der Spitze zuerst vom Vertrauen des Reichspräsidenten und dann vom Vertrauen des Reichstags abhängig zu machen. Die legislative Reservegewalt des Notverordnungsrechts war bei verfassungsmäßigem Gebrauch auf (die indes reichlich vorhandenen) Gefahrenlagen für die öffentliche Sicherheit beschränkt und setzte zumindest prinzipielle Tolerierungsbereitschaft einer Reichstagsmehrheit voraus.

Die Weimarer Verfassung schuf keine prägnante präsidiale Demokratie, aber der Reichspräsident verfügte doch über politische Gestaltungsmacht, ohne aber selbst zur Regierung berufen zu sein. Er war latentes zweites Zentrum für politische Leitentscheidungen neben dem Kanzler und seiner Reichsregierung. Im Kaiserreich war der Monarch, der aus keiner Wahl hervorgegangen war, ein in Teilen der liberalen und der demokratischen Öffentlichkeit immer auch umstrittenes, eben vordemokratisches Relikt[129], das man gewiss bereit war als personelle Repräsentation von Nation und Staat, als Identitätsspiegelung der Einheit des Reiches anzusehen. Gottesgnadentum, königliches Charisma und das Gewicht der Tradition waren im System der konstitutionellen Monarchie des 19. Jahrhunderts eine stete Quelle für Spannungen mit der Volksvertretung. In Weimar dagegen war das Staatsoberhaupt demokratisiert. Der Reichspräsident war im Übergang zuerst von der Nationalversammlung gewählt, dann vom Volk. Er war insofern kein Fremdkörper im demokratischen System, sondern ein Zentrum neben dem Reichstag und der Reichsregierung.[130] Wer noch im System der konstitutionellen Monarchie ideell verhaftet war, der konnte in der Ambivalenz des Reichspräsidenten und seiner dem Kaiser als Verfassungsorgan sehr ähnelnden Stellung kein wirkliches Problem erkennen. Doch bei nüchtern funktioneller Betrachtung musste man rasch zu dem Ergebnis kommen, dass damit ein plebiszitärer Faktor und eine Abhängigkeit von Naturell, Fähigkeit und Person des konkreten Amtsinhabers im Guten wie im Schlechten in die republikanische Herrschaftsarchitektur eingefügt war. Vor allem wenn man die im vorangegangenen Kapitel behandelten Tiefenströmungen des politischen Prägeraums gewichtet, mit den Sehnsüchten nach unversehrter Einheit und einer Staatsrepräsentation über den Parteien, muss man dieses Amt als die zentrale Stelle im Verfassungssystem bewerten. Von dem Amt des volksgewählten

Staatsoberhaupts aus konnte das Schicksal der Republik in Krisen und Notlagen gelenkt werden, zum Guten wie zum Schlechten.

3. Die überzeichnete konstitutionelle Schwäche des Weimarer Parlamentarismus

Jedoch muss man sich vor einer Überzeichnung der parlamentarischen Ohnmachtserfahrung aus dem Kaiserreich hüten, die jetzt in das Weimarer Verfassungssystem mit dem Reichspräsidenten als „Ersatzkaiser" scheinbar übernommen wird. Denn erst aus dieser Überzeichnung der angeblich strukturell unfähigen politischen Parteien, die allzu sehr mit ihrer wertrationalen Identitätsbehauptung beschäftigt sind und politisch auf das Staatsoberhaupt schauen, wird der Vorwurf der Fehlkonstruktion der Weimarer Staatsorganisation plausibel. Eine etwas distanziertere und nüchterne Betrachtung zeigt indes eine ungleich größere Kontingenz, wonach Weimar eher an einem komplexen Ursachengeflecht zugrunde ging, in dem die Verfassungslage gewiss eine Rolle spielte, aber nicht eine notwendige und vielleicht noch nicht einmal eine maßgebliche. Die Destruktionskräfte hätten sich mit einiger Sicherheit auch andere Wege gesucht. Hätte das Grundgesetz bereits 1919 gegolten, hätte dann ein Kanzler die Aufstände bekämpfen und ohne Notverordnungen das Reich stabil halten können? Wie hätten die Richter eines Verfassungsgerichts eigentlich ausgesehen, wären sie glühende Anhänger von Recht und Demokratie gewesen oder doch eher so wie jene „furchtbaren" Juristen, die dem hasserfüllten Hochverräter *Hitler* nach seinem Putsch 1923 eine Komforthaft voller Respekt vor seinem nationalen Heldentum verordneten?

Vorsicht gegenüber den gängigen Einschätzungen ist angezeigt. Was wäre geschehen, wenn eklatante Fehlentscheidungen wie die Unterstützung der Kandidatur *Hindenburgs* 1925 durch *Stresemanns* DVP (und die katholische Bayerische Volkspartei) unterblieben wären? Hätte sich dasselbe Verfassungssystem unter einem Reichspräsidenten *Marx* oder *Geßler* ebenfalls als anfällig für den Marsch in die Diktatur erwiesen? Oder hätte sich dann dasselbe Amt des Reichspräsidenten eher als ein Garant gegen die totalitären Feinde der Demokratie erwiesen?

II. Verfassungshistorische Analyse: die Reichspräsidenten

1. Friedrich Ebert

a) Der Parteiführer als Staatsoberhaupt

Die bis zur Ernennung *Hitlers* währende Weimarer Republik kannte nur zwei gewählte Reichspräsidenten: *Friedrich Ebert* und *Paul von Hindenburg*.[131] Die beiden Präsidenten übten ihr Amt in einem sich unterscheidenden politischen Umfeld aus, was Vergleiche zwischen beiden Personen schwierig macht. Aber wer hier analysiert, darf seine Zurechnungen auf die politischen Möglichkeiten des Amtes nicht von Situation und Person trennen. Der Sozialdemokrat *Friedrich Ebert* war eine integre Persönlichkeit, ein Mann, der gleichermaßen im infamen Kreuzfeuer der radikalen Linken und Rechten stand. Seine Position lag ziemlich genau in der Mitte zwischen Verwirklichung des sozialdemokratischen Parteiprogramms und der republikanisch-rechtsstaatlichen Selbstbehauptung der parlamentarischen Demokratie. Er war im besten Sinne Parteisoldat und Staatsdiener zugleich, einer der Schöpfer und erster Repräsentant der Weimarer Republik. Sein früher, vermutlich vermeidbarer Tod war ein Schicksalsschlag für die Demokratie, vielleicht sogar in der Ermöglichung von *Hindenburgs* Wahl entscheidender, als jedes andere einzelne Ereignis der kurzen Geschichte Weimars. Niemand kann indes sagen, welche Chancen *Friedrich Ebert* auf Bestätigung im Amt durch eine Volkswahl gehabt hätte,[132] denn *Eberts* Amtszeit lief in seinem Todesjahr aus. *Ebert* war als Vorsitzender der stärksten Partei nicht zufällig in der Revolution an die Spitze des Reiches gelangt und er war hinter der mitunter jovialen Erscheinung ein klar denkender Machtpolitiker. Das hat er 1919 und 1920 bei den Putschversuchen von links und rechts ebenso unter Beweis gestellt, wie im Krisenjahr 1923 mit Inflation und Rheinlandbesetzung.

Man kann ihn, *Friedrich Ebert*, auf einem Bild sehen vor dem Weimarer Theater am 11. Februar 1919. Da steht er inmitten von Mitgliedern der Nationalversammlung, die auf den soeben gewählten, neuen und ersten Reichspräsidenten des republikanischen Deutschlands ein Hoch ausbringen.[133] Er wirkt in der Barttracht gar nicht unähnlich einem *Lenin* oder *Trotzki*, aber auch mit der Ausstrahlung eines Vertreters jener bürgerlichen Republik, für die er eintrat, und die er als soziale vollendet sehen wollte. In gewisser Weise war *Ebert* der personifizierte Brückenschlag zwischen jener auf *Karl Marx* zurückgehenden

Sehnsucht nach sozialer Revolution als Emanzipation der Unterdrückten auf der einen Seite und rechtsstaatlicher, demokratischer Ordnungsliebe auf der anderen Seite, an deren grundlegender Bedeutung *Ebert* keinen Zweifel ließ:

> „*Freiheit und Recht sind Zwillingsschwestern. Die Freiheit kann sich nur in fester staatlicher Ordnung gestalten. Sie zu schützen und wiederherzustellen, wo sie angetastet wird, das ist das erste Gebot derer, die die Freiheit lieben.*"[134]

Den Sinn für die grundrechtliche Architektur, für das, was heute die Wertordnung der Grundrechte genannt wird, hatte der Sozialdemokrat *Friedrich Ebert*, vielleicht deutlicher noch als der große liberale Staatsrechtler *Hugo Preuß*. *Preuß* legte allerdings – aus pragmatischen Gründen – keinen besonderen Wert auf einen akzentuierten Grundrechtskatalog in der Verfassung, während *Ebert* „demokratische" Grundrechte wie persönliche Freiheit, Freiheit der Wissenschaft, Pressefreiheit, Versammlungsfreiheit und Koalitionsfreiheit in herausgehobener Form verankert sehen wollte[135].

b) Amtsverständnis im Verfassungssystem

Friedrich Ebert, der als Vorsitzender des Rats der Volksbeauftragten die Exekutivgewalt bereits seit November 1918 in den Händen hielt, verstand sich nicht als Repräsentationsorgan, sondern in Übereinstimmung mit der vorangestellten verfassungsrechtlichen Bewertung von *Hugo Preuß* als der eigentliche Auftraggeber und Kontrolleur der Regierung, *seiner* Regierung:

> „*Ebert glaubte, ein enges Zusammenspiel durch das Recht des Reichspräsidenten gesichert, Reichskanzler und Minister zu ernennen und zu entlassen, also einen ‚Mann des Vertrauens' – wie er es nannte – mit der Führung der Regierungsgeschäfte zu beauftragen. Der Einfluss des Reichspräsidenten auf die Geschäfte der Regierung war zu Zeiten sozialdemokratischer Reichskanzler viel stärker, auch durch informelle und freundschaftliche Beziehungen, als unter den nachfolgenden bürgerlichen Kanzlern, zu denen sich die Kontakte zuvorderst in offiziellen Bahnen bewegten. (…) Der Reichspräsident nahm, auf Anfrage des Reichskanzlers oder auf eigenen Wunsch, an den wichtigen Kabinettssitzungen, vor allem mit auswärtigen Angelegenheiten auf der Tagesordnung, teil und führte den Vorsitz. Hierfür bürgerte sich mit der Zeit der Begriff ‚Ministerrat' ein, in Anlehnung an den kaiserlichen Vorgänger auch als republikanischer Rat bezeichnet.*"[136]

Friedrich Ebert wurde nicht auf der Grundlage der Weimarer Reichsverfassung gewählt, sondern auf der Grundlage des von der Nationalversammlung am 10. Februar 1919 verkündeten vorläufigen Reichsgrundgesetzes.[137] Dessen § 6 bestimmte lakonisch, dass die Geschäfte des Reiches von einem Reichspräsidenten geführt werden. Der Reichspräsident, gewählt durch die ihrerseits demokratisch gewählte Nationalversammlung, trat an die Stelle des revolutionären Rates der Volksbeauftragten und hielt damit die oberste Regierungsgewalt in den Händen; er und nicht der Reichskanzler war das politische Entscheidungszentrum.[138] Dies entsprach auch dem Amtsverständnis *Friedrich Eberts*, der sich in seinen Anfangstagen vom Soziologen *Max Weber* über das amerikanische und französische Präsidentschaftssystem informieren ließ, aber gerade hier zeigte, dass er sehr bewusst die plebiszitäre Komponente des US-amerikanischen Systems ablehnte und auf die rechtsstaatliche Unabhängigkeit des Beamtenapparats Wert legte, im Ergebnis letztlich ein starkes Staatsoberhaupt in einem funktionierenden sozialen Rechtsstaat sein wollte.[139]

Im Verfassungsausschuss der Nationalversammlung war es vor allem die 1918 neu gegründete liberale DDP (Deutsche Demokratische Partei; hervorgegangen u. a. aus der Fortschrittlichen Volkspartei), die sich mit ihrer Vorstellung über die Rolle des Reichspräsidenten auf einem vorgeblich völlig neuen Weg zwischen US-amerikanischem und damaligem französischen Vorbild durchsetzte, während die SPD die Volkswahl für den Reichspräsidenten (hier offenbar den Bedenken *Eberts* folgend) nicht wollte[140] – wobei der weitere Verlauf Weimars offen lässt, wer hier weitsichtiger war. Aber die starke Ausstattung des Reichspräsidenten in der Weimarer Verfassung im Hinblick auf die Regierungsbildung, die Reichstagsauflösung und das Notverordnungsrecht bis in den Raum der Gefahrenabwehr der Länder hinein, spiegeln auch die Not einer alles andere als gewaltfreien und stabilen Republik wider.

Während in Weimar die gewählte und auf Reichsebene einzig vom Volk in freien und gleichen Wahlen legitimierte Nationalversammlung seit Februar 1919 tagte und die Reichsregierung mit Reichspräsident *Ebert*, Reichsministerpräsident (Reichskanzler) *Scheidemann* und Wehrminister *Noske* in Berlin die Arbeit aufnahm, gärte es im Reich. Bis April revoltierten Bergarbeiter im Ruhrgebiet, Industriearbeiter in Mitteldeutschland und Räte in München unter dem Einfluss von linksextremen Kräften (Spartakus/linke USPD/KPD/Anarchisten), die gegen die sich konstituierende demokratische Republik putschen wollten („Alle Macht den Räten").

Schon ein kursorischer Blick auf die machtpolitischen Verhältnisse und die außenpolitischen Bedingungen zeigt, dass die These nicht haltbar ist, die Mehr-

heitssozialdemokraten hätten die Revolution nicht „vollendet" und sich womöglich hinterlistig[141] mit den alten reaktionären Eliten verbündet. Es waren
vielmehr die Feinde der Demokratie, die den Druck erheblich verstärkten, der
die SPD zu Konzessionen an Freikorps und Reichswehr nötigte, weil es an stabilen, paramilitärisch wirksamen Polizeikräften schlicht fehlte. Der Druck der
Gewaltverhältnisse, der Kampf gegen die spätestens seit der Wahl zur Nationalversammlung (am 19. Januar 1919 mit 83 % Wahlbeteiligung) sowohl legitime
wie auch legale Regierung kam zuerst von links, von denjenigen, die eine an
das leninistische Russland angelehnte Diktatur wollten, die die „Ebert-Regierung" in Berlin ebenso wie die bayerische Regierung *Hoffmann* (SPD) nötigten,
auf die überwiegend rechtsnational eingestellten Freikorps zurückzugreifen.
Der linksextremen Gewalt in Berlin wurde während der abstrusen Münchener
Räterepublik die von Freikorps ausgeübte, weit härtere Gewalt entgegengesetzt
und ließ ahnen, was der extreme rechte Rand an Gewaltressourcen mobilisieren
konnte.[142] Aber ohne verlässliche Polizeikräfte, stattdessen mit einer Reichswehr, die zwischen alter Offizierskaste und der Tendenz zu Soldatenräten sowie
den Zwängen allgemeiner Demobilisierung mit Reduzierung auf das avisierte
100.000-Mann-Heer und außenpolitischen Bedrohungslagen im Osten nicht
hinreichend handlungsfähig und zuverlässig war, blieb den Sozialdemokraten
und ihren bürgerlichen Koalitionspartnern DDP und Zentrum gar keine andere
Wahl, als auch die Hilfe der Freikorps in Anspruch zu nehmen. Historische Verantwortung dafür trägt nicht der Verteidiger der Demokratie, sondern die antidemokratischen Angreifer. Sie griffen zur Gewalt gegen die Ebert-Regierung,
die durch die Nationalversammlung demokratisch zweifelsfrei und deutlich
legitimiert war, einer Versammlung, die ihrerseits aus einer freien Volkswahl
zustande gekommen war. Die Verfassung und die Regierung mit dem Reichspräsidenten an der Spitze des Staates konnten sich auf ein klares Mandat des
Volkes stützen, während die gewaltbereiten Feinde von links und rechts in der
Anfangsphase der Republik nur kleine Minderheiten repräsentierten, die aber
durch ein Aufschaukeln der Gewalt auch auf Zulauf hofften.

Kaum waren die Aufstände niedergeschlagen, sahen sich der Reichspräsident
und seine Regierung dem wuchtigen Druck von außen ausgesetzt. Die Versailler
Friedenbedingungen überstiegen die Befürchtungen von Pessimisten und ließen
Ebert Mitte Mai 1919 empört in einem Aufruf an die US-amerikanische Regierung darauf hinweisen, dass hier das genaue Gegenteil von *Wilsons* 14 Punkten
diktiert werde. Unter dem Druck, den Bedingungen ohne jede Verhandlung
zustimmen zu müssen, trat die Regierung *Scheidemann* am 20. Juni 1919 zurück
und am 22. Juni erklärte sich die neue Regierung *Bauer* (SPD/Zentrum) mit Zustimmung der Nationalversammlung bereit, die Versailler Bedingungen anzu-

nehmen, nachdem zuvor bis in seriöse Regierungsstellen hinein geprüft wurde, ob militärische Chancen bestünden, Kriegshandlungen wiederaufzunehmen.[143]

Vor diesem dramatischen Hintergrund verabschiedete am 31. Juli die Nationalversammlung die Weimarer Verfassung mit 262 Ja- zu 75 Nein-Stimmen. Sie wurde vom Reichspräsidenten am 11. August unterzeichnet, mit der Verkündung im Reichsgesetzblatt trat sie am 14. August 1919 in Kraft. Die öffentliche Aufmerksamkeit dafür war gering. Die Verfassungsgebung führte erwartungsgemäß zu keiner Befriedung der gewalttätigen Extreme. Während nach Verabschiedung des Betriebsrätegesetzes die Anhänger der Rätediktatur etwas schwächer wurden, weil sie Rückhalt bei Industriearbeitern und Gewerkschaften verloren, führte die von den Alliierten geforderte Auflösung der Freikorps, die nach Befehlsverweigerungen im Baltikum auch aus innenpolitischen Gründen der Reichsregierung ratsam erschien, zu einem Widerstand, der den Charakter eines Militärputsches annahm.

Der Lüttwitz-Kapp-Putsch bedeutete eine ernste Gefahr für die junge Weimarer Republik. General *Lüttwitz* widersetzte sich dem Auflösungsbefehl und griff verbal direkt den Reichspräsidenten an, dessen Rücktritt er am 10. März 1920 verlangte. Drei Tage später putschte er in Berlin, indem die Marinebrigade *Ehrhardt* das Regierungsviertel besetzte. Reichswehreinheiten verweigerten der rechtmäßigen Regierung den Gehorsam, die Reichswehrführung lavierte, weil sie nicht wagte, offen gegen die Putschisten vorzugehen. Während die sozialdemokratischen Mitglieder der Reichsregierung nach Dresden und dann nach Stuttgart flüchteten (während die DDP-Minister hingegen in Berlin blieben), gelang in Bayern mit der Wahl des protestantischen Monarchisten *Kahrs* ein Schwenk nach rechts. Der von meuternden Truppen ausgerufene und sich selbst zum „Reichskanzler" ernennende Königsberger Landschaftsdirektor *Wolfgang Kapp* und *Lüttwitz* wurden mit einem beeindruckenden Generalstreik rasch niedergezwungen, aber die KPD, die mit ihrer Teilnahme am Generalstreik erst zögerte, nutzte vor allem im Ruhrgebiet gemeinsam mit Syndikalisten und Teilen der USPD die Plattform des anfänglich legalen Widerstands gegen die Kapp-Putschisten zum bewaffneten Aufstand mit einer „Roten Ruhr-Armee". Sie stellte Zehntausende unter Waffen und konnte von der Ende März wieder in Berlin und im Amt befindlichen Reichsregierung nur mit Hilfe von Reichswehreinheiten und Freikorps (zum Teil sogar Beteiligten am Lüttwitz-Kapp-Putsch), mit Standgerichten und willkürlichen Exekutionen niedergekämpft werden, die *Ebert* erst im April zu stoppen vermochte.

Auch wenn der rechtsextreme Lüttwitz-Kapp-Putsch innerhalb von wenigen Tagen scheiterte und der dadurch ausgelöste linksextreme Aufstand im

Ruhrgebiet bis Anfang Mai 1920 niedergeschlagen werden konnte, so zeigen die Vorgänge in der Anfangsphase Weimars doch überdeutlich die fatale Abhängigkeit der Demokratie von der militärischen Gewalt einer Reichswehr, die nicht zuverlässig an der Seite der gewählten Regierung stand oder nicht stehen konnte. Nicht der Chef des Truppenamtes *Hans von Seeckt* musste gehen, sondern Reichswehrminister *Noske*, der *Ebert* nahestand, aber unter dem Druck der Gewerkschaften nicht mehr zu halten war. Der Manövrierspielraum des Reichspräsidenten war extrem gering. Er musste bereits Ende März nach dem Rücktritt der Regierung *Bauer* mit dem SPD-Politiker *Hermann Müller* eine neue Reichsregierung bestehend aus den drei Weimarer Parteien (SPD/DDP/ Zentrum) ernennen, die in Preußen mit der Regierung Braun in entsprechender Koalition politisch gespiegelt war.[144]

Doch die gesellschaftliche Radikalisierung von links und rechts machten die SPD kaum noch koalitionsfähig mit bürgerlichen Parteien, sodass *Ebert* mit dem Kabinett *Fehrenbach* zum ersten Mal eine Reichsregierung ohne SPD-Beteiligung ins Leben rufen musste. Die Konstanten der frühen Phase der Republik blieben erhalten. Das immer wieder nach innen schlagende Außen der horrenden Reparationsforderungen, die Rheinlandbesetzung und die dadurch (und durch den passiven Widerstand) beschleunigte Inflation fanden vor dem Hintergrund latenter links- und rechtsextremer Gewaltdrohungen statt. Die SPD, auch nach den Stimmverlusten der ersten Reichstagswahl 1920 immer noch stärkste Partei, wollte und konnte mit ihrem nach links verschobenen Programm der „Arbeiterregierung" nicht mehr regieren. Reichspräsident *Ebert* wurde dadurch zur Einsetzung einer (relativ kurzlebigen) bürgerlichen Minderheitsregierung gezwungen; die parlamentarische Stärkung der Ränder ließ den Reichspräsidenten als Stabilitätsanker und politische Reserve anstelle handlungsfähiger Parlamentsmehrheiten jetzt bereits in den Mittelpunkt des Verfassungssystems rücken. Aber der Reichspräsident litt unter einem Legitimations- und damit unter einem Legitimitätsdefizit: Er war auf der Grundlage der neuen Verfassung noch nicht vom Volk gewählt.

c) Ebert und die Rolle der Reichswehr

In seinen Erinnerungen weist der wendige und mehreren Staatsoberhäuptern dienende Staatssekretär *Otto Meissner* darauf hin, dass bereits im Dezember 1918 die OHL gegenüber *Friedrich Ebert* darauf hingewiesen habe, dass es nicht nur aus außenpolitischen Gründen, sondern auch aus Gründen der Kontrollierbarkeit des Heeres notwendig sei, zu demobilisieren und stattdessen aus zuverlässigen Elementen freiwillige Verbände zu bilden:

„In einer Besprechung bei Ebert fiel einmal von militärischer Seite die harte, aber zutreffende Bemerkung, dass die Frontregimenter noch im Paradeschritt und unter schwarzweißroten Fahnen durch das Brandenburger Tor einmarschieren, aber bereits an der Schlossbrücke sich in Unordnung auflösten und der roten Fahne folgten."[145]

Der Republik fehlten verlässliche Soldaten. Das Offizierskorps war teils monarchisch verhaftet, teils auf soldatischen Gehorsam fixiert, teils aber auch nationalistisch und bis zu rechtsextremen Positionen beeinflussbar. Die Mannschaften waren dagegen nicht unerheblich auch gegenüber linksextremen Einstellungen anfällig. Die linke Revolutionsverratsthese und die rechte Dolchstoßlegende fanden starke Verbreitung. Wo also sollte die Reichsregierung, außer aus dem beschränkten Arsenal eigener Parteitruppen der SPD oder der preußischen Polizei, Mittel zur Aufrechterhaltung der Ordnung hernehmen? Die Reichswehrführung schwankte zwischen Sympathien für die rechte Revolte im Sinne des General *Lüttwitz* und Gehorsam. Das regierungstreue Lager unter *Noske* und *Groener*, war aber auch von der Angst getrieben, die Disziplin der Truppe nicht erhalten zu können. Die Demobilisierung entwaffnete die Mannschaften der Wehrpflichtigen und entließ sie ohne Waffen ins Zivilleben, wo sie indes etwa später im Roten Frontkämpferbund oder beim deutschnationalen Stahlhelm paramilitärisch organisiert blieben. Strukturell weitreichende Schwierigkeiten bereitete die Verabschiedung der Offiziere, denn ihre Entlassung aus einem Rang, der in der Kaiserzeit einer Nobilitierung gleichkam, brachte sie um ihre Existenz und ihr Ansehen. Dieser Verlust ließ sie nach Alternativen in Freikorps oder in politischer Betätigung suchen. Es dauerte, bis sich das 100.000-Mann-Heer stabilisierte und in einer wenngleich kritischen Distanz zur Republik passiv in politischer Reserve blieb, aber immerhin als anerkannte Gewährsmacht einigermaßen berechenbar war.[146]

An sich war die Reichsverfassung hier klar: Die Reichswehr unterstand nach Art. 47 dem Reichspräsidenten: „Der Reichspräsident hat den Oberbefehl über die gesamte Wehrmacht des Reichs". Indes hat *Ebert* unmittelbar nach Inkrafttreten der Verfassung den Oberbefehl auf den Reichswehrminister übertragen. Der Reichswehrminister, der in der Anfangsphase mit seinem Behördenaufbau an die Stelle der Länderverwaltungen trat, war eine Schlüsselfigur, weil er sowohl das Vertrauen des Reichspräsidenten als auch das der Reichswehrführung benötigte. Ein *Gustav Noske* erfüllte in den krisenhaften Anfangstagen der Republik diese Voraussetzung. Aber die Erfahrungen von 1919 und 1920 weckten doch erhebliche Zweifel, ob unter Druck normative Entscheidungen und Wirklichkeit übereinstimmen würden. Die Einsatzfähigkeit und die Loyalität der Reichswehr blieben prekär. Der *Noske* nachfolgende Reichswehrminister, der DDP-Politiker *Otto Geßler*, blieb immerhin acht Jahre im Amt, davon musste er die meiste Zeit bis 1926 mit dem herablassenden Chef des Heeresamtes *Hans von Seeckt* zusammenarbeiten, der die Reichswehr als „Staat im Staat" vom politischen Zugriff möglichst fernhalten wollte. Doch während der Krisen des Jahres 1923 mit bewaffneten kommunistischen Aufständen in Thüringen und dem bayerischen Hitlerputsch war es der Chef des Heeresamtes *Seeckt*, dem *Friedrich Ebert* das Kommando über die Reichswehr mit weitreichenden Vollmachten übertrug.[147] Immerhin bestand zu diesem Zeitpunkt, anders als 1920, keine Gefahr mehr, dass der Heereschef selbst an einen Putsch denken würde. Es spricht sogar für die gewachsene Legitimität der Weimarer Institutionen, dass der Heeresamtschef sich selbst für die Nachfolge *Friedrich Eberts* im Amt des Reichspräsidenten aufstellen lassen wollte.

d) Der gewählte, der ungewählte Präsident: hinausgezögerte Volkswahl

Friedrich Ebert war durch die ihrerseits stark demokratisch legitimierte Nationalversammlung mit großer Mehrheit gewählt. Für die Schwäche der Republik charakteristisch war aber bereits das Hinausschieben der von der Verfassung geforderten Wahl des Reichspräsidenten durch das Volk. Ursprünglich lautete Art. 180: „Bis zum Zusammentritt des ersten Reichstags gilt die Nationalversammlung als Reichstag. Bis zum Amtsantritt des ersten Reichspräsidenten wird sein Amt von dem auf Grund des Gesetzes über die vorläufige Reichsgewalt gewählten Reichspräsidenten geführt."

Nach der Wahl des Reichstags auf der Grundlage der neuen Verfassung war an sich auch die Volkswahl des Reichspräsidenten fällig. *Ebert* selbst hatte im Oktober 1921 die von der Verfassung vorgeschriebene Volkswahl des Reichspräsidenten verlangt. Nach einem Vorschlag der Reichsregierung sollte Wahltag der 3. Dezember 1922 sein. *Friedrich Ebert* wollte als Kandidat antreten. Die Parteien fürchteten jedoch – vor dem Hintergrund der Rheinlandbesetzung, kommunistischer Aufstandsversuche (Märzaktion 1921 in Mitteldeutschland als Teil der von der Komintern gesteuerten sog. Offensivaktion[148]), des Londoner Ultimatums, der Abtrennung Oberschlesiens gegen den in Abstimmungen erklärten Volkswillen und die Fahrt aufnehmende Inflation – nicht nur politische Unruhen, sondern auch bereits die Kandidatur *Paul von Hindenburgs*, dem zugetraut wurde, *Friedrich Ebert* zu schlagen. Aus diesem Grund einigte man sich mit der erforderlichen verfassungsändernden Zweidrittelmehrheit auf die

Verlängerung der Mandatszeit bis Mitte 1925, in der ja durchaus nicht unberechtigten Hoffnung, dass bis dahin eine Beruhigung der politischen Verhältnisse eintreten würde.

Dennoch wäre *Hindenburg* auch 1925 noch für *Ebert* eine Gefahr gewesen. *Friedrich Ebert* konnte den Amtsbonus eines Staatsoberhaupts, das in der Nachfolge der Hohenzollernmonarchen stand, beim bürgerlichen Publikum nicht wirklich erlangen. Er blieb in der Wahrnehmung nicht parteipolitisch unabhängig, er blieb Sozialdemokrat, ja in gewisser Weise ein Exponent der Revolution, wenngleich bis in das bürgerliche Publikum hinein seine Rolle an der Befriedung des Landes nicht übersehen wurde. Aber bei den Eliten bis hinunter zum kleinbürgerlichen Mittelstand wirkte die Diskrepanz zwischen der verfassungsmäßigen Rolle eines Nachfolgers der Hohenzollern und der Biografie eines Handwerkers ohne Gesellenprüfung und ehemaligen Schankwirts als degoutant. Niemand sollte die Macht der Bilder unterschätzen, damals wie heute. Es war bereits zu Beginn der Republik das Bild *Eberts* und *Noskes* in der damals noch unüblichen Badehose, das beim bürgerlichen Publikum, wenn nicht für Abscheu, dann doch für Kopfschütteln sorgte und Zielscheibe für die Feinde der Demokratie von rechts und links wurde. Nicht nur, dass sich die beiden wichtigsten Repräsentanten der jungen Republik unbekleidet bis auf eine Badehose zeigten, die für die Zeitgenossen wie eine Unterhose wirken musste, sie verfügten auch über keine Figur, die dem olympischen Schönheitsideal entsprochen hätte: Eine solch menschliche, ja geradezu verletzliche Darbietung musste für die Zeitgenossen, die das wilhelminische Staatszeremoniell gewohnt waren, wie ein Schock wirken. Für die den politischen Prozess prägenden soziokulturellen Tiefenströmungen ist jedenfalls jenes Bild kennzeichnend, mit dem die Berliner Illustrierte Zeitung am 24. August 1919 ihr Titelbild schmückte.[149]

Der persönlich bescheidene, von Eitelkeit und Arroganz verschonte *Friedrich Ebert* lief hier wie an anderer Stelle in die Öffentlichkeitsfalle, weil er die Mechanismen der öffentlichen Meinungsbildung weit weniger verstand, als die von ihm nicht ohne Grund als reaktionär und rückwärtsgewandt gesehenen Hohenzollern oder Repräsentanten der alten Zeit wie *Hindenburg* oder der umtriebige *Hugenberg*. Sowohl *Wilhelm II.* als auch *Hindenburg* waren beide bereits im Ersten Weltkrieg eitel und in ihr Selbstbild buchstäblich verliebt. Sie boten als narzisstische Persönlichkeiten den Sehnsüchten der bürgerlichen Öffentlichkeit Identifikationsflächen. *Wilhelm II.* und *Hindenburg* wussten sehr genau, in welcher Pose sie sich ablichten lassen mussten, um einen maximalen Effekt der Ehrfurcht oder Akzeptanz zu erzeugen. Von Kaiser *Wilhelm* gibt es weit mehr Filmmaterial als von *Friedrich Ebert*, der gewiss kein Meister der Selbstinszenierung war. Man könnte sogar sagen, es war eine strukturelle Schwäche der Sozialdemokratie, die spätestens durch die Revolution in eine zentrale staatspolitische Verantwortung gedrängt war, aber die Bedingungen der demokratischen Selbstinszenierung im Grunde erst mit Kanzlern wie *Willy Brandt*, *Helmut Schmidt* oder auch *Gerhard Schröder* zu beherrschen lernte.

Jemandem wie *Friedrich Ebert* – stammend aus dem anständig-biederen Ambiente der Arbeiterbewegung, der von Parteikassierern und Gewerkschaftsfunktionären geprägten Welt – musste die moderne Massendemokratie, die Welt der Illustrierten und die täglich mehrfach erscheinenden, ausgeschrienen Tageszeitungen seltsam und fremd vorkommen. Die Weimarer Republik war eben viel mehr als die spätere Bundesrepublik eine fragmentierte Gesellschaft der verschiedenen Lebenswelten – die der Sozialdemokratie, die des politischen Katholizismus, Berlins als Weltmetropole und im Gegensatz dazu das über Generationen eingefahrene Landleben – ein Volk regionalgeschichtlicher, kultureller, konfessioneller und standesbewusster Besonderheiten.

Wer in einem recht breiten Segment wie der Industriearbeiterschaft erfolgreich war wie ein *Friedrich Ebert*, musste deshalb noch lange nicht im Stande sein, auch die symbolischen Einheitsbedürfnisse einer Gesellschaft zu befriedigen. Aus seiner Erfahrungswelt konnte er die Macht der Bilder und der öffentlichen Botschaften nicht unbedingt zutreffend kalkulieren, weil Themen und Habitus zwischen den fragmentierten sozialen Erlebniswelten erheblich variierten. Und umgekehrt gilt die eigentlich überraschende Einsicht, dass ein so in der traditionellen Elite verwurzelter und engstirniger Mann wie *Paul von Hindenburg* gewaltige Popularität eben unter jenen modernen massenmedialen Bedingungen der Zeit erlangen konnte. Die Aufrichtigkeit und Gradlinigkeit eines *Friedrich Ebert* blieb – auch wenn sie sich nicht in einer Wahl gegenüberstanden – gegen den Mythos des treu zu seinem Volk stehenden Feldherrn blass. *Eberts* schwache Selbstinszenierung war von vornherein ein die Stabilitätsgrundlagen Weimars betreffendes Problem, die Gegner der Verfassung wussten das. Die politischen Extreme zielten mit Schmutzkampagnen auf den Mann und mit ihm auf das republikanische Institutionengefüge.

Für die extreme Linke waren *Friedrich Ebert* und sein „Bluthund" *Gustav Noske* ohnehin „Verräter der Revolution" und für die extreme Rechte blieben sie „Novemberverbrecher", Projektionsfläche für Hass und Verachtung. Selbst die Solidarität aus den eigenen Reihen war *Ebert* nicht gewiss. Nach der Staatsexekution gegen Sachsen zur Niederschlagung kommunistischer Aufstände gegen die Demokratie wurde der ehemalige Sattlergeselle *Ebert* sogar aus dem Sattlerverband, seiner eigenen Gewerkschaft, ausgeschlossen.[150]

Wirksamer und verletzender jedoch war der geschürte Hass von rechts. Es ist insofern bezeichnend für das geistige Klima, dass *Friedrich Ebert* die Behandlung seiner Bauchfell- und Blinddarmentzündung in einer zum Tode führenden Weise verschleppte, um in zweiter Instanz in einem Verleumdungsprozess gegen einen windigen deutschvölkischen Journalisten aufzutreten, der (übrigens ganz in der von *Hindenburg* ausgegebenen Tonlage) *Ebert* Landesverrat im Hinblick auf seine Rolle beim Januarstreik 1918 vorgehalten hatte. Noch skandalöser als das widerliche Verhalten des Journalisten gegenüber einem gewählten Staatsoberhaupt war die Urteilsbegründung der ersten Instanz. Denn das Gericht meinte feststellen zu müssen, dass *Ebert* sich Anfang 1918 durchaus des Landesverrats schuldig gemacht habe. Im bereits aufgeheizten rechtsnationalen Klima war das eine tödliche Bedrohung für das Ansehen des Präsidenten und spielte der Dolchstoßlegende und dem rechtsextremen denunziatorischen Mantra der „Novemberverbrecher" eine wichtige Argumentationswaffe zu. 1924 verschob sich trotz innenpolitischer Stabilisierung gerade auch durch die anhaltende Rheinlandbesetzung, durch die weiterhin international virulent gehaltene Kriegsschuldfrage und die Problematik der Dawes-Gesetze die Prägetendenz nach rechts und begünstigte die DNVP, an deren Loyalität zur Verfassung Zweifel angebracht waren.[151] Aber es gab eben gleichzeitig auch eine kulturelle Tendenz nach links im Arbeitermilieu und in der Szene der Intellektuellen, die die SPD in der Opposition verharren ließ und deshalb die bürgerliche Mitte (Zentrum, DDP, DVP) nolens volens zur parlamentarischen Mehrheitsbildung auf eine Zusammenarbeit mit der rechten DNVP hoffen ließ.

Auch in der Anhängerschaft der Weimarer Parteien strahlte *Ebert* einschließlich der SPD-Anhänger nicht so hell, wie es sich die Demokratie hätte wünschen müssen. *Ebert* wurde in seinem letzten Amtsjahr angegriffen von einer immer wieder nach links driftenden SPD, wobei ein Solidarisierungseffekt mit ihm dann doch einsetzte, als die von den Extremen herrührende Schmutzkampagne gegen den Reichspräsidenten stärker wurde.[152]

Das nachkaiserliche Deutschland vermisste Glanz, Kontinuität, Verlässlichkeit und sehnte sich sowohl im internationalen Kontext als auch in der nationalen Selbstwahrnehmung nach Anerkennung und Würde. Nach dem verlorenen Krieg, einer massiven Verarmung des staatstreuen Mittelstandes, der prekären Nachkriegssituation und dem Versailler Frieden, der in Stil und Inhalt historisch eigentlich präzedenzlos war[153], suchte man den Ordnungsgaranten und den Ausgleich von Altem und Neuem. Der in Deutschland ohnehin gefährlich schlummernde politische Romantizismus konnte mit einem ehemaligen Sattler und Parteivorsitzenden als Repräsentanten des Reiches nicht allzu viel anfangen, selbst wenn zur Mitte neigende Bürger die hasserfüllten, bösartigen Verunglimpfungen der extremen Ränder nicht teilten. Man darf nicht vergessen, dass – anders als der Bundespräsident heute, der nüchtern in Funktion und Kompetenz wahrgenommen wird – die Vorstellung des Staatsoberhaupts in den Zwanzigerjahren noch ganz andere Konnotationen und Emotionen weckte, als jene im Wesentlichen aufs Protokoll beschränkte Umschreibung des Amtes unter der Geltung des Grundgesetzes. Das hängt zusammen mit der Vorprägung durch die Rolle des Kaisers als Staatsoberhaupt. Es hatte zu tun mit der verfassungsrechtlich fortgesetzten Vorstellung, dass der Reichskanzler und die Reichsregierung letztlich doch auch Instrumente des Staatsoberhauptes seien. Das Staatsoberhaupt sollte eine politische Gesamtverantwortung gerade in Krisenzeiten wahrnehmen und auch mit jenem spezifischen Brückenschlag von Militär und Zivilgesellschaft wirken, scheinbar ideal erfüllt in der Person *Hindenburgs*.

Wir wissen nicht, ob *Ebert* in direkter Volkswahl 1925 tatsächlich gewählt worden wäre. Aber wenn, dann wäre das die entscheidende positive Weichenstellung für das Überleben Weimars gewesen. Vielleicht ist durch den frühen Tod *Friedrich Eberts* das Urteil über ihn in der Geschichte seltsam zurückhaltend ausgefallen. Während über *Hitler* eine Biographie nach der anderen erscheint, die seiner monströsen Banalität doch längst nichts mehr hinzufügen können, ist vor *Walter Mühlhausens* großer Ebert-Biographie nichts wirklich in Umfang und Tiefe Angemessenes über den ersten Reichspräsidenten Weimars publiziert worden.[154] Es spricht viel dafür – wenn man nicht nur außenpolitisch urteilt – in ihm den größten Staatsmann Weimars zu sehen[155] und nicht in *Gustav Stresemann*, der den innenpolitischen Kardinalfehler der Hindenburgwahl verantwortet, diese tödliche Weichenstellung der Republik. Der damalige Reichswehrminister *Otto Geßler* schrieb nach dem Zweiten Weltkrieg über *Ebert*:

> *„Sechs Jahre hat Ebert als Reichspräsident amtiert. Es hat in dieser Zeit kein wesentliches inner- oder außenpolitisches, wirtschaftliches oder soziales Problem gegeben, dass er nicht gründlich und gewissenhaft bedacht, zu dem er nicht sein entscheidendes oder beratendes Wort beigesteuert hätte. Das war keine Zeit, in der man nach einer schnurgeraden Linie ‚marschieren' konnte. Mehr als einmal hing viel, wo nicht alles vom glücklichen Einfall der Stunde ab. Keiner der Männer an der Spitze konnte sich frei von Fehlern und Irrtümern halten. Es war für alle Regierungen, denen ich angehörte, von höchster Bedeutung, dass der Reichspräsident in seinem Wesen standfest, in seinem Tun beweglich war. Es war für die Entwicklung im Ganzen von höchster Bedeutung, dass Ebert seine Kräfte immer darauf konzentrierte, der schwachen*

Republik Rückhalt zu geben durch Ausgleich der inneren Gegensätze, sei es zwischen der eigenen Partei und den bürgerlichen Parteien, sei es zwischen Demokratie und Reichswehr, sei es zwischen den sozialen Fronten. (…) Ich habe dem Reichspräsidenten, dem Staatsmann, dem Menschen Ebert aufrichtig nachgetrauert. Er hat dem Reich, dem ganzen Volk sehr gefehlt, als Deutschland wieder an den Kreuzweg Demokratie – Diktatur kam. Der Name Friedrich Ebert kann auch späteren Geschlechtern den Maßstab für einen staatsmännischen Charakter und für seine Beurteilung geben. Wenn diese späteren Geschlechter es besser verstehen als seine Zeitgenossen, werden sie leichter von den nachfolgenden Erfahrungen verschont bleiben."[156]

Der Mann, der diese Zeilen rückblickend schrieb, war der aussichtsreichste Kandidat des Bürgerblocks für den ersten Wahlgang der Reichspräsidentenwahl 1925, von *Gustav Stresemann* jedoch durch sein Veto verhindert.

2. Paul von Hindenburg

a) Institution und Person

Wenn die alte Ambivalenz zwischen personalem Kaisertum und parteipolitischem Betrieb des Reichstags in die Weimarer Verfassung hineinkopiert wurde, dann hing viel, ja fast alles davon ab, wer die Person war, die die ambivalente Rolle ausfüllen musste. Jemand, der treu, prinzipienfest, beinahe starrsinnig zur Republik stand wie *Friedrich Ebert*, stärkte enorm die Widerstandskraft demokratischer Institutionen. Auch wenn er in den heute schwer nachvollziehbaren dramatischen Turbulenzen der ersten Phase der Republik mit aufrührerischer Gewalt von links und rechts, Ruhrbesetzung und der Inflation das Notverordnungsrecht aus Art. 48 WRV vielleicht sogar etwas überdosiert nutzte, so kann es doch keinen Zweifel geben, dass der Reichspräsident *Ebert* strategisch die soziale und rechtliche Demokratie verteidigte. Dies galt auch, wenn er mit klarem politischen Verstand darauf bedacht war, dass die Schlüsselpositionen des Kabinetts – Kanzler, Innen- und Reichswehrminister – nicht von den radikalen Rechten (der DNVP) besetzt wurden.[157] Ebenso klar war, dass ein Feind der Demokratie oder jemand mit erheblichen Ressentiments ihr gegenüber in diesem einflussreichen Amt letztlich die Republik gefährden musste oder sie gar willentlich hätte liquidieren können, so etwa wenn *Adolf Hitler* 1932 die Präsidentschaft in freier Wahl gewonnen hätte. *Hindenburg* war nicht ein solcher Typ, der das Amt nutzen wollte, um die Republik zu stürzen und in eine Diktatur zu verwandeln, aber er war der Mann der Ressentiments gegen die Demokratie und erwies sich insofern als Hochrisiko in einem Amt, welches der Risikominderung zu dienen bestimmt war. Es fragt sich, warum einige der verantwortlichen Parteien einen solchen Mann an eine der Schaltstellen der Macht ließen.

b) Was wusste man über Hindenburg?

Paul von Hindenburg geriet nicht nur in die Zentralstelle einer staatsrechtlich-konzeptionellen Ambivalenz, er war auch selbst eine, gelinde gesagt, ambivalent ausfallende Persönlichkeit. Damit rückte bereits im Jahr 1925, mit dem nach dem Ende der Ruhrbesetzung die kurze mittlere Stabilitätsphase der Weimarer Republik begann, ein in Fähigkeiten und Integrität zweifelhafter Mann in das institutionelle Herz der Republik. Mit dem in der Treue zur parlamentarischen Demokratie schwankenden und im politischen Urteilsvermögen nur schwach ausgestatteten *Hindenburg* entstand eine dramatisch gefährliche Uneindeutigkeit, eine Vakanz republikanischer Selbstbehauptungsmöglichkeit.

Hindenburg war für die Zeitgenossen immer mehr Mythos als Substanz: „In ihm suchen große Teile der geschlagenen Nation den Heros, den nicht geschlagenen Feldherren, der den alten Waffenruhm in ungetrübtem Glanz verkörperte."[158] Es ist schwierig, ein gerechtes Bild zu zeichnen zwischen der Verehrung des großen, würdigen, gütig wirkenden Feldmarschalls und dem Gegenbild eines eitlen, für Korruption anfälligen und politisch wie geistig wenig beeindruckenden Reaktionärs. *Hindenburg* ist in gewisser Weise ein Produkt der politischen Gebrechen des verblichenen Kaiserreichs. Er verfügte über keine irgendwie bemerkenswerten Begabungen militärischer oder politischer Art, die ihn für herausragende Führungspositionen hätten qualifizieren können. Er war ein Mann, den jede kluge Nation in seinem Ruhestand gelassen hätte. Aber die Deutschen waren politisch nicht klug. Sie hatten sich mit dem Krieg 1914 in eine brutale militärische und politische Zwangslage manövriert, aus der sie nicht ausbrechen konnten. Darauf reagierten sie mit Härte, mit nibelungenhaftem Opfermut und mit dem unseligen Hang zur politischen Romantik.

Man darf nicht vergessen, wie *Hindenburg* jenes gleißende Licht der großen Öffentlichkeit überhaupt erblickt hatte. In seiner Biografie spricht *Wolfram Pyta* vom „märchenhaften Aufstieg eines Pensionärs".[159] Immerhin wollte man ihn bei Kriegsausbruch 1914 noch nicht einmal als Führer eines Reservekorps oder in der Funktion eines stellvertretenden Generalkommandeurs in der Heimat für eine Frontverwendung gleichsam in der Reserve halten.[160] Seine Chance ergab sich erst aus dem Scheitern des Schlieffen-Plans. Nachdem in den ersten Kriegs-wochen der schnelle Sieg in und über Frankreich ausblieb und das russische Heer im Osten rascher an die Front heran geführt worden war als ursprünglich erwartet, wurde die Lage im Osten gegen einen zahlenmäßig deutlich überlege-nen Feind rasch kritisch. Ostpreußen schien nicht mehr zu retten. In dieser Lage suchte die OHL ihr Heil in dem Haudegen *Ludendorff*, der die Festung Lüttich im Handstreich erobert hatte. Aus Gründen der Anciennität konnte *Ludendorff* formell nicht das Kommando der im Osten operierenden achten Armee über-nehmen, weswegen für ihn eine „dekorative Figur" gesucht wurde. Es ging um einen verbrauchten General, der dem jungen Feldherren nicht hineinredete und dennoch selbst möglichst eine gute Statur aufwies. Dafür eignete sich *Hindenburg* ideal.[161]

Dem Anschein nach blieb *Hindenburg* diesem Verwendungsprofil dekorativer Machtornamentik bei schwachem strategischen Geist und reaktiver mentaler Disposition bis zu seinem Tod treu. In Selbstvermarktung allerdings war er überraschend gut. Sein Ansehen und sein Bild in der Öffentlichkeit waren für *Hindenburg* von zentraler Bedeutung und damit war dieser merkwürdig gestrig anmutende Mann mehr auf der Höhe der Zeit massenmedialer Prägung des poli-tischen Raums, als dies einem so versierten Außenpolitiker wie *Gustav Stresemann* bewusst war. Dieser ordnete ihn im Auftreten und in seinem Horizont eher der Zeit der Reichsgründung, also *Wilhelm I.*, zu[162] und unterschätzte ihn vermutlich in diesem in einer Demokratie wesentlichen Punkt erheblich. Denn *Hindenburg* hatte einen dickeren Draht zum öffentlichen Meinungsraum, als manche seiner parteipolitischen Beobachter aus dem bürgerlichen Lager, die ihn unterschätz-ten. Wer ihn unterschätzte, ignorierte offen zu Tage liegende Erfahrungen des Weltkrieges, als *Hindenburg* immerhin der wichtigste Mann des Landes wurde. Im Laufe dieser Entwicklung musste auch die Einschätzung erschüttert werden, er sei nur ein eigentlich harmloses, weil passiv bleibendes Aushängeschild. Nach-dem *Hindenburg* die OHL übernommen hatte, verließ er sich zwar wie gewohnt und erwartet zunächst auf *Ludendorff* und hielt sich politisch zurück. Das aber blieb nicht so. Spätestens bei der Frage des unbeschränkten U-Boot-Krieges, der den Kriegseintritt der USA provozierte, hatte *Hindenburg* sich gegen den Reichskanzler *Bethmann-Hollweg* exponiert und die Hülle seiner politischen Verpuppung[163] abgestreift: Er meldete durchaus politische Gestaltungsansprüche an, die indes allesamt, von der U-Boot-Frage angefangen, nichts zur Abwen-dung der Niederlage des Reiches, aber einiges zu ihrer Beschleunigung und dem Ansehensverlust Deutschlands beigetragen haben, wie die von ihm betriebene Deportation belgischer Zwangsarbeiter.[164] Aus Erfahrung musste und konnte man 1925 wissen, dass ein *Hindenburg* sich im Amt des Reichspräsidenten durchaus nicht längere Zeit auf das Repräsentative beschränken würde. Man musste wissen – und gerade die ihn vorschlagende DNVP wusste es genau – dass das öffentliche Ansehen, ja das Charisma *Hindenburgs* von ihm nicht nur passiv genossen wurde, sondern dass sich ein Erwartungssog entwickeln würde, der ihn gleichsam in ein politisches Geschäft hineinzog, von dem der gelernte Militär eigentlich gar nichts verstand.[165]

Aber ein *Stresemann* hätte nicht nur das sehen können. Sehen können hätte er auch die Charakterschwächen eines solch funktionell ungeeigneten Kandidaten und zwar aus den Erfahrungen mit ihm von 1914 bis 1919. *Hindenburg* pflegte seinen Mythos, redete gravitätisch vom Gemeinwohl der Nation, war aber letztlich eitel, egoistisch und hartnäckig reaktionär. Durch kaum etwas lässt sich sein zweifelhafter Charakter besser kennzeichnen, als durch die von ihm maßgeblich aufgebrachte oder doch prominent verstärkte Lüge der Dolchstoßlegende. Und auch durch ein Detail der Korruption, die in der Annahme jenes Geschenkes liegt, das ihm zu seinem 80. Geburtstag in Form der Entschuldung und Übertragung seines Familienguts Neudeck von Industrie und Agrariern gemacht wurde, offenbart seinen zweifelhaften Charakter. *Golo Mann* hat hier analytisch scharf die Folgen dieses schönen Geschenks an den Inhaber des höchsten Staatsamtes beurteilt:

> „*Es hatte einer von diesen, ein greiser, zynischer Junker aus dem vorigen Jahrhundert, den schlauen Einfall gehabt, das verlorene Familiengut der Hindenburgs mithilfe der rheinischen Industrie zurückzukaufen und dem Präsidenten bei Gelegenheit seines 80. Geburtstags verehren zu lassen. Dadurch war Hindenburg selbst zum ostelbischen Gutsherrn geworden und lebte nun einen Teil des Jahres unter seinesgleichen. Er lernte ihre Sorgen teilen, ihre gierigen Forderungen an den Staat billigen; er geriet in die gesellschaftliche Atmosphäre, der er von Geburt angehörte, durch seine Laufbahn aber zeitweise entfremdet worden war.*"[166]

In der politischen Hitze der Wintermonate Dezember bis Januar 1933 tauchte dieses „Geschenk" plötzlich wieder auf, wurde ganz kurz zum öffentlichen Skandal, der aber freundlicherweise von *Adolf Hitler* ausgetreten wurde, weil und falls der gute standfeste Reichspräsident ihm den Gefallen seiner Ernennung zum Reichkanzler tun würde.

c) Die anachronistische Kandidatur

Manch einem im bürgerlichen Lager musste der Generalfeldmarschall in seiner würdigen Statur, der Sieger von Tannenberg, treuer Eckart, mit der Aura der Gradlinigkeit und Unerschütterlichkeit und dem Habitus der Monarchie wie die ideale Versöhnung erscheinen: Repräsentation des monarchischen Moments, Einheit und Würde der Nation, väterliche Autorität, hoch über dem verwirrenden Gezänk der Parteien stehend, und doch rechtstreu, auf dem verfassungsmäßigen Boden der Republik. An diesem Kalkül war eigentlich alles falsch, und das konnte und musste man auch bereits 1925 wissen.

Auf der verfassungsrechtlichen Grundlage Weimars gelangte *Hindenburg* 1925 in die zentrale Position des Reiches. Da bei der Reichstagswahl im Jahr zuvor eine relative Zurückweisung der Extreme erfolgt war, also politische Normalisierung in der Luft lag, musste man nicht auf Anhieb in der Wahl *Hindenburgs* ein Menetekel für den Absturz der Demokratie sehen. Doch nicht nur ex post spricht viel dafür, hier den erkennbaren Beginn der Demontage der Republik zu sehen – eine Weichenstellung gegen den ohnehin prekären, verfassungsmäßig vorgesehenen parlamentarischen Regierungsstil. Im Grunde und für jeden, der mit gesunder politischer Urteilskraft begabt war, musste *Hindenburg* als für die schwarz-rot-goldene Republik untragbar erkannt werden. Denn er stand für den blockierten militärischen Tunnelblick in der zweiten Phase des Weltkrieges und die faktische Kriegsdiktatur zwischen 1916 und 1918, machte aus seinen monarchischen Vorlieben keinen Hehl. Und vor allem war er es mit seinem Zeugnis vor dem Ausschuss der Nationalversammlung, der als prominentester Urheber der Dolchstoßlegende das Klima der Republik vom rechtsradikalen Rand her nachhaltig vergiftete.

Es geht um jene Erzählung, die das Ansehen der Republik in ihrem Gründungsgeist angriff. Sie wirkte in einer traumatisierten und fragmentierten Gesellschaft als eine von *Hindenburg* durchaus subtil wie Gift verabreichte Lüge über die Ursachen einer Niederlage, an der *Ludendorff* und *Hindenburg* seit 1916 mit ihrem Beharren auf dem unbegrenzten U-Boot-Krieg, dem Friedensoktroi von Brest-Litowsk, einen maßgeblichen Einzelanteil hatten.

Am 18. November 1919 gab *Hindenburg* unter anderem folgende Erklärung vor dem Untersuchungsausschuss der Nationalversammlung ab:

„Aber trotz der ungeheuren Ansprüche an Truppen und Führung, trotz der zahlenmäßigen Überlegenheit des Feindes, konnten wir den unglei- chen Kampf zu einem günstigen Ende führen, wenn die geschlossene und

einheitliche Zusammenwirkung von Heer und Heimat eingetreten wäre. Darin hatten wir das Mittel zum Siege der deutschen Sache gesehen, den zu erreichen wir den festen Willen hatten.

Doch was geschah nun? Während sich beim Feinde trotz seiner Überlegenheit an lebendem und totem Material alle Parteien, alle Schichten der Bevölkerung in dem Willen zum Siege immer fester zusammenschlossen, und zwar um so mehr, je schwieriger ihre Lage wurde, machten sich bei uns, wo dieser Zusammenschluss bei unserer Unterlegenheit viel notwendiger war, Parteiinteressen breit, [...] und diese Umstände führten sehr bald zu einer Spaltung und Lockerung des Siegeswillens. [...] Die Geschichte wird über das, was ich hier nicht weiter ausführen darf, das endgültige Urteil sprechen.“[167]

Die politischen Parteien und ihr ewiges Gezänk waren als schuld an der Niederlage ausgemacht worden. Und der Mann, dem man seit August 1916 praktisch jeden Wunsch erfüllte, der militärisch sinnlose Aktionen wie den unbeschränkten U-Boot-Krieg auf den Weg brachte, der ein ganzes Land auspowerte, in eine einzige Munitionsfabrik verwandelte, er sagte weiter:

„Als wir unser Amt übernahmen, stellten wir bei der Reichsleitung eine Reihe von Anträgen, die den Zweck hatten, alle nationalen Kräfte zur schnellen und günstigen Kriegsentscheidung zusammenzufassen; sie zeigten der Reichsleitung zugleich ihre riesengroßen Aufgaben. Was aber schließlich, zum Teil wieder durch Einwirkung der Parteien, aus unseren Anträgen geworden ist, ist bekannt. Ich wollte kraftvolle und freudige Mitarbeit, und bekam Versagen und Schwäche. [...]
Die Sorge, ob die Heimat fest genug bliebe, bis der Krieg gewonnen sei, hat uns von diesem Augenblicke an nie mehr verlassen. Wir erhoben noch oft unsere warnende Stimme bei der Reichsregierung. In dieser Zeit setzte die heimliche planmäßige Zersetzung von Flotte und Heer als Fortsetzung ähnlicher Erscheinungen im Frieden ein.“

Zeitgenossen aus dem linksbürgerlichen Lager war keineswegs entgangen, welcher politische Sarkasmus in der Wahl *Hindenburgs* lag und welche Hypothek die Republik hier aufnahm. Als Chef der OHL war *Paul von Hindenburg* maßgeblicher Repräsentant der militärischen Niederlage und der Verantwortliche für die infame Lüge der Dolchstoßlegende.

Auch außenpolitisch war *Hindenburg* als Repräsentant der Republik ungeeignet, immerhin stand er ursprünglich auf der Liste der Kriegsverbrecher, deren Auslieferung der Versailler Vertrag verlangte. Er musste für Vertreter der Weimarer Parteien eigentlich unerträglich sein: jemand, der wider besseren Wissens behauptet hatte, die Front hätte im Herbst 1918 weiter auch überlegenen Feindkräften standhalten können, wenn sie nicht bereits in der Zeit davor von einer streikenden und unwilligen Heimatfront geschwächt worden wäre. Diese Aussage war doch nichts anderes, als die Vorlage für jene skandalöse gerichtliche Feststellung landesverräterischer Aktivitäten des SPD-Vorsitzenden *Friedrich Ebert* bezogen auf die Zeit im Januar 1918.

Blickt man auf die Reichspräsidentenwahl 1925, so darf man einigermaßen fassungslos sein über die Unfähigkeit der demokratischen Parteien, sich auf einen geeigneten Kandidaten zu einigen, obwohl ersichtlich im ersten Wahlgang die vier bürgerlichen Kandidaten zusammengerechnet eine überwältigende Mehrheit erzielten.[168]

d) Mängel im Wahlverfahren und politisches Versagen Stresemanns

Das Verfahren zur Wahl des Reichspräsidenten litt an einem „Konstruktionsfehler". Durch Verzicht auf eine Stichwahl im zweiten Wahlgang entstand Raum für volatile Entscheidungen, manipulative Absprachen und durchschlagende plebiszitäre Stimmungen. Das Wahlverfahren sah vor, dass im ersten Wahlgang derjenige Kandidat gewählt war, der die absolute Mehrheit der Stimmen (mehr als die Hälfte der gültigen Stimmen) gewann. Dies gelang im ersten Wahlgang keinem der Kandidaten. Danach wäre an sich eine Stichwahl zwischen den beiden bestplatzierten Kandidaten sinnvoll und zu erwarten gewesen. Das waren der von der DVP aufgestellte Kandidat *Karl Jarres* mit 38,8 % der Stimmen und der Sozialdemokrat *Otto Braun* mit 29 % der Stimmen. Stattdessen sah § 4 des Gesetzes über die Wahl des Reichspräsidenten vom 4. Mai 1920 vor:

> „*[1] Gewählt ist, wer mehr als die Hälfte aller gültigen Stimmen erhält.*
>
> *[2] Ergibt sich keine solche Mehrheit, so findet ein zweiter Wahlgang statt, bei dem gewählt ist, wer die meisten gültigen Stimmen erhalten hat. Bei Stimmengleichheit entscheidet das Los, das der Reichswahlleiter zieht.*"

Damit blieben die beiden Wahlgänge im Hinblick auf die Kandidaten voneinander gänzlich unabhängig. Das heißt, es konnten für den zweiten Wahlgang überraschende neue Kandidaten präsentiert werden, die dann keine Mehrheit der Wähler mehr hinter sich vereinen mussten. Der erste Wahlgang wurde so zu einer Art qualifizierter, aber unverbindlicher Meinungsumfrage, sofern niemand die absolute Mehrheit erreichte. Entscheidend wurde innerhalb dieses Wahlverfahrens vor allem das Verhalten und Taktieren der politischen Parteien im Vorfeld sowohl des ersten wie auch des zweiten Wahlgangs und ihre jeweilige Verantwortung für die Auswahl dieser Kandidaten.

Man kommt nicht umhin, der großbürgerlichen rechtsnationalen DVP und den hinter ihr stehenden industriellen Kreisen, wie auch namentlich ihrem Außenminister *Gustav Stresemann* die Hauptverantwortung für das objektiv unnötige Debakel der Demokratie zuzuschreiben, das man nicht nur ex post in der Kür *Hindenburgs* sehen muss. Die nationalliberale Deutsche Volkspartei (DVP) war Anfang 1925 in einer zentralen politischen Position, obwohl sie bei der Reichstagswahl von Dezember 1924 nur wenig mehr als 10 % der Stimmen erreicht hatte. Dennoch prägte sie konzeptionell den sogenannten Bürgerblock, der mit Kanzler *Luther* unter Ausschluss der SPD, aber unter Einschluss der DNVP eine Mitte-Rechts-Regierung bildete.[169] Der Verzicht auf eine große Koalition von der rechtsbürgerlichen DVP bis zur SPD war bereits eine Weichenstellung für die auch ohne den Tod *Eberts* im Laufe des Jahres 1925 fällige Wahl des Reichspräsidenten.

Die von *Gustav Stresemann* und seiner DVP gewählte Option zum Bündnis mit dem radikalen, parlamentarisch starken rechten Rand des politischen Spektrums, der DNVP, unter Einschluss ultramonarchistischer Kreise, erwies sich spätestens jetzt als fatal für die Weichenstellung der sich soeben stabilisierenden Republik. Die DVP förderte ohnehin den in der Reichstagswahl vom Dezember 1924 an sich erkennbaren Trend zur Stärkung des rechten Randes, statt ihn einzudämmen oder auszuschließen, wie dies angesichts des insgesamt doch noch bedenklichen Wahlerfolges der DNVP geboten gewesen wäre.[170]

Stresemann tat ein Übriges, indem er den zunächst für den ersten Wahlgang favorisierten und offenbar aussichtsreichen Kandidaten des Bürgerblocks *Otto Geßler* verhinderte – und dies mit Argumenten, die er später gegen *Hindenburg*, auf den sie wesentlich deutlicher zutrafen, nicht mehr wiederholte.

Die neue Reichsregierung des Bürgerblocks, die sich ab dem 15. Januar 1925, also noch zu Lebzeiten *Eberts*, im Amt befand, wollte sich mit einem gemeinsamen bürgerlichen Kandidaten gegen einen SPD-Kandidaten in Stellung bringen und einigte sich auf eine Art Findungskommission im „Loebell-Ausschuss".[171] Der Ausschuss einigte sich tatsächlich in Vorgesprächen auf einen gemeinsamen bürgerlichen Kandidaten, auf den Reichswehrminister *Otto Geßler*. Es ist nicht ganz klar, ob *Geßler* überhaupt amtieren wollte, seine Erinnerungen klingen eher so, als hätte er erst nach zweimaligem Bitten ja zur Kandidatur gesagt.[172] Aber es war Außenminister *Stresemann*, der diese Entwicklung mit einem Brief verhinderte, indem er „pflichtgemäß" außenpolitische Bedenken gegen die Kandidatur *Geßlers* erhob, was nicht nur innerhalb der DVP als Veto gesehen wurde. Angesichts der bestehenden Mitte-Rechts-Regierung entwickelte die SPD wenig Geschmack an der von der DDP vorgeschlagenen Idee eines Kandidaten der Weimarer Parteien. Ein anderer bürgerlicher Kandidat wurde zwischen DVP und DNVP nicht gefunden, sodass im ersten Wahlgang parteigebundene Kandidaten antraten.

Reichswehrminister *Otto Geßler* war als Kandidat der in der Reichsregierung zusammengeschlossenen Koalition im Gespräch und hätte womöglich auch gute Aussicht gehabt, bereits im ersten Wahlgang eine absolute Mehrheit der Stimmen zu erreichen oder aber gemeinsamer Kandidat des Bürgerblocks im zweiten Wahlgang zu bleiben. *Otto Geßler* war nominell noch Mitglied der linksliberalen DDP, konnte also als Kandidat einer Mitte-Rechts-Regierung bis in das bürgerlich linke Lager hinein strahlen. Als Süddeutscher und Katholik waren ihm auch Stimmen aus dem Zentrum und der bayrischen BVP einigermaßen gewiss. Dieser Kandidat, der mit seiner Verbindung von der Reichswehr bis zu den Liberalen eine bedeutende Gewähr für die künftige Stabilität der Republik gewesen wäre, scheiterte in heute kaum begreiflicher Weise als gemeinsamer Kandidat des ersten Wahlgangs am politisch kurzsichtigen Veto *Gustav Stresemanns*.[173]

> *„Indem er Jarres durchsetzte, sprengte Stresemann die bürgerliche Einheitskandidatur, da dieser westdeutsche Protestant und industrienahe Bürgermeister von Duisburg weder für den politischen Katholizismus noch für die DDP akzeptabel war, sodass diese Gruppen schließlich im ersten Wahlgang mit eigenen Kandidaten antraten und Jarres ausschließlich mit Unterstützung der im Loebell-Ausschuss verbliebenen politischen Kräfte kandidierte, die sich nun hochtrabend ‚Reichsblock' nannten. Da auf diese Weise die Zahl der Kandidaten auf insgesamt sieben anwuchs, konnte keiner die im ersten Wahlgang erforderliche absolute Mehrheit gewinnen, womit es zu einem zweiten Urnengang kam, für den auch völlig neue Bewerber zugelassen waren."*[174]

Damit konnte die DNVP, die politische Rechte, die durchaus nicht fest auf dem Boden der Weimarer Reichsverfassung stand, ihre seit 1920 zirkulierende Idee einer Hindenburg-Kandidatur für den zweiten Wahlgang wieder lancieren und auch durchsetzen. Vertreter der Industrie und Außenminister *Stresemann*, der die nach dem ersten Wahlgang eingetretene Lage maßgeblich mitverant-wortete, hatten durchaus gewisse Bedenken, der Idee aus dem rechtsnationalen Lager der DNVP zu folgen und *Hindenburg* als gemeinsamen Kandidaten des „Reichsblocks" im zweiten Wahlgang gegen den Kandidaten *Wilhelm Marx* des sogenannten „Volksblocks" der Weimarer Parteien antreten zu lassen. Aber jetzt legte er kein Veto ein. Mit der Drohung, die DVP im zweiten Wahlgang nach links zur Weimarer Koalition zu orientieren, hätte er die Kandidatur *Hindenburgs* verhindern können.

Der Friedensnobelpreisträger *Gustav Stresemann* hat mit seiner visionären Aussöhnungspolitik mit Frankreich seinen Platz unter den herausragenden Poli-tikern der Weimarer Zeit sicher. Innenpolitisch aber wird man zu einem anderen Ergebnis gelangen. *Stresemann*, der einst im kaiserlichen Deutschland für Anne-xionen, Siegfrieden, für Forderungen nach einer Verwandlung Deutschlands in eine einzige Munitionsfabrik[175] und die des unbeschränkten U-Boot-Krieges stand, ein Mann der politisch bemerkenswert lange falsch gelegen hatte und der nach der Revolution bereits beim Lüttwitz-Kapp-Putsch 1920 wiederum eine zur Vorsicht mahnende zweideutige Figur abgab: Kann man ihm wirklich innenpolitisch ein Damaskuserlebnis bescheinigen[176] und falls ja, ab wann?

Auch die DVP stand ursprünglich jedenfalls nicht dezidiert auf dem Boden der Weimarer Verfassungsordnung. Sie war trotz ihrer teils auch großbürger-lich weltläufigen Art doch sehr offen für den rechtsnationalen, auch völkischen Prägegeist der Zeit. Diese rechtsliberale Partei war schwankend wie das Groß-bürgertum, das sie repräsentierte: Sie kann weder dem republikanisch-demo-kratischen Geist der Weimarer Koalition, also dem um die SPD erweiterten bürgerlichen Lager, noch dem oftmals explizit radikal rechten Lager der DNVP zugerechnet werden. Sie stand seit der Regierung *Cuno* 1922 immerhin für „große" Koalitionen prinzipiell zur Verfügung.[177] Hinter der Zweideutigkeit und mitunter politischen Kurzsichtigkeit stand das alte Gebrechen des National-liberalismus seit *Bismarcks* Zeiten, als sich die Nationalliberalen auf ein eigentlich widernatürliches Bündnis von Schwerindustriellen und Großagrariern einließen und für Schutzzollpolitik eintraten.[178] Diese Orientierung an Interessen zweier Wirtschaftssektoren, die beide seit Reichsgründung gewohnt waren, nach politi-schem Einfluss zu greifen, machte die DVP allzu abhängig und ließ sie taktieren, wo Weitsicht und Eigenständigkeit gefragt waren.

1925 hatte sich die mit der DNVP in einer Regierungskoalition befindliche DVP ohne Not, namentlich durch *Stresemann*, in eine gut erkennbare Falle der Popularität *Hindenburgs* und der antirepublikanischen Absichten der DNVP ma-növrieren lassen und so nicht ganz zufällig die Axt an eine der Stabilitätsvoraussetzungen der Weimarer Demokratie gelegt. Auch der bayrische Konservatismus spielte eine Rolle, denn für die katholische BVP kam es offenbar nicht infrage, für den Katholiken *Marx* zu stimmen, wenn er von der SPD unterstützt wurde. Die KPD hatte ebenfalls ihren Anteil an der Hindenburg-Wahl – ein Aufruf für das aus ihrer Sicht kleinere Übel hätte bei einem recht knappen Wahlausgang den Ausschlag für *Marx* geben können.[179] Aber wer im totalitären Tunnelblick nur die Wahl zwischen einem „Zivil- und einem Militärdiktator" sehen konnte, der blieb mit Blindheit geschlagen.

Wenn man ein Lamento über den Parteienstaat anstimmen will, dann wäre hier – jedenfalls für einige Parteien – der richtige Ort. DVP, BVP, DNVP und KPD haben zugelassen, dass ein Mann Reichspräsident wird, der die Parteien denunziert hatte und innerlich ablehnte. Unter den bürgerlichen Kräften verantwortet vor allem die DVP das eklatante republikanische Sicherheitsrisiko „Hindenburg", der bereits zum Zeitpunkt des Wahlkampfes als willfähriges Instrument deutschnationaler Einflüsterungen galt und der ihrer dort nicht bedurfte, wo er selbst starr an seiner historisch überholten Burgfriedensprätention festhielt.[180] *Stresemann* selbst und seine Parteifreunde waren außen- und wirtschaftspolitisch orientiert und glaubten an eine Verringerung der Reparationslasten, die Erholung und Gleichberechtigung Deutschlands, einer Fortschrittslinie folgend, die allmählich die Extreme immer bedeutungsloser machen und eine Partei wie die nationalistische DNVP künftig auf den Boden einer ohnehin freundlicher werdenden Realität bringen würde. Dahinter stand nicht nur ein verständlicher Optimismus, sondern zudem ein durchaus konstruktives Kalkül, allerdings auch eine gute Portion Naivität und ein Stück elitäres Unverständnis für die subkulturellen Prägekräfte von links und rechts, die dem gesamten Verfassungssystem und dem parteipolitischen Betrieb der Koalitionen, deren Kompromissen und deren Zugeständnissen in außenpolitischen Zwangslagen, feindlich gegenüberstanden.

e) Hindenburgwahl als Weichenstellung in Richtung des Scheiterns der Weimarer Verfassungsordnung?

Wenn vor diesem Hintergrund ein Biograph *Gustav Stresemann* zum größten Staatsmann der Weimarer Republik erklärt[181], so kann man das uneingeschränkt gewiss für seine Person als Außenpolitiker gelten lassen. Innenpolitisch wird man zu seinen Gunsten anerkennen, dass er (allerdings erst) Jahre später, 1929, die von ihm und seinen Parteifreunden maßgeblich miterzeugte Gefahr von rechts im Blick auf den bei der DNVP immer mehr tonangebend werdenden *Hugenberg* erkannte und jetzt die Koalition nach links zur SPD verlangte.[182] Das war in einer Zeit, als man im Vorzimmer jenes Reichspräsidenten, der ohne *Stresemann* und seine DVP gar nicht im Amt gewesen wäre, schon längst ganz andere Pläne in Richtung einer möglichst dauerhaften (strukturellen) Verdrängung der SPD aus der Regierungsverantwortung verfolgte. Der entscheidende historische Fehler lag darin, den demokratisch und republikanisch desavouierten *Hindenburg* sehenden Auges an die Schaltstelle der Macht zu setzen, obwohl im Wahlkampf die Argumente gegen *Hindenburg* offen zu Tage lagen. Angesichts der Stellung des Reichspräsidenten im Verfassungssystem, seiner langen, siebenjährigen Amtsperiode und der Wirkkraft der besonderen plebiszitären Legitimation, ist die im politischen Vorfeld vermeidbare Wahl *Hindenburgs* 1925 die entscheidende Weichenstellung für den späteren Untergang der Republik gewesen – und klarsichtige Politiker wussten um dieses Risiko.

Denn noch einmal: Was konnte man 1925 über *Hindenburg* wissen? Man wusste, dass er, der Sieger von Tannenberg, bis zur Entlassung *Ludendorffs* als Generalquartiermeister unter dessen Einfluss stand und sich als ebenso lenkbar wie starrsinnig erwiesen hatte. Man wusste aber auch, dass Hindenburg sich als Repräsentant einer starken staatlichen Autorität und als Symbol nationaler Einheit und Größe zu inszenieren verstand, der Hindenburgmythos war schließlich nur wenige Jahre zurückliegend. Dieser gepflegte Nimbus der Unbesiegbarkeit bei fester Einigkeit und unbeirrbarer Willensstärke war einer der wesentlichen Prägekräfte für das starrsinnige Beharren auf einem Siegfrieden gewesen, solange Chancen des Sieges auch nur im irrealen Kalkül als möglich schienen.[183] Die nähere Analyse dieser Zeitspanne von 1916-1918 in der neueren Untersuchung „Auf Messers Schneide" von *Holger Afflerbach*[184] zeigt bereits ein Muster des uninspirierten, reaktionär gestimmten Starrsinns, allerdings mit Herrschaftssinn[185], dem Deutschland zum zweiten Mal Anfang 1933 erliegen sollte. Das Gespann *Ludendorff/Hindenburg* wusste im Grunde seit Übernahme der OHL, dass der Krieg bei allem, was rational zu kalkulieren war, nicht gewonnen werden konnte. Es dennoch zu versuchen, und dabei immer wieder, was *Hindenburg* anging, das gute Abschneiden in der öffentlichen Meinung im Sinn zu haben, war ein Muster der Konzeptionslosigkeit und der Unfähigkeit, überhaupt in politischen und strategischen Kategorien zu denken. Bezeichnenderweise fühlten sich *Ludendorff* und *Hindenburg* nicht berufen, politische Entscheidungen (und die damit verbundene Verantwortung) zu übernehmen, obwohl sie mit ihrem militärischen Tunnelblick genau diese politischen Entscheidungen faktisch an sich zogen. Die Treueschwüre eines Reichspräsidenten *Hindenburg*, konnte man nicht für bare Münze nehmen. Schon in seiner ersten öffentlichen Äußerung als vereidigter Reichspräsident machte er sein Rollenverständnis klar:

„Reichstag und Reichspräsident gehören zusammen, denn sie sind beide unmittelbar aus den Wahlen des deutschen Volkes hervorgegangen. Aus dieser gemeinsamen Grundlage allein leiten sie ihre Machtvollkommenheit her. Beide zusammen erst bilden die Verkörperung der Volkssouveränität, die die Grundlage unseres gesamten heutigen Volkslebens bildet. Das ist der tiefere Sinn der Verfassung, auf die ich mich soeben durch mein Manneswort feierlich verpflichtet habe. Während der Reichstag die Stätte ist, wo die Gegensätze der Weltanschauungen und der politischen Überzeugungen miteinander ringen, soll der Reichspräsident der überparteilichen Zusammenfassung aller arbeitswilligen und aufbaubereiten Kräfte unseres Volkes dienen. Auch an dieser Stelle spreche ich es daher noch einmal ausdrücklich aus, dass ich mich dieser Aufgabe der Sammlung und Einigung unseres Volkes mit besonderer Hingabe widmen will. Diese große Aufgabe wird mir dann wesentlich erleichtert werden, wenn auch in diesem Hohen Hause der Streit der Parteien nicht um Vorteile für eine Partei oder einen Berufsstand gehen wird, sondern vielmehr darum, wer am treuesten und erfolgreichsten unserem schwer geprüften Volke dient.“[186]

Hier wurde bereits die Agenda des Namensgebers des „Hindenburgprogramms" und die alte Burgfriedensrhetorik eines über den Parteienstreit hinweg einigen Vaterlandes wieder sichtbar. Der neue Reichspräsident blieb bei seiner, im Grunde nicht so sehr traditionell monarchisch geprägten, sondern durch eine vom Weltkriegserlebnis recht zeittypisch geformten nationalen Homogenitätsvorstellung, an die der rechtsradikale Volksgemeinschafts-Demagoge *Hitler* ganz nahtlos anknüpfen konnte.

Um es deutlich zu sagen: Dieser Mann, *Hindenburg*, war für die Weimarer Republik im Aufbruch und im Vergehen ein Unglück der Deutschen. Die Ernennung *Hitlers* zum Reichskanzler war zwar gewiss nicht der Schlusspunkt einer gezielten Strategie, aber auch deutlich mehr als das Versehen eines vielleicht schon ein wenig senilen, doch im Grunde anständigen Mannes. Hinter der Maske des gütigen Vaters und in Treue festen biederen Vertreters des Gemeinwohls stand ein eitler, reaktionärer und durchaus berechnender Mann[187], der kein Freund der freiheitlichen, parlamentarischen Verfassung war, allen Bekräftigungen seines Verfassungseides zum Trotz. Der Mann, der sein militärisches und politisches Versagen im Ersten Weltkrieg niemals eingestanden hätte, sondern frech die Verantwortung erst anderen – und zwar dem Parlament, das doch angeblich nur im Streit befindlich war – überlassen hatte und dann die Parlamentarier wie *Erzberger*, *Rathenau*, *Ebert* und *Scheidemann*, die für die planlose

OHL die Kastanien aus dem Feuer holen mussten, auch noch mit der Dolchstoßlegende delegitimierte und dem rechtsradikalen Hass preisgab: Dieser Mann war
unredlich, ein bornierter Heuchler. Auch mit seiner Pflichterfüllung und seiner
Unbestechlichkeit war es nicht allzu weit her. Ein Reichspräsident, der sich das
über Spenden von der deutschen Industrie und Großagrariern (Reichslandbund)
entschuldete Gut Neudeck zum Geburtstag (2. Oktober 1927) schenken lässt[188],
hätte auch unter der Weimarer Rechtsordnung staatsanwaltschaftlichen Ermitt-
lungen ausgesetzt werden können, zumindest wenn man berücksichtigt, wie
deutlich *Hindenburg* im Amt auf Agrarhilfen in der Krise 1929/1930 drängte[189].
Doch auch hier bleibt eine Ambivalenz: So ist durchaus umstritten, ob seine Ost-
hilfeaktionen reine Interessenpolitik waren oder aus Gemeinwohlerwägungen
gespeist waren.[190] Aber bei Vorteilsnahme und Bestechung[191] geht es eben auch
um den Anschein, vor allem wenn man bedenkt, dass in dieses Motivumfeld
die Entlassung des letzten parlamentarischen Reichskanzlers *Müller* fällt, dem
Hindenburg die wirksame Osthilfe nicht zutraute. Ging es ihm mitunter jedenfalls
auch um das Geld, so betrieb er schon seit seinem Kommando als „Ober Ost" im
November 1914 vor allem personale Geschichtspolitik.[192]

Ganz ähnlich sollte *Hindenburg* als Reichspräsident agieren: sensibel und
berechnend, was sein Bild im öffentlichen Meinungsraum anging, offen für
Interessen seiner großagrarischen Freunde, dagegen von Ressentiments gegen
die Sozialdemokratie und gegen die Mechanik des Meinungsstreits erfüllt, politisch zwar uninspiriert aber durchaus absichtsvoll und geradezu destruktiv auf
der Bühne agierend, die ein Reichspräsident hätte konstruktiv ausfüllen können
und ausfüllen müssen.

Man wusste demnach bereits 1925 um seine Eitelkeit, um das Fehlen politischer Urteilskraft, um seine heimliche Sehnsucht nach einem national-autoritati-
ven Umbau. Obgleich ein unmittelbarer Bruch des bestehenden Verfassungssystems nicht zu erwarten war, so doch jedenfalls eine rechtsgewirkte Veränderung
der politisch maßgebenden Kräftekonstellationen. Allein schon diejenigen, die
ihn zur Kandidatur aufgefordert haben, wie Großadmiral *Tirpitz*, wirkten wie
die Parade einer krachend gescheiterten Vergangenheit. Dass der am rechtsextremen Rand noch einflusslose, als Hochverräter vorbestrafte NSDAP-Vor-
sitzende *Hitler* mit der Wahl *Hindenburgs* Morgenluft witterte, darf bei seinem
Machtinstinkt nicht verwundern. Umso unerklärlicher bleibt, wieso ein Teil des
bürgerlichen Lagers politisch so blind sein konnte, der Kandidatur *Hindenburgs*
zuzustimmen und ihn im Wahlkampf zu unterstützen – eine Frage, die schließlich aber auch an die Wähler gerichtet werden muss, die dem Mythos *Hindenburg*
erlagen und die mit fast der Hälfte der abgegebenen Stimmen für ihn votierten.

Das rechtsnationale Lager hatte mit *Hindenburg* nicht nur ihren Kandidaten des reaktionären Staatsumbaus ins Amt gebracht, sondern einen langfristigen Erfolg im politischen Prägeraum erzielt, denn *Hindenburg* war ein erprobter Magnet der öffentlichen Wahrnehmung. Nicht nur im nationalkonservativen Prägeraum galt *Hindenburg* als Integrationsfigur. Er stand für nationale Würde, Standhaftigkeit, verbunden mit dem Nimbus väterlicher Güte, sogar für Humor – ein guter fürsorgender, ein versöhnender Großvater. Seine Gefährlichkeit lag immer auch in einem Nimbus, der im und neben dem Amt in politische Macht umzumünzen war.

Seine wirkliche, und alles andere als rühmliche, Rolle während des Weltkrieges war überlagert durch ein von ihm immer wieder sorgsam gepflegtes Propagandabild, dessen Wirksamkeit man nicht unterschätzen darf. Hier floss im Grunde die autoritäre Disposition der deutschen Nationalkultur ein, die eine autoritative Vaterfigur, einen Feldherren, einen Armin, eine eiserne Figur wie *Bismarck* suchte und dort, wo sie sie fand, bereitwillig verehrte. Name und äußere Erscheinung waren hier bereits Programm, Auftreten und Habitus bedienten sehr bewusst eine Stimmung, die immer auch die Sehnsucht nach nationaler Einheit und Größe, Tradition, Identität und Geschlossenheit jenseits von „Parteiengezänk" war. Dass *Hindenburg* gleichwohl keine absolute Mehrheit gewann und vermutlich schon bei einem anderen Verhalten der KPD Schwierigkeiten gehabt hätte, die Wahl zu gewinnen, zeigt die Gespaltenheit der deutschen Gesellschaft und die Fiktionalität der Einheitssuggestion, mit der der „Reichsblock", der in seinem Kern mit seiner rechtslastigen Ideologie strukturelle Minderheit der Gesellschaft war, sich als Prätentionsmehrheit profilierte.

Doch man konnte sich auch mit – indes anfechtbaren – Einschätzungen beruhigen. Zum Zeitpunkt seiner Wahl konnte man eine Normalisierung der Demokratie annehmen oder jedenfalls erhoffen, die einen Repräsentanten der nationalen Rechten erlaubte und darin einen integrativen Brückenschlag der Versöhnung sehen. Der politische Betrieb sollte sich in die von vielen ersehnte Richtung einer innen- und außenpolitischen Normalisierung bewegen. Könnte der Parteienstaat nicht mit einer Geste an die glorreiche Vergangenheit und mit einem Symbol der nationalen Einheit umrahmt und so die Kluft in der politischen Kultur der Republik geschlossen werden? *Hindenburg* als Repräsentant der monarchischen Vergangenheit, der politisch nicht allzu ehrgeizig schien, könnte die virulente Feindschaft von rechts allmählich in eine Akzeptanz, eine Legitimität der Republik überführen und so die Spaltung der Gesellschaft überwinden. Schon am 13. März 1920 während des Lüttwitz-Kapp-Putsches schrieben die Leipziger Neuesten Nachrichten:

„Nur Hindenburg, wenn er sich dem Volke zur Wahl stellt, vermöchte alles zu sammeln, was den Grundsatz ‚erst deutsch, dann alles andere‘ noch nicht zum alten Eisen geworfen hat.“[193]

Die nationale Rechte hatte wieder mehr Oberwasser als einige Jahre zuvor unter der noch frischen Erinnerung an die Kriegsniederlage. Für die Revolution gegen ein morsches und unfähiges System galt *Hindenburg* als dessen Repräsentant und Akteur – am Schluss beinah mehr als der Kaiser. Die Deutschnationale Volkspartei, der der parteilose *Hindenburg* am nächsten zu stehen schien, hatte bei der Reichstagswahl 1924 mit rund 20 % der Stimmen nach der Sozialdemokratie das zweitbeste Ergebnis erlangt. Die ursprünglich noch während des Lüttwitz-Kapp-Putsches 1920 republikfeindliche Partei bewegte sich zögerlich in Richtung politischer Mitte und immerhin in das vom Verfassungsrecht markierte Spielfeld. Mit *Hindenburg* als Reichspräsident schien sich die Chance zu vergrößern, dass der tendenziell verfassungsfeindliche rechtsnationale Rand an Aggressivität verlieren würde und aus der stark rechten Position der DNVP – die ja zu diesem Zeitpunkt 1925 bereits in einer bürgerlichen Regierungskoalition war – eine gemäßigte rechtsnationale Opposition werden könnte, die letztlich ihren Frieden mit schwarz-rot-gold schließen werde.

Mit anderen Worten entsprach die Erwartung eines politisch zurückhaltenden, eher repräsentativ agierenden *Hindenburgs* der Hoffnung auf Minderung der Ressentiments von rechts durch eine die Republik festigende starke nationale Symbolik in der Rolle des Staatsoberhaupts. Dieses Kalkül konnte umso mehr aufgehen, wenn die Stabilisierung von koalitionsfähigen Reichstagsmehrheiten parlamentarische Regierungen ermöglichte und die Reservefunktion des Reichspräsidenten bis hin zum Notverordnungsrecht und zu Reichstagsauflösungen keine sonderliche Rolle mehr spielen würde. Allerdings, und hier liegt die Naivität eines solchen Kalküls, sprach auch 1925 wenig dafür, dass stabile parlamentarische Mehrheiten im Weimarer Verfassungssystem die Rolle des Reichspräsidenten in Richtung einer repräsentativen Funktion und einer Verdrängung aus der gestaltenden politischen Mitte ermöglichen würden. Dies zeigt bereits das Schicksal jener Reichsregierung, die die Wahl *Hindenburgs* auf den Weg brachte und das Jahr 1925 in dieser Parteienkonstellation nicht überdauerte.[194]

E. Wirtschaft als Schicksal der Demokratie

I. Die Verfassungsentscheidung für die soziale Republik

Die Weimarer Verfassung wollte aus der unvollkommenen Demokratie des kaiserlichen Deutschlands eine vollendete machen. Aber auch die sozialpolitischen Ansätze vor 1914 sollten jetzt zu einer konsequent sozialen Republik ausgebaut werden. Anders als das Grundgesetz arbeitete die Weimarer Verfassung nicht mit Staatsstrukturen, die etwa den „demokratischen und sozialen Bundesstaat" vorgeben, wie dies Art. 20 Abs. 1 GG tut, sondern sie bringt die Richtungsentscheidung in ihrem zweiten Hauptteil, in den Grundrechten, zum Ausdruck.

Nach Art. 151 WRV muss die Ordnung des Wirtschaftslebens „den Grundsätzen der Gerechtigkeit mit dem Ziel der Gewährleistung eines menschenwürdigen Daseins für alle" entsprechen. Das Bekenntnis zur Marktwirtschaft wird in Art. 152 WRV formuliert, wonach im Wirtschaftsverkehr die Vertragsfreiheit nach Maßgabe der Gesetze gilt und Wucher untersagt ist sowie Rechtsgeschäfte, die gegen die guten Sitten verstoßen, nichtig sind. Art. 156 WRV lässt die Sozialisierung (Vergesellschaftung) privater wirtschaftlicher Unternehmungen mit entschädigungspflichtiger Überführung in Gemeineigentum zu. Das Arbeitsrecht wird mit Art. 157 WRV unter besonderen Schutz des Reiches gestellt und die Vereinigungsfreiheit für Koalitionen mit Art. 159 WRV gewährleistet. Eine starke sozialstaatliche Komponente findet sich auch in Art. 163 Abs. 2 WRV, wonach jedem Deutschen die Möglichkeit gegeben werden soll, durch wirtschaftliche Arbeit seinen Unterhalt zu erwerben und „soweit ihm angemessene Arbeitsgelegenheit nicht nachgewiesen" werden kann, für seinen notwendigen Unterhalt zu sorgen sei.

Die Arbeiterbewegung bekam ihr Ziel verbrieft, anerkannter Teil der Gesellschaft zu werden. Art. 165 WRV bestimmt, dass die Arbeiter und Angestellten dazu berufen sind, „gleichberechtigt in Gemeinschaft mit den Unternehmen an der Regelung der Lohn- und Arbeitsbedingungen sowie an der gesamten wirtschaftlichen Entwicklung der Produktivkräfte mitzuwirken". Die beiderseitigen Organisationen und ihre Vereinbarungen werden anerkannt, also Tarifautonomie gewährleistet. Die Arbeiter und Angestellten erhalten zur Wahrnehmung ihrer sozialen und wirtschaftlichen Interessen gesetzliche Vertretungen in Betriebsarbeiterräten sowie in nach Wirtschaftsgebieten gegliederten Bezirksarbeiterräten und einem Reichsarbeiterrat. Letzterer ist Teil des auch die Unternehmer erfassenden Reichswirtschaftsrates, der wiederum konsultativ in die sozialpolitische und wirtschaftspolitische Gesetzgebung eingebunden ist (Art. 165 Abs. 3 WRV).

SPD und Gewerkschaften sollten endgültig vom Stigma der „vaterlandslosen Gesellen" und vom Ruch staatsfeindlicher Kräfte aus der Zeit der Bismarckschen und wilhelminischen Kampfansagen und auch ihrer eigenen Revolutionsrhetorik befreit werden. Die Gewerkschaften sollten nicht mehr in die Illegalität von Kampfmaßnahmen gedrängt, sondern gleichberechtigte, anerkannte Partner für den Abschluss von Tarifverträgen sein. Die Fortführung und Komplettierung der Sozialversicherungssysteme durch die Einführung der Arbeitslosenversicherung im Laufe der Weimarer Republik war ein wichtiges Element und die Erfüllung eines Verfassungsauftrages. Im Zusammenspiel von Privatautonomie, Vereinigungsfreiheit und Eigentumsbindung waren die Tarifautonomie, die Koalitionsfreiheit und die betriebliche Mitbestimmung noch wichtiger. Gerade an dieser Stelle wirkte die Revolutionsdynamik auf das verfassungsrechtliche und politische Geschehen.

Für die Unternehmer waren die Einführung des Achtstundentages resp. der 48-Stunden-Woche, die Lohnerhöhungen aufgrund von Tarifverhandlungen – die man nicht mehr repressiv mithilfe einer oftmals verbündeten Staatsgewalt klein halten konnte – und die Wirklichkeit von selbstbewussten Betriebsräten eine Kröte, die man schlucken musste, um Schlimmeres, nämlich revolutionäre Enteignungen und eine linksextreme Umwälzung der Gesellschaft, zu verhindern. Die Härte des Privateigentums als unumschränkte Verfügungsgewalt wurde gemildert:

> „Indem die Weimarer Nationalversammlung den Sozialstaatsgedanken in den Rang einer Verfassungsnorm erhob, unterwarf sie das Besitzrecht einer abstrakten Bindung an das Gemeinwohl."[195]

Dabei ragen die Arbeitsmarktbeziehungen (Tarifautonomie), die Einführung der Arbeitsvermittlung (1920), die Schaffung der Arbeitslosenversicherung als zusätzlicher Zweig der Sozialversicherung (1927) und natürlich die Betriebsverfassung hervor.[196] Die Selbstverwaltungsstrukturen und das berufsständische Kammersystem blieben erhalten.

Während für die Sozialdemokratie und für reformorientierte Gewerkschafter die Republik die Vollendung ihres jahrzehntelangen Kampfes um soziale Emanzipation und jedenfalls eine Grundlage für die stetige Verbesserung der Lebensverhältnisse der Arbeiter bedeutete, schien sie für Teile des bürgerlichen Publikums insbesondere am rechten Rand als erzwungene Konzession, die bei einer Stabilisierung der Herrschaftsverhältnisse möglichst wieder rückgängig gemacht werden sollte. Die radikale Linke der KPD sah in der sozialen Ordnung Weimars ein Betrugsmanöver oder allenfalls ein Linsengericht, eingetauscht gegen die wirkliche und nach ihrer Auffassung historisch notwendige Umwälzung der wirtschaftlichen Eigentumsverhältnisse.

Der bis 1933 nie erlahmende, linksextreme Angriff auf die parlamentarische Demokratie hatte sich ursprünglich auf die Forderung nach Herrschaft durch Arbeiter- und Soldatenräte fokussiert. Auch wenn die gewalttätige (revolutionäre) Durchsetzung dieser Art von progressiv etikettierter Diktatur immer weniger real möglich schien, so heißt das nicht, dass dieses bereits im Ansatz verfassungsfeindliche Ziel aufgegeben wurde. Dahinter stand die marxistische Vorstellung, dass die unerbittliche Logik der Geschichte diejenige von Klassenkämpfen sei und alle Institutionen von Staat und Recht, Republik und Demokratie nur Ornamente einer Fassade bildeten, die die dahinterstehende Architektur gesellschaftlicher Macht verdecke. Weil die Demokratie auf der Grundlage des Privateigentums an Produktionsmitteln immer nur eine bürgerliche Herrschaftsform sein könne, müsse die Diktatur des Proletariats errichtet werden, damit zuerst die politische Macht erobert werde, um die Produktionsverhältnisse umstürzen zu können und damit die politisch-ökonomischen Voraussetzungen der klassenlosen Gesellschaft zu erreichen. Aus dieser Sicht galt es, sowohl die Einrichtungen der bürgerlichen Demokratie mit Meinungsfreiheit und Parlamentarismus zu nutzen, als auch die neuen Errungenschaften betrieblicher Mitbestimmung und der Koalitionsfreiheit, um die auf den Umsturz der bestehenden Ordnung zielenden Agitationsplattformen auszubauen.

Wie so häufig spielte die extreme Linke seit den Syndikalisten und der Spartakusbewegung der extremen Rechten unbewusst, manchmal sogar mit Kalkül, in die Hände, weil die Sorge vor einer bolschewistischen Revolution angesichts der Erfahrungen in Deutschland nach 1918 und im Blick auf Russland immer wieder reiche Nahrung fand. Die Weimarer Koalition, insbesondere aber die SPD und ihr Reichspräsident *Ebert* gerieten in eine Zangenbewegung ihrer erklärten Feinde, sie blieben unter permanentem Druck von links und rechts. Für die einen waren sie die Verbündeten der verhassten Klassenherrschaft, die die im November 1918 zum Greifen nahe Revolution blockierten. Für die anderen waren sie nur die gemäßigten Teile des Marxismus, einer auf Umsturz zielenden Arbeiterbewegung oder aber – auch bei unterstellt guten Absichten – doch deren objektiv nützliche Instrumente. Dieser Zangendruck verengte vor allem seit dem Tod *Eberts* den Handlungsspielraum der SPD.

II. Antagonistische Interessenpolitik und Konturen Sozialer Marktwirtschaft

1. Soziale Teilhabe und Sicherheit auf schwankendem Boden

Hinter kleinen Parteien wie der Wirtschaftspartei standen häufig isolierte Wirtschaftsinteressen, die die parlamentarische Bühne eigentlich nur zur lobbyistischen Interessenvertretung nutzten. Aber auch große Parteien wie die Deutschnationale Volkspartei, die Deutsche Volkspartei und – für die Klientel der Arbeiterschaft – gewiss auch die SPD verstanden sich als Sachwalter bestimmter gesellschaftlicher Gruppen auf dem Gebiet wirtschaftlicher Selbstbehauptung. Man kann das im Hinblick auf größere politische Zusammenhänge und für das Gemeinwohl negativ werten. Jedoch wird man auch sehen müssen, dass darin nicht nur Blockade, sondern teilweise auch ein Mechanismus zur konstruktiven, zur koalitionären Zusammenarbeit wirkte. Das vierte Kabinett *Marx* beispielsweise, seit dem 29. Januar 1927 im Amt, war wiederum ein Mitte-Rechts-Bündnis unter Einschluss der Deutschnationalen (gemeinsam mit Zentrum, BVP und DVP) und bereits im Blick auf Wirtschaftsfragen geschmiedet worden. Denn ein Zusammenregieren mit der SPD in einer Großen Koalition hätte es nicht ermöglicht, die seit der Revolution für die Arbeitnehmer sehr günstige Arbeitszeitregelung im Hinblick auf größere Produktivität der Wirtschaft zu verändern, wie es aus dem Unternehmerlager gefordert wurde.[197] Aber die Deutschnationalen waren auch durch den Reichslandbund, einer agrarischen Interessenvertretung, zum Eintritt in die Koalition aufgefordert worden, um ihre Schutzzollforderungen durchzusetzen. Dem standen die von der DVP repräsentierten Interessen der exportorientierten Industrie mit dem Reichsverband der Deutschen Industrie (RDI) zwar entgegen, beide Seiten gelangten aber unter vergleichsweise günstigen gesamtwirtschaftlichen Rahmenbedingungen zu einem Ausgleich.[198] Und auch die an sich von der SPD vertretene – und in der Mitte-Rechts-Koalition deshalb vakante – Position der Arbeitnehmer wurde durch das Zentrum einigermaßen wirksam vertreten, das nicht nur auf Grund der katholischen Soziallehre, sondern auch wegen seines Arbeitnehmerflügels, verankert in den eigenen christlichen Gewerkschaften, durchaus für solche Interessen offen war.

In dieser relativen Stabilitätsphase der Republik wurde nicht nur eine Verlängerung der Arbeitszeit, sondern auch ein entsprechender Zuschlag zum Stundenlohn vereinbart, der die Mehrarbeit unter Marktbedingungen durchaus dämpfte. Zudem wurde in dieser Regierungszeit des vierten Kabinetts unter *Marx* die Arbeitslosenversicherung verabschiedet – mit einer Selbstverwaltung, die den Forderungen des Allgemeinen Deutschen Gewerkschaftsbundes, aber auch den Vorstellungen der Arbeitgeber entsprach. Sie wurde eingeführt zu einem Zeitpunkt, als in Deutschland Hochkonjunktur herrschte und 1927 nur wenig mehr als 600.000 Arbeitslose verzeichnet wurden.[199] Dass ein solches, neu geschaffenes Sozialversicherungssystem auf eine längere Prosperitätsphase angewiesen war, versteht sich beinah von selbst; eine Krise vom Ausmaß der Weltwirtschaftskrise musste das System zerstören, jedenfalls wenn nicht ein solventer Staat in der Reserve stand.

Das Defizit im Haushalt und die Staatsverschuldung wurden weiter durch die Finanzierung von Sozial- und Beschäftigungsprogrammen verschärft. Einerseits war dieser Sprung in den Sozialstaat mit neuen staatlichen Ausgaben für die Wohlfahrtspflege sicherlich der prekären sozialen Situation geschuldet (wie z. B. der Wiedereingliederung der Arbeitskräfte in die Friedenswirtschaft), andererseits war die Expansion ebenso durch Parteien in Regierungsverantwortung bedingt, die im verstärkten Maße Sozialreformen und eine gleichmäßige Verteilung von Einkommen und Vermögen anstrebten. Auch kann dieser Ausbau gewissermaßen als Kompensation für das Ausbleiben der Sozialisierung und lenkender staatlicher Planung gesehen werden.

Die Sozialpolitik der Weimarer Republik hatte viele Facetten und vermittelte, dass soziale Not nicht notwendigerweise ein Schicksal sei, mit dem jeder allein klarkommen müsse. In dem Grundrechtskatalog der Reichsverfassung wurden über soziale Sicherungen hinausgehende Elemente des modernen Sozialstaates verankert und insgesamt eine soziale und demokratische Kontrolle der Wirtschaft angestrebt. So wurde in Deutschland – das gemessen am internationalen Maßstab bei der Einführung von Sozialversicherungen ohnehin eine

Vorreiterstellung einnahm – eine sowohl steuerfinanzierte wie versicherungsbasierte Arbeitslosenunterstützung geschaffen. Darüber hinaus wurde das Arbeitsrecht fortentwickelt, insbesondere hinsichtlich der Arbeitsschutzgesetzgebung (Achtstundentag, kollektives Arbeitsrecht mit der Eröffnung einer allgemeinen Verbindlichkeit der Tarifverträge, Einführung von Betriebsräten). Ebenso nahm der Wohnungsbau ein stärkeres Ausmaß an und kommunale Leistungen wurden flächendeckend ausgebaut.[200]

Die von *Bismarck* eingeführten Sozialversicherungen hatten gewiss ein kooperatives Gefühl der großen wirtschaftsgestaltenden Kräfte verstärkt und so den Theorien über einen naturnotwendigen Klassenkampf unter wachsender Verelendung der Arbeiter sichtbar entgegengewirkt. Dahinter stand auch das nationalpsychologisch wirksame korporatistische Gemeinschaftsgefühl, das noch nicht jene nationalistische Verzerrung der „Volksgemeinschaft" durch die radikale Rechte erfahren hatte. Es wollte also nicht kulturell oder ethnisch homogene Volksgemeinschaft sein, sondern an das staatsbürgerliche und nationale Gefühl solidarischer, gesellschaftlicher Verbundenheit anknüpfen, und zwar ausdrücklich mit fortbestehenden, ja sogar anerkannten, aber institutionell überbrückten Interessensgegensätzen wie in der gemeinsamen Selbstverwaltung von Sozialversicherungen.

Der organisierte Korporatismus war naturgemäß für das Tarifvertragssystem am bedeutendsten. Institutionell gelernt wurde in der relativen Stabilitätsphase Weimars beispielsweise am Roheisenstreit 1928/29. Aber die Tendenz ging doch von der Ordnungspolitik der Tarifautonomie, über die Staatsintervention zu Vorstellungen staatlich gelenkter Marktwirtschaft. Für den Bereich der Tarifautonomie wurde das sichtbar in der Bedeutungszunahme staatlicher Schlichtung. Nach dem Arbeitskampf der Arbeitgebergruppe Nordwest der Eisen- und Stahlindustrie hatte Reichsarbeitsminister *Rudolf Wissel* (SPD) den Schiedsspruch des Sonderschlichters *Wilhelm Jötten* für verbindlich erklärt. Doch die Arbeitgeber bestritten die Gültigkeit des Schiedsspruchs und sperrten fast 250.000 Beschäftigte aus, riefen aber auch das Arbeitsgericht an. Auf der Seite der Gewerkschaften stand *Ernst Fraenkel*. Das Landesarbeitsgericht gab den Gewerkschaften recht, aber bevor das angerufene Reichsarbeitsgericht hier verbindlich entscheiden konnte, löste Reichsinnenminister *Carl Severing* den Konflikt durch einen Schiedsspruch als Sonderschlichter. Doch dieser Schiedsspruch wurde durch das Reichsarbeitsgericht wegen der Unzulässigkeit eines Alleinentscheides (vorgeschrieben war eine Kammerentscheidung) aufgehoben.[201] Der Streit um die Rolle eines staatlichen Schlichters war nur vordergründig ein formeller, denn in Wirklichkeit erhofften sich die Arbeitgeber eine stärkere Intervention des Staates, dem sie eher als den Gewerkschaften zutrauten, die wirtschaftlichen Rahmenbedingungen und weltwirtschaftlichen Wettbewerbsbedingungen in der Krise angemessen zu gewichten. Auch an dieser Stelle entstand bei den Wirtschaftseliten der Republik eine gewisse Sehnsucht nach autoritärer Führung, eine Sehnsucht, die sich nicht auf Diktatur richtete, wohl aber auf staatlich-autoritative Intervention, die dann unter der Präsidialregierung *Brüning* immer deutlicher bedient wurde.[202]

2. Marktwirtschaftliche Gesellschaft ohne Marktwirtschaftler?

Die Weimarer Republik litt nicht nur auf politischem Terrain an unzureichender Akzeptanz, auch der wirtschaftlichen Ordnung fehlte es an hinreichender Unterstützung, sie blieb prekär. Für die Wirtschaft nicht anders als für die gesamte Gesellschaft markierte der Weltkrieg eine Zäsur. Wenn man die Frage stellt, wer eigentlich tatsächlicher Verlierer der durch Krieg, Kriegsfolgenbewältigung und Ruhrbesetzung verursachten Inflation war, so wird rasch deutlich: Es war der Mittelstand, der über keine großen, rentablen Sachwerte verfügte und nicht mit Koalitionsmacht in Tarifverträgen reagieren konnte. Die Unternehmer hatten vom inflationsgetriebenen Wachstum der ersten Nachkriegsjahre ebenso profitiert wie von billigen Krediten, die Landwirtschaft litt nicht unter „Zinsknechtschaft", sondern konnte sich vorübergehend entschulden. Viele Deutsche im Bürgertum und auch viele Intellektuelle lebten dagegen vom Kapitalertrag, also von Zinsen eines langfristig angelegten Geldvermögens, das nun radikal entwertet wurde. Angehörige des öffentlichen Dienstes und Pensionäre hatten keine Hebel zum Inflationsausgleich und blieben wehrlos angesichts der nach der Inflation folgenden fiskalischen Enge öffentlicher Haushalte. Hier wuchs ein wichtiges Potential tiefer Enttäuschung, Unzufriedenheit und der Ressentiments.

Bei aller Ungewissheit über die Zukunft schien für viele deutlich, dass es grundlegender Änderungen der sozialen und ökonomischen Ordnung bedurfte. Doch in welche Richtung? Radikale Sozialisierungsbestrebungen fanden keine Mehrheit, selbst die Sozialdemokratie unterstützte nach einer Übergangsperiode die Wiederaufnahme privatwirtschaftlicher Mechanismen.[203] Aber auch ein wirtschaftsliberales oder ordoliberales Paradigma konnte sich nicht durchsetzen.[204] In Analogie zur These der „Demokratie ohne Demokraten", die den formal-kodifizierten Regeln einen Mangel an Bewusstsein und Akzeptanz in der Bevölkerung gegenüberstellt[205], war die Weimarer Republik angesichts der

Defizite bei der Ausbildung eines liberalen, sozial geöffneten Leitbildes gewissermaßen eine „*Marktwirtschaft ohne Marktwirtschaftler*".

Anstelle einer ordnungspolitischen Leitvorstellung setzte sich bei großen Bevölkerungsgruppen – spätestens zur Weltwirtschaftskrise – die Ansicht durch, die Ordnung einer freien Wirtschaft habe ausgedient. Verstärkt wurde dies durch die Diskreditierung der alten Ordnungsvorstellung der „unsichtbaren Hand", da die tief sitzenden Erfahrungen von Versorgungsengpässen, Erosion politischer Institutionen und schließlich das kollektive Trauma der Inflation als Zerstörung der Erwartungssicherheit nachhaltige Spuren hinterlassen hatten.[206]

So muss die Zwischenkriegsperiode den Zeitgenossen bei jeder Krisenlage oder gar der wirtschaftlichen Depression seit 1929 wie ein düsteres Gegenbild zur prosperierenden Vorkriegszeit erschienen sein. Möglicherweise hatten solche nicht sonderlich optimistischen Einschätzungen der Gegenwart und die wirtschaftlichen Zukunftserwartungen der Deutschen sowie das Erleben der Krisen zur Folge,[207] dass breite Bevölkerungsschichten viel Sympathie für einen starken, einen wirtschaftlich dirigierenden Staat, also für eine politisch gelenkte Marktwirtschaft, hegten. Hinzu trat die verbreitete Wahrnehmung, dass sich soziale Ordnung nicht automatisch herstellt, sondern „durch organisierenden, planenden Eingriff zu schaffen war, während (…) vor dem Krieg vor allem die Übermacht von Ordnung als entscheidendes Problem gesehen wurde."[208] Im Zuge der Forderung, dass der Staat sich um die Probleme der Wirtschaft kümmern solle, wurde auch der Wirtschaftspolitik eine aktive Rolle zugewiesen. Sichtbares Zeichen dieser Entwicklung war die Zunahme des Staatsanteils am Volkseinkommen.[209]

Es gab jedoch auch einen Strukturwandel in der Wirtschaft, der solche Einstellungen begünstigte. Eine wesentliche Ursache hierfür dürfte in der zunehmenden Konzentration und der Einflussnahme von Unternehmen auf den Staat gelegen haben. Ausdruck fand dies in der Kartellierung vieler Industrien sowie der Entstehung von Großunternehmen. Die Wurzeln dieser Entwicklung reichen bis in die Zeit des Deutschen Kaiserreichs zurück. So wurden um 1913 rund 75 % der gesamtwirtschaftlichen Produktion von lediglich einigen wenigen Unternehmen erbracht. Eines der bekanntesten der 150 Kartelle stellte sicherlich das „Rheinisch-Westfälische-Kohlensyndikat" aus dem Jahr 1893 dar, durch das knapp 87 % der gesamten Kohleförderung des Ruhrgebiets zu einheitlichen Preisen in Deutschland und auf den Weltmärkten abgesetzt wurde.[210]

Obwohl der Konzentrationsprozess ein genereller Trend in der Weltwirtschaft war und somit nicht auf Deutschland beschränkt – sondern beispielsweise auch in der englischen, französischen, belgischen Schwerindustrie, besonders akzentuiert bei amerikanischen Trusts vorzufinden war –, war er doch auch von spezifisch nationalen Umständen geprägt und wirkte sich in Deutschland gesellschaftlich und politisch besonders stark aus.[211] Hier spielten die deutschen Großbanken eine erhebliche Rolle, da sie eine systematische Konzentrationsstrategie mittels ihrer Macht der Kreditvergabe betreiben konnten. In Deutschland gewannen die Kartelle generell als Unternehmensvereinigungen auf formeller Vertragsbasis mit dem Ziel der regionalen oder reichsweit gültigen Produktions- und Preiskontrolle eine starke Bedeutung. Rechtliche Anerkennung fand dieser Vertragstypus durch die Grundsatzentscheidung des Reichsgerichts, welches im Jahr 1897 anlässlich der Klage des Sächsischen Holzschlifffabrikantenverbands auf Einhaltung eines Kartellvertrages dezidiert festlegte, die Kartellvereinbarungen seien rechtlich verbindliche Verträge, deren Nichteinhaltung Sanktionen nach sich zöge.

Infolge dieses Urteils stieg die Zahl der im Kaiserreich geschlossenen Kartellvereinbarungen rapide an. Unterschiedliche Zählungen gehen von 385 Kartellvereinbarungen im Jahr 1907 und sogar 700 im Jahr 1914 aus.[212] In Deutschland wurde damit ein anderer Weg beschritten als etwa in den USA, die mit dem „Sherman Antitrust Act" von 1890 eine Vorreiterrolle in der Ermöglichung des freien Wettbewerbes einnahmen.[213] Dieses Strukturelement des Kartelldenkens ist bis in die Zeit der Weimarer Republik nachzuvollziehen. So veränderte sich die kartellfreundliche Rechtsprechung kaum und blieb durch die Kartellgesetzgebung der Weimarer Republik nur wenig beeinflusst. Zwar wurde 1923 mit der „Verordnung gegen den Missbrauch wirtschaftlicher Machtstellungen" ein erstes deutsches Kartellgesetz erlassen. Auf dessen Grundlage konnten jedoch nur solche Absprachen für nichtig erklärt werden, die nachweislich das Gemeinwohl schädigten. In einer grundsätzlich kartellfreundlichen Umgebung war ein solcher Nachweis schwierig.[214] Zu einer dem Grunde nach bestehenden konzentrationsfreundlichen Öffentlichkeit traten die Regierungen und Gerichte, die wohlwollende Kartellentscheidungen trafen. Entsprechend stieg die Zahl der bekannten Kartelle bis zum Ende der Weimarer Republik auf über 2100 weiter deutlich an, hierunter als bekannteste Zusammenschlüsse die IG-Farben (1925 aus acht großen Chemieunternehmen entstanden) und die Vereinigten Stahlwerke (1926 aus sieben großen Eisen-, Stahl- und Kohleproduzenten zum weltweit zweitgrößten Stahlhersteller vereint).[215] Sinnbild der Konzentration und der Machtfülle war auch die Stinnes-Unternehmensgruppe.

Aus heutiger Sicht einer vollständig akzeptierten Dominanz von nationalen Kartellwächtern und europäischer Wettbewerbs- und Beihilfekontrolle mag es überraschen, dass zur Weimarer Zeit die Wahrnehmungslinien anders verliefen, obwohl es auch konkurrierende Deutungen gab, wie die Vertreter des Ordoliberalismus zeigen. Anders als der US-amerikanische Weg, der nicht das Interesse der Allgemeinheit, sondern die wirtschaftliche Freiheit des Individuums ins Zentrum rückte, überwogen in Deutschland die Fixierung auf die Gesellschaft als Ganzes (Nation) sowie das korporatistische Element im Verhältnis von Staat und Wirtschaft. Kartelle wurden als legitime „Kinder der Not" betrachtet, auch als Mittel, die dazu dienten, gegenüber der internationalen Konkurrenz wettbewerbsfähig zu bleiben.[216]

Schon in den 1920er Jahren wurde über die Möglichkeit diskutiert, über „Zwangskartellgesetze" Branchen mit zersplitterter Betriebsstruktur zusammenzuschließen und so zurück in die internationale Wettbewerbsfähigkeit zu führen.[217] Ein Ausschuss des Reichstags von 1925, der dieses Phänomen untersuchte, schlussfolgerte, dass das Ziel der Konzentration die Rationalisierung der Betriebe hinsichtlich technischer und kaufmännischer Aspekte sei. Damit hatte der Ausschuss die Argumentation der von ihm angehörten Konzerne übernommen. Tatsächlich erforderte die Verwissenschaftlichung und technische Rationalisierung der Produktionsmethoden vermehrt einen höheren Kapitaleinsatz, den nicht jeder kleine Betrieb aufbringen konnte.[218] In der wirtschaftlichen und gesellschaftlichen Krise gegen Ende der Weimarer Republik schien die gesellschaftliche Akzeptanz von Kartellen sogar noch zuzunehmen. Ökonomen und Wirtschaftsjuristen betrachteten sie immer häufiger als unausweichliche Phänomene des entwickelten Kapitalismus.

Trotz der Präsenz von Vertretern mit liberalen Ordnungskonzeptionen fehlte die breite Akzeptanz für ein wirtschaftsliberales Leitbild.[219]Die Verteidiger der liberalen Idee in Form der „Erneuerung" des Wirtschaftsliberalismus konnten sich nicht durchsetzen. Die geradezu antikapitalistische Sehnsucht trug ihren Teil zum Aufstieg des Nationalsozialismus bei. Zumindest sahen später die US-amerikanischen Besatzungspolitiker in der Kartellierung der deutschen Industrie sowohl eine Unterstützung für den Wahlerfolg *Adolf Hitlers* als auch für die Aufrüstung und konzentrierten sich deshalb nach 1945 im Rahmen ihrer Demokratisierungsbemühungen auf eine Dekartellierung und Entflechtung.[220]

3. Ansätze Sozialer Marktwirtschaft?

Vertreter des Ordoliberalismus bildeten nur eine von vielen wirtschaftstheoretischen Strömungen der Weimarer Zeit. Erst in der Bundesrepublik gelang es ihnen, ein wirtschaftsliberales Leitbild auszuprägen. Trotz einigem Widerstand in den frühen Nachkriegsjahren wurde die Idee der Sozialen Marktwirtschaft nach 1945 zur allgemeinen Leitvorstellung und konnte, nachdem sie eine einflussreiche Schicht von der Notwendigkeit einer solchen Ordnung überzeugte, im gleichen Maße wie sie sich durch die wirtschaftlichen Erfolge stabilisierte, auch den Rückhalt in der breiten Bevölkerung finden.[221] Ökonomen kritisierten für die Weimarer Zeit dagegen das immer wieder zu beobachtende Drängen der Unternehmen auf Staatsintervention zu ihren Gunsten. In dramatischen Worten wird die allgemeine Situation der Weimarer Republik kommentiert:

> *„Der Staat wird von den gierigen Interessenten auseinandergerissen. Jeder Interessent reißt sich ein Stück Staatsmacht heraus und schlachtet es für seine Zwecke aus."*[222]

Die deutsche Krise sei auch durch Interventionismus und die Subventionen der öffentlichen Hand verursacht worden. So seien sie „ein Zeichen jämmerlicher Schwäche des Staates, einer Schwäche, die sich des vereinten Ansturms der Interessentenhaufen nicht mehr erwehren kann."[223] Die wirtschaftshistorische Forschung bestätigt diesen Eindruck eines – modern gesprochen – „rent seekings" und „state captures". Demnach hing das Wohlergehen von Unternehmen immer weniger von ihrer Wettbewerbsfähigkeit auf freien Märkten ab, als vielmehr von Staatsaufträgen, staatlich festgesetzten Preisen und Löhnen. Entsprechend spielten sie eine mitentscheidende Rolle für den Ausgang innenpolitischer Machtkämpfe.[224]

> *„Im Weimarer Staat gestalteten der politische Einfluss der Interessengruppen und die Eingriffe des Staates den Übergangsprozess noch schmerzhafter und verschlimmerten die Krise. Statt der Wirtschaft den strukturellen Anpassungsprozess zu erleichtern, ordnete die Reichsregierung seit 1929 einfach Askese an und setzte sie durch."*[225]

Der Anteil des Staates am Volkseinkommen nahm zu (auch in Folge des Ausbaus der Sozialpolitik) und die Staatsquote (Staatsausgaben gemessen am Volkseinkommen) stieg von 14,5 % im Zeitraum 1910 bis 1913 auf rund 25 % im Zeitraum 1925 bis 1929 an.[226] Mit dem Regierungsantritt der Nazipartei verschärfte sich dieses System unter dem Druck forcierter Aufrüstung und fand seinen Begriff in der (politisch) *gelenkten* Marktwirtschaft[227] – dem Gegenbegriff zur *sozialen* Marktwirtschaft, eine oppositionelle Begriffspaarung, die man auch heute analytisch-kritisch fruchtbar machen könnte.

III. Ordnungspolitische Defizite und die imperative Kraft internationaler Bedingungen

1. Enge Rahmenbedingungen und Möglichkeiten

In den Jahren 1927/28 kann man nicht nur an der Gesetzgebungstätigkeit, sondern auch an den Wahlergebnissen der Reichstagswahl 1928 ablesen, welche Richtung die Republik ohne die Weltwirtschaftskrise bei länger anhaltender Prosperität vermutlich genommen hätte. Die Stabilisierung der Demokratie hing maßgeblich von der Stabilität der Marktwirtschaft ab. Diese Stabilität wiederum hing indes mehr von der äußeren Entwicklung als von dem deutschen Binnenmarkt und politischen Vorgaben ab: Auch hier schlug das Außen massiv nach innen. Die weltwirtschaftliche Verflechtung war bereits vor dem Ersten Weltkrieg weitaus höher, als die nationalistische Hybris der Kriegszeit, ihr militärischer Protektionismus und ihre im Innern planwirtschaftliche Tendenz nahelegen. Kolonialismus und Imperialismus waren segmentäre Strategien, Anteile am Weltmarkt politisch und militärisch abzusichern, während gleichzeitig jener Weltmarkt nach Gesetzen wirtschaftlicher Tauschprozesse grenzüberschreitend wirksam war. Dieses Konzept war mit dem Weltkrieg gescheitert und suchte jetzt nach Wegen zu einer internationalen Handelsordnung ohne die Gefahr der Vergangenheit – eines Umschlagens wirtschaftlichen Wettbewerbs in militärische Konflikte. Aber die Möglichkeiten der Zwanzigerjahre blieben hinter den Einsichten politischer Strategen zurück. Denn der Erste Weltkrieg hatte das Nationalvermögen der kriegführenden Staaten auch bei den Siegern erheblich geschädigt. Der Krieg war eine ungesunde Zäsur, der hier und da gewiss die technische Entwicklung, etwa die Automatisierung begünstigte, insgesamt aber Vermögenswerte in ungeheurem Ausmaß vernichtete und die soziale Sicherung, insbesondere das Gesundheitssystem und die Invaliden- und Witwenversorgung, noch auf Jahrzehnte belastete. Dazu kamen die erheblichen Reparationslasten.

Der Nachholbedarf in der Konsumgüterindustrie und der europäische Wiederaufbau bedeuteten einen wichtigen Impuls für wirtschaftlichen Aufschwung. Gefährdet wurde der Aufschwung allerdings durch Schwächen in der Infrastruktur, eine unzureichende Investitionsbasis und vor allem die defizitären finanziellen, fiskalischen und soziokulturellen Rahmenbedingungen. Für alle Großmächte der damaligen Zeit galten diese nach innen schlagenden Bedingungen eines sich zunehmend weltweit vernetzenden, aber noch höchst volatilen

Ordnungsrahmens und wirkten auf die Innenpolitik wie schicksalhafte Ereignisse – in Deutschland als dem Kriegsverlierer noch stärker als bei den Siegern.

2. Das Reparationsproblem

Neben den anderen infrastrukturellen Problemen im Finanz- und Fiskalbereich hing praktisch die gesamte Zeit der Weimarer Republik über den politischen Häuptern die Last der Reparationszahlungen. Es ist insofern symptomatisch für die geradezu imperative Wirkmacht dieser Lasten, deren Ungewissheit beinahe noch schlimmer war als ihre absolute Höhe, dass maßgebliche Wirtschaftsvertreter sogar einen Umbau der föderalen Verfassung forderten, um das Reich instand zu setzen, seine außenpolitische Verpflichtung durch entsprechend zentral gesteuerte Fiskalpolitik auch im Innern umzusetzen. Der RDI verlangte massive Sparpolitik nicht nur vom Reichstag, sondern auch von Ländern und Kommunen. Sie war angesichts der parlamentarischen Verhältnisse kaum durchsetzbar und noch weniger genügten die geforderten Änderungen den finanzverfassungsrechtlichen Normen.[228] Vor allem die hohe Verschuldung des britischen Weltreichs mit dem Gläubiger USA, die Wiederaufbaunotwendigkeiten in Frankreich und die Reparationslast der deutschen Wirtschaft drückten auf die fiskalischen Möglichkeiten der Staaten und belasteten das Finanzsystem. Sowohl nach dem Dawes-Plan von 1924 als auch nach dem folgenden Young-Plan sollte Deutschland jährlich gut 2 Milliarden Mark im Goldstandard zahlen[229], wobei der Reichshaushalt 1925 Einnahmen von weniger als 7 Milliarden Mark verbuchte.[230] Das musste wie eine dauerhafte, erhebliche Substanzverringerung gewichtet werden.[231]

Die deutsche Volkswirtschaft litt ohnehin unter einer hohen Verschuldung, unter der Inflation infolge der Kriegsfinanzierung (die neben der Zeichnung von Kriegsanleihen in Höhe von knapp 100 Milliarden Mark auch über eine Geldmengenausweitung erfolgte) und dann eben unter den Reparationszahlungen. Vor allem in den ersten Jahren sorgten die Reparationen, deren Höhe sich anfangs auf die damals immense Größe von 300 Milliarden Mark belaufen sollte, für Unsicherheit und trugen bereits maßgeblich zur Inflation bei. Insbesondere die Unklarheit über die Modalitäten und die Unbestimmtheit der endgültigen Gesamtforderungen hatten eine subjektive Komponente, die sich in der sozial-psychologischen Disposition niederschlug.[232] Die Unbestimmtheit ließ finanzpolitische Anstrengungen zur Stabilisierung des Budgets nur für das Ausland, nicht aber für das Inland als ertragreich erscheinen. Hinzu kam, dass Deutschland seinen Markt öffnen und einseitig Zölle reduzieren musste, eine eigenständige Zollpolitik war damit anfänglich nicht mehr möglich.

Angesichts der zerrütteten öffentlichen Finanzen war selbst der auf 132 Milliarden Mark reduzierte Betrag, der jährlich mit 6 % Verzinsung getilgt werden sollte, nicht zu leisten.[233] Ein geringer Rückstand in den Zahlungen führte 1923 zum Einmarsch französischer Truppen in das Ruhrgebiet, um auf diese Weise durch Sachlieferungen aus laufender Produktion Frankreichs Ansprüche zu befriedigen, natürlich mit negativen Folgewirkungen für die Leistungsfähigkeit der deutschen Volkswirtschaft. Der in der Folge daraus entstehende Ruhrkampf beeinflusste nicht nur gravierend die Aussichten auf wirtschaftliche Erholung, sondern führte den Alliierten auch die Unerfüllbarkeit der Höhe und der Modalitäten der Reparationen vor Augen. Dies galt nicht zuletzt deshalb, weil sich durch den passiven Widerstand die ohnehin schon massiven Preissteigerungsraten hin zu einer Hyperinflation entwickelten. Der britische Ökonom *John Maynard Keynes*, der als Vertreter des britischen Schatzamtes Mitglied der Delegation bei den Vertragsverhandlungen in Versailles war und aufgrund der von ihm als desaströs empfunden Vertragsbedingungen kurz vor Abschluss zurücktrat, warnte früh vor der ökonomischen Widersinnigkeit der auferlegten Zahlungen und den Friedensbedingungen.[234] Mit Verzögerung setzte sich die Einsicht durch, „dass es unmöglich war, einem Land die Kosten des Weltkrieges aufzubürden, es sei denn, man wollte eine forcierte Zerstörung des weltwirtschaftlichen Gleichgewichtes riskieren."[235]

Die vor allem von England und den USA forcierte Wende zu einer Vernunftslösung gipfelte schließlich im Dawes-Plan. Gleichwohl stellten die Reparationszahlungen auch dann noch eine finanzielle Bürde dar und gingen mit Garantien einher, die mit der Beschränkung deutscher Hoheitsrechte (Kontrolle von Reichsbahn, Reichsbank und staatlicher Finanzpolitik) verbunden waren. Der Young-Plan regelte im Jahr 1930 schließlich die „endgültigen" Zahlungsverpflichtungen. Bedingt durch den Ausbruch der Weltwirtschaftskrise kam es 1932 – nach einem einjährigen Moratorium – ganz zum Wegfall der Reparationen.

Erst infolge der Regelungen des Dawes- und des Young-Plans ging der Problemdruck der Reparationen auf die deutsche Wirtschaft zurück. Damit waren die Reparationen aus ökonomischer Perspektive weniger bedeutend geworden, als sie weiterhin für die Innen- und Außenpolitik waren. Die Reparationen wurden dort zum „dauernden Hebel rechtsradikaler Agitation gegen den Weimarer Staat" und prägten den Wahlkampf 1930.[236] Hier zeigt sich ein in vielen Aspekten wiederkehrendes Muster im öffentlichen Diskurs der Weimarer Republik, nämlich die Diskrepanz zwischen Wahrnehmung oder bewusster Meinungssteuerung und tatsächlicher (ökonomischer) Tatsache. Denn in informierten Kreisen wurden die Erfolge und die Erleichterungen (Ende der Kontrollen, Räumung des Rheinlandes) eindeutig positiv bewertet. Der Zeitgenosse und Vertreter der deutschen Regierung bei den Reparationsverhandlungen *Carl Bergmann* schildert im Oktober 1925 die damalige Wahrnehmung aus seiner Sicht, indem er der aussichtsreichen Gegenwart das negative Bild der zurückliegenden Jahre entgegenhält:

> *„Das alles sieht heute schon beinahe selbstverständlich aus. (…) Damals herrschte das Chaos. Deutschlands Wirtschaft und Geldwesen waren vollkommen zerrüttet. Die Bewegung des Abfalles, die in den besetzten Gebieten ungehemmte Bahn fand, drohte binnen kurzem den Reichskörper zu zersprengen. Das Ende Deutschlands schien besiegelt zu sein.“*[237]

In der Folge verbreitete sich der Optimismus, das Reparationsproblem zumindest vorläufig gemildert zu haben.

3. Reparationen, Weltfinanz- und Welthandelssystem: der Ruf nach dem „guten Hegemon"

Vor diesem Hintergrund ist es im Grunde genommen erstaunlich, dass die deutsche Wirtschaft so prosperierte, dass sie vor der Weltwirtschaftskrise in wichtigen Indices den Stand von 1913 übertraf, sowohl was die Industrieproduktion und das Lohnniveau als auch die Beschäftigungsquote anging. Bei anhaltend günstigen weltwirtschaftlichen und handelspolitischen Rahmenbedingungen hätten sich deutsche wirtschaftliche Eliten und politische Führung gewiss zunehmend auf die Wettbewerbsbedingungen eingelassen und insofern eine moderne, auf internationale Kooperation gerichtete Politik verfolgt. Darauf deutete in den Jahren relativer Stabilität 1927 und 1928 eigentlich alles hin. In diesen positiven Entwicklungsverlauf passte auch der Young-Plan, der in der im Juni 1929 formulierten Fassung die Reparationslasten auf eine vernünftige, die Tragfähigkeit der deutschen Wirtschaft berücksichtigende Grundlage stellen sollte und durch seine weit in die Zukunft reichende Streckung eigentlich alle Möglichkeiten für einen künftigen Forderungsverzicht der Siegermächte in sich barg, und dann auch sukzessive schon bis 1932 erfolgte.[238]

Eine nähere Analyse der internationalen Reparationsverhandlungen zwischen Anfang 1929 und 1932 zeigt die Zwänge aller beteiligten Staaten und die objektive Notwendigkeit eines neuen guten (das heißt nicht allein seine nationalen Interessen im engeren Sinne verfolgenden) Hegemons. Die von der Leistungsfähigkeit her dazu berufenen USA konnten diese Rolle wegen der im Oktober 1929 über sie hereinbrechenden Weltfinanzkrise nicht mehr spielen. Eines hatte die Zwischenkriegszeit gezeigt: Eine international verflochtene Wirtschaft braucht einen „guten Hegemon", der im Konzert grundsätzlich gleichberechtigter Staaten und auch bei eigenem egoistischen Nationalinteresse Funktionen der internationalen Systemsicherung übernimmt, zum Beispiel mit einer gut gedeckten, hinreichend kräftigen Leitwährung:

> „Im Gegensatz zur Vorkriegszeit, als die Bank von England über die Funktionsweise des Goldstandards gewacht und Ländern mit Liquiditätsproblemen kurzfristig ausgeholfen hatte, fehlte in der Zwischenkriegszeit eine solche zentrale Instanz."[239]

England hatte nicht zuletzt durch seine kräftezehrende Beteiligung am Weltkrieg die Kapazitäten für derartige systemstabilisierende Interventionen eingebüßt, stagnierte in den Zwanzigerjahren und war selbst hochverschuldet. Von den Ressourcen her und im Blick auf die weitaus geringeren Kriegslasten wäre die damals führende Wirtschaftsmacht der Welt, die USA, an sich für die Rolle des neuen „guten Hegemons" prädestiniert gewesen. Aber Amerika war dafür noch nicht reif. Die Institutionen der amerikanischen Politik funktionierten in dieser hochdynamischen, individualisiert-mobilen Gesellschaft nach dem Prinzip „learning by doing", die Erfahrung, vor allem die Krisenerfahrung, fehlte sowohl im Inneren als auch im Äußeren. Die Weltwirtschaftskrise beendete ein rasantes Wachstum und eine technische wie soziokulturell tiefgreifende Verwandlung der Wirtschaft und führte in eine Rezession, die sich im Rückgang des Bruttoinlandsprodukts beim großen Sieger des Ersten Weltkriegs mit derselben Wucht auswirkte wie im geschlagenen Deutschland:

> „Zwischen 1929 und 1932 sank das Bruttoinlandsprodukt in den USA und in Deutschland um mehr als ein Viertel, die Industrieproduktion ging gar um zwei Fünftel zurück."[240]

Für Deutschland war entscheidend, dass die ursprünglichen Forderungen Frankreichs und Großbritanniens den Reichshaushalt in eine derart prekäre Lage brachten, dass die Zahlungsunfähigkeit Deutschlands mehrfach Thema internationaler Anleger wurde und 1929 – bereits vor Ausbruch der Weltfinanzkrise – Kapital aus Deutschland abgezogen wurde, weil eine Staateninsolvenz nicht mehr ausgeschlossen werden konnte. Aus Sicht der deutschen Innenpolitik war das zwar wirtschaftspolitisch gefährlich, aber womöglich ein deutliches Zeichen an die Westalliierten, dass sie die Tragfähigkeit der deutschen Wirtschaft mit ihren Forderungen überschätzten. Ziel der deutschen Politik schon vor *Brüning* war es, die Reparationslasten substantiell zu mindern und möglichst ganz aufzuheben. Doch die Verhandlungen erwiesen sich als schwierig, weil das Reich durch die einsetzende Weltwirtschaftskrise erhebliche Schwierigkeiten hatte, den Haushalt auszugleichen und deshalb auf Auslandsanleihen angewiesen war. Ohne international besiegelten Reparationsplan blieb die Aussicht auf Auslandskredite prekär, bei zu hohen Reparationen bestand die Gefahr, dass ausländische Investoren kein Vertrauen in die Tragfähigkeit der deutschen öffentlichen Haushalte zeigten: Die Politik des Reiches befand sich in einem Teufelskreis, der die unauflösliche Verschleifung der innen- und außenpolitischen Probleme des Reiches mit Wirtschafts- und Finanzproblemen zwischen 1929 und 1932 zeigt. Nicht der Übermut der politischen Parteien fällt ins Auge, sondern die enorme Hypothek einer instabilen, immer noch durch den Weltkrieg zerrütteten Weltwirtschaftsordnung mit Folgen für Sieger und Besiegte.

Unter dem Druck von außen und den ungünstigen weltwirtschaftlichen Bedingungen seit dem Herbst 1929 waren die ordnungspolitischen Fehlentwicklungen im Innern erst recht nicht mehr durchgreifend zu korrigieren. Insgesamt dürfte im Hinblick auf die innere Weimarer Wirtschaftsverfassung deutlich sein, dass es sich weder um eine protosozialistische Wirtschaftsform, noch um eine liberal-kapitalistische Struktur handelte, sondern um eine schlecht organisierte institutionelle Rahmenordnung, mit den Worten *Heinrich August Winklers* um einen „fehlorganisierten Kapitalismus".[240a] Denn sowohl die Schutzzollpolitik, die handelspolitische Konflikte eines exportabhängigen Landes erzeugen musste, als auch die starke Kartellierung der deutschen Wirtschaft wirkten lähmend auf die Entfaltung der Produktivkräfte. Die Beschränkung der Tarifautonomie durch staatliche Zwangsschlichtung tat ein Übriges[241], wobei offen bleibt, ob auch ein vergleichsweise hohes Lohnniveau bei ebenfalls im internationalen Vergleich gesehen eher gering bemessenen Arbeitszeiten oder auch hohe Gehälter für Beamte im öffentlichen Dienst als Fehlentwicklung betrachtet werden müssen. Denn hier ist innerhalb der Wirtschaftswissenschaft durchaus umstritten, ob der Lohnindex in der wirtschaftlichen Entwicklung der Zwanzigerjahre wirklich nennenswert belastend war oder überhaupt über dem Produktivitätsindex lag.[242]

Das Problem für Deutschland lag außen- und handelspolitisch darin, dass die vor dem Ersten Weltkrieg bestehenden handelswirtschaftlichen Positionen verloren gegangen waren und das Land in hohem Maße von den globalen ordnungspolitischen Entscheidungen[243] der Vereinigten Staaten, aber auch von England und Frankreich abhängig war. Mit dem Locarno-Pakt und dem Beitritt

Deutschlands zum Völkerbund öffnete sich eine Perspektive zur Rückkehr in den Kreis der europäischen global agierenden Großmächte auch auf dem Gebiet der Handelspolitik und damit zu einer konstruktiven, friedlichen Fortentwicklung. Aber es darf nicht übersehen werden, dass der Weltkrieg nur oberflächlich gesehen Sieger kannte. Die imperiale Großmacht England hatte sich in ihrem starren Festhalten am Knock-out im Weltkrieg so stark bei den USA verschuldet, dass eine harmonische Nachkriegsentwicklung für diese wichtige europäische und koloniale Weltmacht praktisch ausgeschlossen war. Die USA hatten zwar im Vorfeld und vor allem im Verlauf des Ersten Weltkriegs an Selbstbewusstsein gewonnen und sahen sich bereits als globale Führungsmacht, aber die entsprechende Erfahrung und die Ausbildung von Instrumenten, die Großbritannien im 19. Jahrhundert gezeigt hatte und die die USA dann später nach 1945 entwickelten, fehlten. Die deutsche Wirtschaftselite der Weimarer Zeit stand jedenfalls vor einer schwierigen strategischen Option. Der weltläufige, exportabhängige Teil der deutschen Wirtschaft wie die Elektroindustrie, die Chemie und der Maschinenbau waren durchaus im Sinne der Außenpolitik *Stresemanns* an einer vernünftigen Gestaltung der Reparationslasten und auf Gleichberechtigung beruhenden Handelsbedingungen neben einer Zurückdrängung der Zollschranken interessiert und wirkten deshalb politisch in diese Richtung. Die stark kartellierte Schwerindustrie konnte sich dieser Position annähern, sah aber auch – und war als Wirtschaftssektor in dieser Frage bereits gespalten – die binnenwirtschaftliche Alternative einer (außenpolitisch möglichst gedeckten) Aufrüstungspolitik mit einem erheblichen Maß an lukrativen Staatsaufträgen, an das man sich im Verlauf des Ersten Weltkrieges gewöhnt hatte.

4. Reaktionsmuster der Wirtschaftsexponenten

Diese Handlungsalternativen spiegelten sich bei Vertretern der Wirtschaft und führten zu einer politischen Spaltung der deutschen Wirtschaftseliten. Die Richtungen wurden repräsentiert einerseits durch den RDI-Vertreter *Paul Silverberg*, der offen die Koalition des bürgerlichen Lagers mit der SPD favorisierte und andererseits durch die Richtung von *Fritz Thyssen* oder *Emil Kirdorf*, die auf Rechtsverschiebung der Republik mit autoritären Strukturen und Wiederaufrüstung drängten. Bei der Beurteilung dieser rechten Option, die objektiv den Aufstieg der NSDAP förderte, sollte man gleichwohl mit eingeübten Klischees vorsichtig sein. Auch wenn jemand wie *Thyssen*, als DNVP-Mitglied, den extremen rechten Rand um *Hitler* bereits 1923 finanzierte, ist daraus noch nicht zu schlussfolgern, dass solche Exponenten der deutschen Wirtschaft bereits die

Rassenideologie und den rücksichtslosen Eroberungskrieg wollten. Ihnen ging es – wie vielen Intellektuellen und anderen Multiplikatoren – um die Rechtsverschiebung der Republik, bei Einzelnen durchaus auch über den verfassungsrechtlich gezogenen Rahmen hinaus. Sie glaubten damit letztlich Stabilität und Handlungsfreiheit zu gewinnen, während man im parlamentarisch-demokratisch fragmentierten Weimarer System nur Blockade und Unfähigkeit erblickte. Aber die Wirtschaftseliten von *Silverberg* über *Thyssen* bis hin zum radikalen *Hugenberg* wollten deswegen noch nicht ein völlig ungewisses, ein totalitäres Experiment, und konnten sich eine brutale Entwicklung wie die nach 1933 vermutlich schlechterdings nicht vorstellen.

Die Anhänger der politischen Rechtsverschiebung in Wirtschaft, Politik und Gesellschaft wollten – sofern sie überhaupt ernsthaft diese Kraft in das Spiel einbezogen – das neu auftretende, massenmedial wirksame Phänomen der Hitler-NSDAP für sich nutzen, um im öffentlichen Prägeraum ihrem Ziel näher zu kommen, nationale Einheit und Stärke als Voraussetzung künftiger Weltgeltung und einer international erfolgreichen Wirtschaftsordnung im deutschen Sinne durchzusetzen. Kaum jemand konnte jedoch in den Zwanzigerjahren ernsthaft kalkulieren, dass man sich einem kleinen Reichswehragitator und strafrechtlich verurteilten bayerischen Bierzeltdemagogen durch diese Art der Instrumentalisierung nach und nach komplett ausliefern und damit eine von den Eliten unkontrollierbare Entwicklung in Gang setzen würde. Die Biographie *Fritz Thyssens*, der 1939 aus Deutschland fliehen musste und nach dem erfolgreichen Westfeldzug nach Deutschland zur „Ehrenhaft" ausgeliefert wurde, ist ein beredtes Zeugnis dieser im Blick schon auf den Ausbruch des Ersten Weltkrieges und das eigene Verhalten im Krieg abermaligen kompletten Fehlkalkulation des weit rechts stehenden Teils der deutschen Eliten.

IV. Im Sog der Weltwirtschaftskrise

1. Prekäre Finanzen: Geldordnung und Kapitalausstattung

Die deutsche Wirtschaftspolitik der Zwanzigerjahre zielte darauf, nach den Kontrollverlusten durch Hyperinflation, internationalen Zahlungsverpflichtungen (Reparationen), der Ruhrbesetzung und den Auflagen des Versailler Vertrages Schritt für Schritt wieder praktische Souveränität im Sinne eigener politischer Handlungsfähigkeit zu erlangen. Ein wichtiges Instrument dafür war die neue Geld- und Währungsordnung nach der Währungsreform 1923/24. Diese Goldkernwährung mit einer Mindestnotendeckung durch Gold und Devisen stärkte sukzessive die Unabhängigkeit der Reichsbank, auch gegenüber einer Reichsregierung, an die nur Kredite bis zu 100 Millionen Reichsmark gegeben werden durften.[244] Die Währung war immerhin bis 1931 frei konvertibel, obwohl die Reparationslasten das Land mitunter bedenklich an den Rand der internationalen Zahlungsunfähigkeit führten.

Im Hinblick auf die Finanzierung des Staates insbesondere durch Steuereinnahmen wurde 1919 und 1925 mit der Weichenstellung der Erzbergerschen Finanzreform das Reich gegenüber den Ländern im Bereich der Steuerhoheit deutlich gestärkt und die Finanzverwaltung modernisiert. Entscheidend kam es aber darauf an, die Kaufkraft der eigenen Währung durch wirtschaftliche Prosperität und Produktivität zu erhöhen und durch Gewinnung weltwirtschaftlicher Wettbewerbsfähigkeit Devisen zu erwirtschaften, die sowohl eine Voraussetzung für die Befriedigung der Siegermächte, als auch eine Voraussetzung des inneren Friedens durch hinreichende Existenzsicherung und Aussicht auf weitere Wohlstandsgewinne waren. Die Steuereinnahmen wurden auch deshalb wichtiger, weil zwar die Rüstungslasten schrumpften, aber die Sozialversicherungslasten erheblich stiegen: Pro Einwohner erreichten die staatlichen Ausgaben dafür im Jahr 1913 103,20 Millionen Reichsmark, im Jahr 1925 150,2 Millionen Reichsmark und im Jahr 1929 211,30 Millionen Reichsmark.[245]

Kapital war knapp. Im Vergleich zu Kolonialmächten wie Frankreich und England oder auch im Vergleich zu den USA mit einem starken privaten Finanzmarkt war Deutschland nie besonders kapitalstark gewesen. Der Weltkrieg hatte zudem gewaltige Ressourcen vernichtet – das private Sparkapital war praktisch gänzlich zerstört – und der Prozess des Kapitalabflusses hielt im Grunde genommen durch das Reparationsregime an. Gleichwohl waren die Möglichkeiten in den einzelnen Wirtschaftssektoren unterschiedlich. Während die Landwirtschaft chronisch unterkapitalisiert war, gelang es der Industrie infolge der Inflationskonjunktur sich mit Modernisierung und Automatisierung zunächst recht gut in Stellung zu bringen, während etwa zum selben Zeitpunkt in Frankreich eine Rezession herrschte. Dennoch fehlten auch der deutschen Industrie die Investitionsmittel, sie erreichten bis 1933 nicht die Investitionsvolumina der Vorkriegszeit.[246] Auch die gerade für das hoch industrialisierte Deutschland wichtige Exportwirtschaft konnte während der Weimarer Republik nicht mehr ihre Stellung von 1913 wiedererlangen, immerhin gelang es 1929/30 91% des industriellen Exportvolumens von 1913 zu erreichen.[247]

2. Exportchancen und politische Entscheidungspfade

Die Entwicklung der Exportwirtschaft, die Chancen, hier die Stellung der Vorkriegszeit am Weltmarkt zurückzugewinnen, beeinflussten die politischen Optionen der Industrie. Viele Protagonisten von *Kirdorf* bis *Stresemann* waren im Grunde ihres Herzens davon überzeugt, dass die Westalliierten den Krieg gegen Deutschland mit dieser Härte und Unnachgiebigkeit vor allem deshalb geführt hatten, um die starke weltwirtschaftliche Stellung des Landes dauerhaft zu beschneiden. Wenn die Politik mit geschickter Diplomatie, wie dies seit 1925 der Fall war, die Wirtschaft davon überzeugen konnte, dass auf friedlichem Wege hier eine Revision zugunsten Deutschlands möglich war, musste das die Weimarer Republik bei Wirtschafts- und Gewerkschaftsführern stützen. Wenn aber umgekehrt ein um sich greifender Protektionismus in Frankreich, England und den USA die durch die Ergebnisse des Krieges ohnehin deutlich geschrumpften Exportchancen auf unabsehbare Zeit mindern würden, dann könnte es auch für nüchtern kalkulierende Menschen in den Vorstandsbüros der Industrie an irgendeinem Punkt rational erscheinen, auf Autarkie, Aufrüstung, Erkämpfung von Einflusssphären und auf militärischen Expansionismus zu setzen.

Insofern haben die Weltwirtschaftskrise ab 1929 und die Unfähigkeit der USA, im Strudel eigener Probleme globale Führungsverantwortung zu übernehmen, nicht nur die Entstehung der aggressiven Nazidiktatur in Deutschland, sondern auch den japanischen Expansionismus der Dreißigerjahre und schließlich auch Aggressionen des faschistischen Italiens in Nordafrika erheblich befördert, weil das multilaterale Prägeklima unter der westlichen Hegemonie verblasste.

Die Gegenwart ist anders gelagert als das international gewalttätige Klima der Dreißigerjahre des 20. Jahrhunderts, aber hier und da gibt es doch beunruhigende Parallelen. Wenn heute in der Welt eine neue Tendenz zum Neoprotektionismus entsteht – übrigens ganz ohne die gewaltigen Zwangslagen der Weltwirtschaftskrise ab 1929/30 –, so sollte das eine Warnung vor dem leichtfertigen Umgang mit der globalen ordnungspolitischen Entscheidung für offene Märkte sein. Auch wenn heute weder Deutschland noch Japan Wege wie in den Dreißigerjahren gehen will oder gehen kann, so bestehen in Europa, Südamerika oder Afrika doch Implosions- und Regressionsgefahren und es gibt andere, neue Kandidaten wie China, Russland oder die Türkei, die wirtschaftliche Optionsverengungen vielleicht morgen schon zu kontinentalen oder regionalen Hegemonialkonzepten führen werden, also durch Expansion und politische Großraumkontrolle[248] zu eigenem wirtschaftlichem Nutzen. Vor einer

Wiederkehr bestimmter wirtschaftlich gespeister politischer Optionen an neuen Orten in neuen Gewändern ist keine Zeit gewappnet.

3. Krisenverlauf und politische Folgewirkungen

Die Deutung der Weltwirtschaftskrise von 1929 mit einer lang anhaltenden Rezession, die teilweise Züge einer wirtschaftlichen Depression gerade auch in den USA annahm, ist nach wie vor Thema der Wirtschaftswissenschaft. Ausgelöst wurde sie offensichtlich durch das Platzen einer spekulativen Blase an der New Yorker Börse. Hier waren die Kurse nach einem Tiefstand für den Dow-Jones-Index von 191 Punkten Anfang 1928 auf den Rekordstand von 381 Punkten im September 1929 gestiegen, wobei das stark wachsende Engagement der Anleger zu einem nicht unerheblichen Teil kreditfinanziert war. Für strategische Anlageentscheidungen waren aber nicht nur der amerikanische Markt und dessen spekulatives Klima maßgeblich, sondern auch das deutsche Reparationsproblem oder der französische Goldumtausch.[249] Die USA waren im weltweiten Finanzsystem Führungsmacht geworden, ohne wechselseitige Erfahrung der amerikanischen und internationalen Akteure und ohne hinreichende institutionelle Basis. Die erste schlichte Reaktion in der sich abzeichnenden Krise war die Erhöhung der Zinssätze, die wenig geeignet war, die Probleme einer international vernetzten Finanzwirtschaft und der einsetzenden Rezession in den Griff zu bekommen.[250]

Wichtig für die Beurteilung der handelnden Akteure und des institutionellen Systems ist aber auch, sich nicht vom ex-post-Wissen allein leiten zu lassen. Für Deutschland bedeutete die Krise, die sich mit einem Konjunkturrückgang im Verlauf des Jahres 1929 auch vor dem schwarzen Freitag im Oktober bereits angedeutet hatte, zunächst eine Verschärfung des prekären Finanzproblems – und zwar für die private Wirtschaft ebenso wie für die staatliche Fiskalpolitik und die Notenbank. Der Abzug kurzfristiger Kredite im internationalen Finanzsystem, die mit dem Börsensturz ausgelöste „Liquiditätspanik"[251], die Schieflage öffentlicher Haushalte, ansteigende Sozialversicherungslasten insbesondere der Arbeitslosenversicherung und Kosten der öffentlichen Fürsorge sowie die drückenden Reparationslasten kappten beinah jede praktische Möglichkeit zu antizyklischer Wirtschafts- und Finanzpolitik. Man darf nicht vergessen, dass an den hochnervösen internationalen Finanzmärkten die Kalkulation mit einer Insolvenz Deutschlands nicht völlig fernliegend war. Der Wirtschaftshistoriker *Werner Plumpe* hat zudem darauf hingewiesen, dass man um 1930 durchaus der Meinung sein konnte, das Gröbste der Krise sei bereits überwunden und mit einer Stabilitäts- und Soliditätspolitik könne Vertrauen wiederhergestellt werden.[252] In Deutschland trat das Kalkül hinzu, nur mit harter Sparpolitik den Gläubigernationen beweisen zu können, dass die Tragfähigkeit der öffentlichen Haushalte mit den Reparationslasten überfordert werde.

Für das internationale Institutionensystem ist aber auch die Erkenntnis wichtig, dass zunächst eine gewisse Einsicht herrschte, dass ein offener Welthandel prinzipiell günstig zur Überwindung der Krise sei, auch wenn die innenpolitische Dynamik auf Schutzmaßnahmen drängte. Bereits 1927 hatte eine Weltwirtschaftskonferenz die Weichen in Richtung Zollabbau gestellt. Aber die USA und auch England wurden ihrer Führungsverantwortung unter innenpolitischem Druck nicht hinreichend gerecht. Die USA nahmen unter der republikanischen Präsidentschaft *Hoovers* an der vorbereitenden Konferenz über konzertierte wirtschaftliche Maßnahmen nicht teil, weil sie ihre Zölle erhöhen wollten[253] – vielleicht ist der gegenwärtige Präsident *Donald Trump* nicht so ein krasser Ausreißer in der US-amerikanischen Geschichte, wie mancher Beobachter denkt, der durch Jahrzehnte des transatlantischen Handels verwöhnt worden ist. Auch der kanadische Premier verlangte damals „Kanada und das Empire zuerst".[254]

Angesichts der internationalen Verflechtung, der wirtschaftlichen Krisendynamik und der innenpolitischen Prägekräfte bleiben Schuldzuweisungen an einzelne Nationen oder Politiker ohnehin meist unterkomplex. Es geht stattdessen um zweierlei: Einmal geht es um die Einsicht der wechselseitigen Abhängigkeit von Innen und Außen. So, wie die Weimarer Politik fortwährend unter erheblichem außenpolitischen Druck stand, so wird in der Weltwirtschaftskrise auch mehr als deutlich, dass nicht nur das Außen nach innen schlägt, sondern die internationale Bühne zunehmend darunter leidet, dass auch das Innen nach außen schlägt, wiederum mit entsprechenden Rückwirkungen. Auch das ist eine Lehre für die Gegenwart. Zum anderen spielten die Probleme der Weltwirtschaftskrise, die kausal von Deutschland nicht beherrscht werden konnten, sich in zwei miteinander verbundenen Sachbereichen ab. Der Abzug kurzfristiger Kredite führte zu Liquiditätsproblemen und die heftig einsetzende Rezession zu einem steilen Anstieg der Massenarbeitslosigkeit, die Deflation verursachte Subventionsbedarf in der Landwirtschaft. Beide Problemlagen ließen die Notwendigkeit staatlicher Finanzierung unabweisbar werden, wobei die Kreditfähigkeit Deutschlands auf dem internationalen Finanzmarkt keine nennenswerten Spielräume ließ. So musste Deutschland mit einer Young-Anleihe international Geld aufnehmen, um den Staatsanteil der durch die Arbeitslosenversicherung nicht mehr zu leistenden Kosten zu decken. Eine antizyklische Inflationspolitik durch die Reichsbank war angesichts der grundsätzlichen Verpflichtung auf den Goldstandard und im

Blick auf die Kreditfähigkeit des Landes im Jahr 1930 noch keine Alternative. Vor diesem Hintergrund muss man die Kritik an der Sparpolitik *Brünings*, die in der Tat prozyklisch, also rezessionsverschärfend wirkte und die politischen Grundlagen der Demokratie rapide schwinden ließ, zumindest relativieren. Eine demokratische Regierung konnte sich nicht so verhalten, wie es bereits in der zweiten Jahreshälfte 1932 möglich wurde, als die Regierung *Papen* versuchte, antizyklisch mit Maßnahmen der Geldschöpfung zu agieren[255] und erst recht nicht wie die Diktatur nach 1933, die von den Reparationslasten, aber letztlich auch von rechtsstaatlichen Bindungen und öffentlichen Rücksichten befreit war.

F. Parlament, Parteien, Öffentliche Meinung

I. Verfassungsrechtliche Ausgangslage

Obwohl die Parteien in der Verfassung von Weimar nicht erwähnt sind, waren sie doch selbstverständliche Bestandteile des politischen Lebens und damit auch des Verfassungslebens und zwar in der Form, wie es sich im Verlauf des 19. Jahrhunderts entwickelt hatte. Die Weimarer Verfassung stellte den Reichstag in den Mittelpunkt der Volksrepräsentation und ging dabei davon aus, dass Parteien als wesentliche Kräfte im Parlament wirken. Die entscheidende Weichenstellung lag nicht nur in der kompetenziellen Aufwertung des Reichstags, sondern auch in der Veränderung des Mehrheitswahlsystems der Kaiserzeit zu einem Verhältniswahlsystem ohne Sperrklausel in der Weimarer Zeit. Parteien sollten als Ausdruck organisierter politischer Willensbildung proportional im Reichstag vertreten sein. Diese Grundauffassung spielt auch in der deutschen Gegenwart eine wichtige Rolle. Die gemäßigte Personalisierung des bundesdeutschen Wahlsystems mit dem System von Erst- und Zweitstimme ist immer nur eine unvollständige geblieben. Das gegenwärtige Wahlsystem hängt an dem Weimarer Proportionalitätsdogma und nimmt dafür in Kauf die Vervielfältigung von Mandaten zur Herstellung der Proportionalität. Im 19. Jahrhundert war die personelle Dimension des Wahlrechts noch stärker, weil die alte Vorstellung des Honoratiorenparlaments und das Misstrauen gegenüber politischen Parteien und ihren bürokratischen Karrieren deutlicher ausgeprägt waren. Die Weimarer Verfassungsordnung wollte solche alten Zöpfe abschneiden und einer modernen Parteiendemokratie mit massenmedialer Pluralität den Weg ebnen.

Eine der Blockaden im Weimarer Parteiensystem wird in der „Zersplitterung"[256] der Parteienlandschaft gesehen, die bei den Wahlen nicht durch eine

Sperrklausel eingedämmt wurde. Die von der Verfassung und dem Verhältniswahlsystem durchaus ausgehende Parteienfreundlichkeit hätte einer Fünf-Prozent-Sperrklausel, wie sie das Bundeswahlgesetz seit 1953 vorsieht[257], kaum entsprochen. Eine so weitreichende Regelung wäre 1919 und in den Folgejahren als undemokratische Beschneidung des Wählerwillens erschienen. Doch das Problem der Kleinstparteien war politisch durchaus bekannt. Schon in der Nationalversammlung wurde das Problem einer „allzu großen Zersplitterung"[258] der im künftigen Reichstag vertretenen Parteien diskutiert, aber die Rechtsprechung – insbesondere die des Reichsstaatsgerichtshofs (funktionell also des „Reichsverfassungsgerichts") – beanstandete bis 1930 gesetzliche oder durch die Wahlrechtsprechung herbeigeführte Eindämmungsversuche mit Hinweis darauf, dass jede Stimme nicht nur einen gleichen Zählwert, sondern auch einen gleichen Erfolgswert haben müsse.[259] Einen Richtungswechsel nahm der Reichsstaatsgerichtshof erst vor, als die sprunghaft steigenden Wahlerfolge der NSDAP, die (neben anderen Parteien) in einem der anhängigen Verfahren gegen das preußische Wahlrecht ihre Benachteiligung als „Splitterpartei" rügte, den Richtern die ernsthafte Bedrohung der parlamentarischen Demokratie deutlich machten. Das betraf aber mehr die unmittelbare politische Konsequenz eines stattgebenden Urteils. Bei einer Beibehaltung der bis dahin geltenden Rechtsprechungslinie wäre womöglich eine Neuwahl in Preußen notwendig geworden, die dann im Zuge der zu erwartenden Radikalisierung der Wähler die verfassungsfreundliche Regierung Braun zu Fall gebracht hätte.[260]

Die sogenannte Zersplitterung der Parteien im Parlament war ein gewisses Problem, etwa bei der Wahl 1928, nach deren Ergebnis sonstige Parteien 7 % der Stimmen ausmachten; dennoch sollte man hier keine der größeren Ursachen des Scheiterns der Weimarer Verfassung suchen. Der Blick aus der jungen Bundesrepublik mag hier anderes nahegelegt haben, gerade wenn er von einem geschichtlich gesehen atypischen Drei-Parteiensystem geleitet war. Die kaum belegbare Diagnose der „zersplitterten" Mitte perpetuierte im Grunde intellektuelle Ressentiments[261] gegen den Parteienbetrieb aus der Weimarer Zeit oder lenkte ab von anderen Schlussfolgerungen, die aus den Wahlergebnissen von 1930 bis 1932 zu ziehen wären. Denn letztlich lag die destruktive Dynamik in einem Schwund der Stimmen für die bürgerliche Mitte unter Einschluss der SPD, nicht zugunsten von Splitterparteien, sondern zugunsten der radikalen, offen oder latent verfassungsfeindlichen Parteien: Gemeint sind die klar verfassungsfeindlich optierende NSDAP, die KPD mit ihrem Eintreten für das Sowjetsystem und auch die DNVP, jedenfalls seit Übernahme des Parteivorsitzes durch *Alfred Hugenberg* im Jahr 1928, mit einer stärker akzentuierten Politik des autoritären Umbaus der Weimarer Verfassungsordnung. Die NSDAP wäre zwar 1928 durch eine Fünf-Prozent-Sperrklausel am Einzug in den Reichstag gehindert worden. Indes besteht kein Zweifel daran, dass sie auch ohne diese parlamentarische Bühne im Jahr 1930 eine solche Klausel mit Leichtigkeit übersprungen hätte. Was also hätte die Sperrklausel verhindern sollen?

Solche Erwägungen über das Fehlen einer an sich gewiss vernünftigen Fünf-Prozent-Sperrklausel lenken ab von den wirklich wirksamen destruktiven Kräften des Weimarer Verfassungslebens. Sie lenken aber auch ab von echten institutionellen Fehlentscheidungen wie der Möglichkeit eines „destruktiven" Misstrauensvotums. Art. 54 WRV bestimmt:

> *„Der Reichskanzler und die Reichsminister bedürfen zu ihrer Amtsführung des Vertrauens des Reichstags. Jeder von ihnen muss zurücktreten, wenn ihm der Reichstag durch ausdrücklichen Beschluss sein Vertrauen entzieht."*

Das parlamentarisch grundgebende Vertrauen wurde nicht durch eine Wahl des Reichskanzlers ausgesprochen, denn der Reichskanzler wurde ohne parlamentarisches Votum allein vom Reichspräsidenten ausgewählt und ernannt.[262] Nur negativ konnte festgestellt werden, wenn das Vertrauen des Parlaments nicht oder nicht mehr bestand. Der Anlass für die Entziehung des Vertrauens konnte ein nichtiger sein, musste insbesondere nichts mit der Gesetzgebungstätigkeit des Reichstags zu tun haben. Wenn sich der radikale rechte mit dem radikalen linken Rand der Abgeordneten zusammentat, durfte letztlich nicht danach gefragt werden, was die beiden eint. Der an sich sympathische Versuch des rechtskonservativen Staatsrechtslehrers *Carl Schmitt* zur Begrenzung der negativen Wirkung von Art. 54 WRV, hier eine Art politischer Motivforschung zu betreiben[263], was praktisch auf eine Missbrauchskontrolle des Misstrauensvotums hinausgelaufen wäre, wurde von der Weimarer Staatsrechtslehre abgelehnt und lässt sich aufgrund des Wortlauts von Art. 54 WRV auch schwerlich vertreten. Doch der dahinterstehende Gedanke, zugunsten der Funktionsfähigkeit des parlamentarischen Regierungssystems die Obstruktion zu verhindern und zur konstruktiven politischen Willensbildung zu verpflichten, wurde 1949 die Grundlage von Art. 67 GG, wonach ein destruktives Misstrauensvotum als Möglichkeit verschlossen und nur ein *konstruktives* Misstrauensvotum durch die Wahl eines anderen Kanzlers erlaubt ist.

Sowohl die institutionelle Weichenstellung, den Fehler der *ambivalenten Zentralität* der kaiserlichen Verfassung von 1871 in die Weimarer Reichsverfassung von 1919 hinein zu kopieren und an die Stelle des Kaisers dem Reichspräsidenten die Regierungsbildung in die Hand zu geben, als auch diese Konstellation eines Misstrauensvotums, dass zur Notwendigkeit des Rücktritts und damit im Fall des Kanzlerrücktritts zur Zerstörung der amtierenden Regierung führt, hat sich als eine erhebliche institutionelle Dynamik erwiesen, mit negativen Folgen.

II. Öffentliche Meinung, Parteienlandschaft und Möglichkeiten wehrhafter Verfassung

In einer soziokulturell stark zerklüfteten Gesellschaft mit ihren mitunter abgeschlossenen Milieus, ihrer erheblichen Spannbreite zwischen modernen Metropolen und konventionell eingestellten ländlichen Regionen musste eine Parteienlandschaft entstehen, die diese Verhältnisse widerspiegelt. Der öffentliche Meinungsraum war zudem in Stimmungsschwankungen volatil, er war aufgewühlt durch die Zäsur des Krieges, die Niederlage, den verfassungsrechtlichen Systemwechsel, durch Hyperinflation und außenpolitische Ohnmachtserfahrungen. Es war diese prägende, in sich wiederum fragmentierte Grundstimmung, die eigentlich jedes Plebiszit zu einem Brandbeschleuniger der Ressentiments von links und rechts werden ließ.[264]

Eine derartige öffentliche Meinung, fragmentiert, emotionalisiert, mehr wert- als zweckrational orientiert und stark ideologisch positioniert: Sie konnte den Parteienbetrieb nicht unbeeinflusst lassen. Die Parteien spiegelten Stimmungen, saugten sie auf, bestärkten, lenkten oder nutzten sie, suchten Anhänger mit Programmen und Parolen für die gespaltene, verunsicherte Gesellschaft. Die bürgerlich-liberale Mitte, noch im Kaiserreich und in der Weimarer Nationalversammlung tonangebend für Fortschritt und politische Vernunft, schrumpfte sowohl in ihrer linken als auch rechten Ausprägung, DDP und DVP. Im national zentrierten, häufig zum Nationalistischen übersteigerten Prägeklima der Zeit war besonders die DVP wichtig. Für die Position liberaler Demokratie war die Volkspartei *Stresemanns* zwar ein mitunter unsicherer Kantonist, sie blieb aber fähig zur Rezeption von Stimmungen und zum Kompromiss. Eine ihrer Hypotheken war aber ihre lobbyistisch enge Verquickung mit Industrieinteressen, auch eine Frage der Parteienfinanzierung. Beide bürgerlich-liberalen Parteien verloren im Verlauf der Entwicklung an Zustimmung, zuletzt 1932 wurden beide zu Splitterparteien.

Das Zentrum war katholisch und regional geprägt, blieb dort in Anhängerschaft und Wahlerfolg stabil, war durchaus offen und tragend für die Republik, konnte aber nie über das katholische Milieu hinaus, etwa in den norddeutschen Protestantismus ausgreifen, mithin nicht Volkspartei werden. Aber es war mit seinem linken Flügel christlicher Gewerkschaften und katholischer Sozialethik zur SPD immer gesprächs- und koalitionsfähig. Allerdings blieb das Zentrum am rechten Rand ebenfalls anfällig für den nationalen Zeitgeist, wie einer seiner unseligsten Vertreter, *Franz von Papen*, belegt. Die bayerische BVP war nicht einfach ein regionaler Ableger des Zentrums, sondern eine üblicherweise weiter rechts stehende, landsmannschaftlich geprägte Partei.

Die SPD war die zahlenmäßig wichtigste parlamentarische Kraft, aber auch gesellschaftlich über Arbeitervereine, Konsumgenossenschaften, Gewerkschaften und das Reichsbanner Schwarz-Rot-Gold (mit drei Millionen Mitgliedern) am stärksten verankert. Die in Betrieben und im Arbeitermilieu bis in die Gewerkschaften hinein präsente KPD mit ihrem paramilitärischen Rotfrontkämpferbund setzte der SPD unaufhörlich von links aggressiv zu, mit rituell ewig wiederholten Verratsthesen und dem Vorwurf an die sozialdemokratische Führung, heimlicher Verbündeter der Bourgeoisie und Beteiligter an Kriegsvorbereitungen gegen die Sowjetunion zu sein.

Auf der antirepublikanischen Seite der politischen Rechten dominierte zunächst die DNVP, die aus dem Kreis des im Kaiserreich medial einflussreichen Alldeutschen Verbandes und des Flottenvereins das alte vaterländische und auch monarchisch reaktive Gesinnungsspektrum zusammenschloss. Die Deutschnationalen bildeten eine politische Projektionsfolie für den Umgang mit dem Schmerz von Niederlage und nationalem Bedeutungsverlust einschließlich der wirtschaftlichen Existenzprobleme von städtischem wie ländlichem Mittelstand. Die DNVP stand mit weniger als einem halben Bein auf schwarz-rot-goldenem Boden der Verfassung. Ihre Farbwelt blieb schwarz-weiß-rot. Sehnsuchtspunkt war das Reich der dynastisch geeinten Nation und nicht der massendemokratische Parteienbetrieb. Doch auch die DNVP war nicht einfach nur rückwärtsgewandt. Wie *Hindenburg* beherrschte auch sie massenmediale Wirkungsformen, insbesondere nutzte sie das tief gestaffelte hugenbergsche Zeitungwesen. Dennoch knüpfte die konkurrierende extreme Rechte, schon bald durch die fanatisch-dynamische Hitler-Partei praktisch allein repräsentiert, mit ihrem völkischen und rassisch aufgeladenen Nationalismus nicht an einer diffus bleibenden Restaurationsidee an, sondern wollte eher der KPD ähnelnd revolutionär sein, Zukunft repräsentieren und die Jugend ansprechen. Die KPD selbst war eine bestens organisierte Partei mit regional schwankender, relativ starker Verankerung in der Industriearbeiterschaft, auch kulturell und paramilitärisch vernetzt aufgestellt, flankiert von einer beträchtlichen medialen (Münzenberg-Verlagsgruppe) und intellektuellen Unterstützung. Sie geriet spätestens gegen Ende der Zwanzigerjahre vollständig unter den Einfluss der stalinistischen KPdSU/Komintern.[265]

Die politischen Parteien Weimars können in drei Kategorien eingeteilt werden: verfassungstreu, verfassungsfeindlich und ambivalent-revisionistisch.[266] Als verfassungstreu gilt eine Partei, die das Institutionensystem des Staatsorganisationsrechts im Sinne der rechtsstaatlichen Demokratie nicht grundsätzlich überwinden und bekämpfen will, sondern dieses Regelsystem als Ordnung akzeptiert und gegebenenfalls sogar aktiv verteidigt. Als verfassungsfeindlich soll der Parteientyp gelten, der zur bestehenden Verfassungsordnung ein nur taktisches Verhältnis besitzt und sich nur so lange den Regeln unterwirft, bis sich eine Chance zur Machtübernahme und Veränderung des Regelsystems eröffnet, um dann eine grundlegend andere, nicht-demokratische und illiberale Richtung einzuschlagen. Ambivalent ist ein Parteientyp, der eigentlich die Verfassungsordnung so nicht akzeptiert oder sie in grundlegenden Punkten der Machtverteilung revidieren will, aber sich auf die gegebene Ordnung nicht nur taktisch einlässt, sie also – wenngleich unter nicht unerheblichen Vorbehalten – jedenfalls als faktisch gegeben akzeptiert.

Die Einstellung changierte bei einigen Parteien im Lauf der Zeit. Als unzweideutig verfassungstreu können die DDP (später Deutsche Staatspartei), die SPD und auch das Zentrum eingeordnet werden. Die BVP zeigte Tendenzen zum ambivalenten Typ, insbesondere im Hinblick auf einen staatenbündischen Umbau des Reiches und die Zerschlagung Preußens.[267] Die DVP war anfänglich ambivalent-revisionistisch, legte das unter *Stresemann* allmählich ab, tendierte mit ihrem rechten Flügel in der Endphase Weimars aber wieder in diese Richtung. Die DNVP schwankte ihrerseits zwischen Verfassungsfeindlichkeit und Ambivalenz, kam aber nie, auch nicht partiell, im Lager der Verfassungstreue an. Unter *Hugenberg* ab 1928 driftete sie immer stärker zu dem verfassungsfeindlichen Parteientyp. Über die gesamte Zeit Weimars hinweg klar verfassungsfeindlich waren die KPD und die NSDAP, sie zeigten allenfalls taktische Bereitschaft zur Mitarbeit im parlamentarischen Institutionensystem – das aber nur zum erklärten Zweck der Beseitigung dieses Systems.

Gegen verfassungsfeindliche Parteien gab es keine ausdrücklichen Abwehrregelungen in der Verfassung, wie heute das Parteienverbot oder den Ausschluss vom Finanzierungssystem (Art. 21 Abs. 2 und 3 GG), welches es aber ohnehin zur Weimarer Zeit nicht gab. Allerdings hätte man auch in der Weimarer Zeit eine Art verfassungsrechtlichen *ordre public* heranziehen können, einen verfassungsimmanenten Schutzauftrag gegen aggressive Parteien, die kämpferisch gegen die Verfassung vorgingen.[268] Viel näher liegend und praktisch bedeutsamer waren aber die Möglichkeiten für Polizeibehörden Vereine aufzulösen, deren Zwecke den Strafgesetzen zuwiderliefen. Das Republikschutzgesetz von 1922 gab den Landeszentralbehörden das Recht zum Verbot einer staatsfeindlichen Verbindung, die die Bestrebung verfolgt, die verfassungsmäßig festgestellte republikanische Staatsform des Reiches oder eines Landes zu untergraben. In Preußen kam es zu einer Reihe von Parteiverboten gegen republikfeindliche Organisationen, zumeist solche der radikalen Rechten, in Einzelfällen auch solche der radikalen Linken.[269] 1922/23 wurden in Preußen sowohl die NSDAP als auch die deutschvölkische Freiheitspartei verboten.

Schon dieser Umstand zeigt, dass die Behauptung, die Weimarer Verfassung hätte nicht an den Schutz vor verfassungsfeindlichen Kräften gedacht und die Rechtsordnung hilflos gelassen, unzutreffend ist. Es fehlte nicht an den rechtlichen Mitteln, es fehlte seit der Wahl *Hindenburgs* zum Reichspräsidenten am politischen Willen und selbst im Jahr 1932 womöglich weniger an den polizeilichen und militärischen Möglichkeiten, entsprechende Verbote ohne die Gefahr eines Bürgerkrieges durchzusetzen. Reichseingriffe in das Vereinsrecht, wie etwa das Verbot von NSDAP und KPD 1923 im gesamten Reichsgebiet durch den Chef der Heeresleitung General *Seeckt*, der seinerseits von *Friedrich Ebert* dazu ermächtigt war, blieben indes nur vorübergehender Natur und wurden nach Abflauen der unmittelbaren Gefahr wieder aufgehoben.[270] Der Reichstag verlangte mit einem Beschluss vom 26. Juli 1924 die Aufhebung sämtlicher noch bestehender Parteiverbote von den zuständigen Regierungen. Rechtlich binden konnte dieser Beschluss in den Ländern nur, soweit er diejenigen Parteiverbote betraf, die aufgrund von Art. 48 Abs. 4 WRV ergangen waren (einstweilige Maßnahmen der republikanischen Gefahrenabwehr auf Landesterritorium). Die landesrechtlichen Parteiverbote konnten ohne den Sonderfall der Reichsexekution von einem Verfassungsorgan des Reiches nicht erreicht werden.

Diese Rechtslage spielte ab 1931 eine wichtige Rolle bei der Frage, wie man mit der extremistisch auftretenden, gewaltbereiten und bei Wahlen auf weiteren Zulauf rechnenden NSDAP umging. Im präsidialen Programm der Rechtsverschiebung zur Herstellung nationaler Einheit, wie es von *Hindenburg* und *Schleicher* betrieben wurde, aber auch bei Reichskanzler *Brüning* mitunter Anklang fand, herrschte zunächst die Auffassung vor, dass die NSDAP prinzipiell in Mitte-Rechts-Koalitionen eingefügt werden könne und deshalb eine Politik des Verbots und des konsequenten polizeilichen Vorgehens gegen verfassungsfeindliche Parteien, insbesondere die NSDAP, abzulehnen sei. Als es *Brüning* und dem auch zum Reichsinnenminister gemachten Wehrminister *Groener* dämmerte, wie groß die Gefahr wurde, und sie umschwenkten, suchten sie eine gemeinsame Linie mit Preußen beim SA-Verbot, wurden dabei aber entmachtet.[271]

Danach war das immer noch von der Regierung Braun nach verloren gegangener April-Wahl 1932 geschäftsführend regierte Preußen das letzte Hindernis, weil hier mit landespolizeilichem Vorgehen gegen die NSDAP gerechnet werden musste. *Hitler* wusste den Anschein zu erwecken, sich unter einer solchen „repressiven Bedrohungslage" nicht zu Tolerierungsangeboten im Reich bereitfinden zu können. In Wirklichkeit war für *Hitler* ohnehin völlig klar, dass er kein Präsidialkabinett unterstützen würde, das ihm nicht im Gegenzug die Kommandogewalt über die Reichswehr oder über den Polizeiapparat einräumte, also wenn er nicht entweder selbst Reichkanzler würde oder doch über die Ämter des Reichswehrministers und Reichsinnenministers die Machtmittel zur Ausübung von Gewalt legal in die Hand bekäme.[272]

III. Der parlamentarische Betrieb

1. Zwischen Verfassungsablehnung und Koalitionsfähigkeit

Eine Analyse der ideellen, weltanschaulichen und ideologischen Prägungen der politischen Parteien zeigt, dass zwar die Weimarer Koalitionsparteien SPD, Zentrum und DDP fest auf dem Boden der Verfassungsordnung standen und andere Parteien wie die DVP oder die BVP immerhin koalitionsfähig und zur konstruktiven Mitarbeit bereit waren, dass dies aber für die DNVP allenfalls eingeschränkt galt. Der rechtsextreme Rand – die NSDAP – wie auch auf der anderen Seite der linksextreme Rand – die KPD – erklärten offen ihre Verfassungsfeindschaft, sie waren erklärte Gegner der Demokratie. Die Extreme wollten Wahlerfolg und Amtsmacht nur erlangen, um die bestehende politische Verfassungsordnung umzustürzen. Sie führten das Recht und die Verfassung oder auch die parlamentarische Demokratie allenfalls im Mund als Instrumente eines Umsturzes, der eine neue Gesellschaftsordnung hervorbringen sollte. Beide Parteien waren gewaltbereit und demonstrierten das auf der Straße und in Versammlungen. NSDAP und KPD waren nicht koalitionsfähig, obwohl bei der SPD hin und wieder, wenngleich nur vorübergehend, hinsichtlich der KPD schwache Illusionen einer Volksfrontoption bestanden. Das war ebenso wirklichkeitsfern wie die bürgerlichen Hoffnungen auf eine Koalition mit der NSDAP.

Das rechtsbürgerliche Lager bis ins Zentrum hinein tat sich mit einer realistischen Einschätzung der NSDAP viel schwerer: einmal weil die neue demagogische Kraft noch nicht genau beurteilt werden konnte, vor allem aber, weil es der sich feiner dünkenden Elite an politischer Urteilskraft im Umgang mit dem politischen Gangstertum eines *Hitlers* fehlte. Deutschland besaß definitiv keinen *Winston Churchill*, der dieser Mischung aus greller Reklame, schriller Demagogie, offener Gewalt und im vertraulichen Gespräch mitunter säuselnder Verlockung und „Vernunft" irgendwie gewachsen gewesen wäre: Kein *Brüning*, kein *Schleicher*, kein *Papen* hatten das Format, *Hitler* als das zu bekämpfen, was er war: ein Todfeind der Republik und einer jeden zivilisierten Nation.

Aber hätte nicht lange Zeit (noch bis 1932) die Kraft der gemäßigten Parteien gereicht, miteinander Kompromisse zu schließen? Das Bild von prinzipiell untereinander koalitionsfähigen Parteien mit Ausnahme von NSDAP und KPD wäre allerdings etwas zu idyllisch. In Wirklichkeit waren selbst die Parteien der Weimarer Koalition nur sachlich und temporär beschränkt untereinander koalitionsfähig. Schon die „große Koalition", also Weimarer Parteien plus DVP, wurde von beiden Flügelparteien eines solchen Bündnisses (also der SPD und der DVP) als nur schwer erträglich angenommen. Die SPD als stärkste Partei sollte eigentlich auf Regierungsbeteiligung fest gebucht sein, aber sie definierte sich immer noch ein Stück weit als marxistische Klassenkampfpartei und stand unter enormem propagandistischem Druck der extremen Linken, der KPD, aber auch der Beschimpfungen von rechts. Das machte ihren Verhandlungsspielraum klein, vor allem, wenn es darum ging, mehr oder minder kurzsichtige oder aber auch existenzielle wirtschaftliche Forderungen der Interessenverbände aus Industrie und Agrarwirtschaft zu erfüllen. Von einer Regierungsbereitschaft der SPD konnte unter diesen Bedingungen auf Reichsebene nicht immer ausgegangen werden, etwas, das *Otto Braun* von Preußen aus kritisch sah. Die industriepolitisch abhängige DVP liebäugelte ihrerseits in den Zwanzigerjahren mehrfach mit einer reinen Bürgerkoalition (Bürgerblock) unter Verzicht auf die SPD, was nach den Wahlergebnissen von 1924 eine Regierungsbeteiligung der „schwierigen" (weil ebenfalls wirtschaftlich und agrarisch abhängigen und vor allem ideologisch stärker fixierten) DNVP erforderte, weil sonst keine parlamentarische Mehrheitsbildung gelingen konnte.[273]

Indes waren im – wenngleich unitarischer gewordenen – Föderalstaat die Länder ebenfalls von erheblicher Bedeutung, insbesondere das immer noch gebiets- und bevölkerungsmäßig dominierende Preußen. In den Ländern boten die Parteien zum Teil ein anderes Bild als auf Reichsebene. In Bayern oder Württemberg blieb selbst in den Hochzeiten der Krise das parlamentarische Regierungssystem intakt, bis die Nazis nach dem Staatsstreich 1933 Landtage und Landesregierungen entmachteten. In Preußen regierte die rot-schwarze Koalition von SPD und Zentrum zum Leidwesen der radikalen Rechten harmonisch bis zum sogenannten Preußenschlag 1932 und bildete auch auf Reichsebene immer wieder eine komplementäre Machtkonstellation.[274]

Gerade wenn man die Landespolitik mit einblendet, erkennt man, dass die Rede vom Systemversagen der Parteien nicht generell als Zustandsbeschreibung des Weimarer Parteienlebens gelten kann. Hier wird mitunter auch heute noch unkritisch der Blickwinkel der antiparlamentarischen Prägekräfte der damaligen Zeit übernommen, die mit dem Horrorbild der zerstrittenen Parteien und der „Quasselbude" eine autoritäre Führung, eine präsidiale Diktatur oder einen Umbau der Verfassungsordnung herbeiführen wollten. Es ist erstaunlich, wie viel Anhänger diese These, die von Exponenten wie *Hugenberg*, *Hindenburg* oder *Schleicher* in Umlauf gesetzt worden ist, auch heute noch findet, ohne kritisch zu differenzieren und zu bilanzieren.

2. Bürgerliche Preisfrage: mit oder ohne SPD – heimliche Sehnsucht nach Opposition

Eine heimliche Sehnsucht nach der Opposition begleitete die SPD – aber nicht nur sie – in der mittleren und späten Phase der Weimarer Republik, also insbesondere nach dem Tod *Friedrich Eberts*, der bereits auf Regierungsbeteiligung wiederholt drängen musste.[275] Mit ähnlichen Bestrebungen, die Regierung Müller zu verlassen, kämpfte *Stresemann* Anfang 1929 in seiner DVP und auch das Zentrum wollte phasenweise allenfalls mit Ministern seiner Partei als Privatleuten in der Regierung „vertreten" sein. Man hat dieses für den demokratischen Kampf an sich widernatürliche Streben hinein in die Opposition anstatt zur Regierungsmacht bereits zur Weimarer Zeit mit der Sozialisation der Parteien im Kaiserreich erklärt, die jenseits der Gesetzgebung Regierungen seiner Majestät teilweise durchaus selbstbewusst, aber eben doch nur reaktiv begleiteten.[276]

Die Erfahrungen 1926/27 zeigten dem bürgerlichen Lager aber auch Grenzen einer Politik jenseits des Bündnisses mit der SPD. Ohne Beteiligung der SPD wurde der „Bürgerblock" schon deshalb prekär, weil er zur Mehrheitsbildung dann auf die bis 1928 tendenziell, dann eigentlich jedenfalls in ihrem rechten Flügel um *Hugenberg*[277] offen republikfeindliche DNVP angewiesen war. Hier war mehr und mehr mit einer destruktiven Koalitionsatmosphäre zu rechnen. Koalitionen jenseits der Weimarer Koalition aus SPD/Zentrum/DDP waren eigentlich immer prekär. Mehrfach wurde nach Regierungen gesucht, die nicht notwendig von den politischen Parteien, denen die Minister angehörten, auch vollständig getragen wurden. Schon im Herbst 1924 hatte Reichskanzler *Luther* vorgeschlagen, der Reichspräsident solle auf Vorschlag des Kanzlers die Minister ernennen, ohne dass die Fraktionen offiziell ihren Eintritt in die Koalition erklärten. Damit sollte eine Regierung der Fachleute ermöglicht werden, die immerhin einen gewissen Rückhalt bei der Parlamentsmehrheit finden würde. Auch hier wird sichtbar, dass solche Ideen anknüpften an das Verfassungssystem des kaiserlichen Deutschlands, das von der Weimarer Verfassung kopiert wurde mit jener ambivalenten Stellung eines Reichspräsidenten, der einen Kanzler seines Vertrauens ernannte, der dann irgendwie für Rückhalt im Reichstag zu sorgen hatte.[278]

Gleichviel warum: Für den parlamentarischen Betrieb kennzeichnend war und blieb jedenfalls die Schwierigkeit einer stabilen Koalitionsbildung. Die politischen Parteien wirkten eben nicht im Klima einer nivellierten Mittelstandsgesellschaft, wie sie der Soziologe *Helmut Schelsky* für die Fünfzigerjahre des 20. Jahrhunderts diagnostizierte.[279] Ihr Ambiente war gekennzeichnet von einer weitaus stärker fragmentierten gesellschaftlichen Wirklichkeit mit harten Interessengegensätzen, ideologischen Verkantungen, gesinnungsethischen Radikalisierungen und einer Parallelschaltung von politischen Bindungen an subkulturelle Milieus. Die Parteien der Weimarer Republik agierten vor dem Hintergrund schwankender, volatiler politischer Stimmungen, die bei gleichbleibender jeweiliger ideologischer Grundmelodie von einem Thema zum anderen rasch wechseln konnten.

Es handelte sich mit den Worten *Heinrich August Winklers* um eine mehrfach gespaltene Gesellschaft.[280] Da waren die zum Klassenkampf bereiten Arbeiter, revolutionär gestimmt im Einflussbereich der von Moskau gelenkten KPD oder diejenigen, die (eine Mehrheit bildend) überwiegend auf Verbesserung oder Verteidigung ihre Lebensverhältnisse gerichtet waren und sich traditionell besonders an der SPD und den Gewerkschaften orientierten. Da waren die kleinen Bauern, die ihre Existenz bedroht oder schon vernichtet sahen, da waren die größeren Landbesitzer, die Marktverhältnisse und eigene Interessen politisch kalkulierten.[281] Es gab das katholische Milieu im Rheinland, regional etwas anders geprägt als in Bayern, mit einem subkulturell eigensinnigen, auf Rom zentrierten Blick, es gab den überwiegend national, oft rechtsnational ausgerichteten Protestantismus, es gab eine großindustrielle Gemengelage von der Suche nach neuer nationaler Stärke und Zugangswünschen zum Weltmarkt, es gab – zuerst selbst fragmentiert und randständig bleibend, dann aber überschwappend und schichtübergreifend wirkend – das völkisch rechtsradikale, antisemitische

Ressentiment, nicht nur mit einer geifernden Hasspropaganda, sondern auch mit größer werdender propagandistischer Raffinesse.

3. Seitenblick in die Gegenwart

Im Verlauf der Geschichte der Bundesrepublik Deutschland unter der Herrschaft des Grundgesetzes konnte man sich eine Situation nicht mehr vorstellen, in der politische Parteien die Macht der Regierungsämter gar nicht in erster Linie anstrebten, sondern im Zweifel lieber zu ideologischer Klarheit und zur öffentlichen Selbstdarstellung drängten. Entsprechend verwirrt reagierte die öffentliche Meinung nach der Bundestagswahl 2017, als die SPD am Wahlabend bereits erklärte, für eine Regierungsbeteiligung nicht zur Verfügung zu stehen und später auch die FDP keinen Drang zeigte, in eine Koalition mit CDU/CSU und den Grünen unter Führung einer Kanzlerin Angela Merkel einzutreten. Für einen winzigen Augenblick bekam die Öffentlichkeit einen Eindruck, wie es sich anfühlt, wenn Parteien nicht dem stabilen Vorurteil entsprechen, es dränge sie doch immer nur in die Regierungsmacht.

Unter dem Druck der Stimmung in der eigenen Anhängerschaft und im Kalkül auf künftige Wahlerfolge können Parteien im kurzfristigen Verzicht auf Amtsmacht durchaus ein rationales, längerfristig angelegtes Machtkalkül verfolgen – oder auch ganz einfach nur die eigene Identität, den Zusammenhalt behaupten. Diese in der Gegenwart, jedenfalls in Deutschland noch exzeptionell scheinende Situation war in der Zeit der Weimarer Republik selbst in der vergleichsweise stabilen Phase der „goldenen" Zwanzigerjahre durchaus alltäglich und wurde 1929 schon vor dem Ausbruch der Weltwirtschaftskrise als „Krise des Parlamentarismus" wahrgenommen – so eine Rede *Gustav Stresemanns* gegen seine Anfang 1929 nach rechts in die Zuflucht der Präsidialregierungen tendierende Partei[282], die bereits damals von *Hindenburg* und *Schleicher* auf diesen Irrweg gelockt wurde, während *Stresemann* meinte, sich auf die Verfassungsloyalität des Reichspräsidenten verlassen zu können.[283]

4. 1925 bis 1929: Bewährungsprobe der Parlamentsparteien unter dem Einfluss des zeitgenössischen politischen Prägeraums

Das Jahr 1925 war schicksalhaft, wegen der Reichspräsidentenwahl in der ersten Jahreshälfte und der Locarno-Verträge in der zweiten. Mit den Verträgen von Locarno schaffte *Stresemann* die Plattform für den Ausgleich mit den Westmächten, indem er die durch Versailles veränderte Westgrenze anerkannte, aber nach Osten den Grenzverlauf offen hielt und zugleich den ersten Schritt zur Einfügung Deutschlands in ein System gegenseitiger kollektiver Sicherheit vorbereitete, das 1926 zum Eintritt Deutschlands in den Völkerbund führen sollte.[284] Wenn man dagegen auf den innenpolitischen Meinungskampf über Locarno schaut, dann erschließt sich jene destruktive Mechanik von parlamentarisch fragiler Machtausübung und dem öffentlichen Prägeraum einer tief gespaltenen Gesellschaft.

Schon der Wahlerfolg der DNVP 1924 und dann erst recht die Wahl *Hindenburgs* signalisierten eine politische Rechtsverschiebung, also einen Stimmungswandel starker Bevölkerungsschichten in jenes nationale Lager, das an sich durch den Krieg und die unmittelbare Nachkriegszeit noch stärker desavouiert gewesen war. Mit der Wahl *Hindenburgs* war es der DNVP und der von ihr am Nasenring geführten DVP gelungen, ein propagandistisch wirksames schwarz-weiß-rotes Symbol in das Zentrum des schwarz-rot-goldenen Verfassungsgebäudes zu setzen. Das blieb nicht ohne langfristige strukturelle Folgen im politischen Prägeraum. Die nationale Rechte wollte nicht in Weimar ankommen, sondern nach Potsdam zurück, auch wenn dieses Streben nicht den weitgehend ungeliebten Hohenzollern galt.

Mit einer zwischen 1924 bis 1929 allmählich stärker werdenden Tendenz zur Volksgemeinschaftsseligkeit als vaterländischer Pflicht war von den meisten nicht die Restauration der Monarchie gemeint, sondern ein Systemwechsel hin zu starker politischer Führerschaft, zur Entkomplizierung der Verhältnisse, zur Wiedergewinnung nationaler Stärke. Die rechtsbürgerliche Koalition unter Einschluss der DNVP zerbrach Ende Oktober 1925 nicht so sehr an echten politischen Konflikten innerhalb der Regierung oder der die Koalition tragenden Parteien, sondern am ideologischen Sperrfeuer der Presse *Hugenbergs*. Der Pressezar in seiner alldeutschen Tradition repräsentierte den rechten Flügel der DNVP. Er trommelte unaufhörlich gegen den Locarno-Vertrag und beklagte den Ausverkauf und Verrat nationaler Interessen.[285] Damit verstärkte sich zugleich der rechte fundamentaloppositionelle Prägeraum, der es der Fraktionsführung der DNVP kaum möglich machte, der Ratifizierung der Verträge zuzustimmen. An sich wäre dadurch der Weg für einen Austausch des rechten parlamentarischen Randes in der Regierung durch die SPD und damit die Verwandlung in eine sogenannte Große Koalition möglich gewesen, weil die SPD dem Locarno-Vertrag zustimmte. Doch der preußische Ministerpräsident *Otto Braun*, der eine solche Große Koalition forderte, blieb in seiner Partei praktisch allein, weil es den

meisten Parteiführern der SPD taktisch vorteilhafter erschien, „der Regierung
eine Absage zu erteilen und die Auflösung des Reichstags und Neuwahlen an-
zustreben, aus denen die Sozialdemokraten dann als Sieger hervorzugehen hofften".[286] Dieses Kalkül zeigt, dass auch die SPD durchaus auf Reichstagsauflösung
schielen konnte, wenn es ihr parteipolitisch günstig erschien. Hintergrund wird
aber auch die Unentschiedenheit des großen Grabenkampfes gewesen sein, der
plötzlich ein neues Gewicht für die nationale Rechte signalisierte, wo die SPD
doch eher auf der anderen Seite eine Kräftigung der republikanischen Seite zu
spüren meinte. Die außenpolitische und wirtschaftliche Stabilisierung der Republik machte den durch *Hindenburg* maßgeblich verstärkten Rechtsschwenk in der
Tat eigentlich anachronistisch, ebenso wie die dogmatische Erstarrung der KPD
im sich abzeichnenden Stalinismus. Die SPD witterte durchaus zu Recht die
Chance, als weltoffene Partei des sozialen Fortschritts wieder stärker zu werden,
sich mit außenpolitischen und wirtschaftlichen Erfolgen identifizieren zu können und so einen Impuls gegen die schwarz-weiß-rote Nostalgie zu setzen – ein
Kalkül, das durch die Ergebnisse der Reichstagswahl 1928 aufzugehen schien.

Unter den Bedingungen einer gleichwohl stattfindenden Rechtsverschiebung
im öffentlichen Meinungsraum mit der Folge der Koalitionsunwilligkeit der
DNVP und der abwartenden Haltung der SPD musste aus Sicht von Zentrum,
DVP oder auch DDP improvisiert werden. Dabei konnte man sich auf den neuen
nationalen Reichspräsidenten verlassen. Ein wichtiger verfassungsrechtlicher
Hebel für die Überbrückung von Instabilität war die Möglichkeit, eine vom
Reichspräsidenten eingesetzte Reichsregierung, die keine Mehrheit auf stabiler
Koalitionsgrundlage hatte, so lange zu tolerieren, bis ein öffentlichkeitswirksa-
mer Anlass für einen Misstrauensantrag entstand. Das war ein Arzneimittel mit
erheblichen Nebenwirkungen, weil damit die präsidiale Herrschaft jenseits der
von der Verfassung gewollten Proportionen eingeübt wurde.

Das kurzlebige zweite Kabinett *Luther* vom 19. Januar 1926 bis 12. Mai 1926
bestand aus einem Bündnis von DVP, Zentrum, BVP und DDP, das allerdings
zusammen keine Mehrheit der Reichstagsmandate auf sich vereinigte. Hier zum
ersten Mal zeigte sich der Einfluss des von *Hindenburg* aus der Amtsperiode Eberts
übernommenen Staatssekretärs *Meissner*, der zu einer Minderheitsregierung
ermunterte, schon weil die DVP und die BVP eine Koalition mit den Sozialdemokraten nicht wollten, da der von der SPD geforderte sozialpolitische Preis
als zu hoch empfunden wurde und man hoffte, innenpolitische Reformschritte
mit der Zustimmung der politischen Rechten (der aus der Regierung ausge-
schiedenen DNVP) durchsetzen zu können. Diese Konzeption entsprach einem
„Planspiel" *Meissners*, wonach die Regierungsparteien, insbesondere die DVP,

nach Regieanweisung im Schauspiel für die Bühne der öffentlichen Meinung zuerst Verhandlungen über eine große Koalition mit der SPD führen sollten, deren Scheitern man indes wünschte, um sodann von rechts toleriert zu werden. Die DVP ging – auch hier wiederum politisch ohne sonderlichen Weitblick – auf dieses präsidiale Konzept ein[287], welches das erste Bemühen des neuen Reichspräsidenten zeigt, die parteipolitische Mehrheitsbildung im Reichstag zu schwächen und diese Schwäche sodann zugunsten eines größeren steuernden Einflusses des Reichspräsidenten auszunutzen – und das Ganze unter öffentlichem Wehklagen über die „Zerstrittenheit" der Parteien.

5. Beispiel für das politische Prägeklima: der Flaggenstreit

Sowohl das Kabinett Luther II bis Mai 1926 als auch das Nachfolgekabinett Marx III 1927 wurden durch ein Misstrauensvotum gestürzt. Dabei zeigte sich zum einen, dass Minderheitsregierungen ohne feste Tolerierungszusagen instabil waren, zum anderen aber auch, wie sich oppositionelle Parteien auf der öffentlichen Meinungsbühne profilieren konnten, wenn sie den richtigen Druckpunkt für ein Misstrauensvotum setzten.

So scheiterte die um die DNVP verminderte bürgerliche Koalition unter Reichskanzler *Luther* im Mai 1926 am Flaggenstreit. Auslöser war auch hier die unter *Stresemann* wiederum ohne politisches Fingerspitzengefühl agierende Deutsche Volkspartei, die schon im Frühjahr 1924 die Wiedereinführung von Schwarz-Weiß-Rot beantragt hatte und nun mit der Flaggenverordnung unter Reichskanzler *Luther* vom Reichspräsidenten am 5. Mai 1926 die alten Reichsfarben insofern aufwertete, als dass die gesandtschaftlichen und konsularischen Behörden des Reiches im außereuropäischen Ausland in Zukunft die schwarz-rot-goldene Nationalflagge und die schwarz-weiß-rote Handelsflagge (mit kleinem schwarz-rot-goldenem Obereck) nebeneinander setzen sollten.[288] Diese scheinbar wenig bedeutsame Symbolik löste eine von *Stresemann*, *Luther* und *Hindenburg* offenbar völlig unterschätzte, sich zum Teil in Tumulten äußernde öffentliche Reaktion auch im Reichstag aus.

SPD, DDP, Reichsbanner Schwarz-Rot-Gold und Teile des Zentrums sahen hier einen reaktionären Anschlag auf das Gründungsethos der Verfassung und der Republik. Sie spürten ohnehin schon seit 1925 den anachronistischen Druck im politischen Prägeraum, der sich gegen den Trend zur republikanischen und außenpolitischen Normalisierung richtete und in *Hindenburg* nicht nur eine

Symbolgestalt, sondern auch einen Akteur der Systemverschiebung fand. An der Reichsflagge wurde die tiefe innere Spaltung der Republik deutlich. Die Verteidiger der Verfassungsfarben wussten um das reaktionäre Potential und reagierten deshalb begreiflicherweise empfindlich. *Stresemanns* DVP und die rechtsfundamentale DNVP führten die Farben des Kaiserreichs in ihren Partei-symbolen. Das Ressentiment gegen „Schwarz-Rot-Senf" („Judenfahne") war bis in die intellektuellen Eliten hinein und bei der studentischen Jugend bis hinunter zu Oberschülern auch als Teil ihres Dünkels weit verbreitet.

Vor allem die Sozialdemokratie, die Liberalen der DDP und das Reichsbanner Schwarz-Rot-Gold rebellierten gegen diese rückwärtsgewandte Symbolik, die wie ein Menetekel erschien, wenn man sich vergegenwärtigt, dass der Herzens-monarchist *Hindenburg* als Reichspräsident amtierte. Der Streit um die Farben der Reichsflagge ging zurück auf den Vormärz und die Revolution von 1848/49. Auch im Verfassungsausschuss der Nationalversammlung wurde dieser Streit bereits bis hin zu einzelner namentlicher Abstimmung ausgetragen.[289] Und *Hindenburgs* Versicherung im Jahr 1926, nichts läge ihm ferner als die neuen Na-tionalfarben beseitigen zu wollen, darf getrost als eine der Unwahrheiten des so hoch über den Parteien ehrwürdig schwebenden Präsidenten verbucht werden, denn mit Erlass vom 12. März 1933 führte *Hindenburg* aus freien Stücken die Tri-kolore des Kaiserreichs (nunmehr allerdings neben der neuen Hakenkreuzfahne) als Fahne des Reiches wieder ein.[290] Der republikanische Protest Jahre zuvor war nicht nur verständlich, er war dringend notwendig. Das umkämpfte Symbol war keine Nebensache, denn der Abkehr von der Fahne folgte die Abkehr von der Verfassungsordnung, die schwarz-rot-gold als ihre Farben festgelegt hatte.

IV. Öffentliche Meinung: der unterschätzte politische Prägeraum

1. Das Dreieck der Macht: Parteien, Medien und ein medial sensibler Reichspräsident

Nach der Wahl Hindenburgs zeigt sich gerade auch für die mittlere Phase der Weimarer Verfassungsentwicklung ein dreipoliges Verhältnis: die Parteien waren schwächer als sie sein mussten, weil sie sowohl an fragmentierte Interessen gebunden waren als auch abhängig von volatilen Stimmungen, ideologisch oder emotional aufgeladen. Ihnen gegenüber standen politische Interpretationsofferten, die von antirepublikanischen Prägekräften und intellektuellen Tiefenströmungen ebenso beeinflusst waren wie von wichtigen Teilen der medialen Welt, deren größter Exponent der rechtsnational agitierende Hugenberg-Konzern war. Aber auch die zweitstärkste Verlagsgruppe war nicht zu unterschätzen. Sie gehörte dem linksradikalen *Willi Münzenberg*[291] – wie *Hugenberg* Verleger und Filmproduzent –, der mit Tageszeitungen wie „Welt am Abend, „Berlin am Morgen" sowie der auflagenstarken „Arbeiter Illustrierte Zeitung (AIZ)[292] regelmäßig gegen parlamentarische Demokratie und „Sozialfaschisten", also die SPD schoss und damit auf vorgegebener Parteilinie der KPD agierte. Manches klang ähnlich wie die Kritik am „System" und an den „Novemberverbrechern". Die Fundamentalkritik von NSDAP, DNVP und KPD arbeitete vor allem seit Ende der Zwanzigerjahre mit „pejorisierenden Vorwurfs- und Diffamierungsvokabeln", die als Kritik am System vorgetragen wurden.[293]

Neben Parteien und öffentlicher Meinung bildete der Reichspräsident einen eigenen dritten Pol des politischen Prägeraums, der es geschickt verstand, in der zerklüfteten Parteienlandschaft und der tagespolitischen Aufregung in der Presse wie der Hüter des nationalen Gemeinwohls zu wirken. In einer entfernten Diagonale stand die Reichswehr in der Nähe des Reichspräsidenten als machtpolitische Reserve – noch eine Zeit lang, unter *Seeckt* bis 1926, sich selbst als Staat im Staate definierend, aber doch ähnlich wie die Justiz im Banne der rechtsnationalen Prägekräfte stehend.[294]

2. Der Hugenberg-Konzern: Zentrum des rechtsnationalen Zeitgeistes

In diesem Kraftfeld der öffentlichen Meinungsbildung ragt das Hugenbergsche Presseimperium besonders hervor, das zeitweise mehr als die Hälfte aller deutschen Tageszeitungen beherrschte und bis in die Filmproduktion hinein erfolgreich tätig war. *Hugenberg* ist eine der unheilvollsten Figuren der Weimarer Geschichte, seine Bedeutung im System öffentlicher Meinungsbildung wurde schon von Zeitgenossen scharfsinnig erkannt und analysiert.[295] Bereits vor 1914 hat *Hugenberg* mit prononciert rechter Gesinnung – aus dem Führungsumfeld des Alldeutschen Verbandes stammend – begonnen, sich zielgerichtet in die Presselandschaft einzukaufen, auch mit Hilfe des preußischen Innenministeriums, offenbar immer mit dem Ziel, die als zu linksliberal angesehene öffentliche Meinungsbildung nach rechts zu verschieben. Vor allem nach 1916 baute der mit der Schwerindustrie (Krupp) verbundene *Hugenberg*[296] durch Übernahme des Scherl-Verlages und der Telegraphen-Union strategisch einen einflussreichen und weitverzweigten Pressekonzern auf, mit vielen Beteiligungen an Tageszeitungen, Nachrichtenagenturen, Anzeigen- und Werbegeschäften sowie Filmgesellschaften.[297]

Wirtschafts- und andere Gesellschaftskreise um *Hugenberg* hatten im Ersten Weltkrieg mit demselben Willen zur nationalen Stärke und zur Förderung des Durchhaltewillens, wie es die Hindenburg/Ludendorff-OHL wünschte, in Presse und sogar bereits in Film investiert, um sich strategische Positionen im System der öffentlichen Meinung zu sichern.[298] Dabei war *Hugenberg* trotz seiner gelegentlichen öffentlichen Auftritte und zunehmender parteipolitischer Aktivitäten ein stiller, aber wirksamer Akteur, ein Meister des Netzwerks.[299] Als Unternehmer war er keineswegs so zwingend erfolgreich wie die Ausdehnung seines Konzerns nahelegt, weil er politisch und nicht so sehr auf Rentabilität fixiert war.[300] Die Presse war ihm Anliegen und Instrument zugleich, ein Instrument, um seine Rolle in der DNVP bis zum Parteivorsitz hin aufzuwerten[301], ohne wirklich das Zeug zum Parteiführer zu haben.

Hugenberg stand wie *Hindenburg* und ein Großteil der nationalen Rechten ganz im Banne einer Volkseinheitssehnsucht, die nicht Volksgemeinschaft im nationalsozialistischen, im rasseideologisch aufgeladenen Sinne war, aber der Pluralität der republikanischen Verfassung doch fremd gegenüberstand. Hier suchte man allerdings mit wenig intellektueller Unterstützung nach einem politischen Konzept, den befürchteten Linksschwenk einer sich im Lebensstil bereits deutlich liberalisierenden und individualisierenden Gesellschaft zu verhindern. Dass hinter der Hugenberg-Konzeption letztlich eine defensive, latent verzweifelte Disposition stand, wie schon im Weltkrieg, versuchte man durch Festigkeit und Zukunftsrhetorik zu übertünchen. Letztlich wurde die fehlende ideelle oder institutionelle Konzeption seit den Durchhalteparolen des Weltkrieges wiederum mit einer Härte in Sprache und Sache zu ersetzen gesucht, womit man dem deutlich radikaleren völkischen Extremismus in die Hände spielte. Als *Hugenberg* sich anschickte, 1928 den Parteivorsitz der DNVP zu übernehmen, trat diese hohle martialische Rhetorik in seinem Aufsatz „Block oder Brei" klar zutage:

> *„Bebel hat einmal von dem großen bürgerlichen Brei gesprochen in dem schließlich alles, was vom Bürgertum noch übrig sei, in der Angst vor der Sozialdemokratie zusammenlaufen werde. Ein solcher Brei ist weder Schutzdamm noch Wehr noch Waffe. Was wir brauchen, ist nicht ein Brei, sondern ein Block. Im Brei werden wir untergehen, mit dem Block ist der Sieg und Wiederaufbau eine Kleinigkeit. (...) Wir werden ein Block sein, wenn die eiserne Klammer der Weltanschauung uns*

*zusammenschließt und in ihrer Umarmung alles, was weich und flüssig
ist, im Felsen gerinnen und zusammen wachsen lässt. Wer uns auf dem
Weg dazu hindern könnte, muss beiseite treten oder sich einschmelzen
lassen."*[302]

Hier schwelten die mächtigen Nachwirkungen der Kriegserfahrung weiter.
Das nationale Block- und Einheitsdenken der Burgfriedensphase war schon
organisatorisch im Hugenberg-Konzern angelegt, beherrschte aber auch den
ansonsten überaus beschränkten Ideenfundus bis hinein in die alltagspolitische
Diktion. Der epochale, blutig-düstere, der verlorene Krieg mit seinen antizivilisatorischen, destruktiven Energien blieb hier die Folie aller Reden über die Zukunft. Durchhalten, Ausmerzen, Stahlgewitter: Die Sprache von Fels und Block,
Beseitigung von Hindernissen, „einschmelzen", das war das Fortleben der Front-
erfahrung und der Schützengräben, das war eine subkutane Programmierung
auf einen zweiten Versuch, der dann doch mit noch mehr Durchhaltekraft einer
feindlichen Welt den deutschen Willen aufzwingt. Von diesem medial bereiteten
Tableau aus ist der Weg zu *Hitlers* innerem und äußerem Eroberungskrieg nicht
gar so weit, wie es scheint. Der zur Macht gelangte Gefreite des Weltkrieges
wollte eben mit einer wirklichen Verschmelzung aller nationalen Kräfte und
mit seinem fanatischen Willen zeigen, wie man den Weltkrieg gewonnen hätte
und noch viel mehr gewinnen könnte.

Hugenberg, diese wenig charismatische Person, dieser wie aus einer verblassenden Epoche wirkende Geheimrat, war es jedenfalls, der aus der DNVP
1919 zielgerichtet eine „Gesinnungspartei" (Weltanschauungspartei) machte,
die ihrerseits mit der öffentlichen Meinungsbildung ein festes instrumentelles
Bündnis einging. Vor allem nach 1928, als *Hugenberg* nach der Wahlniederlage
der Deutschnationalen den Parteivorsitz übernahm, arbeitete er zielgerichtet
daran, den Parlamentarismus und eine handlungsfähige, nach links bis zur SPD
offene Mitte mithilfe seines nationalen Blocks zu „dekomponieren"[303], um sich
und seine Partei in einem Rechtsblock in eine Position der Unentbehrlichkeit
zu bringen. Dass er dabei meinte, sich der extremen völkischen Rechten, insbesondere der NSDAP, bedienen zu können, mag 1928 noch verständlich gewesen
sein, zeigte aber in den Folgejahren sowohl fehlendes politisches Urteilsvermögen als auch die verfassungsfeindliche Grundstimmung der von *Hugenberg*
beherrschten DNVP, die womöglich stärker war als die Furcht der feinen Herren
vor dem entfesselten Bodensatz der Gesellschaft.

Angesichts dieser Verquickung von massenmedialer und parteipolitischer
Macht mit schwerindustriellem Einfluss versteht man das nach dem Zweiten

Weltkrieg von *Röpke* und *Erhard* formulierte Programm der sozialen Marktwirtschaft in seiner die Demokratie schützenden Wirkungsrichtung umso besser. Es waren die Oligopole, die Kartelle und die Möglichkeiten der Pressekonzentration im Einflussbereich von großindustriellen und militärischen Eliten, die ein antirepublikanisches Machtbündnis schmiedeten, das für jede bürgerliche Politik der rechten oder der linken Mitte ein feindliches und manipulatives Klima bereitete. Während sich *Hugenberg* und *Hitler* der antisemitischen Verschwörungstheorien gerade auch auf dem Feld der Kultur und der Meinungsbildung („jüdische Presse") bedienten, war es vor allem der deutschnationale *Hugenberg*, der massenmedial die Weimarer Verfassungsordnung sturmreif schießen ließ und dabei aus dem Umfeld des Reichspräsidenten mit einigem Wohlwollen betrachtet wurde.

Dennoch sollte man sich hüten, die Elite der Wirtschaft insgesamt für diese Entwicklung in die Verantwortung zu nehmen: Sie war heterogen – nicht nur zwischen den Branchen, sondern auch innerhalb etwa der Schwerindustrie gab es unterschiedliche Exponenten. Die wirtschaftlichen Eliten waren nicht schlechter, aber leider auch nicht besser als andere einflussreiche Akteure der Weimarer Gesellschaft in Politik, Justiz, Kultur oder Wissenschaft. Immerhin war es der stellvertretende Vorsitzende des Reichsverbandes der deutschen Industrie, der auf der Jahrestagung dieser Organisation in Dresden 1926 verlangte, dass eine große Partei wie die sozialdemokratische Regierungsverantwortung tragen und nicht in einer mehr oder minder verantwortungsfreien Opposition verharren solle.[304] Dahinter mag das Interessenkalkül gestanden haben, die Sozialdemokratie in den unpopulären Abbau staatlicher Leistungen für Arbeiter einzubinden, aber möglicherweise auch die Weitsicht, dass ohne die Sozialdemokratie jede bürgerliche Regierung instabil werden und unter den Einfluss radikaler Kräfte von rechts gelangen konnte, mitsamt der Folgewirkungen einer Radikalisierung auf der extremen politischen Linken und der Möglichkeit neuer Gewaltausbrüche im Innern. Die deutsche Industrie sympathisierte nur zu einem Teil (insbesondere die Schwerindustrie) akzentuiert mit den Deutschnationalen und war bis auf Einzelfälle gegenüber dem völkischen Extremismus der NSDAP skeptisch und distanziert. Dass die DVP, als die der großen Wirtschaft am nächsten stehende Partei, sich ab 1928 in Richtung einer Koalition mit der SPD bewegte, war insofern auch Ausdruck einer in den wirtschaftlichen Eliten durchaus bestehenden Grundtendenz.

V. Plebiszitäre Dialektik

Die Weimarer Verfassung war demokratisch, ja im Grunde demokratischer als das gegenüber dem Plebiszit zugeknöpfte Grundgesetz. Vergleicht man die beiden Verfassungen, ist nicht nur die Möglichkeit der Volksgesetzgebung, sondern auch der doppelte Legitimationsstrang kennzeichnend, der aus unmittelbaren Volkswahlen zum Reichstag und aus der des Reichspräsidenten folgte. Das Grundgesetz konzentriert die politische Macht auf Bundesebene allein auf den Bundestag und die von ihm mit Mehrheit gewählte Regierung. Weimar dagegen wollte mehr an unmittelbarer Einwirkungsmöglichkeit durch die Bürger. Das machte die politischen Entscheidungsprozesse von den öffentlichen Stimmungslagen durchaus abhängiger als unter der Herrschaft des Bonner Grundgesetzes, zumal hier wie dort das föderale Element berücksichtigt werden muss, sodass Wahlen im Reich und in den Ländern insbesondere bei vorzeitiger Auflösung des Reichtages häufig stattfanden. Die antiparlamentarischen Stimmungslagen der politischen Rechten und Linken fanden aber noch reichere Nahrung in der Instabilität der Reichsregierungen, der unklaren Machtposition des Reichspräsidenten und nicht zuletzt auch in der Möglichkeit des Plebiszits, also des Volkbegehrens und des Volksentscheids.

Das alles wäre in einer stabilen gesellschaftlichen, wirtschaftlichen und außenpolitischen Situation kein sonderliches Problem gewesen, hätte sogar vitalisierend auf den Alltag demokratischer Willensbildung wirken können. Unter *Friedrich Ebert* wirkten der doppelte Legitimationsstrang und das Wächteramt des Reichspräsidenten positiv zur Verteidigung der Republik. So hatten es sich liberale Architekten der Weimarer Verfassung wie *Hugo Preuß* oder auch – im Hintergrund – *Max Weber* ohne Zweifel und mit guten Gründen vorgestellt. Sie hatten vielleicht die inneren und äußeren destruktiven Kräfte, die der Weltkrieg entfesselt hatte, unterschätzt, aber andererseits wollten sie auch genau darauf mit dem Notverordnungsrecht und der besonderen Stellung des Reichspräsidenten reagieren. Man kann es nicht exakt sagen. Hätte 1925 ein *Wilhelm Marx* das Amt des Reichspräsidenten gewonnen, wäre das nicht für zumindest sieben Jahre eine Versicherungspolice der Demokratie gewesen – und würde man dann nicht die Weimarer Verfassung preisen, wegen ihrer Weitsicht?

Zudem gilt: Das Zentrum einer Demokratie muss nicht in ihrer Ämterorganisation, in ihrer Architektur der Verfassungsorgane liegen, sondern kann sich im politisch-kommunikativen Prägeraum der öffentlichen Meinungsbildung finden. Wenn hier kühle, pragmatische Vernunft vorherrscht, können auch weniger günstige institutionelle Vorgaben konstruktiv entfaltet werden. Umgekehrt gilt: Ein zerklüftetes, emotionalisiertes, von Lüge und Hass gekennzeichnetes Meinungsklima kann auch die beste Verfassung und das klügste Institutionenarrangement zum Einsturz bringen.

Die Weimarer Verfassung hatte großes Vertrauen in den Souverän, das Volk. Auf der Ebene des Reiches wurden gleich zwei Verfassungsorgane unmittelbar gewählt: der Reichstag und der Reichspräsident. Daneben konnte das Volk unmittelbar in Abstimmungen an der Reichsgesetzgebung mitwirken. Auch hier konnte der Reichspräsident ein Gesetz des Reichstages aufgrund eigener Entscheidungsmacht dem Volk vorlegen (Art. 73 Abs. 1 WRV), wichtiger noch aber war das Volksbegehren nach Art. 73 Abs. 3 WRV, mit dem ein Zehntel der Wahlberechtigten den Volksentscheid über ein Gesetz erzwingen konnte, wenn der Reichstag die Vorlage nicht unverändert übernahm. Der entgegenstehende Wille des Reichstags konnte nach Art. 75 WRV durch Volksentscheid allerdings nur dann gebrochen werden, wenn sich die Mehrheit der Stimmberechtigten daran beteiligte (Abstimmungsquorum).

Das Volksbegehren vom Januar 1926 zur Fürstenenteignung war ein Propagandastück der KPD, mit dem diese die SPD vor sich hertrieb und zum Mitmachen nötigte. Die in dem Gesetzesentwurf geforderte entschädigungslose Enteignung der beschlagnahmten Vermögen der Fürstenhäuser war nicht per se verfassungswidrig. Heute, unter der Geltung von Art. 14 Abs. 3 GG, ist eine Enteignung nur gegen Entschädigung zulässig, aber damals galt Art. 153 WRV, der bestimmte: „Eine Enteignung kann nur zum Wohle der Allgemeinheit und auf gesetzlicher Grundlage vorgenommen werden. Sie erfolgt gegen angemessene Entschädigung, *soweit nicht ein Reichsgesetz etwas anderes bestimmt.*" Und genau das sollte der gemeinsam von KPD und SPD eingebrachte Gesetzesentwurf werden: ein Reichsgesetz, das für die an sich zuständigen Länder eine Enteignung ohne Entschädigung vorschrieb. Parteipolitisch war für die SPD-Führung die Sache eher unangenehm. Aktuell war sie in der Opposition und wurde dort vom linken Prägeraum der KPD, ihren Vorfeldorganisationen und vielen Intellektuellen und Künstlern in eine Position gebracht, die die SPD von dem Teil des politischen Bürgertums entfernen musste, auf dessen Bündnis alle Verteidiger der republikanischen Verfassungsordnung angewiesen waren, um dem Sog nach rechts entgegen zu wirken – eine Gefahr, die die KPD in ihrer fundamentalen Opposition gegen die Verfassung der parlamentarischen Demokratie naturgemäß nicht als solche ansah. Nach dem Scheitern des Volksentscheides am 20. Juni 1926 machte sie erwartungsgemäß die SPD dafür verantwortlich und sah – wie eigentlich stets – heimliche Kumpanei zwischen SPD-Führung und der kapitalistisch-monarchistischen Elite im Spiel.

Und da war noch ein Reichspräsident, dessen innere (wenngleich nicht bruch-
lose) Loyalität zur Monarchie bekannt war und für den ein „Volksfrontbündnis"
gegen einen vernünftigen Interessenausgleich (das heißt Verhandlungen über
Entschädigungen), den die DDP und die SPD noch im Jahr zuvor für geboten
gehalten hatten, ein buchstäblich rotes Tuch war und das seine Ressentiments
gegen die SPD verstärkte. Im März 1926 äußerte er seine ablehnende Haltung
gegen einen auf entschädigungslose Enteignung gerichteten Gesetzesentwurf
in einem Brief an den Reichsjustizminister *Marx*.[305] *Hindenburg* war der Meinung, der dem Volksbegehren zugrundeliegende Gesetzesentwurf sowie auch
die Kompromisswerke hätten einen verfassungsändernden Charakter[306], da sie
gegen Art. 153 WRV verstießen. Hierbei bezog er sich vor allem auf das Voraus-
setzungsmerkmal „zum Wohle der Allgemeinheit" in Art. 153 Abs. 2 WRV. Bei
dem Gesetzesentwurf sollte es sich nach seiner Ansicht gerade nicht um das Wohl
der Allgemeinheit handeln, sondern vielmehr um eine „Vermögensentziehung
aus politischen Gründen".[307] Hätte man das Wohl der Allgemeinheit darin gesehen, dass die öffentliche Hand angesichts der Kriegsfolgen eine Vermögensmasse
zum fairen nationalen Lastenausgleich in die Hand bekommt, hätte das aber
auch erfordert, entschädigungslos zu enteignen, weil angemessene Entschädigung dem Zweck der „Fürstenenteignung" zuwidergelaufen wäre. Schließlich
waren die Länderkassen leer und die kleinen Sparer[308], die mit Kriegsanleihen
und durch Inflation praktisch ihr gesamtes Geldvermögen eingebüßt hatten,
brachten wenig Verständnis für die einstmals, bei Kriegsausbruch regierenden
Fürsten und ihre Entschädigungsansprüche auf.[309]

Hindenburg war weit entfernt von nationalen Erwägungen eines fairen Lasten-
ausgleichs, seine monarchische und gutherrliche Interessenfixierung machte ihn
geradezu so verbittert, sodass er sein beanspruchtes Bild, über dem Parteienhader
zu stehen, gefährdete und Stellung nahm. Er ließ zu, dass mit seinen staatsinter-
nen Äußerungen die Gegner des Volksbegehrens Abstimmungskampf machten.

Der Volksentscheid scheiterte bereits am Quorum[310], weil weniger als die
erforderliche Hälfte der Stimmberechtigten an der Abstimmung teilnahm und
nicht die qualifizierte Mehrheit für eine Verfassungsänderung erreicht worden
wäre. Aber das ist weit weniger wesentlich, als die Verstärkung der ideologischen Fragmentierung und einer Erosionstendenz bürgerlicher Parteien wie des
Zentrums und der DDP in dieser Frage. Es war eine Niederlage der bürgerlichen
Mitte, für eine Politik des Interessenausgleichs und eine Aufheizung des linken
und rechten Radikalismus, heute würde man sagen: ein großes Fest für den
linken und rechten Populismus. Für die gemäßigte Linke, die SPD-Führung
insbesondere, wurde allerdings damit noch klarer, dass ein Zusammengehen

mit der KPD, eine konzeptionelle Links- oder Volksfront gar, eine gefährliche Illusion war, die allenfalls dem rechten radikalen Rand Nahrung für seine Reflexe einer drohenden Revolte von links gab. Verschärft wurde diese innerlinke Grabenbildung (die jede Möglichkeit ausschloss, den äußeren linken Rand, der gerade intellektuell über starke Bataillone verfügte, irgendwie zu mäßigen und in die Regularien der parlamentarischen Demokratie einzubinden) durch die sich verhärtende Haltung der KPD, die *Stalins* Schwenk zur Sozialfaschismusthese gehorsam mitmachte:

> *„Bereits im Sommer 1928 hatte der Sechste Weltkongress der Kommunistischen Internationale in Moskau die Weichen für einen verschärften Linkskurs gestellt und das mit dem Beginn einer neuen historischen Periode der Nachkriegsentwicklung begründet.“*[311]

Als das Haupthindernis einer günstigen revolutionären Zuspitzung galten die Sozialdemokraten, die sich angeblich immer mehr den Faschisten annäherten.[312] Bemerkenswert am Volksbegehren und Volksentscheid zur Fürstenenteignung war nicht so sehr das Abstimmungsergebnis, sondern die hohe, beinah exzessive Mobilisierung im Abstimmungskampf:

> *„Die KPD stürzte sich mit solcher Verve in den Kampf gegen die Fürsten, als ob davon die Weltrevolution abhänge; die SPD investierte enorme Kraft und riesige Mittel in eine Aktion, die ihre eigene Politik der vorangegangenen Jahre desavouierte […].“*[313]

Die Gegner des Gesetzesentwurfs setzten auf Autoritäten:

> *„Der Reichspräsident, die katholischen Bischöfe, die evangelischen Kirchenleitungen und sonstige Honoratioren wurden mobilisiert, um in einer noch stark autoritätsgebundenen Gesellschaft eine politisch sinnvolle Entscheidung als rechtlich unvertretbar, ja sittlich verwerflich zu thematisieren. Dabei setzte man sich seinerseits ungehemmt über gebotene Grenzen hinweg. Hindenburg nahm, um der staatsrechtlichen Gegenzeichnungspflicht auszuweichen, in einer als Veröffentlichung eines ‚Privatbriefs‘ kaschierten Kundgebung Stellung.“*[314]

> *„Auch die linken Initiatoren des Volksentscheids trieben einen riesigen Propagandaaufwand weit über Reichstagswahl-Maßstäbe hinaus, so dass am Ende z. B. bei weit über 108 Millionen Stück Drucksachen der Partei jeder Stimmberechtigte statistisch mit gut zweieinhalb Exemplaren SPD-Material eingedeckt war.“*[315]

Beim Volksbegehren gegen den Panzerkreuzerbau ging es um ein rüstungs-
politisches Projekt, das militärisch vermutlich durchaus Sinn hatte, aber in der
Öffentlichkeit auch aus taktischen Gründen im Hinblick auf die erstrebte Lockerung Versailler Rüstungsbegrenzungen schlecht zu kommunizieren war und
deshalb nach Ansicht vieler Politiker, auch der im Reichskabinett befindlichen
Minister der SPD (und ihres Kanzlers) nicht auf den großen Marktplatz öffentlicher Meinungsbildung gehörte. Für damalige Verhältnisse war das Volumen
für den Bau vier hochmoderner Schiffe von 500 Millionen Reichsmark enorm,
vor allem wenn man bedenkt, dass auch im Jahr der relativen Stabilität 1928
die Fiskalzwänge nicht etwa verschwunden waren: In allen möglichen anderen
Haushaltsposten musste gekürzt werden, beispielsweise bei Sozialleistungen
wie den Schulkinderspeisungen – und das in einem Land, das immer noch 20 %
unterernährte Kinder aufwies. Insofern hatten soziale Kürzungen eine andere
Bedeutung, als man sich das aus heutiger Sicht vorstellen mag. Für die KPD
war es daher kein Problem, unter dem Begriff „Panzerkreuzer" einerseits ein
Rüstungsprojekt als militärisch komplett unsinnig zu kritisieren – anknüpfend
an die fatale Rüstung des Kaiserreichs (ein Vorwurf, der in beiderlei Hinsicht
so nicht zutraf) – und andererseits auf die erheblichen und zumindest scheinbar
kausalen Kürzungen im Sozialbereich hinzuweisen, die skandalös gerade auch im
Hinblick auf die maßgebliche SPD-Regierungsbeteiligung (unter Reichskanzler
Müller) wirken mussten.[316] Dies galt umso mehr, als die SPD im Wahlkampf
1928 gegen die Entscheidung der rechtsbürgerlichen alten Regierung des „Bürgerblocks" unter dem Zentrumskanzler *Wilhelm Marx* zu Felde gezogen war,
dieses Rüstungsprojekt auf den Weg zu bringen, und jetzt unter dem SPD-Kanzler *Hermann Müller* nach gewonnener Wahl schon aus Koalitionszwängen heraus
genau dieses Projekt öffentlich verteidigen musste: und das Ganze unter dem
Vorwurf der alten Verrats- und Kumpaneilitanei von Seiten der KPD und im
Klima der neuen, hasserfüllten Sozialfaschismusthese. Aber schon die eigene
Partei revoltierte gegen das Taktieren der vier SPD-Regierungsmitglieder – und
dieser Fall zeigt, wie unendlich schwierig auch in der Stabilitätsphase Weimars
das Regieren in demokratischen Koalitionen war, die das Verhältniswahlsystem
nun einmal erzwang: Der Furor der Gesinnungsethik und eine mechanische
Konsistenzerwartung, die jeden Kompromiss nach der Wahl zum Betrug wer-
den ließ, war auf beiden Seiten der großen politischen Richtungen Rechts und
Links anzutreffen – entweder Verrat an den pazifistischen und sozialistischen
Zielen auf der Linken oder das Fehlen nationaler wehrhafter Gesinnung auf der
Rechten.

Theodor Heuss hatte recht. Das Plebiszit war jedenfalls unter den Bedingungen des Deutschlands seit 1919 vor allem eines: eine Prämie, wenn nicht für Demagogen, so doch für die viel zu große Anzahl von Gesinnungspolitikern. Wer die Funktionsfähigkeit der Spielregeln des Verhältniswahlsystems, koalitionärer Verhandlungslogik und parlamentarischen Regierens für wichtiger hält als das kompromisslose Festhalten an im Kern gut vertretbaren politischen Positionen – ist er wirklich der schlechtere Demokrat mit geringerer politischer Weitsicht? Weimar macht deutlich, dass Gesinnungsethik eine Voraussetzung für die Identitätsbildung von politischen Parteien ist und insofern elementar zur Demokratie gehört, schon weil sie dem Wähler Orientierung verschafft. Aber auch hier bleibt es dabei, dass die Verantwortungsethik die komplementär stärkere Schwester sein muss, weil sie die aufs Ganze gesehen in der Weitsicht überlegene, Folgen wägende und damit bereits aus kognitiven Gründen vorzugswürdige ethische Position ist. Wer nicht genug weiß, obwohl besseres Wissen möglich wäre, handelt unmoralisch.

G. Die Rolle der Reichswehr

I. Verfassung und Wehrgesetz

Die Wehrverfassung war ein neuralgischer Punkt der Weimarer Republik. Die Grundentscheidung verlief auch hier dem Muster folgend, dass der Reichspräsident in die Rolle des Kaisers schlüpfte und folglich den Oberbefehl über die Reichswehr besaß. Die alte Reichsverfassung von 1871 hatte in ihrem Art. 63 bestimmt: „Die gesammte Landmacht des Reichs wird ein einheitliches Heer bilden, welches in Krieg und Frieden unter dem Befehle des Kaisers steht."[317] Die Weimarer Reichsverfassung bestimmte in Art. 47: „Der Reichspräsident hat den Oberbefehl über die gesamte Wehrmacht des Reichs." Gerade für die erste, die revolutionäre und postrevolutionäre Phase Weimars war der innenpolitische Einsatz der Truppe weitaus wichtiger als ein kriegerischer Einsatz.

Aber auch ein Krieg war nicht so fernliegend, wie nach dem Weltkrieg eigentlich zu erwarten gewesen wäre. Im Westen konnte man nicht sicher sein, ob Frankreich nicht doch noch mehr erreichen wollte, als es in Versailles bekommen hatte. Das Vorrücken französischer Truppen in das Rheinland sowie das Ruhrgebiet blieb bis Locarno Gefahr und Wirklichkeit, der man aber letztlich ohnehin nichts hätte entgegensetzen können. Im Osten war der Grenzverlauf umstritten, der polnisch-russische Krieg zog sich von 1919 bis 1921 hin mit schweren Verlusten auf beiden Seiten und mit dem Ergebnis der Ostausdehnung Polens weit über die Curzon-Linie hinaus. Wer konnte garantieren, dass das neue Polen mit seinem nationalen Selbstbewusstsein nicht auch im Westen Korrekturen versuchte?

Die Reichswehrführung musste nach außen schauen, während ihr Einsatz immer im Innern gefordert war, zuerst tatsächlich, dann zumindest latent. Der berühmte Art. 48 WRV war eine Vorschrift der republikanischen Gefahrenabwehr, die deshalb in die Hand des Reichspräsidenten gegeben war, weil er die Wehrmacht kommandierte und sowohl bei separatistischen Gefahren für den föderalen Zusammenhalt als auch bei innerem Aufruhr die „bewaffnete Macht" einsetzen sollte. In der ersten Phase war dies allerdings schwierig realisierbar. Die Truppe war anfangs nicht immer zuverlässig. Später dann blieb ungewiss, ob wegen der Begrenzung auf das 100.000-Mann-Heer[318] die Truppe fähig sein würde, der zunehmenden Gewaltbereitschaft paramilitärischer Parteiformationen von NSDAP (SA), DNVP (Stahlhelm) und KPD (Rotfrontkämpferbund) ein adäquates Gewicht entgegenzusetzen.

Die entscheidende Aufgabe der neuen Wehrverfassung lag zunächst im Zusammenwirken zwischen der revolutionär begründeten neuen Staatsgewalt und der alten Wehrmachtsführung. Es ging darum, das zurückflutende Heer zu demobilisieren und ein Millionenheer in ein zahlenmäßig extrem geschrumpftes, zuverlässiges, professionalisiertes Instrument der Republik zu verwandeln.[319] Ein wichtiger Strukturwandel lag in dem nachkriegsbedingten Übergang vom Volksheer mit allgemeiner Wehrpflicht (Art. 57 der Verfassung von 1871) zu einem Berufsheer, was der Verfestigung tradierter Sozialstrukturen insbesondere im Offizierskorps entgegen kam und das elitäre Bewusstsein weit weniger verblassen ließ als es die stürmische soziokulturelle Modernisierung der deutschen Gesellschaft ansonsten möglicherweise hätte erwarten lassen. Das bereits im Gesetz über die vorläufige Reichswehr eröffnete Leistungsprinzip, wonach jedem Soldaten nach Maßgabe seiner Fähigkeiten und Leistungen der Zugang zu den höchsten Stellen offenstehen sollte, blieb in der Praxis immer noch eine Ausnahme.[320]

Jedes politische System benötigt eine Deckung aus militärischer und polizeilicher Macht. Das gilt umso mehr, wenn die Legitimität dieses Systems ins Wanken gerät. Im Normalfall können die Instrumente der Gewaltausübung als Deckungsmittel politischer Herrschaft weit zurückgenommen sein oder nur diskret oder symbolisch in Erscheinung treten. Die Entwicklung stabiler westlicher Demokratien nach dem Zweiten Weltkrieg hat in diesem Sinne zu einer ausgesprochenen Zivilisierung des Herrschaftssystems geführt und immer stärker einen auch übernational verankerten kommunikativ-politischen Prägeraum wirksam werden lassen, der die Frage nach Gewalt, militärischer oder polizeilicher Machtpotenziale zu einer Randfrage hat werden lassen.[321] Es ist heute allerdings angesichts neuer geopolitischer Risiken von Staatenzerfall und Völkerrechtsverstößen an der Peripherie der Europäischen Union und auch durch die Zunahme populistischer Bewegungen nicht mehr ganz fernliegend, wiederum nach der Deckung des politischen Systems mit Gewaltpotenzialen zu fragen.

Die gesamte Weimarer Republik dagegen stand (vielleicht abgesehen von den wenigen Jahren der mittleren Phase von 1924-1929) deutlich mehr und sehr virulent vor der Frage militärischer und polizeilicher Potenzen. Es wäre insofern naiv und oberflächlich, Verfassungsfragen und die Bewertung politischer Entscheidungsprozesse von dieser offenen Flanke einer von extremistischer Gewalt bedrohten Republik zu lösen.

II. Aus Dünkel und Not: Staat im Staat

Das Wehrgesetz schrieb den Soldaten parteipolitische Neutralität vor. Ihnen waren jede politische Betätigung und die Teilnahme an politischen Versammlungen ebenso wie eine Parteizugehörigkeit verboten, selbst ihr Wahlrecht ruhte.[322] Hinter diesen Vorgaben des Wehrgesetzes von 1921 stand natürlich eine Revolutionserfahrung. Im Hexenkessel politischen Aufruhrs von links und rechts sollte die Reichswehr nicht vom politischen Streit infiziert und nicht politisch unterwandert werden. Die Weimarer Parteien und *Friedrich Ebert* sahen in der Neutralität der Wehrmacht einen Garanten der Loyalität gegenüber der Reichsregierung und die Heeresleitung sah darin die Möglichkeit der elitär-militärischen Kontinuität: ein Kompromiss.

Auch dieses prekäre Gleichgewicht verschob sich mit der Wahl *Hindenburgs* zum Reichspräsidenten. Auf den ersten Blick musste die Wahl des bekannten Generalfeldmarschalls zu einer Stabilisierung führen, weil jetzt die Reichswehr einen der ihren an der Spitze des Staates sah und sich deshalb mit der Republik leichter identifizieren konnte. Warum jetzt noch neutral sein? Flossen da nicht die getrennten Ströme des jungen republikanischen Staates mit dem alten glorreichen Heer wieder zusammen? Aber während es 1916 darum ging, einen Krieg zu gewinnen, eine Aufgabe, für die *Hindenburg* im persönlichen Format schon damals keine überzeugenden Voraussetzungen mitbrachte, ging es jetzt darum, die militärische Gewalt nach innen und außen unter den restriktiven Bedingungen des Versailler Vertrages zugunsten der Republik handlungsfähig zu halten. Das Amt des Reichspräsidenten sollte mit seinem bewaffneten Arm die Demokratie innenpolitisch als friedlichen Ordnungsraum zu schützen. Doch auch für diese Aufgabe war *Hindenburg* der falsche Kandidat.

Der bis 1926 amtierende Chef der Heeresleitung *Seeckt* war Exponent jener Tendenz der distanzierten „Neutralität" der Streitkräfte, die im Grunde nicht wegen der parteipolitischen Neutralität, sondern wegen der inneren Distanz zur Republik eine verfassungsrechtliche Belastungsprobe war, weil in ihr latent die Prätention einer Befehlsverweigerung gegen demokratisch gewählte Inhaber der Kommandogewalt spürbar wurde. Die alten Prägekräfte der militärischen kaiserlichen Elite wirkten in der Republik trotz Niederlage und Versailler Auflagen fort. Dazu gehörte die Fixierung auf das monarchische Oberhaupt, außerhalb der „politischen Ränkespiele". Als *Seeckt* durch den politisch leichter lenkbaren *Heye* und ihm folgend *Hammerstein-Equord* als Chef der Heeresleitung ersetzt wurde, änderte sich in den Einstellungen der Reichswehroffiziere wenig. Mit einem kaiserlich anmutenden Generalfeldmarschall *Hindenburg* glaubten manche ohnehin an Versöhnung der Reichswehr weniger mit der Republik, als vielmehr mit dem Staat. Der Preis für die angebliche Versöhnung war für das schwarz-rot-goldene Lager der Weimarer Parteien viel zu hoch, denn *Hindenburg* lenkte in seinem ganzen Wesen und mit seinen verfassungsrechtlichen Mitteln die Republik leise, aber beharrlich nach rechts. Davon blieb die „unpolitische" Reichswehr nicht verschont. Sie verstand die Zeichen der Zeit und bot sich an.

Man würde es sich allerdings zu leicht machen, den alten Dünkel der Offizierskaste, ihr Verhaftetsein in der Vergangenheit, ihr traumatisches Erlebnis des militärischen Versagens im Weltkrieg, den Verlust ihrer überragenden gesellschaftlichen Stellung im Übergang zur Republik als maßgebliche oder gar alleinige Ursache des ambivalenten Verhaltens der Reichswehr zur Demokratie zu benennen. Denn hinter all diesen sozialpsychologischen Faktoren standen auch objektive Zwänge, die aus der außen- und innenpolitischen Konstellation sowie aus gesellschaftlichen Veränderungsprozessen herrührten und die Reichswehr in eine strukturelle Defensive führten. Aus der Sicht des Offizierskasinos fühlten sich manche vielleicht an die Konstellation von 1914 erinnert und hielten bekannte Reaktionsmuster wach, wie das eines allein noch helfenden Befreiungsschlags nach vorn. Sowohl die Besetzung des Rheinlands durch französische und belgische Truppen, als auch die Gefahr kriegerischer Verwicklungen mit Polen mussten auch für eine verantwortliche Reichsregierung die Frage entstehen lassen, wie mit einem nach den Versailler Vorschriften verkleinerten Heer von insgesamt 100.000 Mann (also Mannschaften und Offizieren), einer Miniaturmarine und dem Verbot bestimmter moderner Waffen (Luftwaffe/Panzer) noch irgendein außenpolitischer Konflikt zu bewältigen wäre.

Die Erfahrungen bis 1923 ließen aber auch die Einsatzfähigkeit der Reichswehr im Innern zu einem dringenden Thema werden. Dabei wurde als Erfahrung abgespeichert, dass seit der Märzaktion 1921 die gewaltbereite, auf Putsch und Diktatur zielende KPD im Fahrwasser der von Moskau gesteuerten Komintern immer wieder darauf drängen würde, Arbeiter zu bewaffnen und gewaltsam auf den Sturz der Republik hinzuarbeiten, wobei jedoch klar war, dass ihre Kräfte dafür nicht reichten. Die Gefahr der kommunistischen Aufstandsversuche, die etwa im Frühjahr 1921 zum Blutbad beim Kampf um die Leunawerke führten, verschärfte sich in einer möglichen rechtsradikalen Gegenaktion, die die populäre Niederschlagung bolschewistischer Aufstände zum Vorwand nehmen könnte, um auch aus der Reichswehr heraus nach dem Modell des Lüttwitz-Kapp-Putsches die Republik zu stürzen.

Jeder, der Verantwortung für die Funktionsfähigkeit des Militärs trug, musste im Grunde an dieser mit normalen Mitteln kaum lösbaren Aufgabe verzweifeln. Jene fragile Neutralität der Reichswehr („Staat im Staate"), die angesichts ihrer Bindung an die Befehlsgewalt der Republik auf den ersten Blick bedenklich oder gar skandalös erscheint, kann so auch als eine rationale Reaktion in einer sich radikalisierenden gesellschaftlichen Atmosphäre jedenfalls bis Mitte der Zwanzigerjahre verstanden werden. Und es gab auch Tendenzen zur republikanischen Normalisierung. Der ursprünglich aus der linksliberalen DDP stammende, sich später zur gemäßigten politischen Rechten hin öffnende Reichwehrminister *Otto Geßler* wollte die unpolitische, aber loyale Reichswehr und kam diesem Schritt mit der Entlassung *Seeckts* näher. Jedoch wurde *Geßler* unter einem Reichspräsidenten *Hindenburg* allmählich an den Rand gedrängt und mit seinem Nachfolger *Wilhelm Groener* erhielt zugleich eine Person wie *Kurt von Schleicher* ihre Bühne.

III. Politisierende Reichswehr mit dem fatalen Projekt der Rechtsverschiebung

Der seit 1925 amtierende Reichspräsident *Hindenburg* wollte politisch nach rechts, nicht zuletzt auch um die Reichswehr und die Handlungsfähigkeit des Reiches nach innen und außen zu stärken. Die Rechtsverschiebung wurde unter den politischen und militärischen Eliten als das entscheidende nationale „Gemeinwohlprojekt" verstanden, als Gebot der Staatsräson. Einer der Ideengeber für diese Rechtsverschiebung und ihr unentwegt politisierender Drahtzieher war *Kurt von Schleicher*. Er gewann stetig an Einfluss, bis er endlich selbst Reichswehrminister und sogar Kanzler wurde.

Für jemanden wie *Schleicher*, den Reichwehrminister *Groener* Anfang 1929 zum Chef des Ministeramtes (praktisch also zum Staatssekretär für „alle politisch wichtigen Fragen") machte[323], schien die „Linie der Vernunft" klar vorgezeichnet. Sie bestand nicht nur darin, Offizierskorps und Truppe vom politischen Meinungskampf fernzuhalten und auf ein eigenes Ethos einzuschwören. Aus der spezifisch militärischen Sicht eines politisierenden Offiziers galt es zum einen, vorerst keinen Konflikt mit den militärisch weit überlegenen Alliierten herauf zu beschwören, also die Friedensbedingungen und die jeweiligen Formulierungen der Reparationslasten etwa im Young-Plan zu erfüllen, damit außenpolitische Handlungsfähigkeit und innere Ungestörtheit gegeben waren. Zum anderen war die Schlagkraft der Truppe zu erhöhen, also heimlich eine Aufrüstung zu betreiben oder außenpolitisch sogar dafür die Erlaubnis zu erlangen.[324] *Schleicher*, der seit jungen Offizierstagen mit dem Sohn des Reichspräsidenten gut bekannt war, nutzte den von gegenseitigem militärischen Verständnis gekennzeichneten kurzen Draht zum Reichspräsidenten, um eine politisch folgenreiche, letztlich verheerende innenpolitische Konsequenz voranzutreiben. *Schleicher* war kein emotional verbohrter Gegner der SPD, er meinte aber (genau in der Sichtweise *Hindenburgs*) in dieser Partei den maßgeblichen Störfaktor seiner „rationalen" Politik zu erblicken. Die SPD war im Grunde zur parlamentarisch getragenen Regierungsbildung unentbehrlich, zumal sie 1928 mit ihrem Wahlerfolg wieder die mit Abstand stärkste Partei geworden war. Aber die Sozialdemokraten mussten sich mit ihrem innerparteilichen linken Flügel und der aggressiven Konkurrenz der linksextremen KPD auseinandersetzen[325] und waren deshalb kaum bereit, in dem von der Reichswehr geforderten Umfang aufzurüsten. Mit der SPD konnte man auch schwerlich eine Sparpolitik durchsetzen, um die Bedingungen des Young-Plans zu erfüllen, der wichtig war, um die Budgetkontrolle des Dawes-Regiments loszuwerden.[326] Diese Diagnose von *Schleicher* führte Ende der Zwanzigerjahre dazu, auf einen Rechtsruck zu setzen, also an einer Regierungsbildung ohne SPD-Beteiligung zu arbeiten und notfalls mit einer präsidialen Minderheitsregierung zu operieren. Der Gedankengang war aus Sicht eines für die Reichswehr Verantwortlichen gewiss nicht abwegig, zeigt aber den gefährlichen Tunnelblick einer durchaus selbstbewussten, indes politisch fatal kurzsichtigen Weimarer Elite, die in ihrer „Echokammer" buchstäblich viel zu wenig von der wirklichen politischen Dynamik der Gesellschaft verstand und deshalb zum Opfer des instinktiv machtpolitisch seinen Vorteil nutzenden Fanatikers *Hitler* werden musste.

Die Reichswehr war in der Weimarer Republik eben nicht nur ein Garant für die Erhaltung der staatlichen Ordnung, das militärische Deckungsmittel des politischen Systems, sondern auch ein politischer Akteur aus angeblich eigenem

Recht. Die Heeresleitung agierte zwischen *Seeckt* und *Schleicher* hinter der Neutralitätsmaske. Es ging nicht allein um parteipolitische Neutralität, es ging auch um eine Äquidistanz zwischen Weimarer Verfassungsordnung und dem alten Reich oder gegenüber Plänen zum autoritärem Umbau der Republik.

Eine der heute daraus gezogenen Konsequenzen ist unter Geltung des Grundgesetzes die dezidiert politische Leitung der Bundeswehr bis hin zu der vom Bundesverfassungsgericht systematisch dem Grundgesetz entnommenen Figur des Parlamentsheeres.[327] Aber in Weimar wirkte unter dem Einfluss *Hindenburgs* und *Schleichers* seit Ende der Zwanzigerjahre die Idee einer besonderen Staatsräson des über den Parteien stehenden Reichspräsidenten: von *Hegel* philosophisch grundiert, von *Carl Schmitt* verfassungsrechtlich nobilitiert und von der Heeresleitung militärethisch mobilisiert. Aus der parteipolitischen Neutralität wurde für die Reichswehr die Maxime vom „Dienst am Staat in seiner permanenten Identität" – so der Chef der Heeresleitung von *Hammerstein-Equord*.[328] Damit sprach der Chef der Heeresleitung zum Zeitpunkt der präsidialen Machtusurpation gegenüber dem Parlament das aus, was *Carl Schmitt* als die besondere Legitimitätsqualität des Reichspräsidenten, dem Hüter der Verfassung und dem Garanten der staatlichen Einheit, ansah.

Die Reichswehr war gewiss nicht einfach der Hort eines reaktionären Militarismus und schon deshalb dazu auserkoren, die Hauptverantwortliche für das Scheitern Weimars zu sein. Die Reichswehrführung operierte hinter den Kulissen ähnlich wie Wirtschaftsvertreter oder Universitätsprofessoren: mitunter durchaus einflussreich, aber politisch ohne Weitsicht. Die sich an den hochkonservativen Reichspräsidenten anschmiegende Reichswehrführung fügte sich damit in ein entsprechendes gesellschaftliches Gesamtbild ein, das seit dem späten 19. Jahrhundert, seit dem Abtreten *Bismarcks*, charakteristisch für einen großen Teil der Deutschen war. Die Reichswehr war per se nicht viel schlechter als andere Akteure der Republik, aber auch eben nicht besser. Das gilt sowohl im Vergleich zu anderen Eliten etwa in Wirtschaft, Wissenschaft oder Kunst, als auch zu jener Masse der Wähler, die seit 1930 die Institutionen Weimars mit dem Wahlzettel auf die abschüssige Bahn führte.

Aber aus ihrer personellen Verquickung zu dem in jedem seiner Schritte fataler wirkenden *Hindenburg*, an dem sich das deutsche Schicksal im 20. Jahrhundert gleich zweimal verwirklichte, 1916/17 und 1932/33, bündelt sich doch in der Person *Schleichers* eine Schlüsselstellung zwar nicht bereits des „Bösen", aber der eitel-ignoranten politischen Kurzsichtigkeit. Zu einem maßgeblichen Faktor für den Untergang der Republik und ihrer Verfassungsordnung wurde die Reichswehr erst mit der Wahl und im Laufe der Amtsführung *Hindenburgs*, der für militärische Belange und Ratschläge von seiner ganzen Person her aufgeschlossen war. Nach der Wahl *Hindenburgs* hatten sich die Chancen für eine Politisierung der Reichswehrführung enorm erhöht. Repräsentant dafür und eine treibende Hauptfigur war *Schleicher*, der seit 1929 sehr deutlich konzeptionelle Vorschläge für eine künftige Reichsregierung machte und dabei schon früh, noch zu Zeiten des Reichskanzlers *Müller*, den politischen Rechtsschwenk und die Verdrängung von arbeitsfähigen Koalitionen plante, weil er wusste, was *Hindenburg* eigentlich wünschte und erwartete.

Es ging ihm um einen sanften Staatsstreich im Stil des Präsidentialismus unter Schwächung der politischen Parteien und des Reichstages insgesamt.[329] *Kurt von Schleicher* stand in geistiger Nähe zu dem in der Staatsrechtslehre eher randständigen antiliberalen und antiparlamentarischen Verfassungsrechtler *Carl Schmitt*.[330] Dieser hatte bereits früh eine vorübergehende präsidiale Diktatur zur Rettung des Staates geradezu als Rettung des Kerns der Verfassung stilisiert, den Reichspräsidenten zum Hüter der Verfassung und zu einem besonders legitimierten Organ gleichsam des unmittelbaren Volkswillens erhoben.[331] Mit einem *Friedrich Ebert* an der Spitze liest sich das plausibler als mit *Hindenburg* – Verfassungsargumente beziehen mitunter Plausibilität und Überzeugungskraft aus der Persönlichkeitsstruktur der jeweiligen Amtsinhaber.

Doch wäre es naiv anzunehmen, dass *Schleicher* ohne zumindest schweigende Billigung mit derart großem Nachdruck an der Zerstörung von koalitionären Regierungsmöglichkeiten arbeitete. Er und *Hindenburg* handelten über die längste Zeit im Einverständnis und waren zunächst keineswegs Getriebene einer übergroßen Krise, sondern sie malten diese bereits an die Wand, bevor sie eintrat. Anfang des Jahres 1929 fanden sie durchaus noch nicht jene totale Unfähigkeit des Parteienbetriebes vor, die *Hindenburg* schon lange zuvor beklagt hatte. Beide *wollten* und beförderten nach Kräften – wenngleich um Diskretion bemüht – die politische Krise, um aus der dann entstehenden Notlage ihre eigenen machtpolitischen Prätentionen zu verwirklichen.

Dazu passt es, dass die Reichswehr ein Krisenszenario bereits in der Zeit der relativen Stabilität Weimars argumentativ heranzieht, das 1929 noch einigermaßen realitätsfern und fiktiv erscheinen musste. Es ging ersichtlich darum, die Erinnerung lebendig zu halten, dass nach den Erfahrungen der Frühphase Weimars die Reichswehr nicht in der Lage gewesen wäre, einen gleichzeitigen Aufstand von Kommunisten und extremen Rechten, etwa der Nationalsozialisten, abzuwehren. Daraus folgte für den ehrgeizigen und politisch sich weit überschätzenden *Schleicher* sozusagen das Gebot zu einem präventiven Notstandshandeln – damit sollte die präsidiale Führerschaft maßgeblich begründet und

Bild 4: *Verfassungsfeier im Reichstag 1928 mit Hindenburg auf der Ehrentribüne*

Schleicher natürlich die zentrale Figur in der Umgebung Hindenburgs werden. So verursachte die politisierende Reichswehrführung – seit der vorgezogenen Reichswahl 1930 dann deutlich nach außen sichtbar – die präsidiale Rechtsverschiebung und schuf erst jenes Klima des permanenten Wahlkampfs und der politischen Instabilität, das dann die Frage nach der militärischen Deckung des Weimarer Verfassungssystems tatsächlich auf die Tagesordnung rief.[332]

In der Schlussphase der Weimarer Republik wurde zudem sichtbar, dass die Vorstellung einer abgeschlossenen Gemeinschaft, eines militärischen Ordens unbeeindruckt von der zerklüfteten gesellschaftlichen Entwicklung, ohnehin ein Phantom war. Bei dem Sturz *Brünings* und dem von *Schleicher* abgelehnten SA-Verbot ging es nicht nur um die Erhaltung von Wehrverbänden für eine künftige Verwendung unter Aufsicht der Reichswehr, sondern auch um Rücksichtnahme auf diejenigen jüngeren Offiziere der Reichswehr, die bereits offen mit der Hitler-Partei sympathisierten.[333] Die Reichswehr stand nicht außerhalb der gesellschaftlichen Entwicklung.

H. Der abschüssige Weg: Sturz der Regierung Müller und Regierung Brüning

---

I. Vorboten des Präsidentialismus

1. Des Präsidenten Reichswehrminister

Zwischen März 1930 und Ende 1932 geraten die Weimarer Verfassungsordnung und das von ihr verfasste politische System in einen rasanten Abwärtsstrudel. Dies war allen Krisenerfahrungen zum Trotz im Jahre 1930 so nicht absehbar und hat verschiedene Ursachen, die bereits benannt sind – und nun noch einmal im Verlauf und in ihrem Zusammenwirken deutlich werden. Es geht zum einen um die im öffentlichen und intellektuellen Prägeraum fortwährenden Zweifel an der Legitimität der schwarz-rot-goldenen Verfassungsordnung mit ihrer parlamentarischen Demokratie, ihrer Meinungsfreiheit, ihrer Rechtsstaatlichkeit und ihrer korporatistischen, sozial akzentuierten Marktwirtschaft. Es geht zum anderen um die mangelnde Bereitschaft der radikalen Linken, für die Verfassungsordnung einzutreten und es geht vor allem um die Rechtsverschiebung im politischen Prägeraum öffentlicher und intellektueller Meinungsbildung seit 1928. Zudem gilt es, die Imperative des Außen im Auge zu behalten, die in der Krise hart nach innen schlagen. Und es geht vor allem um die Folgewirkungen des Hineinkopierens einer institutionellen, staatorganisationsrechtlichen Konzeption der Reichsverfassung von 1871 in die Weimarer Verfassung, nämlich die ambivalente, in den Proportionen maßgeblicher Machtverteilung unklare Stellung der Reichsregierung zwischen Parlament und Reichspräsident. Schließlich geht es auch darum, dass sich die 1925 vorgenommene Besetzung des Reichspräsidentenamtes als die wichtigste Fehlentscheidung der Mitte-Rechts stehenden politischen Parteien in der Krisenmatrix ab 1929/30 keineswegs zufällig destruktiv entfaltet, statt der eigentlichen Konzeption der Reichsverfassung folgend zur Krisenentschärfung und zur parlamentarisch-demokratischen Stabilität beizutragen. Näheres Hinschauen zeigt, dass es allem voran die Person *Hindenburgs* war, die diese Ambivalenz einer zweistrahlig legitimierten Verfassungsordnung unter der Maske des verfassungsloyalen Biedermanns aushöhlte – Schritt für Schritt und zulasten des Parlamentarismus. Nach und nach und durchaus behutsam veränderte ein Reichspräsident, der herrschen wollte, das Personal in seiner Umgebung. Vor allem die Reichsregierung wurde verändert, und zwar so, dass der „Rechtsumbau" der politischen Ordnung immer wahrscheinlicher wurde. Das galt vor allem, nachdem mit Reichswehrminister *Wilhelm Groener* und in dessen Dunstkreis *Kurt von Schleicher* schon Anfang 1929 erste Pläne zum Staatsstreich zu sprießen begannen.

Die Absicht *Hindenburgs*, seine Macht in den Regierungsalltag hinein auszubauen und ein von ihm verkörpertes, charismatisches Zentrum der Macht zu bilden, sein diffuses, aber hartnäckig verfolgtes Konzept einer Art von plebiszitärem Präsidentialismus, konnte sich angesichts der starken Stellung des Staatsoberhaupts nach der Verfassung recht gut mit Argumenten munitionieren. Damit ergab sich auch eine Möglichkeit, mit dem Mantra der zersplitterten und zerstrittenen Parteien alle Übel und Probleme der Republik auf den politischen Betrieb des Reichstages oder einer von Parteien gebildeten Reichsregierung abzulenken, während der Präsident sich als staatlicher Einheitsgarant und nationale Legitimitätsreserve inszenierte.

Die „Stärkung" des Reichspräsidenten, die im Kern eine Verschiebung der von der Verfassung gewollten Gewaltenteilung war, entsprach einer Erwartung jedenfalls des rechtsbürgerlichen Lagers und der im öffentlichen Meinungsraum gestärkten Sehnsucht nach überparteilicher Autorität. Die sich lange Zeit in einer strategisch günstigen Position befindliche DVP hatte bereits 1925 signalisiert, dass sie das Amt des Reichspräsidenten stärken wolle, eine Position, die wiederum *Stresemann* mit seiner häufig gezeigten innenpolitischen Kurzsichtigkeit gemeinsam mit der DNVP vertreten hatte.

Nach Art. 53 WRV durfte der Reichspräsident zwar den Kanzler nach eigenem Gutdünken, nach seinem politischen Ermessen ernennen, die Reichsminister aber nur auf Vorschlag des Reichskanzlers.[334] Bei der Nachfolge des im Januar 1928 als Reichswehrminister aus dem Amt scheidenden *Otto Geßler*[335] machte *Hindenburg* klar, dass er den Minister aussucht und dass es jemand sein müsse, der sein persönliches Vertrauen genieße. Das Wehrgesetz vom 23. März 1921 bestimmte, dass der Reichswehrminister unter dem Reichspräsidenten die militärische Befehlsgewalt ausübe. Daraus wollte *Hindenburg* das besondere Recht herleiten, den Reichswehrminister als seinen persönlichen Untergebenen und besonderen Vertrauensmann auszuwählen. Das war keineswegs so selbstverständlich wie diese Argumentation auf den ersten Blick nahelegt. Denn es muss verfassungsrechtlich im Auge behalten werden, dass der Reichspräsident nach Art. 47 WRV zwar einerseits den Oberbefehl über die gesamte Wehrmacht des Reiches besaß und er mit diesem scharfen Instrument auch im Inneren den Bundeszwang gegen die Länder oder bei inneren Unruhen die Streitkräfte einsetzen durfte (Art. 48 Abs. 1 und Abs. 2 WRV), aber dass er andererseits bei allen Maßnahmen vom Gegenzeichnungsrecht des Reichskanzlers oder auf dem Gebiet der Wehrmacht des zuständigen Reichswehrministers abhängig war (Art. 50 WRV). Je stärker ein Reichswehrminister an den Reichskanzler und an die die Regierung tragenden Parteien oder an den Reichstag gebunden war, desto eher konnte hier ein parlamentarisches Kontroll- und Gegengewicht wirksam werden. Nach der Lesart *Hindenburgs* dagegen konnte nun die Reichswehr als „alleiniges" Instrument des Reichspräsidenten faktisch noch mehr vom demokratischen Betrieb des Parlaments und der Richtlinienkompetenz des Reichskanzlers (Art. 56 WRV) entfernt werden. Die Reichswehr wurde noch akzentuierter zum persönlichen Instrument des Reichspräsidenten, der dann auch wie zu Kaisers Zeiten beim Manöver als Oberbefehlshaber seiner Streitkräfte auftrat.

Dem Reichspräsidenten zu erlauben, einen Mann nach seinem persönlichen Geschmack als Reichswehrminister zu installieren, und nicht einen Mann der parlamentarischen Parteien, wie dies immerhin *Otto Geßler* war, bedeutete eine unmittelbar wenig merkliche, aber längerfristig doch bedeutsame Gewichtsverschiebung. Auch das war von der notorisch kurzsichtigen DVP zuerst eingeleitet worden und konnte dann nicht mehr aufgehalten werden.[336] *Hindenburg* wählte seinen alten Gefährten General *Wilhelm Groener*, den Offizierskameraden aus OHL-Zeiten:

> *„Als Nachfolger Ludendorffs hatte er in der Umbruchzeit 1918/19 an der Seite Hindenburgs gestanden und dabei mehrmals Beispiele seiner selbstlosen Loyalität geliefert, die den Hindenburg-Mythos schonten."*[336a]

Groener war einerseits ein Mann, der durchaus formell auf dem Boden der Verfassung stand, der im Bündnis mit *Ebert* die junge Republik vor dem gewaltsamen Abgleiten in Diktatur und Bürgerkrieg bewahrt hatte. Auf der anderen Seite galt er als Instrument des Reichspräsidenten und war kein sonderlich eigenwilliger Kopf.[337] Dieser Erfolg einer Einflussnahme auf die Ministerernennung sollte für den machtpolitisch keineswegs senilen, sondern sehr ehrgeizigen *Hindenburg* nicht notwendig nur auf das Wehrministerium beschränkt bleiben.

Er sah die Ernennung *Groeners* ein gutes Stück weit als ersten Erfolg in seinem machtpolitischen Streben, die Besetzung der Regierung, wenn nicht allein, so doch maßgeblich mitzubestimmen.

2. Ein Reichspräsident auf der Suche nach Schwachstellen des Parlamentarismus

a) Hintergrund und Ansatz der präsidialen Obstruktionspolitik

Solange das parlamentarische System der Regierungsbildung und des Regierens einigermaßen funktionierte, musste der Reichspräsident seinen persönlichen Ehrgeiz und seine nationalen Einheitsträume zurückhalten. Er musste taktieren und auch einen Reichskanzler wie *Hermann Müller* ernennen, wenn der Wählerwille so eindeutig war wie 1928. Doch *Hindenburg* trieb bewusst Symbolpolitik zur Aufwertung jener schwarz-weiß-roten Vergangenheit, die letztlich dem Geist der Verfassung zuwiderlief. 1927, anlässlich der Glückwünsche zu seinem 80. Geburtstag, sagte *Hindenburg*:

> *„Das stärkt in mir die Hoffnung, dass das Streben nach Einigkeit und Zusammenschluss den Kampf der Meinungen, den Widerstreit der Interessen in unserem Volk überwinden wird. Möge ein jeder, der gestern meiner in Worten und Grüßen gedacht hat, an seiner Stelle an diesem Werk der Einigung mitarbeiten.“*[338]

Ein Reichspräsident, der den „Kampf der Meinungen" überwinden will, akzeptiert im Inneren seines Herzens nicht das Regelsystem der demokratischen Verfassung, auch wenn er beteuert, legal agieren zu wollen. Insofern wirkte *Hindenburg* tatkräftig am Rechtsruck im Sinne einer subkutanen bis manifesten Entfremdung von der pluralistischen Wirklichkeit mit, ohne Pläne seiner Umgebung, wie *Schleichers* schon 1929 artikulierte Bereitschaft zum Staatsstreich, offen zu unterstützen. Trotz seines fortgeschrittenen Alters lernte der Reichspräsident, wartete auf seine Chance zur Intervention und pflegte bis dahin sein Ansehen als machtpolitische Ressource:

> *„Er erkannte instinktiv, dass er nur in der Kombination von legaler und charismatischer Herrschaft der Realisierung seines Lebensziels – der Wiederbelebung des ‚Geistes von 1914' – ein gehöriges Stück näher kommen würde. Um aber auch auf extralegale Herrschaftsressourcen zurückgreifen zu können, bedurfte es der Pflege des symbolischen*

Kapitals. Sein Agieren als Reichspräsident durfte nicht dazu führen, dass sein Mythos entzaubert wurde."[339]

Schon im Frühjahr 1929 überlegte *Hindenburg* – beraten von *Schleicher* – wie er den ungeliebten Reichskanzler *Müller* und seine Sozialdemokraten, sagen wir es offen, loswerden könnte. Im Sinne der von ihm gewünschten politischen Rechtsverschiebung versuchte er, die DNVP zu einer Regierungsbeteiligung zu drängen und ventilierte sogar, ob *Alfred Hugenberg* als Reichskanzler zur Verfügung stünde.[340] Dem stand vor allem eine politische Differenz im Hinblick auf den Young-Plan entgegen. Auch Hochkonservative wie *Hindenburg* sahen die Erleichterungen des Young-Plans und wollten, gegebenenfalls unter Modifikationen, hier zustimmen, während der stärker populistisch agierende *Hugenberg* mit seiner Partei ein Volksbegehren unter der Parole eines „Freiheitsgesetzes gegen den Young-Plan" auf den Weg brachte, das die Zustimmung zu diesem Plan mit Landesverrat gleichsetzte.

Hindenburg konnte sich bereits im Frühjahr 1929 auch *Groener* oder *Schleicher* als Reichskanzler vorstellen. Eine solche, angesichts der relativ stabilen parlamentarischen Mehrheit zu dieser Zeit geradezu bizarre Idee zeigt, wie sich der in die Weimarer Reichsverfassung hineinkopierte Fehler der alten Verfassung von 1871 bei einem so zweifelhaften Reichspräsidenten wie *Hindenburg* fatal auswirken musste. Dass der Kanzler zwar Richtlinienkompetenz hatte und sich natürlich dem Reichstag gegenüber verantworten musste, hinderte den Reichspräsidenten eben nicht, sich als Kanzlermacher zu betätigen und ihn als sein Instrument zur Ausführung der Richtlinien des Reichspräsidenten zu betrachten. Gerade im Hinblick auf mögliche Koalitionsregierungen führte das zu einer präsidialen Verführung zur Obstruktion, zumal bei einem Präsidenten, der eben alles andere als neutral und über den Parteien stehend war, sondern der die Republik durchaus parteiisch politisch nach rechts lenken wollte.

Der Reichstag geriet durch die von *Hindenburg* herbeigeführten vorzeitigen Wahlen von 1930 teilweise und dann 1932 vollends in eine Obstruktionsrolle. Bis zum September 1930 gab es aber einen handlungsfähigen Reichstag und es hätte ihn bis 1932 geben können. Die eigentliche obstruktive Kraft der parlamentarischen Demokratie saß im Reichspräsidentenpalais. *Hindenburg* wollte gar keine stabile parlamentarische Regierungsmehrheit – es sei denn eine der nationalen Einheit ohne Sozialdemokraten – weil das seine Macht begrenzt hätte durch parteipolitische Konstellationen, die er zu bekämpfen trachtete. Er wollte den Reichstag so, wie er zu Zeiten des Augusterlebnisses 1914 oder zu der Zeit der dritten OHL 1916 bis 1918 aufgestellt war. *Hindenburg* wollte das Parlament aus dem politischen Zentrum verdrängen. Er wollte parlamentarische Schwäche, um im Klagelied darüber sich selbst als Retter der Nation präsentieren zu können.

Stresemann und seine DVP hatten 1925 mit der Zulassung der Kandidatur *Hindenburgs* vor diesem Hintergrund die verheerendste Fehlentscheidung vor der Ernennung *Hitlers* zum Reichskanzler getroffen: sie hatten zugelassen, dass ein erwiesener Rechtsexponent und tendenzieller Antidemokrat wie *Hindenburg* in die verfassungsrechtliche Schlüsselstellung des Reiches gelangen konnte. Diese Einsicht führt dazu, dass viele der Ursachenanalysen des Scheiterns der Weimarer Verfassungsordnung einen falschen Schwerpunkt setzen. Man schaut auf die Mängel des Reichstages und der politischen Parteien, die ohne Zweifel in dem von links und rechts vergifteten Meinungsklima der Republik vorhanden waren. Man kommt dann dazu zu fragen, ob zu viele Parteien im Reichstag agierten, ob eine Fünf-Prozent-Sperrklausel hier für mehr Stabilität gesorgt hätte. Wenn man das gespaltene Verhältnis der Eliten zur Weimarer Verfassung nimmt, das Meinungsklima und die Rolle des Reichspräsidenten gewichtet, sieht man, dass diese Frage praktisch keine Rolle gespielt hat. Wer immer nur auf den Reichstag, das politische Versagen der politischen Parteien schaut, der macht sich nolens volens die zeitgenössische propagandistische Darstellung *Hindenburgs* auch heute noch zu eigen: das zerstrittene Parlament als Problem und der Reichspräsident, Vertreter des Gemeinwohls und der Einheit der Nation, als die Lösung.

Der nähere Blick zeigt: Es war genau umgekehrt. Das Parlament war bis 1930 nicht schlechter, als es unter den Bedingungen einer angefeindeten Demokratie sein konnte. Aber *Hindenburg* verfolgte, wenn nicht schon seine innere Tendenz den Staatsstreich (Ausschaltung des Reichstages) einkalkulierte, so doch seine antiparlamentarischen Strategien. Insofern konnten präsidiale Angebote, mit Notverordnungen auszuhelfen oder eine neue Kanzlerschaft zu ventilieren, als vergifte Bonbons gesehen werden, die gezielt und bewusst verschenkt wurden, um politisch unerwünschte parlamentarische Koalitionsregierungen zu schwächen. *Hindenburg* war derjenige, der die Demokratie in diesem Sinne entschlossen auf eine abschüssige Bahn geführt hat, wobei seine Phantasie und Lebenserfahrung aus der Oberschicht bei weitem nicht ausreichten, um sich das destruktive Potential eines *Adolf Hitler* auszumalen. Dass der Reichspräsident unter der Radikalisierung der öffentlichen Meinung in Wahlkämpfen, die Teil seiner eigenen präsidialen Taktik war, schließlich in eine Falle totalitär-gewalttätiger Dynamik geriet, war selbstverständlich nicht Teil seines Plans, aber eine wenn nicht voraussehbare, so doch von ihm verantwortete Nebenwirkung.

b) Die Obstruktion wird konkret: Warum nicht den Reichstag „nach Hause" schicken?

Mit dem Ausbruch der Weltwirtschaftskrise witterten *Hindenburg* und seine Umgebung eine bessere Chance für ihre Politik der parlamentarischen Entmachtung und für die deutliche Rechtsverschiebung im Sinne der nationalen, antipluralistischen Homogenitätspolitik. Kennzeichnend dafür ist ein Treffen am Abend des zweiten Weihnachtstages 1929, das auf Anregung *Schleichers* in Absprache mit seinem Vorgesetzten Reichswehrminister *Groener* zustande kam. Als Auge und Ohr *Hindenburgs* nahm an diesem Treffen *Otto Meissner* teil und auch *Heinrich Brüning*, der zu diesem Zeitpunkt Vorsitzender der Zentrumsfraktion war. Das letzten Endes fatale präsidiale Machtdreieck *Hindenburg/Groener/Schleicher* wollte offenbar *Heinrich Brüning* zum Kanzler machen, der sich angesichts einer intakten Koalitionsregierung und eines zwar erkrankten, aber im Amt befindlichen Reichskanzlers der stärksten Fraktion dazu (noch) nicht bereitfinden wollte.

Schleicher warb für eine „unabhängige" Regierung, also eine, die nicht von einer Mehrheitskoalition im Parlament, sondern vom Reichspräsidenten abhängig war.

> *„Schleicher gab sich hingegen überzeugt, dass mit ‚Koalitionen nicht mehr regiert werden' könne und eine präsidiale Regierung gebildet werden müsse. Diese solle den Reichstag ‚nach Hause' schicken und vorläufig mit Art. 48 WRV regieren."*[341]

Das wurde von *Brüning* als das verstanden, was es war: eine Einladung zur Beteiligung an einem Staatsstreich, ganz offenbar unter Wissen und Billigung des Reichspräsidenten. Dass *Groener* sich im Gespräch mit *Brüning* ein Stück weit von *Schleicher* distanzierte, kann durchaus der Taktik im Sinne eines Versuchsballons geschuldet sein, schließlich konnte man Staatsstreichpläne ja nicht über Fraktionsvorsitzende quasi in die parlamentarische Öffentlichkeit hinein ausbreiten. Aber es kann auch das Spiel „good cop/bad cop" gewesen sein. Denn der als Instrument der präsidialen Taktik gebrauchte *Brüning* fasste gerade wohl durch kritische Äußerungen *Groeners* gegenüber *Schleicher* Vertrauen zum Reichswehrminister.[342] Es ist einigermaßen unwahrscheinlich, dass der gegenüber *Hindenburg* loyale *Groener* oder *Otto Meissner* dem durchaus sehr aufmerksam das Geschehen verfolgenden Reichspräsidenten von solchen Plänen nichts mitgeteilt hätten. Es spricht mehr dafür, dass man hier nach vorheriger Absprache einen Versuchsballon im parlamentarischen Raum aufsteigen ließ, um zu schauen, ob maßgebliche Parteiführer sich einer solchen Idee der präsidialen Regierung annähern könnten.

II. Von Müller zu Brüning: die Rechtsverschiebung und die Dynamik der Weltwirtschaftskrise

Wenn es einen einigermaßen sicheren Zeitpunkt für relative Stabilität und demokratische Normalität während der Geltung der Weimarer Verfassung gab, dann markierte ihn das Wahlergebnis zur Reichstagswahl vom Mai 1928. Diese Wahl erfolgte wie alle anderen durch vorzeitige Auflösung des Reichstags, dessen Legislaturperiode allerdings ohnehin in der zweiten Jahreshälfte 1928 geendet hätte. Auch hier zeigte sich eine gewisse Instabilität der möglichen Koalitionen, aus der die Anhänger präsidialer Lösungen ihre Argumente bezogen. Die Weimarer Koalition (SPD/Zentrum/DDP) verfehlte, wenngleich knapp, die Mehrheit. Die große Koalition erzeugte zwischen SPD und DVP zu große Spannungskräfte auf wirtschafts- und sozialpolitischem Gebiet, aber die Mitte-Rechts-Koalition („Bürgerblock") unter Einschluss der Deutschnationalen litt unter der unterschiedlichen Beurteilung außenpolitischer Fragen und der Schwächung der DNVP bei den Wahlen 1928, die mit einem innerparteilichen Rechtsruck beantwortet wurde.[343]

Außenpolitisch hätten sich *Stresemanns* DVP und die SPD bestens vertragen. Innen- und sozialpolitisch vertrug sich die DVP besser mit den Deutschnationalen. Insofern weicht der sich bereits Mitte 1927 abzeichnende Koalitionsbruch innerhalb des „Bürgerblocks" des Kabinetts Marx IV von dem bisherigen Muster einer wirtschafts- oder außenpolitischen Interessenkollision ab, denn dahinter stand eine schulpolitische Frage, inwieweit Bekenntnisschulen, anders als in Art. 146 WRV festgelegt, mit Gemeinschaftsschulen gleichgesetzt werden dürften[344] (wie insbesondere vom Zentrum erstrebt). Hier zeigte sich, dass die DVP zwar recht akzentuiert national ausgerichtet war, aber eben doch auch liberal, das heißt hier jedenfalls antiklerikal im Stil der kulturkämpferischen Tradition der Bismarckzeit.

Es ist eine der ewigen offenen Fragen parlamentarischer Demokratien, ob zu viel oder zu wenig Konsensbereitschaft unter politischen Parteien herrscht. Wenn alles verhandelbar und im Konsens entscheidungsfähig ist, wächst für den beobachtenden Bürger der Eindruck, mit dem Wahlzettel keine Richtungsentscheidung herbeiführen zu können – radikale Parteien, die das ganze „System" ablehnen, können dann attraktiver werden. Wenn aber politische Parteien wie Glaubensgemeinschaften auftreten und gesinnungsethisch auf Positionen als „unverhandelbar" beharren, gefährdet auch dieses Verhalten das Ansehen der Demokratie. Diesseits der absoluten Mehrheit einer Partei ist jedes parlamentarische Regieren auf Kompromisse und Konsens angewiesen. Wenn Parteien allzu ideologisch, interessengebunden oder gesinnungsethisch fixiert auftreten, nimmt Instabilität zu und der Ruf nach Neuwahlen untergräbt das Vertrauen in die Funktionsfähigkeit der Verfassungsorgane. Die Koalitionskrise im bürgerlichen Lager 1927 war allerdings auch insofern ein Stück demokratischer Normalität, als dass alle Parteien wussten, dass Ende 1928 ohnehin die Legislaturperiode des 3. Reichstages (der im Dezember 1924 gewählt worden war) endete und eine Neuwahl anstand, also ein Stück Wahlkampf vergleichsweise risikolos durch eine Regierungskrise dargeboten werden konnte.[345]

Gemessen am Maßstab des Anteils verfassungstreuer Parteien hätte das Wahlergebnis vom 20. Mai 1928 kaum besser ausfallen können. Die trotz aller Drift an der Basis und der Jugend zur Linken weiterhin tragende schwarz-rot-goldene Kraft, die SPD, wurde mit 29,8 % die mit Abstand stärkste Partei. Die schwarz-weiß-rote DNVP verlor mit über 6 Prozentpunkten deutlich, der rechtsextreme Rand von *Hitlers* NSDAP blieb mit 2,6 % der Wählerstimmen nahezu bedeutungslos. Zentrum und BVP, DVP und DDP verloren nur leicht, blieben als quasi bürgerliche Mitte mit insgesamt 28,6 % der Stimmen zusammengerechnet ein prinzipiell handlungs- und koalitionsfähiger Faktor. Allerdings schauten sie – vor allem mit den Augen der DVP – auf einen Block erstarkter „marxistischer" Positionen (wenn man SPD und KPD zusammenrechnet) von rund 40 %. Selbst wenn man die – ja keineswegs programmatisch übereinstimmenden – drei Parteien des bürgerlichen Lagers ohne DNVP zusammenrechnet, konnten sie gleichwohl nur eine Art Juniorpartner der SPD sein. Aus Sicht der großbürgerlichen DVP durfte man auch im relativen Wahlerfolg der nicht auf dem Boden der Verfassung stehenden KPD mit jetzt über 10 % der Wählerstimmen ein künftiges Problem der siegreichen SPD sehen, weil die wachsende parlamentarische Stärke des linksextremen Randes, der permanent die SPD des Verrats an den Interessen der Arbeiterklasse bezichtigte, die Handlungsfähigkeit und die Kompromissfähigkeit der Sozialdemokratie einschränkte.

Für eine Mehrheitsbildung kamen im neu gewählten Reichstag für die SPD sowohl eine Weimarer Koalition, also mit Zentrum und DDP (allerdings unter Einschluss der BVP, die für ein solches Mitte-Links-Bündnis womöglich zu weit rechts stand) infrage, als auch die sogenannte Große Koalition unter Einschluss der DVP. Reichspräsident *Hindenburg* und seine rechtsgewirkten Berater kamen angesichts des Wahlergebnisses an einem SPD-Kanzler nicht vorbei, taktierten jedoch so, dass möglichst eine Beteiligung der rechtsliberalen DVP notwendig wurde.[346]

Doch das Bild einer großen Koalition mit breiter Mehrheit der Mandate war nur eine Fassade, weil alle beteiligten Parteien (vielleicht mit Ausnahme der DDP) zunächst Vorbehalte erklärten. Die SPD-Fraktion verstand ihre Minister an der kurzen Leine der Fraktionsdisziplin, damit sie nicht allzu viele Sachkompromisse eingingen, die man den eigenen Anhängern dann wieder nicht erklären konnte. Das minderte die Fähigkeit der sozialdemokratischen Minister und des Kanzlers zum pragmatischen Regieren unter Sach- und Koalitionszwängen. Der wiederum taktisch ungeschickt operierende Außenminister *Stresemann* wurde von seiner Fraktion ausdrücklich als „Privatmann" in die Regierung „geschickt". Es fehlte somit eine positive und unterstützende Festlegung der Fraktion, auch im Falle eines künftigen Misstrauensantrags. Das Zentrum, dessen Vorsitzender *Marx* sich nach dem als Wahlniederlage empfunden Abschneiden seiner Partei zurückzog, machte mit dem neuen Vorsitzenden Prälat *Ludwig Kaas* einen Rechtsschwenk. Auch hier zeigte die Fraktion Distanz zur Regierungsverantwortung und die Bayerische Volkspartei – ohnehin weiter rechts stehend – agierte ähnlich, sodass von einer echten belastbaren und konzeptionell führenden Koalition im Grunde zunächst keine Rede sein konnte: und das auf der Grundlage noch anhaltender wirtschaftlicher Prosperität, republikanischer „Normalisierung" und eines Wahlergebnisses mit überschaubaren radikalen Rändern.

Wenn man sich fragt, wie so viel Kurzsichtigkeit bei den beteiligten Parteien vorherrschen konnte, so muss man den öffentlichen Prägeraum der Republik im Auge behalten. Trotz Normalisierung insbesondere der wirtschaftlichen Verhältnisse und deutlichen Zeichen einer außenpolitischen Gleichberechtigung Deutschlands als Mitglied im Völkerbund herrschten im fragmentierten öffentlichen Meinungsraum starke Strömungen einer Verfassungsablehnung und Tendenzen zur Aversion gegen die liberal-demokratische soziale Republik.

Die Kritik links von der SPD blieb unversöhnliche Systemkritik gegen die Weimarer parlamentarische Demokratie. Das fand Ausdruck bis in die angesehene „Weltbühne" hinein[347], die schon einmal Vorzüge von *Stalins* Sowjetrepublik gegenüber dem kapitalistischen Weimarer System betonte, während dort im Zuge forcierter Industrialisierung der Hungerkrieg gegen die russischen und ukrainischen Bauern, Massendeportationen und Terror wüteten.[348] Das linksextreme Propagandabild von der kapitalistischen Republik, die erst zur sozialistischen werden müsse, fand in der aufflammenden Weltwirtschaftskrise mehr Zustimmung, was den Manövrierspielraum der SPD-Führung verengte.

Einflussreicher aber war die Rechtsverschiebung im politischen Prägeraum. Die fatale Wahl *Hindenburgs* zum Reichspräsidenten und seine Fähigkeit zur personalen Repräsentation einer anderen Republik stärkten die Sehnsucht nach dem autoritären Umbau des Verfassungssystems. In der Person *Hindenburgs* verkörperte sich die blaue Blume als Wegweiser zu einer Restauration des autoritären Prinzips mit einem starken Präsidenten und einem auf ihn zugeschnittenen funktionierenden Staatsapparat.[349] Die vorherrschende nationalkonservative und mitunter auch nationalrevolutionär auftretende Stimmung bestand aus einer Mischung von Sehnsucht nach charismatischer Autorität, rückwärtsgewandter Sentimentalität im Hinblick auf Reich und Monarchie, dem alten Obrigkeitsgeist sowie jedenfalls am Rand einer virulenten rechtsradikal-antisemitischen und völkischen Position. Selbst die tragende Verfassungspartei „Zentrum" erklärte durch ihren neuen Vorsitzenden Prälat *Kaas* auf dem Katholikentag 1929, auch damals ein Seismograph des Zeitgeistes:

> *„Niemals ist der Ruf nach einem Führertum großen Stils lebendiger und ungeduldiger durch die deutsche Volksseele gegangen als in den Tagen, wo die vaterländische und kulturelle Not uns allen die Seele bedrückt."*[350]

Warum erfolgte diese Drift im bürgerlichen Lager nach rechts? War es eine typisch nervöse Reaktion auf den relativen Stärkegewinn der politischen Linken oder spürte man im bürgerlichen Lager ein ideelles Defizit, das nur von Angeboten rechtsnationaler Romantik oder eines wertneutralen Staatsethos besetzt war? Es gab jedenfalls jenen wenig hilfreichen fragmentierten öffentlichen Prägeraum, der von linken und rechten Intellektuellen, von der Hugenberg-Presse oder der KPD-freundlichen Presse bestimmt war und der immer wieder gegen den politischen Konsens oder abgewogene Vernunft mit Verdächtigungen reagierte, mit pauschaler Systemkritik und ideologischen Wertungen. Angesichts überall mitlaufender Kritik an der liberalen, demokratischen und sozialen Verfassungsordnung schien es den Parteien angeraten, weniger in Regierungs- und Kooperationsverantwortung zu investieren und sich lieber Bonuspunkte im öffentlichen Meinungskampf gutschreiben zu lassen.

War schon der schulpolitische Streit der alten Regierungskoalition angesichts der gravierenden Strukturprobleme wenig verständlich, so musste der Streit über den Bau eines Panzerkreuzers angesichts der 100.000-Mann-Armee einigermaßen surreal wirken – weniger als ein Jahrzehnt nachdem sich die mit großem finanziellen Aufwand gebaute deutsche Flotte selbst versenkt hatte. Die Sozialdemokraten in der Reichsregierung und in der Reichstagsfraktion zogen hier nicht an einem Strang und gaben ebenso wie im nachfolgenden Ruhreisenstreit keine besondere Figur ab.[351] Im öffentlichen Prägeraum wirkten allmählich die fatale Wahl *Hindenburgs* und das Oberwasser, das die nationale Rechte dadurch erfahren hatte. Zu beobachten war ein allmählicher Rechtstrend auch einer der Weimarer Parteien, des Zentrums mit der Wahl des Prälaten *Ludwig Kaas*, und des Abschwenkens der Deutschnationalen von bereits erprobten möglichen Mitte-Rechts-Konstellationen hin zu einer Fundamentalopposition, verbunden mit rechtsautoritären Konzepten. Der Richtungswechsel wurde mit dem von *Alfred Hugenberg* 1928 erlangten Parteivorsitz personell zum Ausdruck gebracht. Die allmähliche Unterhöhlung der Akzeptanz demokratischer Spielregeln und Konsenszwänge diskreditierte den sogenannten Parteienbetrieb und brachte die Akteure der Parteien zu seltsamen Spielen, gleichzeitig Regierung und Opposition sein zu wollen: ein Spiel, welches das Ansehen der Parteien und des Reichstags gleichermaßen untergrub und vom Reichspräsidenten sowie von *Schleicher*, wenn nicht befeuert, so doch lauernd beobachtet wurde.

Bemerkenswerterweise wirkte auch hier wiederum das Außen nach innen, allerdings in einer zunächst konstruktiven Weise. Im April 1929 einigte man sich doch auf eine formelle große Koalition, weil die Reparationsverhandlungen, die zum Young-Plan führten, nicht gefährdet werden sollten – ein Beleg dafür, dass DVP und SPD, vielleicht auch das Zentrum, gegenüber außenpolitischen

Bild 5: *Der inszenierte Großvater Hindenburg (1932)*

Notwendigkeiten doch ein nationales Verantwortungsgefühl zeigten. Gerade diese Stabilisierung der parlamentarischen Regierung missfiel indes dem Reichspräsidenten und sie wurde wieder erschüttert durch die im Herbst ausbrechende Wirtschaftskrise.

III. Das präsidiale Regierungssystem in der Phase des Reichskanzlers Brüning

1. Der Sturz des Reichskanzlers Müller

Die Umgebung des Reichspräsidenten arbeitete seit Anfang 1929, also noch deutlich vor Ausbruch der Weltwirtschaftskrise, an einer politischen Rechtsverschiebung, die der – ja gerade wiederum durch die Wahl *Hindenburgs* mit angetriebenen – Rechtsverschiebung des Meinungsklimas folgen sollte. Der Reichspräsident hatte sich bereits bei seinem Amtsantritt programmatisch auf jenes Programm der Volkseinheit vom August 1914 festgelegt. Im Mantra der nationalen Einheit, die *Hindenburg* immer wieder beschwor, spielten die Sozialdemokraten nur eine Statistenrolle. Sie sollten das tolerieren, was tatkräftige Männer des nationalbürgerlichen Lagers als vaterländische Pflicht erkannten. *Hindenburg* wollte die SPD nicht in der Regierungsverantwortung sehen.[352]

Der Reichspräsident mochte insofern die Weltwirtschaftskrise als Chance betrachten, zu Veränderungen zu gelangen. Dabei hatte er allerdings die dramatischen Auswirkungen der Krise und die Radikalisierung der Gesellschaft mit den Erfolgen der Hitler-Partei nicht näherungsweise vorausgesehen. *Hindenburg* und seine Umgebung wollten 1929/30 jedenfalls keine stabile, parlamentarisch getragene große Koalition; sie zielten auf Entmachtung des Parlaments, nicht unbedingt, um selbst zu regieren, aber doch um den eigenen Einfluss im Sinne der nationalen Einheitsstrategie deutlich zu mehren. Mit dieser im Kern verfassungsfeindlichen, weil die Stabilitätsgrundlagen der parlamentarischen Demokratie angreifenden Politik, leiteten *Hindenburg* und seine Gefolgsleute die dritte und letzte Phase des Weimarer Verfassungssystems ein: den Übergang zu fragilen Präsidialkabinetten, eine Beschleunigung des Ansehensverlusts des parlamentarischen Betriebes und die Radikalisierung des Meinungsklimas in einem unnötigen Wahlkampf 1930 anlässlich einer Neuwahl, die deshalb überflüssig und gefährlich war, weil der an sich politisch stabile Reichstag sein Mandat bis 1932 besaß.

Der in zunehmendem Alter nicht mit dem Amt über sich hinauswachsende, sondern seine persönlichen Defizite eher vertiefende *Hindenburg* fand in seinen Gutsnachbarn gewiss eine Art Herrenclub-Atmosphäre mit elitär-reaktionärer Stimmungslage[353], aber viel mehr noch hatte er in Generalmajor *Kurt von Schleicher* – deutlicher als in *Groener* – jedenfalls phasenweise seinen zivilen *Ludendorff* gefunden.[354] Über *Schleicher* wird gesagt:

> *„Zuverlässigkeit und Diskretion in diesen Fragen sowie sein rasches politisches Auffassungsvermögen qualifizierten ihn für allerhöchste Aufgaben an der Schnittstelle von Politik und Militär, als Hindenburg auf eine Abkehr vom bisherigen System parlamentarischen Regierens zusteuerte. Der Generalmajor ging mit großer verfassungspolitischer Phantasie an die ihm vom Reichspräsidenten übertragene Aufgabe."*[355]

Man tut vermutlich dem Reichspräsidenten Unrecht, wenn man ihn – wie *Theodor Wolff* bereits in einem zeitgenössischen Kommentar zur Reichspräsidentenwahl – als politisch gänzlich unbedarft und als bloßes Objekt der Hinterhältigkeit seiner Begleiter charakterisiert.[356] Das Fatale an *Hindenburg* lag gerade darin, dass er für Einflüsterungen und geistige Lenkung aus dem Kreis seiner Vertrauten in der Tat offen war und selbst weder weitreichend konzeptionell denken konnte, noch als ein tatkräftiger Akteur gelten durfte. Er war nie Feldherr, zu keinem Zeitpunkt seines Lebens. Aber er hatte durchaus feste Ansichten und schlug bis zur Starrköpfigkeit Richtungen ein. Nach außen pflegte er die Aura des über den Dingen schwebenden Präsidenten, zurückhaltend, bescheiden, nicht das Rampenlicht suchend.

Das war ein von ihm planmäßig inszeniertes Bild, das seine Wirkung bis heute nicht verfehlt, aber eben nicht dem politischen Verhalten *Hindenburgs* entsprach. „Wenn auch Hindenburg das Rampenlicht der Öffentlichkeit scheute – hinter den Kulissen war er weniger zurückhaltend und übte mit seinen Meinungen und Wünschen recht massiven Druck auf das Kabinett aus."[357] Das galt nicht nur für die unter Korruptionsgesichtspunkten im Grunde skandalöse Einflussnahme für ein landwirtschaftliches Notprogramm mit Schutzzöllen und Einfuhrbeschränkungen, das im krassen Widerspruch zu Industrie- und Einzelhandelsinteressen stand[358], sondern eben auch für seine *Generallinie der nationalen Rechtsverschiebung*.

Die präsidiale Entmachtungstaktik der großen Koalition unter Reichskanzler *Müller* brauchte *Hindenburg* insofern nicht lange eingeflüstert werden: Ein sozialdemokratischer Reichskanzler, der ihn im Amt aufsuchte, war ihm fremd und unangenehm, *Müller* war nicht *sein* Kanzler. *Hindenburgs* Leitbild war die starke, geeinte Nation, in der eine Elite aus Militär, Großagrariern und Wirtschaftsmagnaten herausragte und ewiger Burgfriede herrschte. Die gängige Beschreibung, die Stellung des Reichspräsidenten im Weimarer Verfassungssystem sei eine Art Reservegewalt gewesen (was im Hinblick auf Art. 48 WRV für Notfälle gewiss zutreffend ist) und der Reichspräsident sei deshalb angesichts der politischen Zerstrittenheit, der Dramatik der Wirtschaftskrise, der Last der Reparationen nolens volens „in das Zentrum des politischen Geschehens gelangt"[359], dürfte so nicht richtig sein. *Hindenburg* und sein politischer Berater *Schleicher* warteten auf die Chance, ihre verfassungsrechtlichen Möglichkeiten in der Notlage zu Instrumenten der Normallage zu machen und sie wirkten tatkräftig daran mit, die Voraussetzungen für die präsidiale Intervention zu schaffen. *Schleicher* zündelte, damit die präsidiale Feuerwehr ausrücken konnte.

Doch *Hindenburgs* Ehrgeiz, die Einheit der Nation gegen das Parlament und die Herrschaft der Parteien durchzusetzen, wäre nicht so erfolgreich, nicht so destruktiv geworden ohne die gewaltige Dynamik der Weltwirtschaftskrise. Die Weltwirtschaftskrise äußerte sich nicht nur als solche bei Millionen von Menschen, die um ihren Arbeitsplatz und ihr Auskommen bangen mussten, sondern auch im System des Staates, auf der Ebene des Reiches vor allem als fiskalisches Problem. Die Ausgaben stiegen und die Einnahmen des Reiches schwanden. Selbst die harten Reparationslasten verloren an Gewicht gegenüber der arbeitsmarktpolitischen und sozialpolitischen Belastungsdynamik. Für das Jahr 1930 schlugen die höchsten Arbeitslosenzahlen in ganz Europa auf erheblich erhöhte Aufwendungen für Unterstützungsmaßnahmen durch und gingen einher mit erheblichen Mindereinnahmen bei den Reichssteuern. Der Zentrumspolitiker und Reichsarbeitsminister *Adam Stegerwald* bezifferte am 14. Mai 1930 die Mittel, die für die Arbeitsbeschaffungsmaßnahmen für zwei Millionen Erwerbslose – es waren zu diesem Zeitpunkt bereits mehr – benötigt wurden, auf sechs Milliarden Reichsmark bei einem erwarteten Haushaltsvolumen von rund zehn Milliarden Reichsmark.[360] Wer *ex post* der Regierung Brüning ihre Kurzsichtigkeit vorwirft, nicht mit großzügigen Investitionsprogrammen antizyklisch agiert zu haben, sollte sich vielleicht einen Augenblick die Zeit nehmen zu erklären, wo ein seriöser Politiker, der an das staatliche Recht und das Völkerrecht gebunden und von der Wirklichkeit internationaler Finanzmärkte abhängig war, die dafür erforderlichen Mittel hernehmen sollte. Erst ab 1932 weiteten sich die Spielräume wieder. Das später ab 1933 getriebene rücksichtslose Hasardspiel der Hitler-Diktatur fand ohne Kontrolle im Innern statt und es war eine Partie, die letztlich den großen räuberischen Krieg als zwingende Konsequenz von vorneherein einkalkulierte und zielstrebig anvisierte.[361] Diese Art antizyklischer

Konjunkturpolitik wird man jedenfalls für *Heinrich Brüning* und seine Zeit nicht als irgendwie passenden Maßstab in Erwägung ziehen dürfen.

1930 stand die internationale Kreditfähigkeit Deutschlands auf dem Spiel. Der Kapitalmangel im Land führte zu einem erheblichen Bedarf an ausländischem Investitionskapital, sodass eine Strategie der Inflationierung oder der kalkulierten Staateninsolvenz (etwa im Blick auf die Reparationsfrage) die Lage womöglich unbeherrschbar gemacht hätte.[362] *Brüning* profilierte sich in dieser Phase mit der ausdrücklichen Mahnung im Haushaltsausschuss des Reichstages, die Staatsfinanzen zu sanieren, weil das nun einmal die Voraussetzung für ein Minimum an politischer Handlungsfähigkeit sei.[363]

Mitte Februar 1930 machte *Brüning*, im Dezember des Vorjahres zum Fraktionsvorsitzenden des Zentrums gewählt, seinen Antrittsbesuch bei einem Reichspräsidenten, der bereits daran arbeitete, den aus seiner Sicht konstruktiven rechten Rand des Reichstages, also die DNVP, in die Regierung an Stelle der SPD einzuflechten. Dabei wollte er nicht unbedingt eine neue Koalitionsregierung, sondern möglichst eine, die von ihm, also von Notverordnungen abhängig blieb. Bei einer weiteren Begegnung am 1. März 1930 wurde bereits die Haushaltssanierung im Zusammenhang mit der Koalitionsfrage erörtert. *Hindenburg* hatte bereits mit dem Vorsitzenden der DVP besprochen, wie man das Kabinett ohne SPD-Beteiligung umbilden könne. Dass dieses politische Generalziel für *Hindenburg* wichtig war, liegt auf der Hand, aber vielleicht – und bezeichnenderweise – ging es ihm auch wiederum um sein eigenes öffentliches Bild und seine Rolle im Hinblick auf frühere Aktionen zugunsten von Osthilfe und Reichslandbund[364] (der 1927 das Geschenk des entschuldeten Gutes Neudeck mitorganisiert hatte). *Hindenburg* wollte jedenfalls, seiner Idee der akzentuierten Rechtsverschiebung folgend, das Zentrum in eine Koalition oder in eine Zusammenarbeit am liebsten mit *Hugenbergs* DNVP lenken, während *Brüning* noch an der Koalition mit der SPD festhielt.

Typisch für die zwischen *Brüning* und *Hindenburg* geführten „Sondierungsgespräche" ist die Zusage des Reichspräsidenten: „Sie dürfen überzeugt sein, die Finanzreform wird gemacht; wenn die Parteien versagen, mache ich es ohne die Parteien."[365]

Man könnte natürlich glauben, dass hier ein Reichspräsident agierte, der sorgenvoll auf die fiskalischen Probleme des Reiches schaut, aber das war wohl nicht der eigentliche Beweggrund. *Hindenburg* wollte hauptsächlich in seinem und *Schleichers* Spiel um die Gewinnung größerer Präsidialmacht einen anständigen Parteipolitiker und Parlamentarier, der tatsächlich voller Sorgen über das fiskalische Dilemma des Reiches war, auf die Leimrute des Art. 48 WRV locken.[366] Das Betreten dieses Weges musste für den Fraktionsvorsitzenden des Zentrums letztlich doch attraktiv gewesen sein. Das galt zum einen, weil man auch *Heinrich Brüning* nicht ein gewisses Maß an persönlichem Ehrgeiz absprechen konnte, zum anderen war das Angebot für ihn aber auch verlockend, wenn man die inzwischen reichlich verkantete Interessenlage im Hinblick auf einen Ausgleich des Reichshaushalts betrachtet.

Die Annahme, dass die Koalition unter dem sozialdemokratischen Reichskanzler *Müller* letztlich über einen Viertelprozentpunkt des Beitrags zur Arbeitslosenversicherung gescheitert sei, macht die Sache zu einfach. An irgendeinem Punkt mussten die divergierenden Interessen aneinander abprallen, aber das politische Drehbuch unterwarf sich nicht an der Logik von Sachzwängen. Gewiss: die Arbeitslosenversicherung war ein politisches Problem erster Ordnung. Die ja noch sehr neu eingeführte Versicherung, mit der erst seit 1927 bestehenden Reichsanstalt für Arbeitsvermittlung und Arbeitslosenversicherung hatte bereits in ruhigeren Jahren ein Defizit erwirtschaftet und benötigte nun angesichts der anschwellenden Arbeitslosenzahlen ganz erhebliche Staatszuweisungen, wenn man nicht negative Effekte einer erheblichen Beitragserhöhung oder die Verelendung der Erwerbslosen in Kauf nehmen wollte (wobei beides in Zukunft dann doch noch erforderlich sein sollte). Die SPD, das Elend der Erwerbslosen vor Augen, wollte keine substantiellen Leistungskürzungen, dann lieber die Erhöhung der Beiträge, aber das wurde von der Wirtschaft im Hinblick auf ihre Wettbewerbsfähigkeit und deshalb auch von ihrem verlängerten Arm der Deutschen Volkspartei bekämpft.[367]

Allerdings ist es regelmäßig so, dass im politischen Raum ein Kompromiss gefunden wird. Wenn ein Kompromiss gefunden werden soll, dann müssen Interessen überwindbar gemacht werden; er wird nicht gefunden, wenn die Interessen von einer Seite, die den Kompromiss gerade nicht will, als unüberwindbar dargestellt werden. Das fein gesponnene Intrigenspiel, aus dem Reichspräsidentenpalais stammend, die Gespräche des Reichspräsidenten und die Sondierungen *Schleichers* hatten längst eine Götterdämmerung über die letzte parlamentarische Koalitionsregierung anbrechen lassen: Man „wusste", die Tage der Regierung Müller sind gezählt und der Kampf um den Kompromiss war für den einen oder anderen bereits ein Schauspiel auf der Bühne der öffentlichen Meinung, wer den schwarzen Peter des Koalitionsbruchs am Schluss des Tages in Händen halten soll.

Wer den Widerstand der SPD gegen den das Problem letztlich verschiebenden Kompromissvorschlag *Brünings* zur Arbeitslosenversicherung richtig würdigen will, muss gerade auch den maßgeblich vom Reichspräsidenten verursachten Kontext eines gewünschten Regierungswechsels oder den von vorgezogenen Neuwahlen würdigen:

> *„Müller meinte später gegenüber Brüning, die SPD-Fraktion habe unter anderem deshalb gegen die Erhöhung der Arbeitslosenversicherungsbeiträge gestimmt, weil sie geglaubt hätte, dass die Regierung angesichts der bekannt gewordenen Intrigen und Gerüchte nach der Annahme der unpopulären Gesetze in jedem Fall gestürzt und der Reichstag aufgelöst werde. Die Anzeichen, dass starke Kräfte in der Umgebung des Reichspräsidenten die SPD aus der Regierung drängen wollten, war nicht zu übersehen."*[368]

Ganz so vorentschieden mag die Sache nicht gewesen sein, denn auch der Reichsverband der Deutschen Industrie hatte vorher darauf gedrängt, die Regierung Müller mit wirtschaftlich-finanziellen Notverordnungen über Wasser zu halten, aber auf Intervention *Schleichers* und im Einverständnis mit *Groener* wurde auf eine Unterstützung *Müllers* verzichtet[369]: Für diese beiden Akteure der Reichswehr war offenbar eine vom Reichspräsidenten abhängige Regierung Müller nur der Spatz in der Hand, während zu diesem Zeitpunkt bereits eine Reichsregierung Brüning eine durchaus in erreichbarer Nähe befindliche Taube war.

Letztlich waren der Sturz *Müllers* und das sanfte, in der Öffentlichkeit kaschierte Hinausdrängen der SPD aus der Reichsregierung vom Reichspräsidenten selbst seit längerem intendiert und zumindest von *Groener, Schleicher* und *Meissner* von langer Hand seit Frühjahr 1929 betrieben worden. Selbst der Streitpunkt der Arbeitslosenversicherungsbeiträge klingt bereits in einem Brief vom 28. August 1929 an, also mehr als ein halbes Jahr vor der politisch entscheidenden Virulenz des Themas. In diesem Brief von *Schleicher* an den ehemaligen Reichswehrminister *Geßler* heißt es:

> *„Die wirklichen Kämpfe innerhalb der Koalition werden aber erst bei der Frage der Lastenverteilung und Arbeitslosenreform entbrennen. Ob die S.P.D. dann bei der Stange bleiben wird, lässt sich, namentlich beim Fehlen von Hermann Müller, nicht mit Sicherheit voraussagen."*[370]

Es spricht viel dafür, das Zerbrechen der Regierung *Müller* nicht allein oder auch nur überwiegend der parteipolitisch verkanteten Interessenlage und dem großen Räderwerk objektiver Zwänge in der Weltwirtschaftskrise zuzuschreiben. Es war nicht die Unfähigkeit und der aus der Sache heraus bestehende Unwillen der DVP, der SPD entgegenzukommen oder umgekehrt die ungeschickte Position der SPD, keine Verknüpfung von Außenpolitik (im Hinblick auf Zustimmung zum Young-Plan) und Innenpolitik (Thema Steuersenkung oder Arbeitslosenversicherungsreform) vorzunehmen.[371] Das alles spielte eine Rolle und es ist nicht ohne Bedeutung. Mit der rasante Fahrt aufnehmenden Wirtschafts- und Finanzkrise wurden Kompromisse und ausgleichende Lösungen immer schwieriger, während das politische Meinungsklima sich aufheizte und Parteien weniger Manövrierspielraum für Konzessionen an das andere Lager besaßen. Aber der vielleicht eigentliche Grund, die Quelle destruktiver Dynamik, lag bei der Präsidialmacht, bei den Plänen *Schleichers*. Die Volkspartei machte weiter ihre politischen Fehler, sie war von *Hindenburg* eingespannt, *Müller* zu Fall zu bringen. Der rechte Flügel der DVP taktierte zwischen Einflüsterungen des RDI und denen *Schleichers*. Diese innenpolitisch gelinde gesagt ambivalente Partei stand in engem Kontakt mit dem Reichspräsidenten, der im Januar 1930 bereits Gespräche mit der DNVP über eine Regierungsbeteiligung geführt hatte.[372] Die DVP war zuerst dem Drehbuch entsprechend sperrig, was die Erhöhung der Beiträge zur Arbeitslosenversicherung anging, um dann (als der Regierungswechsel klar war) wieder kompromissbereit zu werden, vermutlich, damit sie sich gegenüber der Öffentlichkeit von der Verantwortung für den Koalitionsbruch freihalten konnte.

Man wusste eben, was gespielt wird, und billigte auf der politischen Rechten die Richtung, in die der Reichspräsident wollte. Und weil die SPD vielleicht etwas weniger genau, aber doch hinreichend dasselbe wusste, musste sie bereits auch im Hinblick auf eine mögliche Auflösung des Reichstags im Falle einer präsidialen Minderheitsregierung die Zustimmung ihrer Wähler stärker im Auge behalten, als dies im Falle eines fortgesetzten konstruktiven Koalitionsklimas der Fall hätte sein müssen.

Die Hütchenspieler zur Entmachtung von Parlament und Parteien saßen im Reichspräsidentenpalais, während den Bürgern vorgegaukelt wurde, hier residiere die Instanz, die allein das Gemeinwohl über all dem egoistischen Parteiengezänk im Auge habe. Während *Hindenburg* seine Aura als sorgender Vater der Nation kultivierte, hatte schon seit längerem vor 1930 der von ihm beauftragte *Kurt von Schleicher* die Pläne zur Umwandlung des Systems in eine präsidiale Autokratie mit der ihm zuarbeitenden Wehrmachtabteilung im Reichswehrministerium verfolgt, die sich externer juristischer Berater bediente, „unter denen vor allem der Berliner Staatsrechtslehrer *Carl Schmitt* hervorragte."[373]

Mit dem ihm eigenen politisch-juristischen Dezisionismus wurde die Verfassung so „interpretiert", dass aus der Zentralität des Reichstages Peripherie wurde. Bei *Carl Schmitt* war diese substanzverändernde Interpretationsmethode seit seiner Abhandlung über die sogenannte Diktaturgewalt des Präsidenten offenbar geworden. Das intellektuelle Aufpumpen einer nach allen juristischen Interpretationsmethoden restriktiv zu verstehenden Notkompetenz diente dem Zweck, der herrschenden Auslegung des Art. 48 WRV die Lesart des „konstitutionellen Staatsstreichs" entgegenzusetzen. Für *Carl Schmitt* ist der Ausnahmezustand eben nicht der restriktiv zu behandelnde Grenzfall, sondern – wie die Weltkriegserfahrung des Frontsoldaten – die eigentliche Entstehungstatsache, die Urerfahrung politischer Identitätsbildung. Die Geistesverwandtschaft von *Carl Schmitt* und *Ernst Jünger* ist erkennbar. Im Ausnahmezustand gelten nicht die Regeln der Gewaltenteilung: Alle Macht fließt in einer Hand zusammen, steht über der regelhaften alltäglichen Verfassungsordnung, gerade dann, wenn es sie zu schützen gilt. Wenn dann der Reichspräsident bei *Schmitt* mit seiner direktdemokratischen Legitimation zum Hüter der Verfassung gemacht wird, so fließt daraus letztlich die Rechtfertigung einer präsidialen Diktatur als Substanz der Verfassungsordnung unter der Sachlage der Not.[374]

> *„Dass der Reichspräsident der Hüter der Verfassung ist, entspricht aber auch allein dem demokratischen Prinzip, auf welchem die Weimarer Verfassung beruht. Der Reichspräsident wird vom ganzen deutschen Volk gewählt, und seine politischen Befugnisse gegenüber den gesetzgebenden Instanzen (insbesondere Auflösung des Reichstags und Herbeiführung eines Volksentscheids) sind der Sache nach nur ein ,Appell an das Volk'. Dadurch, dass sie den Reichspräsidenten zum Mittelpunkt eines Systems plebiszitärer wie auch parteipolitisch neutraler Einrichtungen und Befugnisse macht, sucht die geltende Reichsverfassung gerade aus demokratischen Prinzipien heraus ein Gegengewicht gegen den Pluralismus sozialer und wirtschaftlicher Machtgruppen zu bilden und die Einheit des Volkes als eines politischen Ganzen zu wahren."*[375]

Hier zeigt sich, wie die staatsrechtliche Legitimierung der präsidialen Verfassungsumdeutung mit Zügen eines iterativen Staatsstreichs aussieht, der bei Lichte betrachtet weniger eine Reaktion auf die Krise ist. Stattdessen handelt es sich um eine politische Linie, die die Krise braucht und sich aus der Krise zu nähren sucht. Die Behauptung *Schmitts*, der Reichspräsident sei nicht nur gewaltenteiliger Komplementär des Reichtages (was zutreffend ist), sondern er stünde auch für ein anderes, letztlich existenziell wichtigeres, deshalb überlegenes demokratisches

Wirkprinzip als das der pluralistischen Gesellschaft, nämlich für eine von der Verfassung angeblich gewollte substantielle Einheit der Nation – das war der Denkart *Hindenburgs* und des nationalkonservativen Lagers geschuldet, aber nicht die Idee der Schöpfer der Weimarer Verfassung. Es war nicht die Denkart des Liberalen *Hugo Preuß*, nicht die eines *Friedrich Ebert* oder *Max Weber* und nicht die der Nationalversammlung. Für den Staatsrechtslehrer *Rudolf Smend* war der plurale Prozess der diskursiven öffentlichen Meinungsbildung die eigentliche Substanz des Staates, dem die Verfassung seine Form und seinen sachlichen Gehalt verleiht. Der Staat war für *Smend* nicht irgendetwas metaphysisch vor oder über der pluralen Willensbildung Liegendes.[376]

Zugleich zeigt die Phase des Übergangs von einer mehrheitsgetragenen parlamentarischen Koalitionsregierung zu einer Präsidialregierung ohne parlamentarische Mehrheit in Abhängigkeit von der angemaßten Richtlinienkompetenz des Reichspräsidenten noch etwas anderes. Wenn schon in Phasen relativer Stabilität die Angriffe von Funktionseliten auf das institutionelle Regelsystem einer politischen Herrschaftsordnung nicht abnehmen, sondern sich intensivieren, und wenn diese Tendenzen in einem so bedeutsamen Verfassungsorgan wie dem Amt des Reichspräsidenten eine Projektionsfläche und einen Kristallisationspunkt finden, dann muss die Verfassungsordnung mit einer gewissen Zwangsläufigkeit im Fall einer erheblichen Systembelastung in eine Existenzkrise geraten.

Das geistige Klima der Zeit zeigte starke Tendenzen zu einer Diagnose dahingehend, dass eine internationale Krise des Liberalismus, der Marktwirtschaft und der parlamentarischen Demokratie bestünde.[377] Insofern spielten die Abwendung der Funktionseliten Weimars[378], das Liebäugeln mit russischen oder italienischen Diktaturmodellen und die Agenda des Reichspräsidenten zusammen und verstärkten sich wechselseitig bei der Erzeugung des Klimas eines angeblich notwendigen Systemwechsels. Entwicklungen im öffentlichen Prägeraum von links und rechts auf der einen Seite und personelle Fehlbesetzungen im Institutionensystem Weimars auf der anderen Seite spielten sich die Bälle zu.

2. Regierung Brüning: der letzte seriöse Kanzler

„Am Vormittag des 28. März 1930 beauftragte Reichspräsident von Hindenburg den 44-jährigen Reichstagsabgeordneten Dr. Heinrich Brüning mit der Bildung eines Kabinetts ohne koalitionsmäßige Bindung. Eine solche Bindung hielt das Staatsoberhaupt nicht für ‚zweckmäßig‘, um die künftigen politischen Aufgaben im Zeichen der Wirtschaftskrise zu lösen."[379]

Mit der Regierung Brüning hatte der hochkonservative, in seiner Grundgestimmtheit reaktionäre Präsident *Hindenburg* nur oberflächlich gesehen einen Wunschkandidaten durchgesetzt. Er hatte zweifellos sein politisches Ziel erreicht, die SPD möglichst dauerhaft aus der Regierungsverantwortung fernzuhalten und seine eigene Machtposition zu stärken – was womöglich noch ein Euphemismus ist. Denn der gut informierte, der jeweils bestimmenden Machttendenz sich gefällig anschmiegende Staatssekretär *Otto Meissner* sagte im März 1930 zu seinem Vertrauensmann *Schleicher*: „Das ist die erste Etappe zu *Ihrer* Lösung! Das ist auch die Unterlage zum besten was wir haben können, zum Führertum ‚Hindenburg‘."[380]

Doch der neue Reichskanzler konnte zunächst und – wie sich später zeigen sollte – auch auf Dauer nicht der ideale Kandidat *Hindenburgs* sein, denn *Brüning* versuchte auch unter diesen prekären Bedingungen parlamentarisch zu regieren. Er blieb nominell Fraktionsvorsitzender, er blieb innerlich Parteipolitiker und blickte auf den Reichstag, von dem er sich, wenn auch keine Koalitionsgrundlage, so doch eine Tolerierung seiner von ihm für vernünftig gehaltenen Politik erhoffte. Es spricht einiges dafür, dass für *Hindenburg*, jedenfalls aber für *Schleicher*, der neue Kanzler nur ein nützliches Instrument des Übergangs war, bis man endlich die wirklichen Vertrauensleute des Reichspräsidenten in das Amt des Reichskanzlers bringen konnte. Insofern ist nicht die Entlassung *Brünings* 1932 die Überraschung, sondern sein relativ langes Verbleiben im Amt.

Brüning musste jedenfalls bei Amtsantritt rasch feststellen, wie die verfassungsrechtliche Achsenverschiebung der Reichsregierung weg vom Reichstag und den politischen Parteien hin zum Reichspräsidenten wirkte, und zwar gegen den Kanzler, der von Verfassungs wegen die politische Richtlinienkompetenz besaß. Denn *Hindenburg* wollte nun auch seine Minister im Kabinett sehen und nahm schon damit dem neuen Reichskanzler Verhandlungsmöglichkeiten mit den Parteien, insbesondere mit der SPD, die etwa einen Landwirtschafts- oder

Ernährungsminister *Schiele* oder jemanden wie den Minister für die besetzten Gebiete (bis Juni 1930) *Treviranus* nicht akzeptieren konnte. *Treviranus* wurde von der SPD nicht ohne Grund verdächtigt, ein Vertrauter des Reichspräsidenten und ein Drahtzieher des Übergangs zu einem von *Hindenburg* gelenkten Präsidialkabinett zu sein.[381]

Es wird regelmäßig und mit Grund darauf hingewiesen, dass *Brüning* abhängig von der Gunst *Hindenburgs* war, aber *Hindenburg* war auch objektiv abhängig, wenngleich er das selbst anders und leichtfertiger eingeschätzt haben mag, von der politischen Fortune seines Kanzlers. *Heinrich Brüning* war kein *Stresemann*, der spät, allzu spät immerhin die Gefahren der Zeit erkannt hatte. Sein Ziel war vor allem die Beseitigung der Reparationslast und die Stabilisierung des Haushalts, weil er danach erst die fiskalische und innenpolitische Handlungsfreiheit eröffnet sah, um eine mittelfristig auf anderen Feldern überzeugende Politik machen zu können.

Man macht sich heute kein rechtes Bild von den Verwerfungen der deutschen Innenpolitik nach 1930 unter dem Druck der Ereignisse der Weltwirtschaftskrise. Obwohl sich die führenden Politiker permanent mit der Krise insbesondere unter fiskalischen Gesichtspunkten auseinanderzusetzen hatten, waren sie doch von dem Furor der Meinungsbildung, von der Verzweiflung der Landbevölkerung und der Erwerbslosen, von dem Hass der Agitatoren von links und rechts einigermaßen weit entfernt. Am Rande welch eines aktiven Vulkans sie eigentlich agierten, blieb auch Politikern wie *Heinrich Brüning* vermutlich verborgen. Wenn die These stimmt, dass die eigentliche politische Energiezufuhr und Dynamik aus dem ideell-kommunikativen Prägeraum des Politischen stammt und dabei auf reale Ereignisse und Handlungszwänge nur vermittelt, mitunter auch gar nicht reagiert wird, dann war *Brüning* jemand, der das nicht hinreichend verstanden hatte. Denn er dachte, Politik sei Lösung von Sachproblemen, während seine eigentliche Gegenkraft, die Hitler-Partei, vom genauen Gegenteil überzeugt war, nämlich dass jedes Sachproblem nur Baustein für die Errichtung ihrer Weltanschauungsdiktatur war, die dann alle bürgerlichen Sachprobleme mit einem großen Eroberungskrieg zu lösen gedachte. Der glühende Glaube an eine letztlich diffus gehaltene Sache und der fanatische Wille waren das Zentrum der massenwirksamen Autosuggestion der Hitlerbewegung. Es ging nie um eine zu verhandelnde Sache, sondern um die totale Macht. *Brüning* dagegen war der letzte Politiker von Format, den die Republik aufzubieten hatte, um das Land zu lenken und den Extremisten den Weg zur Macht zu verlegen. Aber der große Politiker ist immer einer, der die drängenden Probleme der Zeit so anpackt, der sie so löst, dass dabei zugleich Zustimmung, Gemeinschaftsdynamik, Loyalität für ihn selbst generiert werden. Diesen politischen Konnex hat *Brüning* nicht verstanden, weil er nur Probleme lösen wollte und dabei in die Dynamik desjenigen geriet, der gar kein Problem lösen wollte, sondern nur auf die ganze Macht aus war.

IV. Auflösung des Reichstags und Aufstieg der NSDAP

1. Warum erfolgte die Neuwahl des Reichstages am 18. September 1930?

Der springende Punkt des ersten Kabinetts *Brüning* lag darin, dass eine Regierung ohne stabile Mehrheit im Parlament regelmäßig nicht auf eine Zustimmung bei Gesetzesvorhaben hoffen konnte. Mit dem recht weit ausgelegten Art. 48 WRV konnte der Reichspräsident hier durch Ausübung seines Notverordnungsrechts gesetzesvertretende Verordnungen erlassen, die der Reichstag wieder aufheben konnte. Dazu musste er allerdings eine Mehrheit bilden, die bei divergierenden parteipolitischen Interessen in einem noch überwiegend von bürgerlichen Parteien besetzten Reichstag ohne die spätere destruktive Radikalität totalitärer Parteien durchaus zu einer pragmatischen Abwägung im Einzelfall fähig gewesen wäre. Davon abgesehen schwebte aber auch immer das Damoklesschwert des Misstrauensvotums über der Minderheitsregierung. Auch ohne Bezug zur Gesetzgebung konnte eine Mehrheit des Reichstages einzelnen Ministern und vor allem dem Reichskanzler das Misstrauen aussprechen – mit der zwingenden Rechtsfolge des Rücktritts. Beide Handlungsmöglichkeiten, sowohl das Verlangen zur Aufhebung einer Notverordnung durch den Reichstag als auch und erst recht ein Misstrauensvotum gegen den vom Reichspräsidenten ernannten Reichskanzler waren ein Fehdehandschuh, der letztlich dem Reichspräsidenten hingeworfen wurde und den dieser mit der Auflösung des Reichstags aufnehmen und beantworten konnte. Vor diesem Hintergrund versuchte der neue Reichskanzler *Brüning* zunächst, diese Eskalation zu vermeiden und informelle Absprachen mit der SPD zu treffen. Das entsprach naturgemäß nicht den Zielen *Hindenburgs*, der deshalb solche Kompromisse schroff ablehnte.[382]

Dem in der Tendenz antiparlamentarisch eingestellten Reichspräsidenten missfiel vermutlich auch, dass *Brüning* durch Unterstützung eines Teils der Deutschnationalen – und auch hier wieder gegen die Intention *Hugenbergs*, der längst an andere, größere, letztlich wiederum verfassungstransformierende

Rechtsverschiebungen dachte – es im Reichstag zunächst in den ersten drei Monaten seiner Kanzlerschaft schaffte, knappe Mehrheiten zu finden. Doch „endlich" im Juli 1930 wurde eine Deckungsvorlage der Reichsregierung im Steuerausschuss des Reichstages abgelehnt und der Reichspräsident konnte das tun, worauf er gewartet hatte: Am 16. Juli erklärte er, er habe dem Reichskanzler die Vollmacht gegeben, das Deckungsprogramm aufgrund des Art. 48 WRV in Kraft zu setzen, wenn seine parlamentarische Verabschiedung scheitern sollte. Und er verband diese Ankündigung mit der Drohung, den Reichstag aufzulösen, falls dieser die Aufhebung der erlassenen Notverordnungen beschließen oder dem Kanzler das Misstrauen aussprechen sollte.[383]

Spätestens an dieser Stelle wurde deutlich, worauf *Hindenburgs* Präsidentialismus zumindest kurzfristig zielte: Er wollte einen Reichskanzler, der ihm nahe stand und der von seinem Notverordnungsrecht abhängig war, den aber die politische Linke im Reichstag nicht stürzen konnte, weil sie ohne die bürgerlichen Parteien und ohne die DNVP keine Mehrheit zur Aufhebung der Notverordnungen oder zum Misstrauensantrag zusammenbrächte. Das setzte allerdings voraus, dass die Deutschnationalen hier dann auch „ihrem" Reichspräsidenten folgten, was der radikale *Hugenberg* aber *Hindenburg* nicht zusagen wollte oder jedenfalls mit unannehmbaren Forderungen verband.[384] So kam es, wie es kommen musste. Als der Antrag zur Aufhebung von Notverordnungen des Reichspräsidenten im Reichstag am 18. Juli 1930 zur Abstimmung stand, nahm ihn der Reichstag mit 236 gegen 222 Stimmen an. 32 Mitglieder der DNVP-Fraktion hatten dem von der SPD eingebrachten Antrag zugestimmt und nur 25 von ihnen hatten – wie eigentlich für die ganze Fraktion vom Reichspräsidenten erhofft – gegen den Aufhebungsantrag votiert.[385] *Hindenburg* hatte in seiner rechtsnationalen Einheitsvision die Wirklichkeit übersehen. Die radikale Rechte, und das war zu diesem Zeitpunkt gemessen am Einfluss mehr *Hugenberg* als *Hitler*, wollte keine Hindenburg-Regierung unter *Brünings* Kanzlerschaft, die lediglich den Reichstag auf Distanz hielt. Sie wollte bereits mehr. *Hugenberg* wollte über die Brücke des eitel-charismatischen *Hindenburg* hin in den autoritären oder diktatorischen Umbau der gesamten Verfassungsordnung. Der national einheitsselige, trotz einiger taktischer Raffinesse politisch eben doch dilettierende Präsident konnte solche radikalen „Verbündeten" deshalb mit der Drohung der Reichstagsauflösung nicht schrecken, weil *Hugenberg* – ein weiterer Fall von ziemlich klar zutage liegender politischer Minderbegabung in Kombination mit einem gewissen konstitutionellen Zerstörungswillen in der Tradition der Alldeutschen – glaubte, die DNVP würde im radikalisierten Klima einer vorgezogenen Reichstagswahl profitieren, wobei er die Gefahr, von der NSDAP weit überflügelt zu werden, offenbar nicht hinreichend kalkulierte.

Rechtlich war die Verwandlung eines vom Reichstag bereits abgelehnten Gesetzentwurfs in eine Notverordnung verfassungswidrig, weil die Verfassung keinen Zweifel daran ließ, dass der Reichstag das entscheidende Wort bei der Gesetzgebung besaß. Der demzufolge geradezu notwendige Antrag der SPD-Fraktion vom 18. Juli, *Hindenburgs* Notverordnungen nach Art. 48 Abs. 3 WRV aufzuheben, wurde vom Parlament mit einer indes zweifelhaften Kombination von Stimmen der SPD, KPD, NSDAP und auch hierbei gespaltener DNVP angenommen. Der Reichspräsident löste nach Art. 25 WRV den Reichstag auf, die Auflösungsorder hatte der Reichskanzler auch bereits dabei. Die Notverordnungen wurden in einer veränderten, verschärften Fassung wieder in Kraft gesetzt. Bis zur angesetzten Neuwahl nach 60 Tagen konnte jetzt mit Notverordnungen unbehelligt regiert werden, weil der Reichstag nach seiner Auflösung inexistent war.

Vor *Hindenburg* tat sich jetzt aber die verfassungsmäßige Falle auf, dass eine Präsidialmacht, die einerseits regieren, aber andererseits jedenfalls den Buchstaben der Verfassung folgen wollte, deren Vorgaben nicht entgehen konnte. Die Verfassung von Weimar hatte den Reichspräsidenten stark, vielleicht allzu stark gemacht, um an der Seite und zur Kontrolle des Reichstags einen zweiten Stabilitätsanker für Demokratie und Volkssouveränität an Bord zu nehmen. Aber das Staatsoberhaupt sollte eben nicht nach US-amerikanischem Vorbild selbst regieren und vor allem nicht – das sah auch das amerikanische System nicht vor – das Gewaltenteilungssystem dadurch aushebeln, dass er selbst anstelle des Parlaments Gesetze erließ.

Bei Lichte betrachtet war das Notverordnungsrecht nach Art. 48 WRV auch gar nicht das von der Verfassung geschaffene Instrument, um im Regierungsalltag die Gesetzgebung zur Exekutive ziehen zu können. Die Ermächtigung des Reichspräsidenten war lediglich eine Art polizeiliche Generalklausel, um im Fall der inneren Unruhen, des Umsturzes oder des föderalen Zerfalls des Reiches eine Eilkompetenz in die Hände desjenigen Verfassungsorgans zu legen, das rasch handeln konnte und mit dem Oberbefehl über die Reichswehr auch über das nötige Instrumentarium in der Zuständigkeitsordnung verfügte.[386] Dass mit gesetzesersetzenden Notverordnungen über einen längeren Zeitraum regiert wird, entsprach weder dem Sinn, noch dem Zweck von Art. 48 WRV. Das Aufhebungsrecht des Reichstages machte zudem unzweideutig klar, dass mit dem Notverordnungsrecht nicht die gewaltenteilige Balance zur Disposition gestellt werden sollte.

Die Falle für den Präsidenten, der zuerst „seinen" Reichskanzler und „seine" Reichsregierung nach eigenem Gutdünken bestimmt und ihr dann mit „seinem"

Notverordnungsrecht den Weg zum Regieren gegen den Willen der Mehrheit des Reichstags erlaubte, bestand eben darin, dass er am Ende des Tages den Reichstag nicht nur auflösen konnte, sondern mangels Tolerierungsbereitschaft auch auflösen musste und dann nach der Wahl wieder einen neuen Reichstag vorfand, der keineswegs besser im Sinne der Intentionen des Reichspräsidenten sein musste als der soeben aufgelöste. Wie oft konnte der Reichspräsident dieses Spiel wohl spielen, ohne seine Waffen stumpf zu machen und angesichts einer dramatischen wirtschaftlichen und fiskalischen Krisenentwicklung mit immer neuen Wahlkämpfen eine immer stärkere Spaltung und Radikalisierung der Gesellschaft heraufzubeschwören? Und was machte das mit einem Mann ohne Weitsicht und ohne das erforderliche politisches Talent, der in der Burgfriedens-rhetorik des Weltkriegs gefangen war und sich nach nationaler Einheit sehnte?

Das alte Leiden des Kaiserreichs bestand darin, dass Deutschland ein gewalti-ger wirtschaftlicher und wissenschaftlich-technischer Körper war, eine Nation mit immensen Kräften, aber mit dem zu klein geratenen politischen Kopf eines Dinosauriers. Dieses Leiden setzte sich in Weimar fort und verschärfte sich, als die Kräfte abnahmen und auch der Kopf noch kleiner wurde. Die Borniertheit der Elite, insbesondere der rechtsnationalen Exponenten in Reichswehr und Wirtschaft, ihre fehlende Begabung, im Stile eines *Bismarcks* politischen und strategischen Überblick zu behalten, macht Fragen nach der Reife der politi-schen Kultur der Deutschen unabweisbar, die nicht allein und noch nicht einmal maßgeblich mit dem Institutionendesign der Verfassung zu beantworten sind.

2. Der erste Triumph der Nazipartei

Für einen zeitgenössischen Beobachter musste die NSDAP, die Hitler-Partei, bis 1929 als ein ferner liegendes Problem des extremistischen Randes gelten. *Hitler* war national bekannt geworden durch seinen Putsch von 1923, der ihn immerhin an der Seite *Ludendorffs* zeigte und ihm eine allzu milde Festungshaft eingetragen hatte. *Hitler* und seine Partei standen am äußersten rechten Rand mit einer Ideologie von aus dem späten 19. Jahrhundert stammenden Versatz-stücken eines hypertrophen völkischen Nationalismus und Antisemitismus, angereichert mit der Stahlgewittererfahrung des Weltkrieges, die mit sozialdar-winistischen Anleihen in einen rassisch-völkischen Existenzkampf umgedeutet wurde. Vielleicht nicht an klinischen Maßstäben, aber jedenfalls an alltäglichen Erfahrungswerten gemessen, hatte *Hitler* viel von einem Psychopathen. Seine narzisstische Persönlichkeitsstruktur war komplett auf sich bezogen, eine stets präsente Mischung aus Inferioritäts- und Superioritätsgefühlen, verbunden mit aggressivem Hass, der nicht die Fähigkeit ausschloss, seine Umgebung, sein Gegenüber instinktiv in seinen Schwächen zu erkennen und für sich zu instrumentalisieren. Auf viele in seiner bürgerlichen Umgebung wirkte er wie ein fremdartiges Wesen, rechthaberisch, unkultiviert, ein wenig animalisch, verklemmt und gehemmt im persönlichen Umgang, aber ein explosiver Vulkan, wenn er mit heiserer Stimme vor Massen sprach und hier ein nicht unbeträchtliches schauspielerisches Talent offenbarte.[387] Die rechtsnationale Elite von *Hugenberg* über *Schleicher, Hindenburg, Papen, Schacht* bis zu *Brüning* schauten auf diesen Emporkömmling wie auf ein seltsames Geschöpf, schlossen aus seiner linkischen Art im persönlichen Umgang, die sich zudem, wenn nötig, auf den Gesprächspartner vollständig einzustellen wusste, man habe es hier zwar möglicherweise mit einer rednerischen Naturgewalt zu tun, die man aber in ihren Kreisen benutzen und lenken könne. Sie, die alten, insgesamt unfähigen Eliten waren herablassend, kalkulierten den Wert des sozialen Parvenüs in ihren Machtspielen.

Aber selbst das galt eigentlich nicht vor der Reichstagswahl am 14. September 1930. *Hitler* war bis dahin allenfalls ein Ärgernis oder ein bizarres Ereignis am äußersten politisch rechten Rand.[388] Die SPD allerdings hatte im Wahlkampf bereits auf die Nazipartei gezielt („Gegen Bürgerblock und Hakenkreuz"), weil sie den wachsenden Erfolg der NSDAP in den Ländern registrierte. Es erschien Sozialdemokraten auch nicht ausgeschlossen, dass eine jung und dynamisch auftretende rechtsextreme Partei, die sich Arbeiterpartei und sozialistisch nannte, mit ihren roten Fahnen, deren weiss-schwarze Innereien vielleicht gar nicht jedem sofort auffielen, auch der SPD Stimmen abnehmen könnte. Der politischen Linken war es zudem nicht verborgen geblieben, wie der ehemalige radikale Sozialist *Benito Mussolini* mit seiner faschistischen Bewegung im Handstreich Italien erobert hatte.

Die renommierte Frankfurter Zeitung hatte natürlich recht, wenn sie den Sohn eines kleinen oberösterreichischen Zollbeamten als einen gefährlichen Tor ansah, der zu seinem „Spleen" gekommen war, weil er „die Kriegsideologie vollkommen wörtlich genommen und sie fast so primitiv aufgefaßt" habe, „als ob man in der Völkerwanderungszeit lebte".[389] In der Tat wirkte die in „Mein Kampf" angeschlagene Redeweise vom „ewigen Germanenzug nach Westen", als hätte hier ein seltsamer politischer Atavismus die moderne Bühne betreten. Die eigentliche Gefahr bestand jedoch darin, dass *Hitler* und *Goebbels* die Wirkungsbedingungen des öffentlichen Prägeraums, die Möglichkeiten moderner Propaganda und die Formensprache der Massenkultur um Längen besser verstanden, als die gesamten bürgerlichen und rechtsnationalen Eliten des Reiches einschließlich des Medienzars *Alfred Hugenberg* zusammengenommen. Der von

Goebbels organisierte Propagandaapparat, die jugendliche Anhängerschaft der Partei, ihre die Gewalttätigkeit absichtsvoll betonende „animalische" Kraft, die Wiederholung einfachster Parolen und ihre pararreligiöse Führerverehrung: All das wirkte im einschlägig vorgeprägten öffentlichen Meinungsraum und unter den brandbeschleunigenden Bedingungen einer wirtschaftlich verheerenden Krise auf eine für viele völlig unvorhergesehene Weise.

Die von *Hindenburg* und dem Schleichernetzwerk kurzsichtig herbeigeführte Neuwahl machte die Hitler-Partei auf einen Schlag zu einem wichtigen, womöglich zentralen Machtfaktor der deutschen Innenpolitik. Noch schlimmer war, dass mit dem machtinstinktiven Hasardspieler *Hitler* ein Raubtier in die Herde genügsamer Pflanzenfresser einbrach, die sich wie *Schleicher*, *Hugenberg* oder *Papen* selbst für Raubtiere hielten, obwohl dieses Selbstbild dem gangsterhaft taxierenden Blick *Hitlers* nicht eine Sekunde standhielt.

3. Machtproportionen nach der Septemberwahl und taktische Erwägungen

Rein rechnerisch betrachtet hatte der präsidiale Kurs mit der Septemberwahl eine Schlappe erlitten, schon weil die deutlich geschwächte DNVP, die bei der Wahl halbiert wurde und nur noch 7% der Stimmen auf sich vereinigte, immer noch nicht bereit war, *Brüning* mit zu tragen. Die SPD blieb zwar stärkste Partei, verlor aber mit nunmehr nur noch 24,5% der Stimmen über 5 Prozentpunkte an Zustimmung im Vergleich zu 1928, während die von links konkurrierende KPD 2,5 Prozentpunkte hinzugewann, so auf immerhin 13,1% der abgegebenen Stimmen kam und damit stärker wurde als das Zentrum mit 11,8% – die Kanzlerpartei, die nur durch Addition mit den Stimmen für die BVP etwas respektablere 14,8% der abgegebenen Stimmen erreichte. Rechter und linker Liberalismus, der im 19. Jahrhundert so wirkmächtig war, nahm weiter ab – sowohl die DVP als auch die Staatspartei (DDP) blieben mit nur noch 4,5% und 3,8% der Stimmen im Reichstag vertreten. *Nota bene* wären beide Parteien bei einer Fünf-Prozent-Sperrklausel, die angeblich Weimar gerettet hätte, ohne Mandat geblieben.

Die eigentliche Sensation jedoch und unmittelbarer Anlass für internationale Beunruhigung war der Zugewinn der NSDAP um ganze 15,7 Prozentpunkte der Stimmen auf nunmehr 18,3% der Stimmen. Damit war die NSDAP die zweitstärkste Partei mit 107 Mandaten und bereits für kommende Wahlen auf Sichtweite an die SPD als traditionell stärkste Partei herangekommen. Das Selbstbewusstsein der Nazipartei überschlug sich bis zur Hybris; *Hitler* sah für sich das Kanzleramt keineswegs als Fernziel, sondern eigentlich schon jetzt logisch auf sich zulaufend als Führer der größten Rechtsfraktion, als Parteiführer der „nationalen Einheit". Er hatte die präsidiale Einheitsduselei und nationale Rechtsverschiebung als seine Morgenluft gewittert und sah sich jetzt als Tribun und Führer der nationalen Rechten.

Der Obstruktionsanteil des Reichstages war auf bedenkliche 38,4 % gestiegen, wenn man die Stimmen der NSDAP, der KPD und auch die der Hugenberg-DNVP zusammenrechnet, also jener Parteien, die deshalb nicht konstruktiv in einer Koalition oder an ihrer Tolerierung mitarbeiten wollten, weil sie auf einen Systemwechsel, also zurückhaltend ausgedrückt auf die Veränderung des Verfassungsrahmens zielten. Die bürgerliche Mitte ohne die SPD war auch mit ohnehin nur theoretischer Unterstützung der geschwächten Deutschnationalen jetzt nicht mehr mehrheitsfähig. Die Zersplitterung der Parteien spielte nur eine gewisse Rolle; entscheidend war eben, dass jenseits der Obstruktionsminderheit von fast 40 % rechnerisch bei einem Anteil der SPD von knapp 25 % nur ein Mitte-Links-Bündnis (Zentrum/BVP/DVP/Staatspartei, ehemals DDP/Wirtschaftspartei/SPD) möglich gewesen wäre. Das aber war gerade nicht das Ziel des Reichspräsidenten. Ihm war nicht an Stabilität einer ihm innerlich fremd bleibenden Verfassungsordnung gelegen, sondern an seinem diffusen Projekt rechtsnationaler Einheitspolitik; er wirkte in parteiischer Weise und seinen Amtsauftrag missachtend.

Man konnte insofern als politischer Akteur im Herbst 1930 nicht sicher beurteilen, ob das Parteiensystem vorübergehend versagte, die Massen in der Krise nervös und unberechenbar wurden oder ob im Reichspräsidentenpalais ein antiparlamentarischer Staatsstreich im Gange war. *Hindenburg* tat nichts, um parlamentarische Stabilität im Reichstag zu fördern, weil er politisch nach rechts festgelegt war. Verfassungsrechtlich hätte er mit dem Einfluss des Reichspräsidenten und seiner Kompetenz zur Ernennung des Reichskanzlers ja durchaus auf ein demokratisches Notkabinett unter SPD-Führung drängen können. Aber das hätte eine andere Person im Amt erfordert. Nach der Reichstagswahl vom September 1930 hätten jedenfalls alle demokratischen Parteien von der DVP bis zur SPD den Reichspräsidenten als Gegner gemeinsam erkennen und ausmanövrieren müssen. Das indes wäre schon für die DVP nicht zumutbar gewesen, aber auch für den größeren Teil des Zentrums. Der Hindenburg-Mythos vom gerechten Sachwalter über dem Parteihader wirkte bis in die SPD hinein und hätte eine solche Politik in der Öffentlichkeit kaum verständlich erscheinen lassen. Im Übrigen zeigte ein Blick in den Kalender, das schon 1932 die Wahl des Reichspräsidenten anstand und ein parlamentarisch „bekämpfter" *Hindenburg* möglicherweise gar nicht mehr zur Wahl angetreten wäre, mit allen Chancen für den neu aufgestiegenen Volkstribun *Hitler*.

Hindenburg und *Brüning* sahen den Weckruf der Septemberwahl keineswegs in jener Schärfe wie *Thomas Mann* in seiner berühmten „Deutschen Ansprache" vom 17. Oktober 1930.[390] Der Reichspräsident und sein Kanzler hielten es nicht für ausgeschlossen, die mit über 100 Abgeordneten stark im Reichstag vertretene Hitler-Partei jedenfalls für eine Tolerierung gewinnen zu können und so für eine Fortsetzung des präsidialen Kurses, mit Notverordnungen und – vor allem – ohne die SPD zu regieren. Sie rechneten sich den „Bürgerblock" im Reichstag nach rechts hin bis zur NSDAP erweitert als Tolerierungsmehrheit schön. Doch das Kalkül des angeblich so versierten Taktikers *Schleicher* war strategisch grundfalsch[391], und in diesem Fall betraf das auch korrespondierende Hoffnungen *Brünings*. NSDAP und sogar DNVP waren zu keinerlei Absprachen bereit, stattdessen gelangte die SPD zu einer zutreffenden Analyse der Gefahren für die Existenz der parlamentarischen Demokratie und des Rechtsstaats, die durch das destruktive Handeln des Reichspräsidentenpalais entstanden waren. Die SPD erkannte zerknirscht, dass der Zentrumspolitiker *Brüning*, eigentlich ein Instrument *Schleichers*, aber immerhin eigensinnig, das letzte seriöse Bollwerk vor einem Dammbruch war, der drohte – und zwar aufgrund des sich als Gefahr bereits deutlich abzeichnenden Bündnisses des rechten Bürgerblocks mit dem Hakenkreuz.

Theoretisch hätten all diejenigen im Reichstag, die den Weckruf verstanden hatten, sich im Sinne von *Thomas Manns* „Deutscher Ansprache" zusammenschließen und eine Koalition vereinbaren können, die den Reichspräsidenten wieder in seine Schranken gewiesen hätte. Man kann heute lamentieren, warum so viel Weitsicht nicht obwaltete, aber man darf die politische Urteilskraft von Sozialdemokraten, Liberalen und auch von Zentrumspolitikern nicht unterschätzen. Sie sahen durchaus die Gefahren. Doch sie waren viel stärker im Spinnennetz Hindenburg/Schleicher gefangen und sie waren getrieben von einer öffentlichen Meinungsbildung, die unter dem Druck der Wirtschaftskrise zu einer mächtig anschwellenden antiparlamentarischen Welle wurde. Die Mitte und die gemäßigte Linke waren dort noch viel stärker in der Defensive, als es der Blick auf Mehrheitsverhältnisse im Parlament nahelegt.

Vor allem die personelle Entscheidung *Schleichers* für den einflussreichen Zentrumspolitiker *Brüning* und die zur Durchsetzung seiner unpopulären Politik gelegte Leimrute des Notverordnungsrechts ließen es praktisch ausgeschlossen erscheinen, dass SPD und Zentrum sich zu einer Koalition mit oder ohne *Brüning* zusammenfanden. Die DVP hätte hier mit ihrer Nähe zum Reichspräsidenten und zur Großindustrie nicht mitgemacht, die Partei *Stresemanns* verabschiedete sich später 1931 (infolge der gescheiterten deutsch-österreichischen Zollunion) durch Verweigerung der Teilnahme an der Regierung Brüning II endgültig und konsequent nach rechts in die Bedeutungslosigkeit.

Die SPD indes hätte *Brüning* keine offenen Konzessionen für seine Politik machen können, schon gar nicht in einem Koalitionsvertrag, so geschwächt wie sie war angesichts der Zugewinne von KPD und NSDAP. Nichts deutete darauf hin, dass die SPD die Tendenz zum Stimmverlust mit einer unpopulären Regierungsbeteiligung irgendwie hätte bremsen können. Und was hätte dann für die SPD und ihre Partner am Ende einer solchen Koalition bei einer Neuwahl gestanden? Aus der Obstruktionsminderheit von knapp 40 % der Stimmen hätte dann leicht eine Obstruktionsmehrheit mit über 50 % des Stimmanteils werden können und damit wäre auch der Zusammenbruch der parlamentarischen Regierungsweise durch den Souverän selbst besiegelt worden.

So blieb der SPD im Grunde genommen nur, eine Doppelrolle zu spielen: Sie musste sich als linke Partei von der Politik *Brünings* fernhalten oder im Einzelfall bei ihm sozialpolitische Konzessionen heraushandeln und ihn zugleich als Verteidiger der freiheitlichen Verfassung, der parlamentarischen Demokratie, im Amt behalten. Die SPD musste *Brüning* also gegen die starke Obstruktionsminderheit stützen, weil alles andere angesichts einer galoppierenden Wirtschaftskrise auf eine institutionelle Katastrophe hinauslief. Hinzu kam die Erwägung, wenigstens die Regierung *Braun* in Preußen stabil zu halten, denn dort waren SPD und Zentrum in einer Koalition verbunden; mit dem Hinweis darauf spielte *Brüning* und konnte so die SPD zur Tolerierung „motivieren". Angesichts der Aggressivität und Gewaltbereitschaft der NSDAP und der KPD und des sich aufheizenden innenpolitischen Klimas wurde bereits das Kalkül wichtig, wer Inhaber der schlagkräftigsten Polizeigewalt in Deutschland war: eine demokratische Regierung oder womöglich eine unter Beteiligung der NSDAP.[392]

Die Gratwanderung bestand demnach aus der Tolerierung *Brünings* und gleichzeitiger dosierter Kritik an seinem krisenverschärfenden, als sozial unausgewogen empfundenen Sparkurs. Es gab dazu keine praktische Alternative, nicht nur aus Sicht der Sozialdemokratie. Schloss sich die SPD der Obstruktionsminderheit aus NSDAP/KPD/DNVP an, wäre daraus eine Mehrheit für den Kanzlersturz geworden. Neuwahlen hätten gedroht mit weiteren Erfolgen der radikalen Ränder. Die SPD hatte kaum Bewegungsspielraum und das Zentrum sah nicht, dass es präsidiales Instrument für einen Weg nach rechts zur Aushöhlung der Verfassungsordnung war, den die Mehrheit der Partei sehenden Auges nicht mitgegangen wäre.

Viele im bürgerlichen Lager erlagen eben auch der sorgsam gepflegten öffentlichen Choreographie des Reichspräsidenten, der sich altersweise inszenierte, würde- und sorgenvoll in die Kamera schaute, Tag und Nacht getrieben vom Streben nach dem Besten für die Nation und die Menschen im Land, dabei immer wieder behindert durch den Egoismus der Parteien im parlamentarischen Betrieb. Viele bürgerliche Abgeordnete durchschauten nicht, dass der sich sorgende Hausvater in Wirklichkeit ein auf einen politischen Ladenhüter fixierter Mann war, der das Parlament über kurz oder lang aus dem Verfassungsleben ausschalten wollte, es sei denn, es würde so störungsfrei und einheitlich agieren, wie das seiner Burgfriedenssehnsucht entsprach.

Aber selbst wenn das die Abgeordneten des Zentrums hinreichend deutlich gesehen hätten, wäre es kaum möglich gewesen, ohne die DVP und allein mit der nochmals geschrumpften Staatspartei (ehemals DDP) gemeinsam mit der SPD eine Koalitionsmehrheit zustande zu bringen. Doch die Führung des Zentrums dachte gar nicht daran, sich aus der erdrückenden Umarmung des Reichspräsidenten zu lösen und auch die SPD war zu einem aktiven, auf Koalitionsbasis stehenden Notbündnis nicht bereit.

Die parlamentarische Selbstbehauptung scheiterte nicht an der rechnerischen Schwierigkeit, eine „Kanzlermehrheit" gegen den Reichspräsidenten zusammenzubringen, es scheiterte schon an der Bereitschaft dazu. Und die Bereitschaft fehlte nicht aus Unverstand, sondern weil die wenigen politischen Handlungsmöglichkeiten so intrikat verkantet waren und der öffentliche Prägeraum so gefährlich fragmentiert und erregt. Zudem hätte der Gegenspieler im Reichspräsidentenpalais hier schwerlich mitgemacht. Man muss eben sehen, dass die Wahl des Kanzlers nicht wie heute letztlich dem Parlament in die Hand gegeben war, sondern dem Reichspräsidenten, der nicht nur förmlich den Kanzler ernannte, sondern ihn auch wie der Kaiser auswählte. Der Reichspräsident musste keinen Kanzler ernennen, der ihm nicht gefiel. Eine Parlamentsmehrheit hätte mit dem Reichspräsidenten verhandeln, ja notfalls betteln müssen, um ihren Kandidaten ins Amt zu bringen. Wenn stattdessen „sein" Kanzler, also der, den der Reichspräsident ohne jede parlamentarische Beteiligung ernennen konnte, am Misstrauensvotum scheiterte, stand man wiederum vor einer Reichstagsauflösung und damit vor einer drohenden weiteren Radikalisierung der Zusammensetzung eines neuen Reichstags.

Gegen die antiparlamentarische Politik des Reichspräsidenten war kaum etwas auszurichten, wenn man auf die Folie einer durch Leidenschaften entfesselten, seit langem antiparlamentarisch imprägnierten öffentlichen Meinungsbildung schaut. Eine nähere Analyse der politischen Handlungsalternativen auf dem Boden der Weimarer Verfassung, unter Berücksichtigung der nicht neutralen Amtswahrnehmung des Reichspräsidenten, der Kräfteverhältnisse im

Reichstag und der föderalen Wechselbeziehungen führt zu dem Befund *Heinrich August Winklers*: „Tatsächlich gab es für die SPD, so wie die Kräfteverhältnisse seit den Septemberwahlen von 1930 lagen, keine verantwortbare Alternative zur Tolerierungspolitik."[393]

Die Septemberwahl war auch ein Beispiel dafür, wie das Innen nach außen schlägt und von dort wieder zurück. Denn das Ergebnis der Reichstagswahl 1930 verunsicherte ausländische Anleger gravierend. Kredite wurden aus dem ohnehin kapitalschwachen Deutschland abgezogen und dies verschärfte mit steigenden Arbeitslosenzahlen, Deflation und Rezession jene politische Krise, die eine maßgebliche Ursache für das Wahlergebnis und damit auch für das Misstrauen der Anleger war. Was also war unter diesen – und nicht irgendwelchen *ex post* idealisierten – Bedingungen zu tun?

I. Von oben deformiert, von unten abgewählt: das Scheitern der verfassungsstaatlichen Demokratie

I. Radikalisierung der Gesellschaft und erneut das nach innen schlagende Außen

1. Die Sackgasse des Präsidentialismus wird sichtbar

Am 17. Oktober 1930 trat der neu gewählte Reichstag zusammen und lieferte an diesem Tag und am Folgetag den Eindruck der erst jetzt verfahrenen Lage des Parlamentarismus. Im Parlament machten die Feinde der Demokratie, von rechts und von links, keinen Hehl aus ihrer Position. Die in SA-Uniform erschienenen Nationalsozialisten[394] stilisierten sich jetzt höhnisch als höchst vorübergehende Anhänger der Demokratie, wobei sie keinen Zweifel ließen, dass sie den Schutz der Republik und die Verteidigung der Stellung eines vom Reichspräsidenten bereits teilweise entmachteten und vom Wähler radikalisierten Reichstags nur so lange wollten, bis sie die Macht in den Händen hielten und etwas anderes an die Stelle setzen konnten. Bis dahin aber vermochten *Hitler* und *Goebbels* so besorgt über die Einhaltung der Verfassung zu reden, als bekümmere es sie wirklich. *Wilhelm Pieck* von der KPD verzichtete auf solch zynische Einlagen und kam gleich zur Sache: Er verlangte, das Parlament auseinander zu jagen und eine proletarische Sowjetdiktatur zu errichten.[395]

Hatten damit *Hindenburg* und *Schleicher* ihr Ziel erreicht, jene Krise des Parlamentarismus nach Kräften zu fördern, die dann den Ruf nach präsidialer Intervention umso stärker werden ließ? Oder hatten sie in ihrer politischen Ahnungslosigkeit einen Furor entfesselt, der ihre eigenen Machtgrundlagen im Weimarer Verfassungssystem rasch erodieren lassen und sie in eine Sackgasse manövrieren sollte?

„Viele mögen sich gefragt haben, welcher Kurs nach den September-
wahlen einzuschlagen sei; für Hindenburg war dies kein Problem. Er
war entschlossen, Brüning im Amt zu belassen, wie es auch Schleichers
Meinung entsprach."[396]

Für den Reichspräsidenten war das Wahlergebnis und die Radikalisierung im Reichstag eigentlich kein Problem, weil es die Notwendigkeit des von ihm gewünschten präsidialen Regierens nur bekräftigte. Im Sinne seines rechtsnationalen Blockdenkens wäre ihm eine Unterstützung der Regierung *Brüning* durch die DNVP lieb gewesen, faktisch kam *Brüning* aber wegen der Mehrheitsverhältnisse ohne die SPD nicht aus, und *Hugenbergs* Fundamentalopposition näherte sich eher derjenigen von *Hitlers* NSDAP („Harzburger Front"[397]), lief damit nicht in Richtung *Brüning*. Die SPD-Fraktion stand durch die beträchtliche Stärkung der NSDAP unter Schock und durch die Stärkung der KPD unter Druck. Sie sah klar, dass zwar der präsidiale Kurs für die Demokratie lebensgefährlich war, weil sich durch die vorgezogene Neuwahl das Destruktionspotenzial im Reichstag verstärkt hatte und damit die Regierung *Brüning* ohne Mehrheit unter dem Damoklesschwert einer jederzeit möglichen erneuten Reichstagsauflösung mit der Notwendigkeit einer Neuwahl stand. Jede Neuwahl aber musste unter dem Einfluss der dynamischen Wirtschaftskrise und angesichts des starken rechtsnationalen Prägeraums mit dem neuen Phänomen des Nationalsozialismus und seinen modernen Propagandamitteln aus Sicht der SPD und eines jeden vernünftigen Demokraten verhindert werden. Und auch die linksradikale antidemokratische Propaganda verfing deutlicher – unter den Bedingungen von Massenarbeitslosigkeit, Einkommensverlusten der Arbeiter, Verarmung der Mittelschicht, vor der Szenerie öffentlich sichtbaren Elends.

Unter diesen exzeptionellen Bedingungen konnte eine Neuwahl nichts verbessern, aber nach Lage der Dinge alles bis zur Aussichtslosigkeit verschlimmern. Die bedrängten Reste der Weimarer Koalition, die SPD, die geschrumpften Liberalen und zumindest der linke Flügel des Zentrums konnten sich eigentlich nur zähneknirschend wünschen, dass der Reichstag, den sie als Institution und Volksvertretung verteidigen wollten, möglichst nicht zusammentritt, damit die Regierung *Brüning* ohne den Druck eines Misstrauensvotums nicht in die Mechanik der Auflösung und Neuwahl gebracht würde.

Aus dieser Überlegung heraus blieb der SPD nur die bereits skizzierte[398] Handlungsmöglichkeit: Sie musste mit Widerwillen die Regierung Brüning jedenfalls tolerieren und konnte dafür im Einzelfall vielleicht sozialpolitisch halbwegs vorzeigbare Abmilderungen des fiskalisch restriktiven Kurses aushandeln. Für *Hindenburg* war das, was aus der Perspektive einer verfassungsmäßig eingestellten Partei eine zwingende Konsequenz der verfahrenen Lage war, eine Enttäuschung. Denn starrsinnig hielt er an seiner Rechtsblockchimäre fest und an seiner alten Weichenstellung, den stärksten Träger der Verfassungsordnung, die SPD, an den Rand, ins Abseits zu drängen. Die Abhängigkeit von der SPD sollte ja gerade durch den Sturz der Regierung Müller beseitigt werden. Die Tolerierung *seines* Kabinettes durch die SPD missfiel *Hindenburg*.

Eine Tolerierungsmehrheit wäre allerdings theoretisch auch nach rechts möglich gewesen, wenn der Reichskanzler dafür *Hugenberg* und *Hitler* gewonnen hätte. Aber während *Hugenberg* für den rechtsnationalen *Hindenburg* ein zwar von ihm nicht sonderlich geschätzter, doch gleichsam politisch gesehen ein natürlicher Gesprächspartner war, ließ zunächst schon sein Dünkel, sein Klasseninstinkt, ein Paktieren mit dem lauten, lärmenden *Hitler* – dem „wilden Österreicher"[399] – nicht zu. Es ist bezeichnend, dass *Hindenburg* bei einem Gespräch mit *Hugenberg* 1931 den Pressezaren bat, doch mithilfe der Zeitungen etwas für seine Reputation, die Reputation des Reichspräsidenten, zu tun, er sei kürzlich von SA-Leuten persönlich beleidigt worden. Diese Notiz von Staatssekretär *Meissner* über das Gespräch[400] belegt zum einen, dass es *Hindenburg* vor allem anderen um seine Wirkung, seine Person, um seinen Nimbus im Volk ging und dass seine Aversion gegen den Nationalsozialismus kaum etwas mit deren völkisch-rassistischer Ideologie zu tun hatte – wenn, dann trieb ihn der Verdacht eines Nationalbolschewismus um. Seine Abneigung und sein Widerstreben *Hitler* betreffend galten dem Unberechenbaren und Parvenühaften dieses ungehobelten Emporkömmlings, der mit seiner neuen erfolgreichen Kraft bitte keine Störung im Spiel sein sollte. Aus *Hitlers* Sicht konnte und musste man an solchen Bedenken arbeiten, wobei ihn das Misstrauen gegen *Hindenburg* und *Brüning* mit ihrem – ihm natürlich in groben Zügen bekannten – eigenen Planspiel nie verließ.

2. Zwischen Septemberwahl 1930 und Regierungsumbildung 1931

Seit dem Beschluss der SPD vom 3. Oktober 1930, die präsidiale Regierung Brüning zu tolerieren, bestand für die Obstruktionsminderheit im Reichstag keine Möglichkeit mehr, *Brüning* zu stürzen und Neuwahlen zu erzwingen. Misstrauensanträge scheiterten. Monatelange Tagungspausen – allein eine vom 26. März 1931 bis zum 13. Oktober 1931 währende „Sommerpause" – nahmen das Parlament gleichsam mit Mehrheitsbeschluss aus dem Spiel.[401] Jetzt sprudelten die Notverordnungen und unter dem Druck der sich stetig verschärfenden

Wirtschaftskrise gelang außenpolitisch immerhin zunächst ein Moratorium der Reparationsverpflichtungen („Hoover-Moratorium") und dann 1932 der komplette Reparationsverzicht der Siegermächte.

Aber das bis dato so beherrschende Thema der Reparationen verlor objektiv an Bedeutung. Die destruktiven Kräfte der Rezession waren stärker als die Milliardenlasten der aufgezwungenen Kontributionen. Zumindest indirekt aber blieben die Reparationsforderungen und ihre Fälligkeit bedeutsam, weil damit die Zahlungsfähigkeit Deutschlands auf dem internationalen Finanzmarkt zusammenhing. Die Erhaltung der internationalen Kreditwürdigkeit war durchaus elementar, die Sorge darum beschränkte die Möglichkeiten, auf andere drängende Herausforderungen zu reagieren, insbesondere die Massenarbeitslosigkeit und die einschneidende Rezession mitsamt ihren verheerenden Folgen. *Brüning* stand mit seiner Wirtschafts- und Fiskalpolitik vor der Aufgabe einer Quadratur des Kreises. Es ging um

- die Erhaltung der internationalen Kreditwürdigkeit wegen des Zugangs zum internationalen Kreditmarkt und der Welthandelsbeziehungen des Reiches,
- die Steigerung der Absatzmöglichkeiten der deutschen Wirtschaft durch besseren Zugang zum Weltmarkt (bei wachsenden Handelshemmnissen),
- die Erhöhung der Exportchancen über Preissenkungen, wobei Spielräume durch fortgesetzte Rationalisierung (Entlassungen) und durch Senkung der Lohnkosten erzielt werden sollten,[402]
- die Erhöhung der Inlandsnachfrage durch Hebung der Massenkaufkraft trotz Erwerbslosigkeit und Lohnsenkungen,
- den Schutz landwirtschaftlicher Produktionsverhältnisse durch Subventionen oder durch eigene Zölle und Handelshindernisse,
- die Stabilisierung des privaten Finanzsektors (Bankenkrise), der nach staatlichen Garantien verlangte,[403]
- den Haushaltsausgleich öffentlicher Finanzen im Reich, den Ländern und den Kommunen[404]
- sowie die Erhaltung der Geldwertstabilität, wiederum auch, um ausländische Finanzmittel zu gewinnen.

Wer angesichts dieser im Grunde mit einer konsistenten Politik unmöglich aus dem Stand heraus zu bewältigenden wirtschafts- und finanzpolitischen Herausforderungen der Regierung Brüning die Kurzsichtigkeit einer schädlichen konjunkturell prozyklischen Politik vorwirft[405], sollte rechtmäßige und unter den Bedingungen der präsidialen Demokratie und der außenpolitischen Verhältnisse auch durchsetzbare Handlungsalternativen benennen. Eine gebotene antizyklische, keynesianische Inflationspolitik war 1930/31 unter dem Druck der Reparationsverhandlungen und der prekären Bonität des Landes praktisch nicht möglich. Es war aber gerade die prozyklische Politik *Brünings* mit seiner darauf abgestimmten Außenpolitik, die auch einen wirtschafts-, währungs- und fiskalpolitischen Kurswechsel spätestens ab Ende 1932 aussichtsreicher gemacht hatte – auch insofern erntete *Hitler* 1933 Früchte der Brüningschen Spar- und Deflationspolitik, die eine entschlossene demokratische Regierung ebenfalls hätte ernten können, auch wenn ihr nicht die noch weiterreichenden Mittel einer skrupellosen Diktatur zur Verfügung gestanden hätten.

Es mag sein, dass Reichskanzler *Brüning* im Ambiente seiner Beziehung zu *Schleicher* und seiner Abhängigkeit von *Hindenburg* eine gewisse, nach außen artikulierte Tendenz zum Umbau der Reichsverfassung vertrat, etwa im Hinblick auf die Gliederung des Reichs in Länder, womöglich sogar zu einer Rekonstruktion des Reiches im Verfassungsdesign von 1871, aber es fehlen Belege für eine aktive Politik jedenfalls in Richtung Restauration der Monarchie.[406] Man wird nicht sagen können, dass *Brüning* für irgendwelche Restaurationsfantasien die Krise instrumentalisierte, das heißt bewusst verschärfte oder absichtlich ungelöst ließ, um solche Ziele nachdrücklich zu verfolgen. Allenfalls war das eine Verbeugung vor der rechtsnationalen Grundstimmung in *Hindenburgs* Umgebung.[407] Der restaurative Umbauverdacht dürfte eher auf *Schleicher* zutreffen, auch wenn dieser sich vermutlich weniger vom Alten Reich, als von Modellen moderner Autokratien leiten ließ.

Brüning ging es um etwas anderes. Er wollte sich in klassischer Wechselwirkung unter dem immensen Handlungsdruck von innen Bewegungsspielraum nach außen verschaffen, um dann wiederum im Innern Bewegungsspielraum durchaus auch für die Chance des Parlamentarismus zu erlangen. Das eben erkannte die SPD-Führung und deshalb tolerierte sie ihn, obwohl der diffuse präsidiale Hintergrund allen Anlass zum Misstrauen gab. *Brüning* war keine Marionette *Schleichers*, obwohl dieser ihn als sein, wenngleich eigenwilliges, Instrument in seinen Geschäftsbüchern führte. *Brüning* durfte eigentlich durchaus kalkulieren, dass seine außenpolitischen Erfolge den rechtsnationalen Druck aus dem politischen Prägeraum nehmen konnten, wenn seiner Politik die volle Gleichberechtigung Deutschlands und das Abschütteln der Versailler Bindungen gelingen würde. Für ihn als einen bürgerlichen Politiker aus einem vergangenen Zeitalter war aber nicht hinreichend klar, wie stark die Zeit drängte, wie morsch seine präsidiale Machtstellung war und vor allem in welchem Hexenkessel sich Deutschland im Tatsächlichen und in seiner publizistischen Selbstwahrnehmung bewegte: Gemeint ist jenes giftige Gebräu aus drängenden multiplen Sachproblemen, verkanteten Interessengegensätzen und einer sich durch Verzweiflung aufschaukelnden öffentlichen Meinungsbildung, die begeistert vom linken und rechten Rand mit Hass, Feindschaft und Gewalt angefeuert wurde.

3. Dem Kanzler entgleiten die Bälle: verschärfte Rezession, Spaltung der präsidialen Formation

Brüning musste 1931, während der Reichstag in die lange Sommerpause verabschiedet war, mit vielen Bällen jonglieren. Es galt etwas zusammenzubringen, was immer wieder an inneren Widersprüchen zu scheitern drohte. Ein akutes Haushaltsdefizit musste mit einer Notverordnung geschlossen werden, die weitere Einsparungen vorsah. Es galt ausländische Kredite für das Reich zu mobilisieren, gleichzeitig für seine Gespräche in England zu demonstrieren, dass das Reich keinerlei Handlungsmöglichkeiten fiskalischer Art besaß, damit sich endlich die Einsicht durchsetzte, gegenüber Deutschland auf Reparationen zu verzichten. Es muss gesehen werden, dass ein Haushaltsdefizit für den Reichshaushalt von 440 Millionen Reichsmark der Anlass für schmerzhafte Einsparungen war, an Reparationszahlungen drohte aber potenziell immer noch eine jährliche Annuität von 2 Milliarden Reichsmark. Solange dieses Damoklesschwert nicht von Deutschland genommen war, konnte sich das Land auch nicht auf dem internationalen Kapitalmarkt mit den Mitteln versehen, die eine antizyklische Konjunkturpolitik nun einmal erforderte. Die Einsparungen stießen aber erwartungsgemäß auf den Widerstand der SPD und ließen damit die zwingend notwendige politische Tolerierung schwankend werden, worauf *Brüning* (über eine entsprechende Willensbildung des Zentrums) letztlich wieder mit dem Bruch der preußischen Koalition drohen und jetzt, wie später kurz vor seiner Entlassung im Mai 1932, um noch „ein wenig Geduld" für sein Spiel mit den vielen Bällen bitten musste.

Bei Lichte betrachtet, verfolgte *Brüning* keineswegs eine ignorante, unberatene Deflationspolitik, wie eine schlichte Lesart der Nachgeborenen dies kopfschüttelnd erzählt, sondern er handelte unter den durch Wirtschaftsdynamik, fiskalische Notlagen und innenpolitische Blockaden gesetzten Bedingungen und den von der Außenpolitik gesetzten Zwängen. Der Kanzler reagierte auf die Wirtschaftskrise, indem er eine strikte Sparpolitik verfolgte, Steuern erhöhte und zugleich staatliche Sozialleistungen sowie Beamtengehälter kürzte.[408] Diese deflationären Maßnahmen konnte er gegen den parlamentarischen Widerstand von DNVP, DVP, NSDAP und der KPD nur mit Hilfe von Notverordnungen durchsetzen, wobei auch die SPD nur tolerierte, das heißt nicht mithalf, die Regierung zu stürzen. Im Dezember 1931 folgte eine aktive Deflationspolitik, bei der die Regierung Preise, Löhne und Mieten per Dekret mit dem Ziel senkte, durch eine solche innere Abwertung die Exporte zu stimulieren. In der Ansicht, die Verpflichtungen zur Reparationsleistung engten den finanziellen Spielraum der Krisenbekämpfung ein, schnürte *Brüning* die Vereinbarungen zu den Reparationszahlungen wieder auf und forderte Neuverhandlungen.

Die Angemessenheit der Politik *Brünings* war häufig Gegenstand der öffentlichen Diskussion und auch der wissenschaftlichen Forschung, da in dieser Deflationspolitik der entscheidende Fehler bei der Bekämpfung der Weltwirtschaftskrise gesehen wird. Denn erst eine solche Politik – so der Vorwurf – hätte die Schwere der Krise verursacht. Dabei wird oftmals auf die Erfolge der Politik des „New Deal" verwiesen, den der US-Präsident *Franklin D. Roosevelt* ab März 1933 umsetzte. Allerdings ist umstritten – sowohl bereits damals unter den zeitgenössischen Ökonomen, als auch in der rückblickenden Betrachtung der letzten Jahrzehnte – welche Rolle die Krise selbst und der wirtschaftspolitische Umgang mit der Finanz-, Handels-, Geld- und Währungspolitik spielte.[409]

Dies illustriert z. B. die Borchardt-Hypothese und die sich ihr anschließende Kontroverse. Der Historiker *Borchardt* argumentierte in den 1980er Jahren, dass *Brüning* angesichts der Überschuldung der öffentlichen Haushalte und der Unfähigkeit, weder Steuern zu erhöhen, noch weitere Kredite aufzunehmen, keine andere Wahl gehabt hätte und eine antizyklische Fiskalpolitik von vornherein ausschied. Ebenso sei der Spielraum für die Geld- und Kreditpolitik begrenzt gewesen, da sie das Trauma der Hyperinflation wachgerufen hätte. Die Schuldenproblematik sei zum großen Teil die Folge des Ausbaus der Sozialpolitik und großzügiger Lohnpolitik gewesen. Damit griff er die vorherrschende Auffassung an, die Deflationspolitik *Brünings* trage die Hauptschuld des Krisenverlaufs.[410]

Darüber hinaus wurden mitunter auch die institutionellen Bedingungen ausgeblendet:

> *„Die zunächst von Ökonomen, später auch von Historikern aufgegriffene keynesianische Kritik an der Wirtschaftspolitik dieser Jahre hat es in aller Regel verabsäumt, die politischen Voraussetzungen einer alternativen Krisenstrategie zu benennen."*[411]

Damit einher geht automatisch die Frage der Einbettung des wirtschaftspolitischen Handlungsspielraums in den politischen Kontext. Insofern ist noch unbeantwortet, inwiefern eine expansive, nachfrageorientierte Fiskal- und Geldpolitik die Wirtschaftskrise früher und sozial verträglicher beendet und damit möglicherweise den Nationalsozialismus verhindert hätte.

Aber – und insofern hat die harsche Kritik einen berechtigten Punkt – *Brüning* agierte nicht als ein Mann der großen politischen Konzepte oder mit ökonomisch orientierter ordnungspolitischer Klarheit, also mit einem modernen Verständnis volkswirtschaftlicher Zusammenhänge. *Brüning* handelte vielmehr – seiner politischen Vorprägung entsprechend – wie ein Haushaltsexperte, der politisch durchaus nicht ohne Erfahrung war, aber in seiner katholisch geprägten, biederen Art und in dem Verlangen, sich von rechts nichts an mangelnder Vaterlandstreue nachsagen zu lassen. So wurde er ein Instrument des Übergangs, zumindest für *Schleicher*, bevor man die eigentliche Rechtskoalition aufsetzen konnte. Dass *Brüning* am Schluss im Frühjahr 1932 auf den etwas seltsamen Plan der Ostansiedlung von Erwerbslosen kam[412], was in rechten Kreisen bei der DNVP etwa als purer Agrarbolschewismus bezeichnet wurde und bei dem beschenkten Gutsbesitzer *Hindenburg* gar nicht gut ankam, belegt diese Einschätzung des letzten seriösen, aber in den politischen Fähigkeiten doch beschränkten Reichskanzlers.

Und erneut muss man sehen, wo gemessen an der bereits erheblich strapazierten, teilweise deformierten Weimarer Verfassungsordnung die eigentliche Verantwortung steckte. Ein anderer Reichspräsident, einer der *Brüning* weiter gedeckt hätte, der weniger reaktionär und agrarisch korrumpiert und mit stärkeren Nerven gesegnet gewesen wäre, hätte sich auf keinen Fall im Mai 1932 von *Brüning* getrennt. Schon in der zweiten Jahreshälfte 1932 hatten sich Möglichkeiten eröffnet, jetzt nach dem alliierten Verzicht auf Reparationen, die Hebel umzulegen auf eine stärker expansive Fiskalpolitik, die sich dann bis zur nächsten regulären Reichstagswahl 1934 im Sinne einer wirtschaftlichen und folglich politischen Beruhigung hätten positiv auswirken können. Ein einigermaßen kluger und verantwortungsvoller Präsident hätte *Brüning* – der vermutlich nicht selbst rasch genug zu dieser Einsicht gelangt wäre – in eine solche Richtung gedrängt. Aber *Hindenburg*, diese seit sieben Jahren tickende Zeitbombe des rechtsnationalen Ressentiments im Weimarer Verfassungssystem, diese letztlich destruktiv wirkende Kraft im Reichspräsidentenpalais, dachte und reagierte eben anders.

II. Endspiel um die Demokratie

1. „Gesunde Entwicklung nach Rechts"

„Ich bitte hieraus zu ersehen, dass die Behauptung, dass ich einer Rechtsregierung widerstrebe, durchaus falsch ist. Nicht ich bin das Hindernis für eine solche Entwicklung, auch nicht der Reichskanzler Dr. Brüning, sondern lediglich die Uneinigkeit der Rechten, ihre Unfähigkeit, sich auch nur in den Hauptpunkten zusammen zu finden. Es ist nur tief zu bedauern, dass die Rechte – zerrissen wie sie ist – von einseitig parteiehrgeizigen Führern auf den Weg der Einflusslosigkeit und Selbstzerstörung geführt wird. Ob und wann dieser Zustand sich ändert, lässt sich nicht voraussagen. Trotz aller Nackenschläge werde ich dennoch meine Bemühungen um eine gesunde Entwicklung nach rechts nicht einstellen, in der Hoffnung, dass es möglich sein wird, nach den Preußenwahlen, die unbedingt spätestens im Mai stattfinden müssen, neue Verhandlungen zur Bildung einer Konzentrationsregierung aufzunehmen." Hindenburg am 25.2.1932.[413]

Für *Hindenburg* waren die Nazis Teil der Rechten, um deren Zuneigung – wenn sie ein paar rüpelhafte Umgangsformen ablegten – er durchaus buhlen würde, weil die rechte Einheit seiner Vorstellung von nationaler Einheit unter Ausschluss der Sozialdemokratie entsprach. Die Hitler-Partei gehörte danach zu den Seinen wie ungehobelte Verwandte, sie waren „ihm zugleich unheimlich und willkommen."[414] Auch für den nur zwei Jahre später von den Nazis ermordeten *Kurt von Schleicher* galten die Nazis als gewiss degoutant, irgendwie sogar gefährlich, aber im Grundsatz willkommen, um die Proportionen nach rechts zu verschieben und die Sache der Reichswehr zu stärken: „Wenn sie nicht da wären, müßte man sie geradezu erfinden."[415]

Ab dem Herbst 1931 ging es nicht allein um die Lösung der massiv drängenden wirtschaftlichen und fiskalischen Probleme, sondern um die Veränderung einer Verfassungsordnung, die bei aller Bedeutung des Amtes des Reichspräsidenten doch dem Reichstag und dem Parteienbetrieb eine zentrale Rolle einräumte. Die rechtsnationale Einheitssehnsucht war in Wirklichkeit nicht eine politische Option, nur eine neue Mitte-Rechts-Koalition herzustellen, sondern um die Pluralität der Gesellschaft, die Volatilität von Wahlakten, die föderalen

209

Kompliziertheiten zumindest vorübergehend, vielleicht auch ein für alle Mal, aus der Welt zu schaffen.

Wer in den Zeiten einer stabilen Parteiendemokratie in Deutschland nach 1949 auf den Beginn des Jahres 1932 schaute, mag geglaubt haben, der Reichspräsident, die Reichswehrführung und maßgebliche Teile der Industrie seien nur in eine Falle geraten zwischen Wirtschaftskrise und Wählern mit einer Neigung, die Demokratie abzuwählen. Aber die Abkehr von der Demokratie war quer durch die meisten Schichten der Gesellschaft lange vorbereitet worden und die Sehnsucht nach autoritärer Führung hatte sich längst wirkmächtig artikuliert. Ein *Kurt von Schleicher* glaubte sich in der Rolle der Speerspitze einer modernen Bewegung, die die Krankheiten der Demokratie heilt und etwas Neues schaffen werde, was den Wünschen der Mehrheit des Volkes entsprach und effektives Regieren verhieß. Dass wir heute bei einem Blick auf Europa und in die Welt solche autoritären Sehnsüchte wieder besser verstehen können, weil sie uns näher gerückt sind, dürfte kein günstiges Zeichen sein.

Die vom präsidialen Machtdreieck *Hindenburg, Groener* und *Schleicher* ausgelöste Neuwahl im September 1930 (kombiniert mit der Dynamik der wuchtigen Wirtschaftskrise) hatte dem Nationalsozialismus in agonaler Interaktion mit der KPD so viel Möglichkeiten im öffentlichen Meinungsraum gegeben, dass jede weitere Wahl auch in den Ländern insbesondere die NSDAP, aber auch die Obstruktionsmehrheit der beiden radikalen Ränder stärken musste. Daraus folgten für die Hütchenspieler im Reichspräsidentenpalais zwei Handlungsmöglichkeiten: Entweder musste mit präsidialer, militärischer und polizeilicher Macht die NSDAP zurückgedrängt werden oder man könnte ihren Legalitätsbeteuerungen Glauben schenken und versuchen, sie in einer bürgerlich geführten und vom Reichspräsidenten kontrollierten Koalitionsregierung zu zähmen und möglichst ihre Energie als Wasser auf die eigenen Mühlen lenken. Es ist nicht nur das Wissen aus der Ex-post-Perspektive, das zu einem klaren Urteil über beide Alternativen nötigt. Die erste Option einer rechtsstaatlichen und polizeilichen Bekämpfung der Gewaltauswüchse der NSDAP (und sekundär der KPD) war realistisch und wurde deshalb von *Hitler* gefürchtet. Die „Alternative" der kooperativen Einhegung war unrealistisch, wenn sie auf *Hitlers* bereits artikulierte und deshalb erkennbare Bedingungen einging, die gerade den Griff auf die Schaltstellen der Macht (Kanzleramt, Reichswehrminister, Innenminister, Preußen) ermöglichen sollten.

Wie stark die Hitler-Partei vom September 1930 an geworden war, zeigten nicht nur einzelne Ergebnisse in Landtagswahlen (im Jahr 1931 erzielte die NSDAP in Hamburg über 26 % und in Hessen bereits 37,1 % der Stimmen), sondern vor allem die im März 1932 fällige Wahl des Reichspräsidenten, nachdem *Hindenburgs* 7-jährige Amtszeit ablief und der Versuch, eine Amtszeitverlängerung zu erwirken, nicht zuletzt am Widerstand von *Hugenberg* und *Hitler* gescheitert war. Die gravierende Rechtsverschiebung der Republik im Vergleich zur vorangegangenen Wahl 1925 zeigt sich daran, dass der Kandidat des rechten Bürgerblocks *Hindenburg*, der 1925 gegen den Volksblock mit *Marx* angetreten war, nunmehr zum Kandidaten eines von der SPD, den Liberalen und dem Zentrum unterstützten Volksblocks wurde, während Teile des rechten Lagers, insbesondere NSDAP und DNVP, flankiert von einflussreichen Kreisen aus Wirtschaft und Gesellschaft, den Kandidaten *Adolf Hitler* unterstützten.[416]

Es liegt auf der Hand, dass für *Hindenburg* eine solche Konstellation angesichts seiner rechtsnationalen Homogenitätsvorstellungen ein Desaster war, das er nicht mehr richtig deuten konnte, sondern an dem er tendenziell resignativ verzweifeln musste. Die „Krone" aus der Hand der SPD, das musste ihn treffen wie das Angebot der demokratischen Paulskirchenversammlung an den preußischen König, deutscher Kaiser zu werden.[417] Für *Hindenburg* war sein Amt verunreinigt, beinah so wie die Reaktion des preußischen Königs *Friedrich Wilhelm IV.*, der die Krone aus der Hand eines Repräsentationsorgans des Volkes als „Diadem aus Dreck und Letten der Revolution, des Treubruchs und des Hochverrats geschmiedet"[418] bezeichnete.

Die politische Lage in Deutschland im März 1932 war bereits so entgleist, dass nur noch der greise *Hindenburg*, jener gelinde gesagt höchst ambivalente Vertreter der Weimarer Verfassungsordnung, ein aussichtsreicher Kandidat zu sein schien, um *Hitler* zu verhindern. Wäre *Hindenburg* nicht angetreten, ist nicht ersichtlich, welcher Kandidat jedenfalls die relative Mehrheit *Hitlers* im zweiten Wahlgang hätte verhindern sollen. Deshalb blieb für die SPD und andere Demokraten gar keine andere Wahl, als auf *Hindenburg* zu setzen. Der die gewalttätige Dynamik im öffentlichen Prägeraum vermutlich nicht mehr adäquat begreifende *Hindenburg* nahm es seinem Reichskanzler *Heinrich Brüning* übel, dass dieser sich mit voller Energie für *Hindenburg* im Wahlkampf einsetzte. Wenn *Brüning* dafür präsidialen Dank erwartete, so hatte er die Psychologie des eitel-bornierten Mannes nicht verstanden.

Der Wahlkampf, der von der Nazi-Partei wie ein moderner Propagandakrieg geführt wurde, erschütterte das Land und ließ nicht zum ersten Mal den Eindruck eines möglichen, eines bevorstehenden Bürgerkrieges aufkommen. Das Konzept von *Hitler* und *Goebbels* zielte darauf, einerseits suggestive Faszination für den „Führer" als messianischen Retter und Erlöser aus der Krise mit bestens organisierter und perfider Massenpropaganda herzustellen und gleichzeitig die brauen Kolonnen als drohende Gewaltkulisse zu inszenieren, Gegner zum Schweigen zu bringen und Unentschiedenen die unwiderstehliche Macht der „jungen Bewegung" zu demonstrieren.

Das rückte die Gewaltfrage in den Vordergrund und damit die überhaupt noch bestehenden Optionen im präsidialen Machtzentrum der Republik. Zunächst schienen sich die Anhänger der realistischen Alternative einer rechtsstaatlich-polizeilichen Eindämmung der Nazipartei zusammen zu finden und durchzusetzen. Aus Sicht *Hitlers* war das die für ihn einzig wirklich gefährliche Option. Diesen Kurs verfolgten Reichskanzler *Brüning*, Reichwehrminister *Groener* und der preußische Innenminister *Severing*, dahinter stehend die preußische Regierung *Braun*. Verfassungsrechtlich aus heutiger Sicht gewiss nicht ganz unbedenklich war die durch Verordnung vom 28. März 1932 eingeführte Pflicht der Vorzensur für Plakate und Flugblätter sowie die Polizeiaktion vom 17. März 1932 (also ebenfalls zwischen den beiden Wahlgängen der Reichspräsidentenwahl) gerichtet auf eine Durchsuchung in den Räumen der SA und die Beschlagnahme von Material, einschließlich politischen Werbematerials für den zweiten Wahlgang, sowie für die im Anschluss daran stattfindende preußische Landtagswahl.[419]

Aber sind solche verfassungsrechtlichen Bedenken wirklich durchgreifend, wenn man bedenkt, dass sich die Maßnahmen gegen eine erklärtermaßen verfassungsfeindliche Partei richteten, die möglicherweise bei einem knappen Wahlausgang zugunsten *Hindenburgs* entweder im Überschwang der gleichwohl erzielten Zustimmung für *Hitler* oder als Reaktion auf eine knappe Niederlage die Karte der Gewalt noch stärker ausspielen würde? Das beschlagnahmte Material war jedenfalls Grundlage für eine Konferenz unter Vorsitz des Reichsinnenministers mit verschiedenen Landesinnenministern. Der Reichswehrminister *Groener* war zu diesem Zeitpunkt kommissarisch zugleich Reichsinnenminister und er drängte gegen unentschiedene Ländervertreter auf das Verbot der gesamten SA und SS durch eine auf Art. 48 WRV gestützte und auch unmittelbar für die Länder verbindliche Notverordnung.[420] Hier zeigte sich ein für den Rechtsstaat wichtiges Detail der präsidialen Quasidiktatur im Notstand: Anders als die polizeilichen Maßnahmen der Länder waren die Notverordnungen des Reichspräsidenten nur von einem Reichstag außer Kraft zu setzen, der sich gerade wieder vertagt hatte. Gerichtlicher Rechtsschutz war gegen diese Verbote nicht zu erlangen. Wer demnach behauptet, die Weimarer Reichsverfassung hätte die Verteidiger der Republik rechtlich wehrlos gelassen, könnte einer Täuschung erliegen.

Ein auch materiell verfassungsloyaler Reichspräsident, ein Demokrat wie *Ebert*, ein Zentrumspolitiker wie *Marx* oder auch der ehemalige Reichwehrminister *Geßler*: Sie alle hätten Machtmittel, auch die des unitarischen Durchregierens in der Hand gehabt, die das Grundgesetz – zudem noch ohne Einschaltung der Gerichte – so gerade nicht zur Verfügung stellt. Das unmittelbare Scheitern der Weimarer Verfassung lag nicht am Regelsystem und auch nicht Art. 48 WRV war per se das Verhängnis, sondern die Art der Amtsführung.

Genau dieses personelle Versagen wird nun sichtbar im Schicksal *Groeners* und der von ihm verfolgten und einzig verbliebenen realistischen Option zur Rettung der freiheitlichen und rechtsstaatlichen Verfassungssubstanz. Der Minister sprach – möglicherweise nur aus taktischen Gründen – davon, er wolle die Nazis durch Bekämpfung ihres paramilitärischen Arms im Grunde genommen eigentlich regierungsfähig machen, gleichwohl nicht mit ihnen paktieren.[421] Es ist unklar, ob diese Linie derjenigen entsprach, die *Schleicher* gegen Ende des Jahres mit desaströsen Folgen einschlug oder ob *Groener* den bei *Hindenburg* und in der Reichswehr einflussreichen *Schleicher* für seine eigene Linie mit einem solchen politisch widersprüchlichen Kalkül lediglich gewinnen wollte, um härter gegen die Nazis vorgehen zu können. Für dieses bloß taktische Kalkül spricht jedenfalls die Reaktion *Schleichers* auf die von *Brüning* und *Groener* bei *Hindenburg* durchgesetzte Notverordnung zur Sicherung der Staatsautorität mit der Auflösung aller militärähnlichen Organisationen der NSDAP, insbesondere der SA und der SS.[422]

In der Reaktion *Hindenburgs*, beraten von *Schleicher*, vollendet sich bereits das Schicksal der Weimarer Verfassung, weil jetzt aus einer sehr engen Streckenführung eine Sackgasse wird. Die beiden wollten keine wirksame Bekämpfung der Hitler-Partei, *Hindenburg* fühlte sich unwohl, gegen die Rechte vorzugehen und die Linke zu schonen. *Schleicher* fürchtete die Verwicklung der Reichswehr in bürgerkriegsähnliche Auseinandersetzungen und bei ihm mag bereits seine abstruse, irreale Querfront-Idee eine Rolle gespielt haben, die darauf zielte, die „konstruktiven" Elemente aus der Hitler-Bewegung herauszulösen und mit anderen politischen Kräften bis in die gemäßigte Linke hinein zu verbinden. Plötzlich fiel dem Reichspräsidenten ein, dass er überparteilich sei und wieso eigentlich nur gegen die NSDAP vorgegangen werde, warum nicht auch gegen das der SPD nahestehende Reichsbanner Schwarz-Rot-Gold?

Mit welchen näheren taktischen Erwägungen und Motiven auch immer: *Schleicher* sah in der politischen Option eines konsequenten Kampfes gegen die NSDAP der Achse *Brüning/Groener/Severing* aus militärischen (Erhaltung der Wehrverbände als „Reserve" der Reichswehr) und politischen Gründen eine Fehlentwicklung und wollte sie vermutlich mit seinem Einfluss bei *Hindenburg* bekämpfen.[423] Er – und vielleicht auch jene ominöse reaktionär-agrarische Gruppe von *Oldenburg-Januschau* und *Hugenberg*[424] – stellte jetzt die Weichen auf den Sturz *Groeners* und *Brünings*.[425]

> *„Hindenburg wurde schon längere Zeit immer mehr unter Druck gesetzt, er solle sich von Brüning trennen, wobei dieser Druck nicht von Schleicher, sondern von rechts ausging. Hindenburg hielt Brüning, weil er wünschte und hoffte, dass dieser sich zu einer Verbreiterung der Regierungsbasis von rechts entschließen könnte und so eine Mehrheit im Parlament und das Auffangen des Nationalsozialismus schaffen würde.“*[426]

Damit – schon vor dem Siedlungsplan und der Osthilfe – waren die Tage *Brünings* als Reichskanzler, *Groeners* als Reichswehrminister und vor allem als kommissarischer Reichsinnenminister gezählt und die Grundlage für den späteren Preußenschlag gelegt. Der politisch letztlich gefährlich unbedarfte *Schleicher*, der Mann, der sich für ein Raubtier hielt, aber im Vergleich zu *Hitler* nicht mehr als ein Lamm war, hatte damit die Axt an den letzten Stamm des ohnehin schwankenden präsidialen Regiments gelegt. Von nun an befanden sich *Schleicher* und *Hindenburg* im Treibsand eines Geländes, das von *Hitler* mehr und mehr kontrolliert wurde.

2. Die Gewaltfrage

Wer politische Herrschaft analysiert, der sieht, dass ein erfolgreiches demokratisches System sein Gewaltpotential weit zurücknehmen kann. In der offenen und pluralistischen Demokratie entsteht Zustimmung und Akzeptanz gerade durch Wahlen und Abstimmungen sowie die Offenheit des öffentlichen Meinungsraums. Indem Zustimmung als Problem in kleiner Münze veralltäglicht ist, wird das größere, eigentliche Problem der Zustimmung gelöst, der Deckung durch Gewalteinsatz bedarf es in entsprechend geringerem Maß. Gewalt ist unter idealen demokratischen Bedingungen nur noch ein weit zurückgenommenes Deckungsmittel politischer Macht, so wie das Gold allmählich hinter einer Währung verblasst, die in Wirklichkeit von einer starken Volkswirtschaft in einem verlässlichen ordnungspolitischen Rahmen getragen wird.[427] Doch wenn eine evidente Krise die Gesellschaft bis in ihre Fundamente erschüttert und eine von links und rechts einflussreich kolportierte Erzählung die Unfähigkeit der Demokratie („das System") dafür verantwortlich macht, dann schmilzt mit der Zustimmung und der Akzeptanz auch die Macht der politischen Akteure. In der politischen Krise beginnt man nach der Deckung politischer Herrschaft durch Polizei und Militär zu fragen – so wie in der Währungskrise die Sachwertdeckung des Papiergeldes zum drängenden Thema wird. Insofern gerät die verschärfte Krise ab Ende 1931 immer mehr zu einem Kalkül der Verfügungsherrschaft über die Mittel der Gewalt.

Die Regierung *Brüning* lebte vom Herbst 1930 an nicht nur vom Notverordnungsrecht des Reichspräsidenten, sondern auch von der Tolerierung der SPD im Reichstag. Wenn *Brüning* sich die Gunst des Reichspräsidenten, und im Hintergrund auch die von *Schleicher* und *Groener,* erhalten wollte, musste er auch seine Fühler nach rechts ausstrecken. Der Instinktpolitiker *Hitler* hatte soeben mit seinem öffentlichkeitswirksamen Legalitätseid vor dem Reichsgericht ein entschlossenes rechtliches und polizeiliches Vorgehen gegen seine Partei der Schlägerbanden unwahrscheinlicher gemacht.[428]

Nachdem sich der Reichskanzler selbst bereits mit *Hitler*, wenngleich ergebnislos, getroffen hatte und die Reichswehr fragte, wie man mit dem Nationalsozialismus umgehen solle, wenn er sich künftig rechtstreu verhalte, konnte sich die Regierung Brüning nicht zu einem konsequenten Vorgehen gegen die Nazi-Partei entschließen. Damit entstand Ende 1930 eine gewisse Spannungslage zwischen der Reichsregierung und der preußischen Regierung unter *Otto Braun*, wobei an beiden Regierungen das Zentrum beteiligt war. Die Regierung Braun wollte in Preußen gegen die Nazis, gegebenenfalls auch gegen KPD-Gewalttäter, polizeilich vorgehen, aber *Brüning* stand zunächst auf der Bremse und konnte *Braun* und *Severing* mit dem Bruch der Koalition in Preußen drohen.[429]

Zwischen Zentrum und SPD wurde diskutiert, ob nun die KPD oder die NSDAP die gefährlichere Partei sei. Und weil nun einmal die KPD sich darin gefiel, offen ihre Verfassungsfeindlichkeit zur Schau zu tragen, während der viel stärker auf das Machtziel fixierte *Hitler* sein Doppelspiel zwischen Gewalt auf der Straße und staatsmännischer Legalität auf der anderen Seite spielte, gelangten – man könnte sagen aus *Hitlers* Sicht wunschgemäß – *Brüning* und der preußische Innenminister *Severing* zu dem Ergebnis, dass die KPD die gefährlichere Partei sei.[430] Entsprechend wurde hier schärfer vorgegangen, obwohl sich die Schlägerbanden von KPD und NSDAP bis hin zur Mordlust in nichts nachstanden und die SA gerade in Berlin die Gegenseite bewusst zur Gewalt provozierte, um ihr Bürgerkriegsszenario zu plausibilisieren und sich dem verschreckten Bürgertum als Lösung für Probleme anzubieten, die die Hitler-Partei selbst verursacht hatte. Aber auch der linke Antifaschismus junger KPD-Aktivisten stand der Gewalttätigkeit gegen Nazis, aber auch gegen Polizeikräfte in nichts nach und sie wurden so in ihrer Feindschaft gegenüber der zivilisierten („bürgerlichen") rechtsstaatlichen Demokratie zu Spielfiguren auf dem von *Hitler* und *Goebbels* aufgestellten Schachbrett.[431]

3. Verfassungsspiele nach der Preußenwahl: abgewählte Demokratie und Zugriff auf die Polizeimacht

Nach der Reichspräsidentenwahl am 10. April 1932 fanden gleich danach am 24. April mehrere Landtagswahlen statt, bei denen die NSDAP große Stimmengewinne verbuchen konnte. Im weniger bedeutenden Freistaat Anhalt wird die NSDAP mit 41,6 % die deutlich stärkste Partei und stellt den Ministerpräsidenten.[432] In Bayern allerdings, deren Hauptstadt *Hitler* hat groß werden lassen, bleibt die katholische BVP vor der NSDAP stärkste Partei, in diesem Land gelingt es den verfassungsfeindlichen Kräften auch nicht, eine Obstruktionsmehrheit zu bilden – in der Situation Deutschlands im Jahr 1932 eher untypisch[433] –, sodass der bayerische Ministerpräsident *Held* regulär im Amt bleiben kann. In protestantischen Regionen finden die Nazis mehr Anklang als in katholischen Reichsteilen, das gilt neben Bayern auch für das Rheinland, das allerdings zum überwiegend protestantischen Preußen gehört. Mit 27 Millionen Wählern ist das Riesenland Preußen, in dem ebenfalls am 24. April 1932 die Bürger zur Wahlurne gerufen sind, am bedeutendsten, auch für die Reichspolitik. Bei einer Wahlbeteiligung von 82 % erringt die NSDAP 36,7 %, die KPD 12,9 %, die DNVP 7 %. Mit über 56 % der abgegebenen Stimmen für verfassungsfeindliche Parteien haben damit die Wähler und Wählerinnen in Preußen die Demokratie abgewählt.

Doch hier herrscht ohne die Institution des Staatspräsidenten eine rein parlamentarische Regierung. Die preußische Verfassung sah schlicht vor, dass der Ministerpräsident vom Landtag gewählt werde.[434] Näheres zum Wahlvorgang regelte die Geschäftsordnung des Landtages als autonomes Binnenrecht. Die Geschäftsordnung bestimmte an sich, dass der alte Ministerpräsident nur dann sein Amt verliert, wenn eine Mehrheit der Abgeordneten einen neuen Ministerpräsidenten wählt. Das war der Sache nach das konstruktive Misstrauensvotum, das heute Art. 67 GG für den Bundestag vorschreibt. Doch auch hier gilt es, voreilige Schlüsse hinsichtlich der vom Grundgesetz gewährleisteten politischen Stabilität zu vermeiden. Wenn tatsächlich Art. 67 GG in der heutigen Form für den preußischen Landtag gegolten hätte, wäre der Zugriff der NSDAP auf die Landesregierung – und damit auf die preußische Polizei – gerade nicht zu verhindern gewesen. Denn wenn, wie ursprünglich auch durch die Geschäftsordnung vorgesehen, die Wahl zum Ministerpräsidenten stattgefunden hätte, wäre im ersten Wahlgang mit einiger Sicherheit keiner dieser beiden Kandidaten mit absoluter Mehrheit gewählt worden – weder *Otto Braun* (SPD) noch *Hermann*

Göring (NSDAP) – weil die KPD weder den einen, noch den anderen unterstützt hätte. In einem weiteren Wahlgang hätte dann allerdings die relative (einfache) Mehrheit genügt und hier hätten NSDAP und DNVP deutlich über 40 % der Mandate in die Waagschale werfen können, während das demokratische Lager dieses Stimmgewicht nicht erreichte. Also wäre *Göring* nach Lage der Dinge gewählt worden, er hätte dann zwar durch ein Misstrauensvotum gestürzt werden können, wäre aber geschäftsführend im Amt geblieben – mit allen Zugriffsmöglichkeiten auf den größten Polizeiapparat des Reiches.

Aus diesem Grund hatte der alte Landtag die nach der Geschäftsordnung bestehende Regelung zur Wahl des Ministerpräsidenten *zwölf Tage vor der Neuwahl* in einer Eilsitzung geändert und die Stichwahlentscheidung auf der Grundlage einfacher Mehrheit gestrichen und das Erfordernis der absoluten Mehrheit im zweiten und für weitere Wahlgänge vorgeschrieben.[435] Dieser „Geschäftsordnungstrick" wurde nicht nur und erwartungsgemäß vom radikal rechten Spektrum kritisiert, sondern sogar vom Sozialdemokraten *Julius Leber* als „absolute Lächerlichkeit" beschrieben.[436] Aber von Lächerlichkeit konnte keine Rede sein, wenn man davon ausgeht, was die Kommandogewalt *Görings* über die preußische Polizei bedeutet hätte: Damit wäre jeder Versuch, die Nationalsozialisten von der Zerstörung der freiheitlichen Demokratie noch abzuhalten, aussichtslos geworden.

Wer hier verfassungsrechtlich in üblicher Weise dachte, der konnte zu der Diagnose gelangen, dass formal gesehen durch den Missbrauch der Geschäftsordnungsautonomie de facto eine Verfassungsänderung vorlag, zumal, wenn die Stabilität von parlamentarisch getragenen Regierungen als immanenter oder ungeschriebener Verfassungsgrundsatz angesehen wird. Allerdings hatte die Landesverfassung hier nichts geregelt und damit dieses Prozedere der Parlamentsautonomie überlassen. Der neue Landtag konnte schließlich die Geschäftsordnung wieder ändern. Und wenn er infolge seiner – institutionell gesehen – destruktiven Zusammensetzung dazu nicht in der Lage war, dann war die Geschäftsordnungsänderung eben legitim, um wenigstens den Nachklang einer stabilen Regierung in Gestalt des Bündnisses zwischen Zentrum und SPD geschäftsführend im Amt zu halten.

Es ging längst um das, was die Nazis nur kurze Zeit später in ihrer typischen Verdrehung der Tatsachen als „Staatsnotstand" bezeichneten: Hier musste eine wehrhafte Verfassung den Zugriff von politischen Gangstern auf die Machtmittel des Staates mit allen Mitteln blockieren. Ob ein solches Argument aber überhaupt noch als Verfassungsargument vorzeigbar ist, darf indes auch bezweifelt werden. Die politische Situation im Reich und in Preußen hatte eine Dynamik erreicht, die ganz ersichtlich das bereits vom Reichspräsidenten, maßgeblichen Teilen der öffentlichen Meinungsbildung und vom Wähler ausgehöhlte Verfassungssystem nicht mehr als Argument tauglich erscheinen ließ. Das Recht war sichtbar an die Grenzen der Macht gelangt und die nackte Verfügung über die Mittel der staatlichen Gewalt rückte ins Zentrum.

Die Regierung *Braun* trat nach der Wahl und dem Zusammentritt des neuen Landtags zwar zurück, blieb aber geschäftsführend im Amt, weil sich naturgemäß NSDAP und DNVP auf der einen Seite nicht mit der KPD auf der anderen Seite auf einen mehrheitsfähigen Kandidaten für das Ministerpräsidentenamt und auch nicht auf eine Änderung der Geschäftsordnung einigen konnten.[437] Wenn *Schleicher* und *Hindenburg* geglaubt hatten, mit der Landtagswahl in Preußen den dortigen Innenminister *Severing* mit seinem Kommando über die beträchtlichen Polizeikräfte des Landes, die zum Teil mit schweren Waffen ausgestattet waren, mitsamt seiner relativ harten Haltung gegenüber der NSDAP aus dem Amt entfernt zu sehen, so mussten sie enttäuscht sein.

4. Von Brüning zu Papen

Das für die Demokratie desaströse Ergebnis der preußischen Landtagswahlen vom 24. April 1932 verstärkte die Krise der Reichsregierung unter *Brüning*. Nur wer noch nicht wahrhaben wollte, dass in Preußen die Demokratie abgewählt worden war, konnte jetzt noch nach parlamentarischen Lösungen suchen, so wie Reichskanzler *Brüning*, der eine Koalition von Zentrum und NSDAP ventilierte. Doch während man darüber verhandelte, ob *Göring* Ministerpräsident würde, so die Vorstellung der NSDAP, oder der nationalkonservative *Goerdeler*, so die Vorstellung *Brünings*, brach im Laufe des Monats Mai die Machtgrundlage des Reichskanzlers weg, die angesichts der Erosion auch nur theoretischer parlamentarischer Handlungsfähigkeit angesichts der Wählerdynamik allein im Vertrauen *Hindenburgs* und seines Beraters *Schleichers* lag. Mit außenpolitischen Erfolgen bei der Abrüstungskonferenz in Genf konnte *Brüning* bei *Hindenburg* nicht wirklich glänzen, denn das hätte vorausgesetzt, dass Deutschland wieder hätte aufrüsten dürfen, eine solche Konzession war nicht gemacht worden. Der nach zweieinhalb Monaten am 9. Mai wieder zusammentretende Reichstag bot das übliche Bild. Die drei verfassungsfeindlichen Parteien NSDAP, DNVP und KPD stellten Misstrauensanträge oder den Antrag auf Außerkraftsetzung von Notverordnungen. Debattiert wurde auch über die bislang durch Notverordnung des Reichspräsidenten gegebene Kreditermächtigung zugunsten der Reichsregierung und ihre formelle Bereinigung durch ein Schuldentilgungsgesetz. Noch einmal, ein letztes Mal, funktionierte die von *Brüning* mühsam gehaltene politische Diagonale zwischen Vertrauen des Reichspräsidenten und Tolerierung der SPD. Die Misstrauensanträge wurden mit 286 gegen 259 Stimmen zurückgewiesen, das für die fiskalische Handlungsfähigkeit der Reichsregierung wichtige Schuldentilgungsgesetz mit 288 gegen 260 Stimmen angenommen.[438] Doch dann musste die Reichstagssitzung wegen Tätlichkeiten aus Reihen der NSDAP unterbrochen werden, wobei man noch nicht wusste, dass dieser 5. Reichstag der Republik, der noch bedingt handlungsfähig war, nicht wieder zusammentreten sollte.

Reichsinnenminister und Reichwehrminister *Groener* hatte in den bis zum 12. Mai währenden Sitzungen des Reichstages eine schlechte Figur abgegeben. *Groener*, der bis dahin hinter *Brüning* als das einflussreichste Mitglied der Reichsregierung und potentieller Nachfolger im Amt des Reichskanzlers galt, war in Rechtskreisen sowie in der Reichswehr, vor allem bei *Schleicher*, dessen Mentor er ja war, durch das SA-Verbot ohnehin in Ungnade gefallen. *Groener* war gemessen an den Mitspielern der damaligen Zeit ebenso wie *Brüning* nach moralischen Maßstäben ein anständiger Mensch. Aber der Transportexperte des Ersten Weltkriegs und Verkehrsminister der frühen Weimarer Republik war kein Mann mit politischem Scharfblick und Durchsetzungsvermögen. Noch am 12. Mai trat dieser Mann von der wichtigeren Funktion des Reichswehrministers zurück. Damit verließ einer der letzten seriösen Gestalten die Kommandobrücke der Reichswehr, die im Klima innenpolitischen Aufruhrs die eigentliche Garantiemacht (neben der preußischen Polizei) für die Aufrechterhaltung der rechtsstaatlichen Ordnung war. Jetzt blieb in der maßgeblichen Reichsleitung nur noch *Brüning* selbst als seriöser, eigenständig denkender und zu einer halbwegs treffsicheren politischen Analyse fähiger Politiker im Amt.

In der zweiten Maihälfte ging es, wie bereits erwähnt, um die neue Siedlungsverordnung, die vom Reichsarbeitsministerium und dem Osthilfe-Kommissariat entwickelt worden war. Sie sollte gleichzeitig die Strukturprobleme des agrarischen Ostens und das Arbeitsbeschaffungsproblem in Angriff nehmen, indem überschuldete Betriebe durch Zwangsversteigerung günstig in das Eigentum der öffentlichen Hand gelangen und zur Nutzung von Neusiedlern weitergegeben werden sollten. Die Art und Weise der Zwangsversteigerungen nach der vom Reichskabinett beschlossenen Notverordnung rechtfertigte durchaus im Hinblick auf die Eigentumsgarantie und rechtsstaatliche Bedingungen Bedenken, die der Reichspräsident äußerte und aufgrund derer er sich weigerte, die Notverordnung zu unterzeichnen. Mit diesem Veto verband *Hindenburg* seine Vorbehalte gegenüber einem Verbleiben des bereits demissionierten Reichswehrministers *Groener* im Amt des Reichsinnenministers: Er zielte auf das von *Groener* und *Brüning* weiterhin aufrecht erhaltene SA-Verbot. Das war auch Thema des Gesprächs zwischen Reichspräsident *Hindenburg* und Reichskanzler *Brüning* am 29. Mai 1932. Hier machte *Hindenburg* klar, dass er *Brüning* nach einer von ihm für notwendig gehaltenen Neubildung des Kabinetts nur noch im Amt des Außenministers sehen würde. Das kam einer Entlassung *Brünings* als Reichskanzler gleich, der im Verfassungssystem von Weimar nichts dagegen unternehmen konnte. Selbst mit einer ohnehin nur theoretisch möglichen Unterstützung des Reichstages hätte sich kein Kanzler gegen einen vom Reichspräsidenten gewollten Kanzlerwechsel zu wehren gewusst. Aus diesem Grund traten am 30. Mai 1932 *Brüning* und das gesamte Kabinett durch entsprechendes Schreiben an den Reichspräsidenten zurück. Damit blieben im Machtzentrum des Reiches *Hindenburg* sein Staatssekretär *Meissner* und General *Schleicher* zurück: Das politische Handlungszentrum des Reiches war damit praktisch frei von integren Personen mit politischer Urteilskraft.

Dieser Zustand der praktischen Führungslosigkeit des Reiches wurde durch die Neuberufung des Reichskanzlers *Franz von Papen* nicht gemildert, sondern verschärft. Wie *Brüning* stammte *Papen* aus der Zentrumsfraktion des Reichstages, gehörte aber dem exponiert rechten Flügel an und hatte wiederholt gegen das demokratische Bündnis von Zentrum und SPD in Preußen unter der Regierung *Braun* opponiert.[439] *Papen* war ein Repräsentant der konservativen deutschen Elite, geprägt durch Militär, Diplomatie und Wirtschaft; zudem hatte er reich geheiratet und war passionierter Herrenreiter. *Franz von Papen* fehlte eigentlich jedes politische Talent für ernsthafte Führungspositionen, dafür aber brachte er ausgezeichnete Beziehungen und tadellose Manieren mit. Seine alte Kameradschaft zu *Schleicher* war eine dieser Beziehungen, die sich jetzt im Mai 1932 auszahlte. Das Zentrum, das in *Brüning* einen würdigen Reichskanzler mit parteipolitischer Bodenhaftung gesehen hatte, wollte sich nicht durch eine randständige Figur, für manchen Beobachter sogar durch eine so tölpelhafte Erscheinung wie *Papen* vertreten sehen. Das bedeutete aber den Todesstoß für das seit Oktober 1930 etablierte, überaus prekäre System des Gleichgewichts zwischen präsidialer Intervention und Tolerierung durch einen sich selbst aus dem Spiel haltenden Reichstag. Denn wenn *Papen* schon nicht die Unterstützung des Zentrums hatte (er trat am 3. Juni aus der Partei aus), so konnte er erst recht nicht mit der Tolerierung durch die SPD oder mit der Unterstützung durch andere gemäßigte bürgerliche Abgeordnete im Reichstag rechnen. Mit anderen Worten: Bei einem Zusammentritt des Reichstags musste wiederum mit Misstrauensanträgen oder Anträgen auf Aufhebung von Notverordnungen gerechnet werden, für die sich eine Mehrheit finden würde.

Bild 6: *Kabinett von Papen aus dem Jahr 1932*

Man fragt sich vor diesem Hintergrund, was *Schleicher* und *Hindenburg* zu dem Wechsel von *Brüning* zu *Papen* bewogen haben könnte, ob sie sich Illusionen hingegeben haben, was eine Tolerierung durch die NSDAP im Reichstag anging. Zu *Hindenburg* und wohl auch zu *Schleicher* hätte es jedenfalls gepasst, weiter vom rechtsnationalen Einheitsblock zu träumen und eine Disziplinierung der NSDAP für möglich zu halten. Dagegen spricht auf den ersten Blick, dass es keine Anzeichen für eine Tolerierung der NSDAP gab; es hätten auch die Mehrheitsverhältnisse im Reichstag ohne das Zentrum für eine Tolerierung einer Rechtsregierung nicht ausgereicht. Womöglich hat *Schleicher* einen gefährlichen Schritt weitergedacht. In einem anderen Szenario wäre die überraschende Installierung des ursprünglich sich selbst offenbar nicht für geeignet haltenden *Papen* womöglich ein überschlauer Schachzug *Schleichers* gewesen, um über eine mit *Papen* gleichsam provozierten Neuwahl nicht zu einer Mäßigung der parlamentarischen Verhältnisse, sondern umgekehrt zu einer Radikalisierung der Proportionen im Reichstag zu gelangen. Denn aus *Schleichers* Sicht würde ein neu gewählter Reichstag (wenn man die Ergebnisse der Landtagswahlen vom 24. April in einer realistischen Weise mittelte und für das Reich hochrechnete) zwar die NSDAP zur stärksten Partei machen, aber sie auch mit der DNVP zusammen noch nicht in eine Mehrheitssituation befördern.

221

Dadurch würden sich zwei Handlungsalternativen eröffnen, die bei den im Mai 1932 sichtbaren Kräfteverhältnissen und der öffentlichen Meinungsbildung so noch nicht bestanden: Zum einen konnte man mit einer gestärkten NSDAP vielleicht doch zu einer Tolerierung des rechten Präsidialkabinetts gelangen, wenn das SA-Verbot aufgehoben würde. Zum anderen, und für *Schleicher* vielleicht noch attraktiver, konnte man bei erwiesener kompletter Handlungsunfähigkeit des Parlaments den Reichstag wiederum auflösen, aber den verfassungsrechtlich vorgeschriebenen Neuwahltermin mit Hinweis auf die Obstruktionsmehrheit des Reichstages aus Gründen einer fundamentalen Staatskrise aussetzen und auf diese Weise den Reichstag vorübergehend oder dauerhaft komplett aus dem Verfassungsraum entfernen.

Für die Triftigkeit der Annahme eines solchen Kalküls vor allem im Hinblick auf eine gravierende Veränderung der verfassungsrechtlichen Verhältnisse, die letztlich einem staatsstreichartigen Verfassungsumbau gleichkäme, spricht das zwischen *Papen*, *Schleicher* und dem neuen Reichsinnenminister *Gayl* abgestimmte Verhalten beim sogenannten Preußenschlag.

III. Preußenschlag und Notstandspläne

Die neue Regierung *Papen* trat gar nicht erst vor den bestehenden Reichstag, sondern ließ durch den Reichspräsidenten am 4. Juni 1932 die Auflösung des Reichstages vornehmen und setzte Neuwahlen für den 31. Juli an. In der Zwischenzeit versuchte die als „Kabinett der Barone" von der politischen Linken titulierte Reichsregierung mit einer Rettungsrhetorik sich als überparteiliche, die Staatsrationalität und die nationale Einheit aller konstruktiven Kräfte verkörpernde Instanz in Szene zu setzen, die ganz im Duktus *Hindenburgs* aus der Misswirtschaft der Parlamentsdemokratie herausführen sollte.[440] Doch parteipolitisch stand hinter der Regierung *Papen* keine Kraft von Gewicht – lediglich die geschrumpfte, klägliche Partei *Stresemanns*, die DVP, konnte sich für *Papen* erwärmen. Das Kabinett der Barone war keine parlamentarisch brüchige Regierung wie unter *Brüning*, sondern von vornherein eine nichtparlamentarische Präsidialregierung, mit viel Wohlwollen ein Expertenkabinett ohne Verankerung in den Parteien.

Schleicher traf sich an jenem 4. Juni 1932 mit *Hitler* und lotete die erste Handlungsalternative aus, ob *Hitler* mit seiner aus den Reichstagswahlen vermutlich als stärkste Fraktion hervorgehenden NSDAP die Regierung *Papen* tolerieren

würde. Dass *Schleicher* nicht immer die Grundzüge politischer Verhandlungs-
taktik beherrschte, erkennt man bereits daran, dass er *Hitler* zunächst die Aufhebung des SA-Verbots zusagte, bevor er eine Tolerierungszusage von *Hitler*
für die Zeit nach der Neuwahl bekam. Die Reichstagsauflösung mit gleichzeitiger Aufhebung des SA-Verbots war entweder politischer Dilettantismus
oder jedenfalls eine Unterschätzung der Entschlossenheit des Gegenübers. Der
in dieser Hinsicht gewiss nicht bessere *Papen* erkannte jetzt aber offenbar auch
die Gefahr, dass während des Wahlkampfs im Reich, in Preußen im Hinblick
auf dort schwebende Sondierungen doch noch eine Koalition von Zentrum und
NSDAP zustande kommen könnte und damit auch auf Reichsebene eine Dynamik in diese Richtung auslösen müsste.[441] Auch aus Sicht *Schleichers* musste eine
solche Entwicklung unerwünscht sein, wenn er die vage Handlungsalternative
des präsidialen Staatsstreichs als Fall des Verfassungsnotstandes offen halten
wollte. Denn ein solches Vorgehen erhöhte die Gefahr bürgerkriegsähnlicher
Zustände und setzte deshalb voraus, dass nicht nur die Reichswehr, sondern auch
die preußische Polizei im Zugriffsbereich des Reichspräsidenten oder der Regierung *Braun* blieb, also die preußische Polizei nicht in den Zugriff der NSDAP
gelangte. Man erkennt also, dass jemand, der die Verfassung jedenfalls dem
Wortlaut nach brechen will (oder muss?) und ohne plebiszitäre Zustimmung ist,
die Legitimitätsquelle des Rechts verliert und er sich seiner Verfügungsgewalt
über die bewaffnete Macht versichern muss.

Schon *Brüning* hatte offensichtlich auf der eingeschlagenen Linie einer stärkeren Bekämpfung der NSDAP die Reichsexekution gegenüber Preußen in Erwägung gezogen, um eine Regierungsbeteiligung der NSDAP in Preußen und
ihren damit verbundenen Zugriff auf die preußische Polizei zu unterbinden. Die
latente Bürgerkriegslage seit dem Präsidentenwahlkampf, den Landtagswahlen
und jetzt den vorgezogenen Reichstagswahlen im Juli 1932 ließ diese Frage
gerade auch unter den Bedingungen der immer noch schwebenden Koalitionsverhandlungen im Land Preußen zwischen Zentrum und NSDAP dringlich
werden. Die Radikalisierung der fragmentierten Gesellschaft schritt exponen-
tiell voran. Selbst die SPD wollte jetzt wieder den Kapitalismus überwinden –
sie hatte erneut mit einer linksradikalen Abspaltung, der SAP, zu kämpfen,
während die KPD einigermaßen offen von der notwendigen Bewaffnung des
Rotfrontkämpferbundes sprach. Die NSDAP und vor allem ihre nun wieder
öffentlich auftretende SA sahen sich als brauner revolutionärer Verband, der, von
einer Woge der Zustimmung in Wahlen getragen, sich auch mit Gewalt nehmen
konnte, was ihm aus ihrer Sicht bei Fortsetzung des permanenten Wahlkampfes
ohnehin zufallen würde. Das „Machtvakuum" in Preußen wurde deshalb für

die Papen-Regierung zu einem zentralen Problem, um die öffentliche Ordnung im Griff zu behalten, auch und zumal, wenn man an eine Transformation der Verfassungsordnung im präsidialen Notstandswege dachte.

Schleicher und *Papen* wollten den Zugriff auf die preußische Verwaltung, vor allem die preußische Polizei, aus unterschiedlichen Gründen, im Blick auf zwei Fronten. Zunächst wollten sie die Sozialdemokratie mit Innenminister *Severing* und auch das inzwischen gegenüber der Regierung *Papen* feindliche Zentrum aus dieser Machtposition verdrängen – das war ja gerade der Unterschied zu *Groener* und *Brüning*, die nicht zuletzt deshalb aus dem Amt gedrängt worden waren. Nur so konnte man den Nazis sanfte Behandlung anbieten. Wenn man zum Notstandsplan überging, und nach Reichstagsauflösung keinen Neuwahltermin ansetzte, sollte zudem auch der Mitte-Links-Regierung *Braun* dagegen kein Mittel in der Hand verbleiben. Denn es war keineswegs sicher, wie sich gemäßigte Linke und Zentrum im Fall des Staatsstreichs (und sei es auch zur Rettung der Republik) verhielten. Für den Präsidentialismus unter Ausschaltung des Reichtags standen sie womöglich nicht zur Verfügung. Und schließlich ging es darum, den Zugriff der NSDAP auf diese exekutiven Kraftquellen zu unterbinden, weil ansonsten wohl schwerlich überhaupt noch mit *Hitler* zu verhandeln gewesen wäre, wenn er die Finger bereits am Abzug der preußischen Polizei gehabt hätte.[442] Niemand mochte sich einen Bürgerkrieg vorstellen, bei dem auf der einen Seite die preußische Polizei unter dem Befehl der NSDAP und auf der anderen Seite die Reichswehr unter dem Befehl *Hindenburgs* und *Schleichers* gestanden hätten.

Als *Hindenburg* seine Unterschrift unter die Anordnung zur bundesrechtlichen Reichsexekution gegen Preußen mit der Einsetzung eines Staatskommissars gab, war es ihm wichtig, dass Staatssekretär *Meissner* ihm bestätigte, diese Anordnung sei verfassungsgemäß.[443] Was immer *Hindenburg* politisch wollte, es musste unter Einhaltung der Verfassung – wenn auch nur formal – realisiert werden, dies schon um sein öffentliches Bild nicht zu beschädigen. Eine Verfassung „legal" auszuhöhlen oder umzuformen, um der guten Sache des autoritären Umbaus des Landes willen, war für ihn das eine, offener Verfassungsbruch jedoch das andere. Die hochkonservativen, politisch dilettierenden Kräfte in seiner Umgebung – das traf noch am wenigsten auf den kühleren *Schleicher* zu – träumten von Reichsumbau, Sozialprogrammen, Ende der Parteiendemokratie und neuer Ordnung.[444] Während sich die Gewalt der Extreme, insbesondere die der nach dem Griff zur Macht gierenden Nazipartei sich bis zu offenem Mord und seiner Rechtfertigung („Potempa") steigerte, musste *Hindenburg* sich entscheiden. Waren die Nazis nun gute, wenngleich ungestüme Kräfte des jungen nationalen

Aufbruchs, wie der antisemitische, mit mindestens einem Bein in der Ideologie der Naziparteistehende Reichsinnenminister *Gayl* (DNVP) im Kabinett schwadronierte[445] (der aber zugleich vergleichsweise entschlossen die Nazis mit dem Notstandsplan womöglich doch eindämmen wollte) oder waren die Nazis gefährliche Leute, mit denen sich *Hindenburg* vielleicht besser nicht einlassen sollte? Das Schwanken, die Unentschiedenheit in dieser Frage machte die rechtsautoritäre Elite letztlich handlungsunfähig. Vor allem aber traute sie sich nicht, die Machtmittel des Staates im Hexenkessel der öffentlichen Meinungsbildung einzusetzen und suchte deshalb nach Kompromissen, die es mit einem *Hitler* nicht geben konnte, nahm Zuflucht zu einem Bild der zähmbaren Hitler-Partei, von dem sie wissen konnte und musste, dass es auf politischen Träumereien beruhte.

Severing erklärte, die Reichsexekution sei verfassungswidrig, wodurch ein Verfassungsstreit aufbrach – eine für Hindenburg beunruhigende Entwicklung. Die Reichsexekution war gemessen an Art. 48 *Abs. 1* WRV tatsächlich verfassungswidrig; der Reichsstaatsgerichtshof, das Verfassungsgericht des Reiches, bestätigte das im Hauptsacheverfahren. Aber das vom Gericht herangezogene Argument, es handele sich gleichwohl um eine verfassungsgemäße Maßnahme, allerdings auf der Grundlage des Art. 48 *Abs. 2* WRV, wegen einer erheblichen Störung der öffentlichen Sicherheit und Ordnung im Reich im Hinblick auf die bürgerkriegsähnliche Lage[446], ist nachvollziehbar, wenn man bedenkt, wie lange die NSDAP noch versuchte, mit Koalitionsverhandlungen auf die preußische Polizei zugreifen zu können und dass es längt schon angesichts eines drohenden Bürgerkrieges um die Verfügungsgewalt über bewaffnete Kräfte ging. Bei Lichte betrachtet bedeutete das sogar, dass hier der argumentative Weg sichtbar wurde, auch einen Reichstag, der in der Hand der verfassungsfeindlichen Mehrheit war, in eine lange Pause zu schicken: Denn wenn mit gefahrenabwehrender Notverordnung *vertikal* in das föderale Verfassungsgefüge eingegriffen werden konnte, ohne dass ein föderaler Anlass für eine Reichsexekution gegeben war, dann hätte mit entsprechend begründeter Notverordnung auch *horizontal* in das Verfassungsgefüge eingegriffen werden dürfen und die vorgeschriebene Neuwahlfrist überschritten werden können. Allerdings legte der Reichsstaatsgerichtshof einer solchen Argumentation auch wieder Hindernisse in den Weg.[447] Für einen präsidialen Staatsstreich zur Rettung der Verfassungssubstanz konnte man Argumente gewinnen, aber auch Gegenargumente, also in einer prekären Schwebelage kein Signal der Richter erreichen. Was hätte man auch anderes erwarten sollen?

Und doch hatten der Verfassungsstreit an sich und das inkonsistente Lavieren des Urteils in der Hauptsache[448] eine Folgewirkung. Denn letztlich wurde für das zu diesem Zeitpunkt noch existierende Duumvirat Papen-Schleicher der Weg zur Ausschaltung des wie erwartet radikalisierten Reichstags erschwert. Verfassungshistorisch ist vor diesem Hintergrund die spätere Entscheidung des Staatsgerichtshofs mit seiner inkonsequenten Position zwischen Verfassungsmäßigkeit und Verfassungswidrigkeit sowie dem wertlosen Trostpflaster der Fortexistenz der geschäftsführenden Landesregierung Preußens bei der Ausübung des Stimmrechts im Reichsrat, nicht für sich interessant, sondern in der psychologischen Wirkung auf das Reichskabinett und den greisen, jetzt doch nicht körperlich und geistig zu jedem Zeitpunkt urteilsfähigen Reichspräsidenten.

Im August und September 1932 ging es im Grunde nur noch um die Verwirklichung des entscheidenden Plans zur Ausschaltung des vom Wähler bereits zerstörten Reichstages. Die Wahl vom 31. Juli 1932 war verheerend ausgefallen. Die Feinde der demokratischen Verfassungsordnung, die drei extremen, zu keiner politisch konstruktiven Arbeit, sondern zu verschiedenen Varianten der Diktatur und zum antiparlamentarischen Verfassungsumbau strebenden Parteien NSDAP, DNVP und KPD erzielten in Summe 57,5 % der Stimmen. Die NSDAP wurde die stärkste Partei mit 37,3 % der abgegebenen Stimmen, sekundiert von der DNVP mit 5,9 % der Stimmen. Die KPD legte ebenfalls noch einmal zu und kam auf 14,3 % der abgegebenen Stimmen. Die Wahlbeteiligung, die in der späteren Bundesrepublik fälschlich als Gradmesser der Zustimmung zur Demokratie verstanden wurde, wonach sinkende Wahlbeteiligung als Abwendung der Bürger vom demokratischen Geschehen interpretiert wurde, stieg auf die höchste seit 1920, auf 84,1 % – und das in einem Jahr, in dem soeben die Reichspräsidentenwahl mit zwei Wahlgängen und wichtige Landtagswahlen wie die in Preußen stattgefunden hatten. Es kann keinen Zweifel geben: Die Deutschen haben im Sommer 1932 in einer freien, gleichen und geheimen Wahl sehr deutlich die Demokratie abgewählt. Was sie nicht getan haben war, dem rechtsextremen Lager zur Mehrheit zu verhelfen.

Die minimalinvasive, aber realitätsblinde erste Option der Präsidialakteure war deshalb immer noch ein Bündnis zwischen dem mit 15,7 % der Stimmen erstaunlich stabil gebliebenen Zentrum (plus BVP) und der NSDAP. Dafür bot sich nach ihrer Ansicht entweder eine mehrheitsfähige Koalition an, wobei der Reichspräsident dann das Kabinett in der Zusammensetzung kontrollieren sollte – keine Kanzlerschaft *Hitlers*, kein Zugriff der NSDAP auf Reichwehr und preußische Polizei. Die von den Präsidialakteuren bevorzugte Variante war die Tolerierung eines Präsidialkabinetts Papen. Sperrte sich insbesondere die NSDAP gegen diese beiden Lösungen, musste der riskantere Weg beschritten werden: Auflösung des Reichstages und Verzicht auf Ansetzung eines Neuwahltermins binnen sechzig Tagen (Art. 25 Abs. 2 WRV).

Diese lange ventilierte Notstandslösung hätte den Reichstag auf unbestimmte Zeit aus dem Spiel genommen. Man könnte auch sagen, das Volk – dessen Repräsentationsorgan der Reichstag nun einmal war – wäre dann aus dem Spiel genommen worden, aber die Reaktionen darauf wären in einem gewalttätig aufgeladenen, inzwischen vergifteten öffentlichen Meinungsraum unberechenbar geblieben. Und dennoch hatte das Argument des Staatsnotstandes Gewicht. Die vom Wähler – gleich ob mutwillig oder verzweifelt – herbeigeführte Obstruktionsmehrheit des Reichstages gefährdete die Stabilität des Staates, vor allem auch des Rechtsstaates; die Wahl selbst erzeugte einen Staatsnotstand, weil kein stabiles Regieren mehr möglich war. Aber jetzt musste auch für einen Liberalen, sofern es sie noch gab angesichts der bei der Wahl völlig dezimierten beiden liberalen Parteien, oder für einen Sozialdemokraten das langjährige, im Grunde schon mit der Antrittsansprache *Hindenburgs* 1925 vor dem Reichstags verkündete Mantra der präsidialen Welterklärer einleuchten, wonach die demokratische Legitimation des Reichspräsidenten im Hinblick auf die Einheit von Staat und Nation eben doch eine besondere war.

Die Weimarer Verfassung kannte zwei Legitimationsstränge vom Volk zu den Reichsorganen. Am 10. April 1932 war *Hindenburg* mit klarer Mehrheit vom Volk gewählt worden. Hier bündelte sich der Volkswille zur staatlichen und nationalen Einheit *in einem Amt und einer Person*. Der funktionsfähige Arm der Demokratie und des Volkswillens – der Reichspräsident – musste in Aktion treten und den durch die Obstruktionsmehrheit gelähmten anderen Arm – den Reichstag – aus dem Spiel nehmen, und zwar solange, bis Besserung in Sicht oder sogar eine andere Verfassungsordnung etabliert war. Das lag ja eigentlich auf der jahrelang propagierten Linie der Anhänger präsidialer Alleinherrschaft.

Aber zwei Probleme, zwei Hindernisse standen im Raum, ein normatives und ein faktisches – und beide waren ineinander verschlungen. Nicht nur ein Verfassungsrechtler wie *Carl Schmitt* hätte ohne größere Argumentationsprobleme die Missachtung von Art. 25 Abs. 2 WRV – also der nach Auflösung des Reichstages anzusetzende Termin der Neuwahl – im Staatsnotstand zur Rettung der Verfassungssubstanz für gerechtfertigt erklären können, ja sogar als geboten verstehen dürfen. Es wäre eine der Beurteilung der Geschäftsordnungsänderung des preußischen Landtages unmittelbar vor der Wahl am 24. April 1932 entsprechende Argumentation gewesen.[449] Der prekäre Rechtsgedanke könnte lauten: „Ungeschriebenes materielles Verfassungsrecht bricht geschriebenes formelles, wenn nur dadurch die Substanz der Verfassung bewahrt werden kann". Es wäre in gewisser Weise eine verfassungsrechtliche Antizipation des Art. 20 Abs. 4 GG[450] gewesen und auch die Anwendung der Radbruchschen Formel[451]. Wenn der materielle Substanzschutz der freiheitlichen Verfassung es gebietet, muss notfalls formelles Verfassungsrecht zurücktreten, es geht um den Schutz der Verfassungsidentität. Eine solche Rechtsauffassung muss man nicht teilen, sie ist für Juristen hochproblematisch und gewiss ein gefährlicher Grenzfall, aber dieses Argument ist – anders als im Fall der mit konstruierten Anlässen operierenden Reichsexekution gegen Preußen – jedenfalls vertretbar. Selbst in Grenzfällen, die nichts mit dem Staatsnotstand zu tun haben, kann auch das Bundesverfassungsgericht die Nichtanwendung vorrangigen europäischen Unionsrechts anordnen, wenn die Verfassungsidentität des Grundgesetzes auf dem Spiel steht.[452]

Formal jedoch – und das war für den juristischen Laien *Hindenburg*, aber auch für die Öffentlichkeit wichtig – war die Abweichung vom Wortlaut der Verfassung evident, handelte es sich doch um eine klare Fristvorschrift ohne Auslegungsspielraum. *Hindenburg* ließ sich dennoch von *Meissner* die Verfassungslage erklären und war deshalb letztlich doch für den Notstandsgedanken durchaus offen. Aber was war mit den politischen Parteien, was mit den Gewerkschaften und was mit der Presse? Weil es für jeden juristischen Laien nach klarem Verfassungsbruch aussah, was nach Lage der Dinge – dem drohenden Griff einer politischen Gangsterbande nach der Verfügungsmacht des Staates – kein klarer Verfassungsbruch war, schlug das Normative, die Legalitätsfrage, auf die faktische Machtlage durch und lenkte den Blick auf das zweite und in jedem Grenzfall der politischen Macht ausschlaggebende Momentum: die Gewaltfrage.

Wenn die Auflösung des Reichstages durch Anordnung des Reichspräsidenten erfolgte und die Festsetzung des Neuwahltermins ausblieb, so würden auch das gemäßigt konservative Bürgertum und die Sozialdemokratie, die alle rechtsstaatlich orientiert waren, ablehnend reagieren. Die politischen Extreme würden schäumen. Die Hitler-Partei und gerade auch *Hitler* selbst konnten sehr überzeugend Verfassungsargumente ins Feld führen, wo es ihnen nutzte. So konnten sie den bürgerlichen Rechtsstaat und die demokratische Weimarer Verfassungsordnung in ihrer angeblichen Widersprüchlichkeit („Verlogenheit") vorführen. In einer Situation der Reichstagsauflösung ohne Neuwahltermin lag für solche Argumente der Ball auf dem Elfmeterpunkt. Allerdings würde das Argument des Verfassungsbruchs dann nicht länger zur Wahlwerbung gebraucht, es wäre vielmehr eines zur Legitimierung des gezielten Aufruhrs geworden. Denn wenn die Nazis erkannten, dass sie über Verhandlungen und Scheinkonzessionen nicht legal an die Macht kommen würden, dann wäre nichts leichter, als mit dem Argument des Verfassungsbruchs, verantwortet von einer Reichsregierung ohne jede parlamentarische Legitimation, ihre 400.000 Mann starke SA nebst verbündeten Stahlhelmeinheiten in Gang zu setzen – zum Marsch auf Berlin.

Das war die im Raum stehende Gewaltfrage. *Hindenburg*, sein engster Berater und Reichswehrverbindungsmann *Schleicher*, jetzt konsequent Reichswehrminister, und Kanzler *Papen* hätten bereit und fähig sein müssen, mit der Reichswehr und der preußischen Polizei, die man mit dem Preußenschlag in der Hand hatte[453], also mit kaum über 200.000 bewaffneten Kräften eine Rebellion von rechts, womöglich ergänzt durch Aufruhr und Generalstreikaufrufe von links, zu parieren. Mit diesen Kräften hätte man notfalls im gesamten Reich die politisch aggressive Bewegung *Hitlers* einzudämmen gehabt, die sich bereits tief in das gesellschaftliche Leben, womöglich ein Stück weit auch in das der bewaffneten Macht eingefressen hatte. Und die in der Krise Zulauf erhaltende KPD wartete ebenfalls auf die Chance zum gewalttätigen Aufruhr.

Doch trotz dieser ungünstigen Zahlenverhältnisse und trotz einer gewissen Unterwanderung von Reichswehr und Polizei durch die NSDAP hätte eine entschlossene politische Führung, wenn sie mit Notverordnungen des Reichspräsidenten im Fall des Aufruhrs bewaffnete Macht eingesetzt und sofort *Hitler* und seine Paladine festgesetzt hätte, mit Gehorsam rechnen können: Dem Reichspräsidenten, dem Kanzler, dem Reichswehrminister hätte wohl kaum eine nennenswerte Anzahl von Offizieren den Befehl verweigert. In einem Land wie Deutschland, mit dem hohen Ansehen der bewaffneten Ordnungskräfte, hätte man 1932 die Staatsmacht gegen die Straße durchsetzen können, die Verhältnisse zwischen 1919 und 1923 waren teilweise prekärer gewesen. Die Weimarer Verfassungsordnung war alles andere als wehrlos gegen ihre Feinde – die gegenteilige Annahme ist eine Legende. Das Zweite Republikschutzgesetz von 1930 verbot Organisationen, die sich gegen die „verfassungsmäßige republikanische Staatsform" richteten, sowie deren Druckerzeugnisse und Versammlungen. Der Reichspräsident hätte die NSDAP und die KPD mit Notverordnungen verbieten und sie wegen Hochverrats strafrechtlich verfolgen lassen können.

Das aber hätte 1932 eben auch entsprechende Köpfe an der Spitze verlangt. Der greise, mitunter altersbedingt jetzt doch nicht mehr vollkonzentrierte, schwerhörige *Hindenburg*, der ohnehin keine entsprechende Persönlichkeitsstruktur aufwies, hätte schon von seinem Umfeld (*Schleicher/Meissner/Papen*) hier sehr entschieden und geschickt geführt werden müssen. Wichtig für *Hindenburg* wäre auch eine klare Willensbildung im Reichskabinett gewesen. Aber diese drei „Berater" waren keine Anführer, keine wirklichen Machtmenschen, sie waren geboren für die zweite Reihe oder – wie im Falle *Meissner* – sogar für die dritte[454]. In der Reichsregierung gab es nach dem Weggang von *Brüning* und *Groener*, zumal nach der Absetzung der Regierung Braun/Severing, keine auch nur halbwegs konzeptionell handlungsfähigen Führungspersönlichkeiten mehr, die diesen Namen verdient hätten, keine Führungsperson, mit der man hätte einen Aufstand niederschlagen oder einen Bürgerkrieg gewinnen kön-nen. Einzig *Schleicher* schien hier noch einen Teil der geforderten Qualitäten aufzuweisen. Aber gerade das führte ihn neben seinen taktischen Fehlern in die Isolation einer schwankenden, illusionierten Umgebung. Im Übrigen – und das kommt als gravierender Grund hinzu – hätten sie schon von einem Ethos der Verteidigung der Substanz der freiheitlichen Verfassung getragen sein müssen, oder doch zumindest von der Idee des Rechtsstaates, wie es alter preußischer Tradition entsprach. Das hätte man bei *Otto Braun, Carl Severing*, auch bei *Heinrich Brüning* oder vielleicht bei *Wilhelm Groener* erwarten können, nicht aber bei so weit rechts stehenden Gestalten wie *Gayl* oder *Papen*, im Hintergrund *Hugenberg*. Die verbliebenen Berater um *Hindenburg* verfolgten eben politisch eine letztlich ebenfalls verfassungsfeindliche Agenda, die sich von dem, was man von den Nazis wusste oder zu wissen meinte, ja gar nicht so sehr unterschied. Diese Ein-schätzung wird durch eine geradezu gespenstische Szene belegt. Ausgerechnet am Verfassungstag, dem 11. August 1932, hielt der mit reaktionär-restaurativen Positionen sympathisierende Reichsinnenminister *Wilhelm von Gayl* eine gegen die Verfassung gerichtete Ansprache, wonach die geltende Verfassung das Land spalte und nicht einige. Er verlangte den Umbau zu einer autoritären Regie-rungsform und sah in der Monarchie die angemessene Staatsform des deutschen Volkes.[455] Wer sollte solchen Leuten glauben, dass sie im Notstand die Verfas-sungssubstanz verteidigten?

Dieser restaurative nationalkonservative Restbestand, diese verbliebene „Cli-que"[456] spielte Vabanque, vermutlich die meisten von ihnen ohne es recht zu merken. Einige fühlten sich vielleicht auch hingezogen zu der dynamischen Nazibewegung oder sich ihr und ihrem *Gewaltpragma*[457] doch fatalistisch ausge-liefert. Zum Mythos des Nibelungenliedes gehört die Annahme eines Schicksals, von dem man weiß oder ahnt, dass es in den Untergang führt, dem man aber nicht entkommen kann und es deshalb heroisch, in Treue fest, annimmt. Man kann nicht ausschließen, dass dieser deutsche Untergangsfatalismus, der schon im Sommer 1914 und dann wieder 1918 (auch ab Winter 1941) wirkte. Der ge-fährliche Fatalismus trat an die Stelle kaltblütig pragmatischen Handelns. Auch das prägte jenes schwankende, hilflos wirkende Klima im personell entkernten Reichspräsidentenpalais.

Aber eben auch die vermeintliche politische Nähe zur NSDAP und ihrem vagen Programm spielte eine Rolle. Das Umfeld *Hindenburgs*, also *Schleicher*,

Bild 7: *Reichkanzler von Papen 1932 mit Reichswehrminister Schleicher links und Reichsinnenminister von Gayl rechts*

Papen, Gayl, vermutlich auch der anpassungsfähige *Meissner*: Sie alle sympathisierten letztlich zumindest partiell mit Vorstellungen der gewalttätigen NSDAP und meinten, gemeinsame Ziele in der vorherrschenden Ideologie der nationalen Einheitssehnsucht und der Wiederauferstehung deutscher Stärke zu haben. Deshalb setzten sie die staatlichen Machtmittel nicht konsequent zur wirksamen Bekämpfung der Nazis ein, sondern eher als Drohkulisse und Verhandlungsmasse für die komplett irreale Zähmungspolitik, die letzten Endes in Kauf nehmen musste, von den Nazis überrollt zu werden.

IV. Die Reichsregierung im Abwärtsstrudel: von Papen zu Schleicher und wieder zurück?

Nach der Reichstagswahl vom 31. Juli 1932 trat eine explosiv aufgeladene Schwebelage ein. Die Nazis waren nicht so freudig gestimmt, wie sie nach einem solchen Wahlerfolg hätten sein müssen. Sie wollten die Macht sofort, aber sie war über eine Mehrheit im Parlament nicht in Sicht. Der Weg zur Macht führte also weiter über die Wandelgänge des präsidialen Regimes. Darauf reagierte *Hitlers* Privatarmee mit Gewalt und Terror. In der Nähe von Gleiwitz (Potempa) ermordete der SA-Mob am 10. August in seiner eigenen Wohnung vor den Augen seiner Mutter einen KPD-nahen Arbeitslosen: Sie traten ihn brutal zu Tode. *Hitler* stellte sich später öffentlich vor die Täter, denen die Todesstrafe drohte.

Der Fall Potempa zeigt zweierlei. Niemand kann zum einen ernstlich behaupten, er habe sich vor 1933 über die verbrecherische Natur der Nazis getäuscht. Der Mann, der schon in den Zwanzigerjahren durchaus unter öffentlicher Beobachtung mit Peitsche und Revolver unterwegs war, war ein politischer Gangster. Gewalt und Erpressung, Lüge und Betrug waren seine durchaus erkennbaren Instrumente. Dass *Hitler* sich offen vor politischen Mord stellte, musste jedem klarmachen, was den Gegnern der Nazipartei drohte, wenn dieser Mann, wie schon 1930 vor dem Reichsgericht öffentlich erklärt, „Köpfe rollen" ließ. Zum anderen zeigt der Potempa-Fall aber auch, dass der Rechtsstaat durchaus in der Lage gewesen wäre, bei entsprechender politischer Führung den Nazi-Mob zu bekämpfen. Das Urteil des Sondergerichts Beuthen gegen die Täter von Potempa fiel auf der Rechtsgrundlage einer erst am 9. August 1932 ergangenen Notverordnung des Reichspräsidenten gegen politischen Terror hart aus, hier keine Spur von Verständnis der Richter für den Rechtsextremismus. Die Täter wurden bereits durch Urteil vom 22. August 1932 zum Tode verurteilt.[458]

Nach heutigem Rechtsstaatsverständnis klingt das skandalös und eher nach Standgericht als nach einem ordentlichen Verfahren. Aber die Hitler-Partei wollte totalitär ausgeübte Macht keineswegs streng legal erreichen, sondern auch durch Terror und mit der manifesten Drohung, einen Bürgerkrieg zu führen. Auf den Straßen herrschte die willkürliche Gewalt der SA-Banden, auch die der KPD. Ein Klima wachsender Angst machte sich breit und diese Herausforderung musste, zumal nach damals geltenden strengeren Maßstäben, wirksam bekämpft werden. Die an das Gesetz gebundenen Richter wären, wie das Urteil des Sondergerichts Beuthen zeigt, diesen Weg mitgegangen.

Im vollen Blick auf die Gewaltdrohung *Hitlers* wollte das Duo *Schleicher* und *Papen* dennoch zu einem Deal mit *Hitler* gelangen, sie wollten ihn in die Regierung einbinden – aber so, dass er nicht an die Schalthebel der bewaffneten Macht gelangen konnte. Doch jetzt zeigten sich Risse im Bündnis von *Papen* und *Schleicher*. Denn *Schleicher* war am 6. August mit *Hitler* zusammengekommen. Vielleicht vorübergehend zum Kreis der von *Hitler* Faszinierten gehörend ließ *Schleicher* sich bereden, beim alten Herrn für die Kanzlerschaft *Hitlers* mitsamt dem Zugriff auf Preußen zu werben. *Schleicher* meinte offenbar allen Ernstes, es reiche, wenn er als Reichswehrminister und mit seinem privilegierten Zugang zu *Hindenburg* die Kontrolle über Reichswehr und Notverordnungsrecht ausüben könne. Aber noch einmal – und man ist beinah geneigt, jetzt in *Hindenburg* den letzten Fels gegen die Auslieferung der Republik zu sehen – zeigte der Alte sich auf bekannte Art störrisch und wies diese verheerende Einflüsterung *Schleichers* zurück, was im Gespräch des Reichspräsidenten mit *Hitler* am 14. August 1932 in der Ablehnung der von *Hitler* geforderten Kanzlerschaft bekräftigt wurde.[459]

Bei diesem Gespräch zwischen *Hindenburg* und *Hitler* war der amtierende Reichskanzler *Papen* dabei. Er hatte zuvor *Hitler* die Vizekanzlerschaft und wichtige Ministerposten angeboten. Das war etwas, was *Hindenburg* akzeptieren würde und darauf kam es *Papen* an. Man tut ihm womöglich Unrecht, hier ein eigenes machtpolitisch oder gar strategisches Kalkül zur Ausmanövrierung der Nazis zu vermuten. *Papen* war ein Mann, der definitiv nicht in die Rolle des Reichskanzlers gehörte, schon gar nicht zu dieser Zeit. Der Mann der Pferderennbahn war kaum bekannt. Als Militärattaché, als Spion in Washington, war er im Weltkrieg durch einen von ihm verursachten diplomatischen Skandal bereits als Tölpel aufgefallen. Sein auf der Rückreise nach Deutschland von Engländern beschlagnahmter Diplomatenkoffer lieferte schönstes Material, um Agenten zu enttarnen und den Kriegseintritt der USA zu beschleunigen.[460] Eine klügere Nation hätte diesem Mann vermutlich keine Aufgaben von Bedeutung mehr übertragen, aber *Papen* hatte viele Bekanntschaften, *Hindenburg* und *Schleicher* gehörten dazu. Die deutsche Elite, die so empfindlich auf den redlichen und klugen Sattlergesellen *Friedrich Ebert* in der Rolle des Reichspräsidenten reagierte, nahm offenbar keinen Anstoß am Versagen, wenn es einer der Ihren war. Aber die Öffentlichkeit machte sich keine Illusionen über *Papen*, sein Ansehen ging gegen Null. Er galt vielen zunächst als Marionette *Schleichers*, jedenfalls aber als Symbol einer von den meisten abgelehnten oder sogar verhassten reaktionären Elite. Und doch hatte *Papen* auch eigene, indes unausgegorene Ideen und vor allem Eitelkeiten, die mit dem Amt – anders als seine Fähigkeiten – wuchsen. Zudem fand er einen eigenen persönlichen Zugang zu *Hindenburg*, der naturgemäß vom devoten Charme *Papens* und dessen tadellosen Manieren angetan war.

Nachdem *Hitler* erkannte, dass *Papen* und *Gayl* zwar sehr weit rechts standen, aber ihm den Weg zur Macht doch verlegen wollten und *Schleicher* den Reichspräsidenten nicht umzustimmen vermochte (jetzt vielleicht auch nicht mehr wollte), fuhr er den Kurs brachialer Opposition gegen das Kabinett der Barone. Das führte zur Reichstagssitzung vom 12. September 1932, als der von der KPD gestellte Misstrauensantrag gegen die Regierung *Papen* eine niederschmetternde Mehrheit von 512 zu 42 Stimmen fand. Natürlich hatte *Papen* nicht mit einem Erfolg für sich – also einer Ablehnung des erwarteten Misstrauensantrags – gerechnet. Aber er machte sich lächerlich, als er vom zynisch-larmoyanten Reichstagspräsidenten *Göring* das Wort verlangte für die Bekanntgabe der Auflösungsordre. *Göring* wollte natürlich vorführen, dass Fränzchen, der Herrenreiter, über keinen Rückhalt im frisch gewählten Parlament und eben auch nicht im Volk verfügt: welch ein Absturz selbst im Vergleich zum umstrittenen *Heinrich Brüning* im Frühjahr des Jahres. *Papen* fand lediglich die Unterstützung der geschrumpften Hugenberg-DNVP und der durch die Wahl zur Splitterpartei marginalisierten DVP.

Papen war – ähnlich wie *Groener* im Mai des Jahres – durch den Sitzungsverlauf öffentlich desavouiert. Der Kanzler hatte die Auflösungsanordnung des Reichspräsidenten in der Sitzung dabei, erhielt aber durch den frisch gewählten Reichstagspräsidenten *Göring* keine Gelegenheit zum Wort. Der Reichstag wurde dennoch aufgelöst, aber für die öffentliche Meinungsbildung stand *Papen* als das was er war: ein unfähiger Mann der reaktionär-restaurativen Elite ohne Verankerung im Volk, ohne jede Durchsetzungskraft. Dass er sich bei *Göring* über dessen Verstoß gegen Art. 33 der Verfassung des Deutschen Reiches förmlich beschwerte, während er gleichzeitig den restaurativen Umbau der Verfassung mit ungeeigneten Mitteln betrieb, darf als traurige Kuriosität ebenso registriert werden wie die formaljuristisch schneidende, aber unzutreffende Antwort *Görings*, er habe eine laufende Abstimmung nicht durch Worterteilung unterbrechen dürfen,[461] weswegen er von *Papen* verlangte, „den Vorwurf des Verfassungsbruchs zurückzunehmen, da die Voraussetzungen für eine solch schwere Ehrenkränkung nicht gegeben sind".[462]

Hinter dieser als Arabeske erscheinenden Frage stand auch die schwierigere Frage, ob der Reichspräsident überhaupt den Reichstag erneut auflösen durfte, weil sonst die Aufhebung seiner Notverordnungen gedroht hätte. In einem tatsächlich gemeinsam unterzeichneten Schreiben des Vorsitzenden des Ausschusses zur Wahrung der Rechte der Volksvertretung, dem ehemaligen Reichstagspräsidenten *Paul Löbe* (SPD) und des amtierenden Reichstagspräsidenten *Hermann Göring* (NSDAP) sprachen beide angesichts des von der Reichsregierung proklamierten Projekts einer „unabhängigen Staatsführung" von einem „verfassungswidrigen Angriff auf die verfassungsrechtliche Stellung des Reichstages".[463] Hier zeichnete sich etwas ab, was im Dezember 1932 den Weg zur Machterschleichung *Hitlers* erheblich begünstigen sollte: Auch die SPD, die verfassungstreueste und -tragendste und insgesamt wohl auch klügste Partei der Weimarer Republik verteidigte mit den Nazis gemeinsam die verfassungsrechtliche Stellung eines Reichstages, der kraft Wählervotums in die Hand von Verfassungsfeinden gelangt war. Doch hier zeigt sich auch die Abhängigkeit politischen Verhaltens von dem Vertrauen in Personen.

Hätte ein *Brüning* im September 1932 ohne die Juliwahl den Weg in den Verfassungsnotstand betreten, die SPD hätte womöglich stillgehalten. Jetzt, mit Blick auf *Papen* und den wachsenden Erfolg ihrer demagogischen Konkurrenz von links, konnte die SPD vermutlich gar nicht anders, als Arm in Arm mit *Hermann Göring* die Rechte des Reichstages gegen seine Ausschaltung wahrzunehmen, obwohl dieselbe SPD unter *Brüning* einigermaßen bereitwillig den Reichstag (noch ohne Obstruktionsmehrheit) in eine monatelange Pause geschickt hatte – nota bene ein Weg, der jetzt bei Obstruktionsmehrheit nicht mehr gangbar war und deshalb die Verfassungskrise enorm verschärfte. Der preußische Ministerpräsident *Braun*, immer noch geschäftsführend in einem Amt ohne Macht, richtete am 28. Januar 1933 – zwei Tage vor Ernennung *Hitlers* zum Reichskanzler – ein warnendes Schreiben an Reichskanzler *Schleicher*, dass die Ausschaltung des Reichstages Hochverrat sei, weil es sich um eine Abweichung von verfassungsrechtlich klar festgelegten Fristen handele.[464]

Man sollte vorsichtig sein mit dem moralischen Urteil, auch gegenüber einer Annäherung des Allgemeinen Deutschen Gewerkschaftsbundes (ADGB) an nationale Positionen und später der Zustimmung des Zentrums zum Ermächtigungsgesetz oder der Zustimmung der SPD-Fraktion am 17. Mai 1933 zu *Hitlers* „Friedensrede". Die öffentliche Meinung war aus den Fugen geraten. Seit dem erzwungenen Rücktritt *Brünings*, nach dem sog. Preußenschlag und dem anhaltenden Schwanken des morschen präsidialen Machtzentrums zwischen Zähmung und Notstandsverfahren und zwei irrwitzigen Wahlkämpfen innerhalb von Monaten, Gewalt und Mord auf den Straßen, hysterischen Stimmungslagen, eingeheizt von den Riesenauflagen der rechtsradikalen Hugenberg-Presse[465] und der linksradikalen Münzenberg-Presse[466], unter den Bedingungen einer Wirtschaftsdepression mit nahezu sechs Millionen unterversorgten Arbeitslosen, war das Land dabei, kollektiv den Verstand zu verlieren.

Selbst ein *Otto von Bismarck*, ein *Konrad Adenauer* oder ein *Helmut Schmidt* wären in dieser Lage womöglich gescheitert, aber es hätte jedenfalls solcher überragenden Politiker bedurft. Wäre *Schleicher* zumindest ein kaltblütiger Politiker gewesen, hätte er dennoch auf seinen wenig angesehenen, von ihm selbst ausgewählten Kanzler gesetzt, schon weil er gar keine anderen Karten mehr in einem von ihm selbst verdorbenen Spiel hatte. *Schleicher* befand sich in einer von ihm kurzsichtig betretenen, ja geradezu geschaffenen Sackgasse, die mit der Demontage der parlamentarischen Regierung Müller begonnen hatte und die mit der Entlassung des tolerierten Reichskanzlers *Brüning* an ihr Ende gelangt war. Ein Wendemanöver war nach der Entlassung *Brünings* und der Wahl vom 31. Juli unmöglich. Jetzt hätte *Schleicher* nur noch die Mauer der Verfassung durchbrechen können, um wenigstens die staatliche Ordnung und einen Teil der Verfassungssubstanz vor der unmittelbar drohenden Gewaltherrschaft zu retten. Immer noch hätte er mit *Papen* gemeinsam bei *Hindenburg* darauf drängen können, im Hinblick auf die innere Notstandslage des Reiches bis auf Weiteres keinen konkreten Neuwahltermin festzulegen – und beide hätten aufhören müssen, mit *Hitler* zu reden, nachdem sie ihn bereits kennengelernt hatten.

Am 14. September 1932, also unmittelbar nach dem Papenschen Reichstagsdebakel und der Reichstagsauflösung, waren jetzt aber wieder *Schleicher* und *Gayl* diejenigen, die den Weg des Staatsnotstandes und der Aussetzung der Neuwahl gehen wollten. Sie beriefen sich auf Staatsrechtslehrer wie *Carl Schmitt*, *Ernst Jacobi* und *Carl Bilfinger*, die entsprechende Voraussetzungen bejahten, eine Ansicht, die auch heute vorzugswürdig – natürlich mit ex-post-Wissen – und zumindest als vertretbar erscheinen muss. Aber anders als am 30. August hatten nach dem Reichstagsdebakel vom 12. September einige Kabinettsmitglieder und vor allem der Reichskanzler *Papen* kalte Füße bekommen. Die Ablehnungsfront im Reichstag mag ihnen wie ein Vorgeschmack auf die Ablehnungsfront in der Gesellschaft vorgekommen sein, mit der dann zu rechnen war, wenn keine Neuwahl angesetzt wurde. Der Staat und seine Machtmittel gegen die aufgewühlte, teils verhetzte Gesellschaft – konnte das gutgehen? Wenn sogar *Paul Löbe* von der SPD gemeinsam mit *Hermann Göring* vor der Entmachtung des Reichstages warnte, nachdem das Zentrum und die kläglichen Reste der ehemaligen DDP (Staatspartei) schon den Reichstagspräsidenten *Göring* mitgewählt hatten – auf welche politische Kraft sollte sich denn die Ausrufung des präsidialen Staatsnotstands stützen – auf *Hugenberg* etwa, bei dem man nie wissen konnte, ob er zu *Hindenburg* gegen *Hitler* schielte oder nach der Harzburger Front mit *Hitler* gegen das verhasste System strebte? Die Zauderer setzten sich durch. Das Reichskabinett beschloss am 17. September, dem Reichspräsidenten als Termin für die Neuwahl den 6. November 1932 vorzuschlagen. Es sollte die letzte freie Wahl unter demokratischen und halbwegs rechtsstaatlichen Bedingungen für sehr lange Zeit werden.

Der neue Wahlkampf – eigentlich permanent seit Anfang 1932 in Richtung Reichspräsidentenwahl – zeigte nur den beinah vollständigen Zerfall einer bürgerlich rationalen Öffentlichkeit. Die hasserfüllten Extreme der NSDAP und der KPD, die normalerweise versuchten, sich wechselseitig (auch buchstäblich) totzuschlagen, bildeten jetzt beim Anfang November ausbrechenden Streik der Berliner Verkehrsgesellschaft eine „revolutionäre Einheitsfront von unten".[467] Die enthemmte KPD nahm Nazis ins Streikkomitee auf und die Nazis überwanden ihre Aversion gegen Bolschewisten, um an die Stimmen der Arbeiter zu kommen; das dadurch verschreckte bürgerliche Publikum würde man schon wieder für sich gewinnen, kalkulierte *Goebbels*.[468]

Was den Wahlerfolg betraf, ging das Kalkül von *Goebbels* nicht auf. Sei es, dass das bürgerliche Publikum die Geste nach links nicht goutierte, sei es, dass die brutale Gewalt der Nazis auf den Straßen doch abschreckte, jedenfalls ging der Stimmenanteil der NSDAP zum ersten Mal zurück. Bei etwas zurückgehender Wahlbeteiligung verlor die Hitler-Partei beträchtliche 4,2 % der Stimmen und war in dieser letzten freien Wahl nur noch eine Partei mit Zustimmung eines Drittels der Deutschen: 33,1 %. Die SPD blieb eine 20 %-Partei, die KPD rückte ihr aber sehr unangenehm nah mit fast 17 % der Stimmen. Das Zentrum/BVP hielt sich einigermaßen stabil bei 15 %. Die DNVP konnte sich wieder auf über 8 % steigern, eine schwache Geste der Zustimmung zu *Papen*. Der rechte und linke Liberalismus (DVP und Staatspartei/DDP), sie blieben beide praktisch tot im Bereich von 1,0 und 1,9 %. Auf den ersten Blick mochte man den Rückgang der Stimmen für die NSDAP als einen Hoffnungsschimmer deuten. Eine nähere Betrachtung zeigt jedoch, dass die Deutschen zum zweiten Mal die Demokratie abgewählt hatten, denn der Stimmanteil der verfassungsfeindlichen Parteien NSDAP, DNVP und KPD war noch höher als in der Juliwahl, er lag bei 58,3 % der Stimmen. NSDAP und KPD hielten mit 50 % der Stimmen den Obstruktionsschlüssel sogar allein in der Hand, also auch für den Fall, dass die DNVP sich doch noch antitotalitär positionieren sollte. Selbst wenn man angesichts des Präsidialkurses die DNVP in dieser Lage nicht umstandslos zum verfassungsfeindlichen Lager zählen wollte: Mit diesem Reichstag war im Verfassungssystem Weimars genauso wenig etwas anzufangen wie mit dem vorangegangenen.

Die Optionen für den Kanzler blieben deshalb dieselben. Der Plan, über den Staatsnotstand zu gehen, wenn Tolerierung nicht zu erreichen sei, blieb virulent, Innenminister *Gayl* machte sich dafür stark. Doch der ängstlich-unbedarfte *Papen* wollte diesen Weg vermeiden und liebäugelte inzwischen auch damit, den Forderungen *Hitlers* nach einer Kanzlerschaft nachzugeben.[469] Für den in der Elite von Wirtschaft und Gesellschaft gut vernetzten *Papen* war es nicht unwichtig, dass jetzt aus Kreisen der Wirtschaft die Kanzlerschaft *Hitlers* verlangt wurde, nachdem hier *Hermann Göring* und *Hjalmar Schacht* die Türen zum Keppler-Kreis geöffnet hatten. Das war nicht die ganze Wirtschaft. Aber ein Teil der Unternehmer wurde nervös wegen des Zuwachses der KPD und ihrer Streikstrategie, die die ohnehin noch zarten Möglichkeiten eines Aufschwungs im Ansatz zerstören konnten. Wenn die Nazis nicht in die Regierung eingebunden wurden, würden sie sich – wer wollte es genau wissen? – womöglich nach links radikalisieren. Insofern mochte sich das Zusammengehen der Nazis mit den Kommunisten beim Berliner Verkehrsstreik zwar in der Novemberwahl nicht ausgezahlt haben, aber es half *Hitler* doch, über den Eindruck einer angeblichen Gefahr des Nationalbolschewismus für das bürgerliche Publikum eine neue

Drohkulisse aufzubauen. Wenn *Hitler* nicht Kanzler würde und er mit dem dadurch gewonnen neuen Prestige nicht seine Partei disziplinieren konnte, drohte noch Schlimmeres – so jedenfalls *Hitlers* Drohkulisse.

Während *Hitler* sich in Einzelgesprächen mit Wirtschafts- und Reichswehrvertretern konziliant und gemäßigt gab, blieb er gegenüber dem Tolerierungswerben *Papens* und später auch *Schleichers* steinhart und drohte unverhohlen, gegen Notstandspläne mit einem Volksaufruhr von ganz rechts bis ganz links, bei dem niemand garantieren könne – so *Hitler* – ob die KPD nicht die Oberhand gewinnen würde. Das Spiel war klar. *Hitler* wusste genau, dass die Zeit drängte. Das Reich hatte international gesehen von außen jetzt doch Luft bekommen, nicht nur wegen des Verzichts auf Reparationen und eine durch *Brüning* hergestellte Kreditwürdigkeit, sondern auch durch die absehbare Erlaubnis, wieder aufzurüsten. Mit anderen Worten: Eine präsidiale Regierung, ohne ihn als Kanzler, konnte womöglich die Wende aus der Depression einleiten, daneben polizeilich härter gegen die Gewaltstrategie der Nazis vorgehen und dabei allmählich gerade auch im rechtsnationalen Lager Zustimmung im Volk generieren, selbst mit einem *Papen* an der Spitze.

Papen trat am 17. November 1932 nicht aufgrund einer Intrige *Schleichers* zurück, sondern aus eigenem Antrieb, nachdem SPD und NSDAP das Gespräch mit ihm verweigert hatten. Für den dissonanten Zick-Zack-Kurs der beiden verbliebenen wichtigsten Protagonisten spricht, dass *Papen* jetzt wieder dem Notstandskurs zuneigte, während *Schleicher* erneut Kontakt mit *Hitler* aufnahm und seine eigene Kanzlerschaft ins Spiel brachte – natürlich ohne Erfolg.[470] *Hindenburg* selbst wollte *Hitler* nur mit der Bildung einer parlamentarischen Mehrheitsregierung beauftragen, das schien eine Gewähr für seine Zähmung zu sein, denn ohne präsidiale Notverordnungen wäre *Hitler* auf Koalitionskompromisse mit Zentrum und DNVP angewiesen gewesen. *Hitler* dagegen wollte ein Präsidialkabinett mit einer Art Generalvollmacht, einem vom Reichspräsidenten auf der Grundlage von Art. 48 WRV erlassenem Ermächtigungsgesetz für die neue Reichsregierung, also für ihn.[471] Jetzt kam *Schleicher* allmählich aus der Kulisse und trat offen auf die Bühne. Sein Plan war nicht so schlecht ausgedacht, wie sein rasches und vor allem desaströses Scheitern nahelegt, aber letztlich doch politische Fantasterei. Sein Konzept der Querfront vom ADBG, SPD, die beide mit einem großen Arbeitsbeschaffungsprogramm gewonnen werden sollten, über das Zentrum zur DNVP und einem abzuspaltenden Teil der NSDAP setzte auf Tolerierung in einem Reichstag, der nicht mehr derjenige war, dem *Heinrich Brüning* noch gegenüberstand. *Schleichers* Kontakte zu *Gregor Strasser* mochten gedeihlich sein – am 3. Dezember bot *Schleicher* dem überschätzten *Strasser* den

Posten des Vizekanzlers an. Innerhalb der NSDAP war *Strasser* gewiss eine wichtige Person, Reichsorganisationsleiter, rechte Hand *Hitlers*. Aber die NSDAP war längst und eigentlich immer schon Führerpartei, die Auflehnung gegen *Hitler* endete bereits am 8. Dezember 1932 mit dem Rücktritt *Strassers* von allen Parteiämtern.

Schleicher war seit dem 3. Dezember Kanzler. Er hatte *Papen*, den *Hindenburg* eigentlich wieder ernennen wollte, zu Fall gebracht mit der Angst vor dem Bürgerkrieg, der im Falle des Verfassungsnotstandes drohte. Denn am 1. Dezember 1932 wollte *Papen* in Abstimmung mit *Hindenburg* jetzt doch noch den letzten verbleibenden Weg des Notstandsplans gehen – und Reichswehrminister *Schleicher* war dagegen. Er wandte sich in einem Spiel über die Bande des Kabinetts gegen die Entscheidung *Hindenburgs*, *Papen* erneut mit der Kanzlerschaft zu betrauen und ihm „Kampfvollmacht" gegen das Obstruktionsparlament zu geben, also Notstandsplan einer Auflösung des Reichstags ohne Neuwahltermin. Gewiss kann man *Schleichers* Bedenken verstehen, nun ausgerechnet mit der zum Spott einladenden Figur *Papen* in einen möglichen Bürgerkrieg zu ziehen. Mit den Worten *Heinrich August Winklers*:

> „Hindenburgs Entschluss war nicht das Ergebnis nüchterner Abwägungen, sondern der Niederschlag von Stimmungen und Sympathien. Der alte Herr war des Hin und Hers im Kabinett überdrüssig, und er vertraute Papen mehr als Schleicher. Es entsprach zudem seinem soldatischen Denken, einen früher oder später wohl doch unausweichlichen Kampf nicht auf die lange Bank zu schieben, sondern rasch auszufechten. Der ‚Schreibtischgeneral' von Schleicher sah die Dinge klarer: Die Diktatur, für die der Reichspräsident sich entschieden hatte, war die gefährlichste, weil es für sie im Volk keinerlei Rückhalt gab. Die Reichswehr gegen die überwältigende Mehrheit der Bevölkerung antreten zu lassen hieß ihre Moral untergraben und ihre Existenz aufs Spiel setzen. Da der Reichswehrminister eine solche Entwicklung nicht mittragen wollte, lehnte er sich gegen den Reichspräsidenten auf."[472]

Technisch leistete der Reichswehrminister seine Auflehnung, als er im Kabinett am 2. Dezember 1932 noch vor der anstehenden Wiederernennung *Papens* ein Planspiel des Reichwehroffiziers Oberstleutnant *Ott* (Planspiel Ott) vorführen ließ, wie die Reichswehr im Fall von Aufruhr, Generalstreik und Widerstand mit ihren begrenzten Mitteln handeln könne. Das sorgte wunschgemäß für eine komplett desillusionierte Stimmung, obwohl sich schon zuvor die Minister mit überwältigender Mehrheit gegen *Papen* als Reichskanzler eines „Kampfkabinetts" ausgesprochen hatten. In dem Planspiel wurden die Risiken einer Bekämpfung von Aufruhr so hoch veranschlagt, dass nach dieser Expertise kaum einer mehr wagte, diesen Weg mitzutragen. Diese resignative Stimmung schlug denn auch – aus *Schleichers* Sicht wunschgemäß – auf *Hindenburg* durch, der jetzt erklärte, keinen Bürgerkrieg zu wollen.[473] Damit war die seit *Brüning* immer wieder mitlaufende Notstandsoption praktisch aus der Hand gegeben, jetzt gab es nur noch den „Weg", die Tolerierung eines Reichstages zu gewinnen, der in der Summe der Obstruktionsmehrheit nicht tolerieren wollte. Bei Auflösung und Neuwahl drohte ein Wiedererstarken der NSDAP und/oder eine weitere Stärkung der KPD – und das in einer Situation, in der der greise Reichspräsident immer hinfälliger wurde und womöglich eine Neuwahl des Reichspräsidenten nach seinem Ableben drohte. Wer sollte dann einem Kandidaten *Hitler*, der im zweiten Wahlgang keine absolute Mehrheit benötigt hätte, entgegentreten?

Nachdem der Weg der Reichstagsauflösung ohne Neuwahl damit im Reichskabinett „erledigt" war, wurde nicht *Papen* mit der Regierungsbildung, sondern *Schleicher* am 3. Dezember betraut. Nur mürrisch ernannte *Hindenburg Kurt von Schleicher* zum Kanzler und es war klar, dass er ihm nicht das Versprechen zum Notstandsplan geben würde, wie noch zuvor seinem Favoriten *Papen*. Damit war *Schleicher* vollständig von seiner Fiktion der Querfront abhängig, von einer politisch praktischen Unmöglichkeit. Er hatte nur eine Karte im Spiel, die stechen musste – die aber nicht stechen konnte. Er musste seine Querfront bilden und das war angesichts des Furors der Extreme und der aufgelösten öffentlichen Meinungsbildung bereits im Ansatz zum Scheitern verurteilt. Für die Öffentlichkeit dagegen stand *Schleicher* zum Jahreswechsel 1932/33 als Held zur Rettung der Republik im hellen Licht der Bühne, aber in Wirklichkeit hatte er sich jetzt endgültig „verzockt". Für die Rechte war er der „Rote General", weil er in Kontakt zu den Gewerkschaften stand und ein gewaltiges Arbeitsbeschaffungsprogramm wollte. Für die Linke war er der treibende Reaktionär hinter dem Preußenschlag. Zudem war das Vertrauen zum alten Herrn gestört, an eine erfolgreiche Querfront war nicht zu denken, die Reichstagsauflösung ohne Neuwahltermin würde er nicht bekommen. *Schleicher* war bereits komplett am Ende, als er begann. Anstatt den Schwächling und den Liebling des greisen Präsidenten, *Papen*, als Galionsfigur im letzten Moment für ein Durchgreifen der Präsidialautokratie zu nutzen, hatte er seinen Vorgänger verprellt, gedemütigt und führte *Papen* so auf den Weg einer Verständigung mit *Hitler* – und zwar zu dessen Bedingungen einer Kanzlerschaft mit präsidialen Ermächtigungen.

V. Ende der Republik

„Wenn man erklärt, dass man auf legalem Wege zur Macht gekommen, die legalen Schranken durchbrechen werde, so ist das keine Legalität, und sie ist es noch weniger, wenn zu gleicher Zeit im engeren Kreise Rachepläne verfasst und vorgetragen werden." (Reichskanzler *Heinrich Brüning* 1931)[474]

Mit der Ernennung *Hitlers* zum Reichskanzler am 30. Januar 1933 endet aus der Rückschau die Weimarer Republik, weil jetzt in einem Akt des *Staatsstreichs* die verfassungsmäßige Ordnung bereits faktisch außer Kraft gesetzt wurde. Als Staatsstreich, als „Coup d'État" bezeichnet man den Bruch der Legalität aus dem noch legal erworbenen Amt heraus, und zwar mit den Mitteln des Staates und mit dem Ziel einer grundlegenden Umwälzung der Machtverhältnisse, die die geltende Rechts- und Herrschaftsordnung beseitigt.

Dem Vorgang von *Hitlers* Machterschleichung durch quasi koalitionäre Absprachen mit *Hugenberg*, die sofort gebrochen wurden und persönliche Versprechungen gerade auch dem Reichspräsidenten gegenüber, folgte unmittelbar mit der Ernennung *Hitlers* die Phase des Staatsstreichs. Der am Abend des 30. Januar 1933 von *Goebbels* inszenierte Fackelzug durch das Brandenburger Tor markierte eine Zäsur, die formell gar nicht zu bestehen schien, handelte es sich doch nur um ein weiteres Präsidialkabinett ohne Mehrheit im Reichstag. Doch *Göring* wurde über die Konstellation der fortbestehenden Reichsexekution unter dem Zugriff des Reichskanzlers auf Preußen kommissarischer preußischer Innenminister und griff damit auf die Polizei des mit Abstand größten Landes zu, während das Militär des Reiches in der Hand des neuen Reichswehrministers *Blomberg* lag, einem Reichswehrtechnokraten, der *Hitler* schon 1931 kennengelernt hatte und sich rasch als diesem willfährig erwies. Wenn *Hindenburg* und *Papen Hitler* einrahmen wollten, hätten sie einen ganz anderen Reichswehrminister benötigt. Aber der Staatsstreich der Nazis war zunächst ohnehin keiner aus dem Militär heraus, sondern der einer für *Hitler* typischen Kombinationstaktik von Terror und Propaganda. Mit der Verfügung über die preußische Polizei blieb der SA-Terror auf den Straßen und in Kellern zur Drangsalierung politischer Gegner ohne Möglichkeit rechtsstaatlicher Gegenwehr. Jetzt schlug der Preußenschlag seine Architekten. Hätte es die Regierung *Braun* noch im Vollbesitz ihrer Kompetenzen gegeben, wäre es *Hitler* erheblich schwerer gefallen, seine Kanzlerposition zum Staatsstreich zu nutzen. So aber riefen die ersten Gewaltopfer der brutalen

Bild 8: *Ende der Republik (Reichstagswahl am 5. März 1933) – Polizist mit SA-Hilfspolizist*

SA-Schlägerbanden in Berlin und anderswo nach einer Polizei, die von einem skrupellosen Politgangster befehligt wurde. In aller Regel hielt sich die Polizei zurück. Am 22. Februar ernannte *Göring* 50.000 SA-Schläger zu Hilfspolizisten und machte den Parteiterror damit quasi „legal".

Durch den polizeilich ungestörten Terror vor allem gegen die KPD und SPD wollte *Hitler* die Gegner von Streikaufrufen und Widerstand abhalten, vor allem aber sie für die kommende „letzte" Wahl kleinhalten, einschüchtern, stigmatisieren. Mit dem Nimbus der Legalität und mit der neuen Seriosität eines Parteiführers, der jetzt Kanzler war, sich jetzt endlich füllenden Parteikassen und mit dem neuen Instrument der Rundfunkpropaganda hoffte *Hitler* auf eine Neuwahl des Reichstages, bei der die NSDAP eine parlamentarische Mehrheit (absolute Mehrheit der Mandate) bekäme, um von *Hindenburgs* Notverordnungen, aber auch um von *Hugenberg* unabhängig zu werden. Den Neuwahltermin hatte *Hindenburg* auf den 5. März 1933 gelegt. Die präsidialen Notverordnungen vor und nach dem Reichstagsbrand[475] vom 27. Februar 1933 ließen ein politisches Klima und eine bereits spürbare bürgerliche Rechtlosigkeit entstehen. Die neue Rechtslage, insbesondere die von der Reichstagsbrandverordnung geschaffene, und vor allem die Faktizität der entfesselten Braunhemden erlauben es nicht, von einer noch vollständig freien Wahl am 5. März 1933 zu sprechen. Es waren in jener Transformationsphase, also noch vor der vollständigen Vollendung des Staatsstreichs, bereits Wahlen des autokratischen Musters, wie wir sie auch heute weltweit beobachten können – also unter Ausschaltung wesentlicher Grundbedingungen einer freien Wahl in einem bereits verformten Meinungsklima der Einschüchterung und politisch erzeugter Angst.

Dass die NSDAP mit knapp 44 % der Stimmen das Ziel der absoluten Mehrheit verfehlte, war im Klima des Staatsstreichs dann doch nicht sonderlich bedeutend, weil schon vor der ersten Sitzung des neuen Reichstages die 81 Mandate der KPD annulliert wurden und damit die NSDAP doch die absolute Mehrheit der Sitze innehielt, also *Hugenberg* auch insofern als Mehrheitsbeschaffer ausgedient hatte. Mit Rücksicht auf den Reichspräsidenten hielt *Hitler* dennoch zunächst die Absprache ein, das Kabinett nicht zu verändern. *Hitler* wollte aber gar nicht mit Gesetzen des Reichstages regieren, selbst wenn er in ihm die Mehrheit hatte, er wollte Diktaturgewalt in seiner Hand: deswegen seine Forderung nach dem Ermächtigungsgesetz, mit dem die Reichsregierung Gesetze erlassen konnte, das indes als verfassungsändernd eine Zwei-Drittel-Mehrheit benötigte und mit Druck und Zustimmung des Zentrums dann auch erhielt. Mit dem Ermächtigungsgesetz vom 24. März 1933, dann dem Gesetz über den Neuaufbau des Reichs vom 30. Januar 1934[476], das die bundesstaatliche Ordnung beseitigte, den staatlichen Mordaktionen unter duldender Beihilfe der Reichswehr am 30. Juni 1934 gegen SA-Führer und Vertreter der konservativen Elite wie *Kurt von Schleicher*[477] und mit der Zusammenlegung der Ämter des Reichskanzlers und Reichspräsidenten nach dem Tod *Hindenburgs* im August 1934, war die Beseitigung der Weimarer Verfassungsordnung abgeschlossen.

Materiell geschah die Verfassungsablösung bereits durch die Ermächtigung der Reichsregierung, außerhalb des präsidialen Notverordnungsrechts nach Belieben Gesetze zu erlassen und dabei auch von der Verfassung abweichen zu können. Insofern ist das in der ersten Phase des Staatsstreichs halb erzwungene (durch eine militante Drohkulisse bis in den Plenarsaal des Reichstags durch SA-Schläger hinein und die willkürliche Verhaftung von SPD-Abgeordneten), halb herbeigetäuschte (mit wertlosen Versprechungen an das Zentrum) Ermächtigungsgesetz vom 24. März Schlusspunkt der materiellen Weimarer Verfassungsgeltung. Die ersten, entscheidenden Artikel lauteten:

> *„Artikel 1*
> *Reichsgesetze können außer in dem in der Reichsverfassung vorgesehenen Verfahren auch durch die Reichsregierung beschlossen werden. Dies gilt auch für die in den Artikeln 85 Abs. 2 und 87 der Reichsverfassung bezeichneten Gesetze.*
>
> *Artikel 2*
> *Die von der Reichsregierung beschlossenen Reichsgesetze können von der Reichsverfassung abweichen, soweit sie nicht die Einrichtung des Reichstags und des Reichsrats als solche zum Gegenstand haben. Die Rechte des Reichspräsidenten bleiben unberührt."*

Bild 9: *Ende der Republik – Schleicher nach seinem Amtsverlust als Privatmann*

Formell und ausdrücklich wurde die Verfassung nie außer Kraft gesetzt, weder durch die Naziherrschaft noch durch alliiertes Besatzungsrecht.[478] Mit dem Inkrafttreten des Grundgesetzes, das eine vollgültige Verfassung ist, muss aber nach allgemeinen Prinzipien der Verfassungsablösung durch neue Verfassungsgebung (siehe Art. 146 GG) hier vom spätesten Zeitpunkt eines auch formellen Außerkrafttretens der Weimarer Verfassung ausgegangen werden.[479]

J. Einsichten und Entwicklungslinien in die Gegenwart

Vergangenes ist geschehen, es verändert sich nicht. Aber der Blick zurück ist der einer Zeit, die im Fluss ist. Natürlich kann es immer wieder überraschende neue Quellen der Erkenntnis geben, viel häufiger aber verändern sich Blickwinkel und Fragen an die Vergangenheit. Die Weimarer Verfassung und die von ihr konstituierte Republik rücken heute wieder beunruhigend neu in das Interesse der westlichen Welt. Nein, nichts spricht dafür, dass sich Geschichte wiederholen könnte, viel zu speziell waren die inneren und äußeren Bedingungen Deutschlands nach dem Ersten Weltkrieg. Der Teufel geht nicht zweimal durch dieselbe Tür.[480] Als nach 1990 mit der deutschen Einheit und dem Zerfall des Ostblocks der Sieg des westlich-atlantischen Systems unbestreitbar schien, als *Francis Fukuyama* deshalb vom Ende der Geschichte sprach[481], schien auch die deutsche Vergangenheit vor 1933 als abgeschlossenes Kapitel. Die neue, jetzt vereinte Bundesrepublik hatte eine kluge Verfassung, die alle Konstruktionsfehler ihrer Weimarer Vorgängerin beseitigt hatte, war eine stabile Demokratie in einem Umfeld ebenso stabiler demokratischer Verbündeter. Deutschland stand fest verbunden in der Europäischen Union und dem nordatlantischen Verteidigungsbündnis, der NATO.

Weimar war abgeschlossen, wurde allmählich nur noch ein Thema für Historiker. Die Deutschen verpflichteten sich, die Herrschaft des Nationalsozialismus nicht zu vergessen. Der Absturz in die Barbarei, der Zivilisationsabbruch, der mit der Judenverfolgung begann, die Shoa, die mutwillige Entfesselung des Zweiten Weltkrieges: für all das steht das Holocaust-Denkmal in unmittelbarer Nähe des Brandenburger Tores und wird für jeden, der die schwarz-rot-goldene Tradition bejaht, auf immer mit der deutschen Geschichte verbunden bleiben; niemals nur Detail – auf immer Mahnmal. Es ist die steingewordene Erinnerung, warum die rechtsstaatliche Demokratie bewahrt werden muss, wegen der

Millionen Opfer der Vergangenheit und zum Schutz künftiger Generationen. Was die Fahne der deutschen Demokratie eigentlich bedeutet, wird erst wieder bewusst, wenn man sich den Hass vor Augen führt gegen dieses als „Judenfahne" titulierte Symbol, wenn man an den „Flaggenstreit" der Zwanzigerjahre denkt und jene inzwischen vergessenen schwarz-weiß-roten Narrative der offenen oder verdeckten Feinde der Weimarer Verfassungsordnung.

Das Ende der Geschichte hat nicht stattgefunden. Die atlantische Welt ist erschüttert, manchen scheint die Ordnung, die wir kannten, bereits aus den Fugen geraten.[482] Jetzt wird der Blick auf Weimar wieder wacher und beunruhigter. Wie kam es zu der Erosion einer rechtsstaatlichen Demokratie, wie zu der Blockade des Parlamentarismus, zu autokratischen Einheitsprätentionen, zur Abwahl der Demokratie? Kann sich etwas Derartiges nicht in ganz anderer Form, mit neuen Gesichtern und Gewändern, ganz anderen oder auch ähnlichen Programmen, vielleicht auch in anderen Ländern wiederholen? Woran nun ist die Weimarer Verfassungsordnung gescheitert? Was lernt die Gegenwart für die Zukunft aus dieser Vergangenheit?

Die deutsche Gesellschaft und der Staat zwischen 1918 und 1933 waren in einer historisch außergewöhnlichen Lage. Die Nationalversammlung repräsentierte eine Nation, die aus Träumen gerissen eine ernüchternde Wirklichkeit vorfand, die keine Ruhe einkehren ließ. Die Weimarer Republik erlitt nahezu permanent Krisen von erheblicher Wucht. Jede Verfassungsordnung wäre dabei unter Druck geraten[483]und vermutlich verformt worden. Der Anteil der Verfassung am Scheitern Weimars hat sich in dieser Studie doch als geringer erwiesen, als das traditionell zur Erzählung der Bundesrepublik gehört. Die Dualität von unmittelbar gewähltem Reichspräsidenten und Reichstag und das Notverordnungsrecht des Reichspräsidenten bedeuteten ein Risiko, aber auch Chancen auf demokratische Selbstbehauptung. Die demokratische Doppellegitimation von Reichspräsident und Reichstag war kein per se destruktiv wirkender Webfehler. Ohne einen Reichspräsidenten wie *Friedrich Ebert* wäre bis 1924 die verfasste Republik, allein durch womöglich wechselnde Kanzler geführt, vermutlich früher gescheitert. Die Übernahme der alten monarchischen Konstruktion eines Staatsoberhaupts, das das Heer befehligt, das die oberste Exekutivmacht ist, und das auf eine stabile Regierung drängt, war ein womöglich entscheidender Stabilitätsanker in einer aufgewühlten Gesellschaft, gerade zu Beginn der aufbrechenden, von links und rechts mit Hass und Gewalt angefeindeten Republik. Wenn seit August 1919 das Grundgesetz gegolten hätte, wäre das wirklich ein Garant für politische Stabilität gewesen? Oder hätte diese Verfassung zwischen 1920 und 1923 nicht in die politische Funktionsunfähigkeit geführt? Die verfassungshistorische Analyse zeigt, dass manche Hoffnungen, man könne aus den Fehlern einer Verfassung lernen und mit einer korrigierten Version eine Versicherungspolice auf die Zukunft abschließen, nur bedingt berechtigt sind. In dem mit Abstand größten und wichtigsten Land Preußen hätte eine Vorschrift zur Ministerpräsidentenwahl nach dem Konzept von Art. 63 GG nach der Aprilwahl 1932 zum Desaster geführt und zwar durch die Möglichkeit, den Regierungchef auch mit einfacher Mehrheit zu wählen.[484] Es führt kein Weg an der Einsicht vorbei, dass eine demokratische Verfassung dann machtlos wird, wenn intellektuelle und massenmediale Prägekräfte, wenn wichtige Teile der Elite und schließlich die Mehrheit der Wähler eine andere Ordnung wollen. Wenn die Wählerinnen und Wähler in die Parlamente Obstruktionsmehrheiten entsenden, die das verfassungsrechtlich vorgeschriebene Regelsystem grundsätzlich ablehnen, welche verlässlichen normativen Sicherungen soll es dann noch geben? Das Grundgesetz versucht, was eine Verfassung kann, vor allem mit der Einrichtung einer starken Verfassungsgerichtsbarkeit und dem Identitätsschutz nach Art. 79 Abs. 3 GG. Aber hätte ein Reichstag, so wie er seit dem 31. Juli 1932 zusammengesetzt war, sich an Feststellungsurteile eines Verfassungsgerichts gehalten, wenn die Richter überhaupt Bereitschaft und Mut besessen hätten, zu agieren? Und was hätte man mit einem Urteil ohne militärische Durchsetzungsmacht feststellen sollen: etwa, dass der Volkswille in seiner negativen Mehrheitsbildung verfassungswidrig sei?

Mit der alten Dualität von Staatsoberhaupt und Volksvertretung wurde natürlich auch eine entscheidende Schwäche der dualen Konstruktion des Kaiserreichs in die Weimarer Verfassung hineinkopiert, die Verunklarung des Ortes zentraler politischer Verantwortung. Gewiss: Der Reichskanzler bestimmte auch hier die Richtlinien der Politik, aber er wurde nicht vom Parlament gewählt, sondern vom Reichspräsidenten *erwählt*. Der Kanzler blieb von seinem Vertrauen abhängig und zugleich allerdings auch immer von der Akzeptanz einer Reichstagsmehrheit, weil sonst reguläre Gesetzgebung ausgeschlossen war. Bei einem politisch allzu sehr fragmentierten Reichstag ohne konstruktive Mehrheit, unfähig, einen klaren Gestaltungswillen zu bilden, musste sich die politische Führungsfunktion in einer die Verfassung strapazierenden Weise auf den Reichspräsidenten verschieben, obwohl das Staatsoberhaupt selbst nicht zum Regieren berufen war.

Aber auch dieser „Kopierfehler" hätte sich nicht derart negativ, schon gar nicht desaströs auswirken müssen. Unter den prekären Bedingungen des politischen Prägeraums, wie er soziokulturell beschaffen war und sich in einer öffentlichen Meinung kristallisierte, konnten Institutionen der Verfassungsordnung schlechterdings keine immanente Stabilität garantieren. Die Rede ist von einem öffentlichen Raum, in dem die pragmatische Mitte jedenfalls nicht vorherrschend war und der unter den erheblichen außenpolitischen und wirtschaftlichen Zwängen der Zeit stand, der aber auch von Intellektuellen und Scharlatanen verformt worden war. Solche langfristig wirkenden Verformungen des öffentlichen Blicks auf die Wirklichkeit erhöhen die Wahrscheinlichkeit, dass Tendenzen der Zeit – und die von ihnen hervorgerufenen Protestformen – die Personen des Augenblicks finden, die dann den Geist verstärken, der sie ins Amt getragen hat.

Regelsysteme müssen durch Personen, durch Persönlichkeiten, entsprechend genutzt und gestaltet werden. Eine gute institutionelle Ordnung ist ein Haltegerüst und ein Grenzregime für politische Macht, es hält Amtsinhaber aus, die wenig Eignung mitbringen oder persönliche Defizite aufweisen. Doch wenn die personelle Basis dünn ist und ersichtlich falsche Kandidaten ins Amt gelangen, bricht das Haltegerüst. Die verfassungshistorische Analyse hat gezeigt, dass ebenso wichtig wie die Weitsicht einer abstrakten Verfassungsvorschrift die konkrete Personalauswahl ist. Unter einem Reichspräsidenten wie *Friedrich Ebert*, gesetzt den Fall, er wäre 1925 nicht gestorben, sondern auf sieben Jahre gewählt worden, hätte sich womöglich die Weimarer Verfassung besser geschlagen als das Grundgesetz, weil sie dann institutionell und personell hätte zeigen können, wie wehrhaft sie in Wirklichkeit angelegt war. *Ebert* hätte gewiss nicht 1930 den Reichstag aufgelöst und damit den Nazis Vorschub geleistet, er hätte im Verein mit der preußischen Regierung *Braun* niemals den Straßenterror von Nazis und auch der KPD zugelassen, er hätte sich von keinen Beratern wie *Schleicher* in die präsidiale Sackgasse dirigieren lassen und nicht alles daran gesetzt, die Parteien, insbesondere die SPD, von politisch ausgewogenen Koalitionen abzuhalten.

Die entscheidende, frühe Weichenstellung gegen die Stabilität der Demokratie unter den normativen Bedingungen der Weimarer Reichsverfassung erfolgte mit der Kandidatenaufstellung *Hindenburgs*. Die größte Verantwortung unter den zur Vernunft fähigen Politikern trifft hier *Gustav Stresemann*, damals Außenminister, aber als Gründer der DVP parteipolitisch in einer Schlüsselrolle. *Stresemann* legte bereits früh sein Veto ein gegen den bereits quasi feststehenden und akzeptablen Kandidaten der Mitte-Rechts-Koalition, Reichswehrminister *Otto Geßler*. Aber er legte für den zweiten Wahlgang dieses Veto nicht gegen *Hindenburg* ein – unbegreiflicherweise. Für jeden Politiker mit Urteilsvermögen mussten alle Warnlampen bei diesem Kandidaten hell aufscheinen: *Hindenburg* war der eigentliche Vater der Dolchstoßlegende, reaktionäres, altes Urgestein der Vergangenheit, bei dem man schon froh sein musste, wenn er sich bei Schönwetterlagen an die Verfassung den Buchstaben nach hielt. Er war gewiss kein erklärter Verfassungsfeind, aber er war ein Verfassungsrisiko. Seine Sehnsucht nach rechts zur homogenen Nation, seine Beeinflussbarkeit aus Kreisen der Reichswehr und der Großagrarier, sein fehlendes Verständnis für die plurale Parteiendemokratie, seine Eitelkeit, auch Korrumpierbarkeit und die Sucht nach öffentlicher Zustimmung: All das machte *Hindenburg* ersichtlich ungeeignet, das gerade für Krisenlagen zentrale Amt der Verfassung zu übernehmen. Ins Amt gelangt, arrangierte sich *Hindenburg* denn auch nur mit parlamentarisch getragenen Regierungen; er wollte eigentlich etwas anderes. Seine bereits zum Amtsantritt geäußerte Klage über den ach so schlimmen Parteienbetrieb, beten wir manchmal heute noch nach. Dabei hat dieser Präsident noch nicht einmal allzu heimlich darauf hingewirkt, die SPD aus der Regierung zu drängen, um damit seinen eigenen Einfluss zu erhöhen und seinen Traum vom Rechtsschwenk Wirklichkeit werden zu lassen, und zwar schon vor Ausbruch der Weltwirtschaftskrise und vor dem Erstarken der Hitler-Partei.

Hindenburg wurde zu einer umso größeren Gefahr für die demokratische Verfassungsordnung, als destruktive und krisenverschärfende Faktoren in der Gesellschaft an Bedeutung gewannen. Wenn man nach weiteren, nach tieferen Ursachen sucht, muss man die politischen Zerrbilder der extremen Linken und Rechten ernst nehmen. Das politische Narrativ der KPD und ihrer in Zahl und Einfluss nicht unbeträchtlichen intellektuellen Sympathisanten sah die Weimarer Verfassungsordnung als Wechselbalg einer verratenen Revolution, die die Mehrheitssozialisten, also die SPD, im Bündnis mit Reaktion und Bourgeoisie gebremst hatten – vor ihrem wirklichen Erfolg, der Errichtung einer sozialistischen Rätediktatur. Die Weimarer Verfassung war für sie nur Instrument der Klassenherrschaft. Wenn die SPD sie verteidigte, war das nur ein Mäntelchen ihres eigentlichen „sozialfaschistischen" Kurses. Man muss davon ausgehen, dass zwischen 10 und 20 % der Deutschen, vor allem Industriearbeiter und Intellektuelle, von diesem im Kern verfassungsfeindlichen Cocktail ideell angezogen wurden.

Noch größeren Anklang fand indes die offenbar dann doch besser anschlussfähige – vor allem bei der DNVP und sogar bei der DVP angesiedelte – Dolchstoßlegende und das Mantra des Verrats der Nation durch die „Novemberverbrecher". Es geht um jenen infamen Angriff auf diejenigen wenig beneidenswerten, anständigen Politiker wie *Matthias Erzberger*, die 1918 von dem Idol der Rechten *Hindenburg* „ausgeschickt" worden waren, die heißen Kastanien des verlorenen Krieges aus dem Feuer zu holen.

Jede offene Gesellschaft ringt mit verschiedenen ideologischen Positionen, Welterklärungen und Gerechtigkeitsideen um Vorherrschaft im gesellschaftlich-politischen Prägeraum. Für eine offene Gesellschaft ist es verdächtig, eine

Anomalie, wenn öffentliche Meinungsbildung keine Lagerbildung grundsätzlicher, verschiedener Weltzugänge mehr kennt, sondern sich bis in Sprachregelungen hinein formiert. Meinungskampf ist pluralistische Normalität. Das gilt aber nur, solange die hasserfüllten irrationalen Welterklärungen und Zerrbilder keine Vorherrschaft erringen. Wenn indes eine Seite mit fundamentaloppositionellen Konzepten der Intoleranz, mal links, mal rechts, beginnt dominant zu werden, hat das erhebliche machtpolitische Konsequenzen. Zwischen 1928 und 1933 schrumpften die liberalen, christlichen und sozialdemokratischen Weltdeutungen enorm und es setzte sich bei zumindest bleibender Stabilität des linksradikalen Deutungskonzepts allmählich eine immer stärkere Rechtsdurchwirkung der Gesellschaft durch, die am Schluss bis weit in die Kirchen, vor allem die protestantische, aber auch bis ins katholische Zentrum und in die Gewerkschaften hineinragte. Die Dominanz der rechtsnationalen Weltdeutung bestimmte die Grundrichtung und machte Akteure auf dieser Bühne erfolgreich, während liberale, bürgerliche und gemäßigt sozialdemokratische Denkweisen und Argumente an Boden verloren. Solche Prozesse waren nicht nur begünstigt durch eine stark konzentrierte, parteipolitisch aufgeladene Presselandschaft, sondern auch durch tiefer liegende intellektuelle Erklärungsmuster, die bereits dekonstruktivistische, aber mitunter auch zynische Züge trugen. Die intellektuellen Verteidiger der Weimarer Verfassungsordnung, also diejenigen, die für ihren institutionellen Sinn warben, blieben in der Minderzahl – *Thomas Manns* flammender Appell seiner „Deutschen Ansprache" vom 17. Oktober 1930 verhallte letztlich ungehört.

Die Gesellschaft Weimars war noch keine nivellierte Mittelstandgesellschaft, ihre Funktionseliten pflegten durchaus ihre gewachsenen ständischen Attitüden, verstanden nicht hinreichend die Dialektik und Dynamik der sich individualisierenden Massengesellschaft mit ihrer Ortlosigkeit, Unruhe und der diffusen Sehnsucht nach Gemeinschaft und Einheit. Die „deutsche Nationalkultur": ja sie bestand, im Guten wie im Schlechten. Aber sie programmierte den politischen Prozess nicht auf das Scheitern. Der unausgereifte Charakter der späten und starken Nation blieb auch und gerade nach dem Trauma des verlorenen Weltkriegs erhalten. Der Hang zum politischen Romantizismus und der morbide Fatalismus des Nibelungenmythos wirkten gemeinsam mit der alten Fixierung auf Staatsglanz und Militär gegen einen politischen Pragmatismus, wie er in der Außenpolitik bei *Gustav Stresemann* aufschien.

Eines ist in der verfassungshistorischen Analyse deutlich geworden. Die Entstehung und das Scheitern der Verfassung sind deutlich komplexer und führen auch zu anderen Verantwortungslinien als gerade von Juristen und in der „Staatsbürgerkunde" der Bundesrepublik normalerweise gezeichnet. Für Schuldzuweisungen an Reichstag und Parteien finden sich gewiss reichlich Belege und sie sind auch heute noch gängig.

> „Nach der Verfassung sollte – wie schon dargelegt – das ausschlaggebende Reichsorgan der Reichstag sein. Dass er das nicht wurde, liegt an einem Versagen der in ihm vertretenen politischen Parteien. Die Fülle der alten und neuen politischen, konfessionellen, wirtschaftlichen, sozialen und sogar geographischen Gegensätze, die im Volke lebendig waren, verhinderten in Verbindung mit dem die Minderheiten begünstigenden Verhältniswahlsystem eine feste Mehrheitsbildung."[485]

Aber ist diese Diagnose wirklich zutreffend? Was hätte denn ein Mehrheitswahlsystem erreicht, das vor allem von der SPD, die damit ihre Erfahrungen im Kaiserreich gemacht hatte, abgelehnt wurde? Hätte sie, die SPD, 1928 mit ihrem besten Wahlergebnis von etwa 30 % der Stimmen dann eine Alleinregierung bilden können? Und mit welchen innenpolitischen Konsequenzen? Oder hätte es dann wie bei der Reichspräsidentenwahl 1925 unter den Bedingungen des Mehrheitswahlsystems einen rechtsgewirkten Bürgerblock gegeben, der dann seinerseits zur Alleinregierung gekommen wäre? Und welche Möglichkeiten hätten die Nazis wohl mit dem Mehrheitswahlrecht 1932 erlangt? Auch die Vielzahl der Parteien war nicht das eigentliche Problem. Bis 1932 konnten die demokratischen Parteien auch ohne Kleinstparteien Koalitionen bilden und sie hätten es vermutlich auch getan, wenn im Reichspräsidentenpalais ein bürgerlicher, ein vollständig verfassungstreuer, ein parteipolitisch neutraler Reichspräsident sie dazu angehalten hätte. Sperrklauseln bei der Parlamentswahl sind sinnvoll, sie gewährleisten Funktionsfähigkeit. Aber für den Untergang der Weimarer Verfassungsordnung spielte das Fehlen der Fünf-Prozent-Sperrklausel keine ernstzunehmende Rolle. Manch wichtige Kraft wie die DDP oder die DVP wären in der Spätphase Weimars an einer Fünf-Prozent-Sperrklausel gescheitert, während die Feinde der Republik NSDAP, KPD und DNVP (unter *Hugenberg*) mit der Tendenz zur Obstruktionsmehrheit ab 1930 diese Hürde mit Leichtigkeit genommen hätten.

Wir sollten heute, ein Jahrhundert nach Inkrafttreten der Weimarer Verfassung, die Geschichte nicht nach den Deutungsmustern eines *Paul von Hindenburg* weitererzählen, wonach das „Gezänk der Parteien" nun einmal nach einer ordnenden Hand gerufen habe – im nationalen Gemeinwohlinteresse. Es gab eklatante politische Fehlentscheidungen aus den Parteien und die Verantwortlichen haben Namen. Einer dieser Namen ist überraschenderweise der in seiner

Spätphase außenpolitisch visionäre *Gustav Stresemann*. Innenpolitisch verdient er nicht das Prädikat des größten Staatsmannes Weimars. Er, *Stresemann*, war es, der jenseits der rechtsnationalen DNVP mehr als jeder andere die Kandidatur *Hindenburgs* zu verantworten hatte und dem es nicht nur an dieser Stelle an Weitsicht fehlte. Die Kandidatur *Hindenburgs* war kein Versehen und kein Betriebsunfall, sondern von den Deutschnationalen geplant zur Bekämpfung, zur Umgründung der Republik. Es handelte sich um das Einschleusen ihres Mannes in die Schaltstelle der Weimarer Verfassung und ein für die Öffentlichkeit sichtbares Zeichen, dass das Alte nicht vergangen war, sondern Zukunft sein wollte.

Der größte *Staatsmann* Weimars war ein anderer und er war vermutlich kein Staatsmann: Es war *Friedrich Ebert*, das moralisch integre Gegenbild zu *Hindenburg*. Er, der redlich um Staat, die demokratische Republik und den sozialen Fortschritt kämpfte: Er wurde getrieben von Hassreden von links und vor allem von rechts und hielt trotzdem Kurs. Mit ihm als Reichspräsidenten hätte es keinen Kanzler *Hitler* gegeben, keine angebliche Zwangsläufigkeit einer verheerenden nationalen Disposition. Aber auch Reichspräsidenten wie der Reichskanzler *Marx* oder Reichwehrminister *Geßler* oder natürlich *Eberts* Komplementär in Preußen *Otto Braun* wären Präsidenten geworden, die wohl kaum den abschüssigen Weg der Entmachtung des Parlaments gegangen und die auch nicht von der fixen Idee einer politischen Rechtsverschiebung im Sinne antipluralistischer nationaler Homogenität beherrscht gewesen wären.

Nicht die unbeschränkte Verhältniswahl zum Reichstag, war das eigentliche Problem, sondern das Verfahren der Reichspräsidentenwahl war notleidend und wirkte jedenfalls 1925 fatal: Dass zwischen dem ersten und dem zweiten Wahlgang keine Verbindung der Stichwahl bestand, sondern Überraschungskandidaten im zweiten Wahlgang möglich waren, war wenig durchdacht und wirkte sich zusammen mit den groben politischen Fehlern der rechtsliberalen DVP verhängnisvoll aus.

Das immer noch virulente Bild *Hindenburgs* bedarf einer Korrektur. *Hindenburg* war nicht nur ein Getriebener, der sich väterlich tapsig durch eine Zeit elementarer Probleme und entfesselter Leidenschaften bewegte. Er war eitel und ehrgeizig, er wollte Macht und die Aura eines Großen der deutschen Geschichte. Er arbeitete mit seinem engsten politischen Berater *Kurt von Schleicher* spätestens seit Anfang 1929 – also noch in der Stabilitätsphase Weimars – auf eine von ihm abhängige Reichsregierung hin und auf einen Reichstag, der von links nicht länger lärmen und stören sollte. Das Konzept der präsidialen Rechtsverschiebung war im Kern antidemokratisch, elitär – politisch ohne Urteilskraft und Weitsicht. Es machte die Republik und ihre Verfassungsordnung angreifbar, gerade dann, als eine dramatische Wirtschaftskrise das Land im internationalen Sog erfasste und Millionen von Menschen verzweifeln ließ.

Das Massenelend der Erwerbslosen, der um sein Sparvermögen und sein Ansehen gebrachte Mittelstand, beamtete Hungerleider und verschuldete Kleinbauern: Sie alle hatten Grund zur Empörung. Dieser Hinweis kann erklären, aber nicht entschuldigen dafür, dass die Deutschen mit erschreckender Mehrheit die Demokratie 1932 buchstäblich abgewählt haben. Damit wird die Verantwortung der Funktionseliten in Militär, Presse, Politik, Wissenschaft, Kultur und Wirtschaft nicht kleiner, aber man sollte sich hüten zu glauben, es sei nur eine Gruppe bestimmter Unternehmer gewesen, die in einer Verschwörung gegen die demokratische Ordnung die Nazis bewusst finanziert hätten. Das große Geld für die NSDAP floss erst als *Hitler* Reichskanzler war, davor hatte sie sich mehr als jede andere Partei jenseits von SPD und KPD von Mitgliedsbeiträgen finanziert und war im November 1932 nach einer Serie von aufwendigen Wahlkämpfen am Ende ihrer Finanzkraft. Die monokausalen Erklärungen sind gefährlich, nicht weil sie keinen richtigen Kern haben, sondern weil ihre helle Selektivität einen Schatten des Unsichtbaren entstehen lässt, der komplexe Ursachenzusammenhänge und überraschende Wechselwirkungen verdeckt. Das gilt auch für die Verantwortung der Sieger des Weltkrieges, ihre Fehler, ihre Egoismen. Das Äußere, also die Einflüsse der internationalen Konstellationen auf das Land, ist in Weimar in Aufbruch und Scheitern immer präsent gewesen, aber das Land hat dennoch begrenzte, aber wohl ausreichende Handlungsmöglichkeit besessen, um auch aus Versailles etwas zu machen; die Zeichen dafür standen ab Locarno so schlecht nicht.

Wenn die These stimmt, dass Weimar nicht an seiner Verfassung gescheitert ist, sondern sogar mit ihr hätte gerettet werden können, hat das für die Gegenwart auch eine beunruhigende Aussagekraft. Denn wir sind doch so überzeugt davon, dass das Grundgesetz die Verfassung ist, die alle Webfehler der Weimarer Vorgängerin vermeidet und korrigiert. Und wir glauben im Europa der EU und der NATO weitere außenpolitische Sicherungen geschaffen zu haben, auch als Selbstschutz. Doch die mit dem Grundgesetz angeblich gebändigte und international gebundene Demokratie kann bei einer erneuten Fragmentierung der Gesellschaft und bei tieferer politischer Grabenbildung, bei einer Zunahme institutioneller Aversionen gegen Demokratie, Rechtsstaat und Soziale Marktwirtschaft in ganz ähnliche Schwierigkeiten geraten wie die Weimarer Verfassung. Es ist bezeichnend, dass in einzelnen Landtagen bereits über Konstellationen nachgedacht wird, wie bei einem Erstarken des rechtspopulistischen Randes Landesregierungen geschäftsführend im Amt gehalten werden können, die parlamentarisch über keine Mehrheit mehr verfügen.[486]

Die Bedingungen der Gegenwart sind andere als vor 100 Jahren. Deshalb verbieten sich allzu gewagte Analogien. Doch man sollte bei aller Andersartigkeit gesellschaftlicher Strukturen, Alltagserfahrung, technischer Lebens- und Existenzbedingungen auch nicht jene Konstanten übersehen, die von der sich rasch wandelnden Oberfläche nicht oder nicht gänzlich erreicht werden. Zu solchen Konstanten gehört das Potenzial der Demokratie zur Selbstgefährdung, weil sich diese Herrschaftsform wie keine andere von öffentlicher Meinungsbildung und Bürgermentalität abhängig macht. Die liberale, demokratische und soziale Verfassungsordnung Weimars ist nicht an den Konstruktionsfehlern des rechtlichen Grunddokuments gescheitert. Gescheitert ist sie maßgeblich am eklatanten Versagen von Eliten und auch an einer Mentalität der Massen, die die Spielregeln des parlamentarischen Betriebes nie richtig gewollt und verstanden haben. Vor solchen Erosionstendenzen ist keine Demokratie gefeit. Der wohl profilierteste Kenner der Weimarer Zeit, *Heinrich August Winkler*, hat vor kurzem die AfD mit der DNVP Weimars verglichen[487], das sollte nachdenklich machen.

Das französische Präsidialsystem ist der Weimarer Reichsverfassung gar nicht so unähnlich und hat mit der überraschenden Wahl *Emmanuel Macrons* seine Fähigkeit zur maßvollen charismatischen Erneuerung gezeigt. Doch die Zerstörung der alten Parteikonstellationen wird vom jugendlichen Elan des Präsidenten nur notdürftig verdeckt. In Italien hat eine ähnliche Veränderung der Parteienlandschaft bereits erhebliche politische Folgewirkungen gezeigt. Auch Deutschland verabschiedet sich womöglich vom Typus jener Volksparteien, die in der jungen Bundesrepublik eine lernende Reaktion auf die stärker fragmentierte Weimarer Parteienlandschaft waren. Vergleicht man aber heute die Parteienstruktur Weimars mit den im Bundestag vertretenen Parteien, so fällt bei allen inhaltlichen Unterschieden doch wieder eine ähnliche Pluralität und auch eine Tendenz zu wertrationaler Fragmentierung auf. CDU und CSU bilden nur noch sehr angestrengt eine Fraktionsgemeinschaft. Zerfiele sie und träten die CDU in Bayern und die CSU bundesweit an, würde deutlich werden, dass es keine Volkspartei mehr gibt, weil im Grunde genommen alle im Bundestag vertretenen Parteiangebote zwischen nur noch 10 % und rund 20 % Wählerzustimmung erlangen. Koalitionsbildungen würden entsprechend schwierig werden. Das wiederum könnte bei einer wirtschaftlichen oder politischen Krise Rufe nach dem starken Mann oder der starken Frau auslösen, die im System des Grundgesetzes sehr viel schwerer konstruktiv zu beantworten wären, als im Weimarer Verfassungssystem. Doch letztlich liegt in der neuen Beweglichkeit, in der Pluralität der Parteien immer auch eine Chance, wenn im Bewusstsein des Publikums der Respekt vor den Spielregeln der Demokratie erhalten bleibt. Dazu gehört das richtige Verständnis des demokratisch und freiheitlich verfassten Staates – eines Staates der für die europäische und internationale Zusammenarbeit offen ist, der aber heute in seinen Funktionsvoraussetzungen wieder stärker geschützt und akzeptiert werden muss. Der Staat ist längst nicht mehr etwas, was als vernünftiges Wesen über einem zur Unvernunft neigenden politischen Betrieb schweben würde, aber er ist doch eine Institution, die sich weder durch Gewalt, noch durch politische Blockaden von ihrem Versprechen ablenken lassen darf, eine innere Friedens- und Entfaltungsordnung zu sein und nach außen die Gestaltungsziele einer in Freiheit zusammengeschlossenen Republik geltend zu machen.

„Bonn ist nicht Weimar", sagt viel zitiert *Fritz René Allemann* im Jahr 1956. Daran hat sich nichts geändert. Aber heute mehren sich doch Anzeichen, dass das Verständnis für die internationale Kooperation und die Bedingungen sozialer Marktwirtschaft schwinden. Sehnsucht nach Einfachheit, Ordnungsverluste, Autoritarismus, Formierungen der öffentlichen Meinungslandschaft, Korruption, Angriffe auf die Unabhängigkeit der Rechtspflege und Neoprotektionismus senden Signale, dass das Fundament der Demokratie auch wieder erodieren kann, wenn nicht mehr als bisher in seine Standfestigkeit investiert wird. Die soziokulturellen Lebensgrundlagen der westlichen Gesellschaft bedürfen genauso der Pflege wie die natürlichen. Es geht um die Wiedergewinnung jener ansteckenden Vitalität einer gerechten und verlässlichen Ordnung der Freiheit.

ANMERKUNGEN

1 *Detlev J. K. Peukert*, Die Weimarer Republik. Krisenjahre der Klassischen Moderne, 14. Aufl. 2016, S. 46. Das ist eine zutreffende Beobachtung, die vom Autor dieses Zitats gerade nicht geteilt wird: „Man könnte der Weimarer Reichsverfassung jedoch ein wenig gerechter werden, wenn man sie weder an Erwartungen misst, die schon der Revolutionsverlauf und die Zwangslage der Nachkriegszeit enttäuschen mussten, noch ihr alle Übelstände des nachfolgenden Umgangs mit den Verfassungsbestimmungen (oder gar gegen sie) zurechnet.", a. a. O.

2 Siehe nur *Ralf Dreier*, Gustav Radbruch, Hans Kelsen, Carl Schmitt, in: Herbert Haller u. a. (Hg.), Staat und Recht: Festschrift für Günther Winkler, 1997, S. 193 ff.; *Wolfgang Kersting*, Neuhegelianismus und Weimarer Staatsrechtslehre. Zum kommunitaristischen Etatismus Herman Hellers, in: Uwe Carstens/Carsten Schlüter-Knauer (Hg.), Der Wille zur Demokratie, 1998, S. 195 ff.; *Marcus Llanque*, Politik und republikanisches Denken: Hermann Heller, in: Hans J. Lietzmann/Wilhelm Bleek (Hg.), Moderne Politik. Politikverständnisse im 20. Jahrhundert, 2001, S. 37 ff.; *Christoph Gusy*, Die Weimarer Reichsverfassung, 1997; *Peter Unruh*, Weimarer Staatsrechtslehre und Grundgesetz. Ein verfassungstheoretischer Vergleich, 2004; *Jens Hacke*, Existenzkrise der Demokratie. Zur politischen Theorie des Liberalismus in der Zwischenkriegszeit, 2018, S. 170 ff.

3 *Volker Ullrich*, Die nervöse Großmacht 1871 – 1918. Aufstieg und Untergang des deutschen Kaiserreichs, 2013.

4 *Eberhard Jäckel*, Das deutsche Jahrhundert: eine historische Bilanz, 1996, S. 7, der von dem Gespräch *Raymond Arons* mit *Fritz Stern* erzählt: „[…] es hätte Deutschlands Jahrhundert werden können; am Anfang des Jahrhunderts war Deutschland das Land des dynamischen Aufstiegs. In der Geschichte des modernen Europa gab es immer ein Land – nacheinander Spanien, Frankreich, Holland, Großbritannien –, das ein Zeitalter nicht nur beherrschte, sondern prägte; so konnte man am Anfang des Jahrhunderts erwarten, dass Deutschland einen solchen Vorrang erreichen würde." Siehe dazu auch *Michael Geyer*, The Space of the Nation: An Essay on the German Century, in: Anselm Doering-Manteuffel/Elisabeth Mueller-Luckner (Hg.) Strukturmerkmale der deutschen Geschichte des 20. Jahrhunderts, 2006, S. 21 ff.

5 *Theodor Heuss*, Rede vor dem Parlamentarischen Rat (9.9.1948), in: Ernst Wolfgang Becker (Hg.), Theodor Heuss. Vater der Verfassung. Zwei Reden im Parlamentarischen

Rat über das Grundgesetz 1948/49, 2009, S. 63. Die negativen Wirkungen für das demokratische Institutionensystem werden bei *Horst Dreier* geringer eingeschätzt und sogar in das Reich der Legenden verwiesen, *Horst Dreier*, Staatsrecht in Demokratie und Diktatur, 2016, S. 53 ff. Aber hier könnte in der Gewichtung doch übersehen werden, welchen Anteil auch das erfolglose Plebiszit an einer erregten öffentlichen Meinungsbildung und für Veränderungsprozesse im kommunikativ-politischen Prägeraum hatte. In diese Richtung auch *Horst Möller*, Zwischen Feinden und Freunden. Probleme des Parteiensystems, in: Andreas Wirsching/Berthold Kohler/Ulrich Wilhelm (Hg.), Weimarer Verhältnisse? Historische Lektionen für unsere Demokratie, 2018, S. 37 (42).

6   Siehe dazu *Detlev J. K. Peukert*, Die Weimarer Republik. Krisenjahre der Klassischen Moderne, 14. Aufl. 2016, S. 48.

7   BVerfGE 124, 300 (328) – Wunsiedel.

8   Zur Frage, ob sie nur Programmsätze waren: *Horst Dreier*, Staatsrecht in Demokratie und Diktatur, 2016, S. 50 ff.

9   „Ich glaube Herr Muchow hat hier die große geistige Revolution im Auge gehabt, in der wir uns heute befinden. Wenn die Bewegung in ihrem legalen Kampf siegt, wird ein deutscher Staatsgerichtshof kommen, und der November 1918 wird seine Sühne finden, und es werden auch Köpfe rollen." Zitiert bei *Fritjof Haft*, Aus der Waagschale der Justitia. Ein Lesebuch aus 200 Jahren Rechtsgeschichte, 1986, S. 61. In einer Rundfunkrede vom 8. Dezember 1931 entgegnete Reichskanzler *Brüning* darauf: „Wenn man erklärt, dass man auf legalem Wege zur Macht gekommen, die legalen Schranken durchbrechen werde, so ist das keine Legalität, und sie ist es noch weniger, wenn zu gleicher Zeit im engeren Kreise Rachepläne verfasst und vorgetragen werden." Siehe *Gustav Radbruch*, in: Alessandro Baratta (Hg.), Gustav Radbruch. Gesamtausgabe, Bd. XII: Politische Schriften aus der Weimarer Zeit I: Demokratie, Sozialdemokratie, Justiz, 1992, S. 304. Unter der Geltung des Grundgesetzes wird die Grenzlinie (Parteiverbot) dort gezogen, wo die freiheitliche und demokratische Grundordnung nicht nur abgelehnt wird, sondern auch ein kämpferisches und aggressives Verhalten hinzutritt, siehe BVerfGE 5, 85 (141); 144, 20 (220).

10   Begriffsbildung von *Dolf Sternberger*, Verfassungspatriotismus, 1990, verbreitet maßgeblich auch von *Jürgen Habermas*. Man kann in der strategischen Verwendung des Begriffs auch den Versuch sehen Nationalgefühl ohne Nation („Nation ohne Eigenschaften") zu bilden. *Jan-Werner Müller*, Verfassungspatriotismus, 2010, S. 61 ff.

11   Am schärfsten und am wenigsten differenziert fällt die Ablehnung dort aus, wo in dem Begriff Leitkultur ein rechtsidentitäres Homogenitätskonzept vermutet wird. *Hartwig Pautz*, Die deutsche Leitkultur. Eine Identitätsdebatte: Neue Rechte, Neorassismus und Normalisierungsbemühungen, 2005.

12   Ein solcher Versuch kann je nach Perspektive als unzulänglich bleibende Reaktion bedauert oder als politisch übergriffige Selbstentgrenzung beklagt werden, siehe für letztere Interpretation den Sammelband *Matthias Jestaedt/Oliver Lepsius/Christoph Möllers/Christoph Schönberger*, Das entgrenzte Gericht. Eine kritische Bilanz nach sechzig Jahren Bundesverfassungsgericht, 2011.

13   Dazu näher die Untersuchung von *Udo Di Fabio*, Herrschaft und Gesellschaft, 2018, drittes Kapitel, III.-V. sowie viertes Kapitel.

14 *Gerd Roellecke*, Beobachtung der Verfassungstheorie, in: Otto Depenheuer/Christoph Grabenwarter (Hg.), Verfassungstheorie, 2010, S. 61 im Zusammenhang mit der hegelschen Verfassungs- und Staatsidee in dessen „Grundlinien der Philosophie des Rechts".

15 Zur Entstehung in der Transición: *Manuel Medina Guerrero*, Grundlagen und Grundzüge staatlichen Verfassungsrechts: Spanien, in: Armin von Bogdandy/Pedro Cruz Villalón/ Peter M. Huber (Hg.), Handbuch Ius Publicum Europaeum, Bd. I, 2007, S. 625 ff.

16 *Detlev J. K. Peukert*, Die Weimarer Republik. Krisenjahre der Klassischen Moderne, 14. Aufl. 2016, S. 58: gescheitert „am Maßstab der sozialen Revolution".

17 Dazu unten B.V.

18 Siehe weiter unten I.III.

19 Zentrumspolitiker *Matthias Erzberger* wurde im Jahre 1921 ermordet, im Jahre 1922 der amtierende Außenminister *Walther Rathenau*. Auf *Scheidemann* verübten am 4. Juni 1922 zwei Männer in Kassel-Wilhelmshöhe einen Blausäureanschlag, den er glücklich überlebte.

20 Die Verschiebung auch der Gesetzgebung vom Reichstag auf den Bundesrat und die Reichsregierung im System der Gewaltenteilung erfolgte bereits durch das Gesetz über die Ermächtigung des Bundesrats zu wirtschaftlichen Maßnahmen und über die Verlängerung der Fristen des Wechsel- und Scheckrechts im Falle kriegerischer Ereignisse, RGBl. 1914, S. 327. Im Laufe des Jahres 1916 handelte es sich um die Verschiebung der politischen Führung einschließlich administrativer Maßnahmen in einer Art von Kriegswirtschaftsdiktatur von der Schiene Bundesrat/Reichsregierung/Kaiser faktisch auf diejenige von OHL (*Hindenburg/Ludendorff*)/Kaiser mit einem nur noch oszillierenden Reichskanzler *Theobald von Bethmann-Hollweg*.

21 Man kann die Zustimmung (Resolution vom 7.10.1916) der Reichstagsfraktion des Zentrums zu dem von der OHL vorgeschlagenen uneingeschränkten U-Bootkrieg als wichtigen Schritt zur Selbstentmachtung der demokratischen Mitte des Reiches – des Reichstags – betrachten.

22 Eigentlich war sie von maßgeblichen Beteiligten unbemerkt bereits Mitte August geendet, als *Ludendorff* dem Kaiser mitteilte, dass man nicht mehr hoffen dürfe, den „Kriegswillen unserer Feinde durch kriegerische Handlungen zu brechen". *Golo Manns* für die deutsche Nationalpsychologie nicht ganz uncharakteristische Einschätzung dürfte zutreffend sein, dass ab diesem Zeitpunkt die zivile Reichsleitung außenpolitisch wieder hätte handeln können, aber untätig blieb, weil Kaiser, Reichsregierung und Reichstagsfraktionen sich ganz an die nun ausbleibenden Befehle des politisch komplett unbegabten und auch militärisch im Westen ohne Fortune agierenden „eisernen Fachmanns" gewöhnt hatten. *Golo Mann*, Deutsche Geschichte des 19. und 20. Jahrhunderts, 1992, S. 641.

23 Auch hier fehlte bei den Akteuren jedes Verständnis dafür, dass der erfolglose unbeschränkte U-Bootkrieg und vor allem der Friedensvertrag von Brest-Litowsk, der auf die Vereinnahmung von Gebieten so groß wie Österreich-Ungarn und die Türkei zusammen hinauslief, endgültig ein Klima geschaffen hatten, in dem auch der amerikanische Präsident kaum mehr willens oder fähig war, einen irgendwie auf Verständigung angelegten Friedensprozess tatsächlich einzuleiten, *Golo Mann*, Deutsche Geschichte des 19. und 20. Jahrhunderts, 1992, S. 639. Allerdings war die Note *Wilsons* vom 3. Oktober 1918 auch noch durchaus konzilianter, sodass man sich in der OHL und der Reichslei-

tung durchaus getäuscht fühlen durfte, wie bei einem Verhandlungspartner, der eine Sache verkauft und bei Interesse des Käufers den ursprünglich geforderten Preis erhöht.

24 *Ludendorff* wurde durch *Groener* ersetzt; *Hindenburg* blieb im Amt.

25 Bei den Offizieren herrschte ein Geist wie in einem „altgermanischen Gefolgschaftsverhältnis", so *Andreas Dietz*, Das Primat der Politik in kaiserlicher Armee, Reichswehr, Wehrmacht und Bundeswehr. Rechtliche Sicherungen der Entscheidungsgewalt über Krieg und Frieden zwischen Politik und Militär, 2011, S. 142.

26 *Andreas Dietz*, Das Primat der Politik in kaiserlicher Armee, Reichswehr, Wehrmacht und Bundeswehr. Rechtliche Sicherungen der Entscheidungsgewalt über Krieg und Frieden zwischen Politik und Militär, 2011, S. 142.

27 *Wolfdieter Bihl* (Hg.), Deutsche Quellen zur Geschichte des Ersten Weltkrieges, 1991, S. 478 f.

28 Das Scharmützel, bei dem die Steinhäuser-Patrouille sieben Demonstranten erschoss und auch weitere Schießereien in Kiel mit mehreren Toten blieben doch überschaubar und deuten auf ein „eher niedrige(s) Niveau revolutionärer Gewalt hin", *Mark Jones*, Am Anfang war Gewalt. Die deutsche Revolution 1918/19 und der Beginn der Weimarer Republik, 2. Aufl. 2017, S. 56.

29 Die Ausbreitung durch ausschwärmende Matrosen beschränkte sich nicht auf Norddeutschland, so „übernahmen" am 7. und 8. November 200 Matrosen Köln, vom Oberbürgermeister *Konrad Adenauer* offenbar nicht unfreundlich aufgenommen: *Heinrich August Winkler*, Weimar 1918-1933. Die Geschichte der ersten deutschen Demokratie, 4. Aufl. 2005, S. 28.

30 *Mark Jones*, Am Anfang war Gewalt. Die deutsche Revolution 1918/19 und der Beginn der Weimarer Republik, 2. Aufl. 2017, S. 43.

31 „Dies ist der Grund, warum wir immer wieder unsere Aufmerksamkeit der Amerikanischen und der Französischen Revolution zuwenden werden, nur dürfen wir dabei nicht vergessen, daß die Männer dieser beiden Revolutionen sich vor allem dadurch von allen ihnen folgenden ‚Revolutionären' unterscheiden, dass sie die Revolution in der Überzeugung begannen, sie stellten nicht mehr als eine alte Ordnung der Dinge wieder her, welche von der Monarchie im Zeitalter des Absolutismus verletzt und vergewaltigt worden war." *Hannah Arendt*, Über die Revolution, 6. Aufl. 2016, S. 53.

32 Der Waffenstillstand war bereits am 11. November unterzeichnet und wirksam geworden.

33 *Ernst Rudolf Huber*, Dokumente zur deutschen Verfassungsgeschichte, Bd. 3, 2. Aufl. 1966, S. 1 (Nr. 2). Im Volltext lautete die Rede: „Arbeiter und Soldaten! Furchtbar waren die vier Kriegsjahre, grauenhaft waren die Opfer, die das Volk an Gut und Blut hat bringen müssen, der unglückselige Krieg ist zu Ende. Das Morden ist vorbei. Die Folgen des Kriegs, Not und Elend, werden noch viele Jahre lang auf uns lasten. Die Niederlage, die wir unter allen Umstanden verhüten wollten, ist uns nicht erspart geblieben. Unsere Verständigungsvorschläge wurden sabotiert, wir selbst wurden verhöhnt und verleugnet. Die Feinde des werktätigen Volkes, die wirklichen inneren Feinde, die Deutschlands Zusammenbruch verschuldet haben, sind still und unsichtbar geworden. Das waren die Daheimkrieger, die ihre Eroberungsforderungen bis zum gestrigen Tage ebenso aufrechterhielten, wie sie den verbissensten Kampf gegen jede Reform der Verfassung und besonders des schändlichen preußischen Wahlsystems, geführt haben. Diese Volksfeinde sind hoffentlich für immer erledigt. Der Kaiser hat abgedankt. Er und seine

Freunde sind verschwunden, über sie alle hat das Volk auf der ganzen Linie gesiegt. Prinz Max von Baden hat sein Reichskanzleramt dem Abgeordneten Ebert übergeben. Unser Freund wird eine Arbeiterregierung bilden, der alle sozialistischen Parteien angehören werden. Die neue Regierung darf nicht gestört werden, in ihrer Arbeit für den Frieden und der Sorge um Arbeit und Brot. Arbeiter und Soldaten, seid euch der geschichtlichen Bedeutung dieses Tages bewusst: Unerhörtes ist geschehen. Große und unübersehbare Arbeit steht uns bevor. Alles für das Volk. Alles durch das Volk. Nichts darf geschehen, was der Arbeiterbewegung zur Unehre gereicht. Seid einig, treu und pflichtbewusst. Das alte und morsche, die Monarchie ist zusammengebrochen. Es lebe das Neue. Es lebe die deutsche Republik." Quelle: Deutsches Rundfunkarchiv, Frankfurt am Main.

34 *Ernst Rudolf Huber*, Dokumente zur deutschen Verfassungsgeschichte, Bd. 3, 2. Aufl. 1966, S. 66 (Nr. 75).

35 Die Verfassung von 1871 war in mehreren Elementen, angefangen bei der Vorstellung eines Vertrages der Fürsten, „unzeitgemäß", obwohl sie eine konstitutionelle Monarchie schuf, siehe *Christoph Gusy*, Die Weimarer Reichsverfassung, 1997, S. 1.

36 Oben Anm. 31.

37 Dass es sich bei der Zabern-Affäre um einen konstitutionell bedeutsamen Konflikt handelt, wurde deutlich durch das erstmalig artikulierte Missbilligungsvotum gegen Reichskanzler *Bethmann-Hollweg*, der letztlich zu lavieren hatte, weil der Kaiser das Militär als seine Prärogative ansah, das er vor öffentlicher Kritik zu schützen habe. Das Instrument der Missbilligung nach § 33a der Geschäftsordnung des Reichstags stand dem Parlament seit 1912 zu und belegt ebenfalls die Entwicklungstendenz zu einer parlamentarisch verantwortlichen Reichsregierung. Zur Affäre selbst siehe: *Hans-Ulrich Wehler*, Der Fall Zabern. Rückblick auf eine Verfassungskrise des wilhelminischen Kaiserreichs, in: Die Welt als Geschichte 23 (1963), S. 27 ff.

38 *Fritz Fischer*, Griff nach der Weltmacht. Die Kriegszielpolitik des kaiserlichen Deutschland 1914/18, 2009.

39 Zur pessimistisch-romantischen Stimmungslage gehörte allerdings auch, dass die SPD mitsamt ihrer nicht gänzlich abgelegten Revolutionsrhetorik von Wahl zu Wahl stärker wurde und bei manchem Vertreter von Aristokratie oder Militär der Krieg als Gegenmittel dazu geeignet erscheinen mochte, weil dann die Nation sich auch wieder stärker um ihre im Felde charismatischen Eliten scharen würde.

40 Für die Stellung des Reichspräsidenten war das charismatische Regulativ zum Parteienbetrieb ein wichtiges Argument eines der Vordenkers der Weimarer Verfassung, *Max Weber*, siehe *Detlev J. K. Peukert*, Die Weimarer Republik. Krisenjahre der Klassischen Moderne, 14. Aufl. 2016, S. 49.

41 Siehe dazu *Udo Di Fabio*, Herrschaft und Gesellschaft, 2018, zweites Kapitel, III. und VIII.

42 *Ernst Rudolf Huber*, Deutsche Verfassungsgeschichte seit 1789, Bd. VI: Die Weimarer Verfassung, rev. Nachdruck der 1. Aufl. 1993, S. 5.

43 *Andreas Braune*, Die Gründung der Weimarer Republik und vergleichende Konstitutionalisierungsforschung, in: Michael Dreyer/Andreas Braune (Hg.), Weimar als Herausforderung. Die Weimarer Republik und die Demokratie im 21 Jahrhundert, 2016, S. 23 (24).

44 Reichstagsprotokoll, 1. Sitzung vom 6. Februar 1919, S. 1, http://www.reichstagsprotokolle.de/Blatt2_wv_bsb00000010_00009.html.

45 *Mark Jones*, Am Anfang war Gewalt. Die deutsche Revolution 1918/19 und der Beginn der Weimarer Republik, 2. Aufl. 2017, S. 78.

46 Herrschaftslose Demokratie war für *Theodor Heuss* „eine unstaatliche und verschwommene Vorstellung". Jeder Staat sei ein „System von Befehlsgewalt und Gehorsamsanspruch", das seinen Eichpunkt in der Behauptung eines souveränen Volkswillens finde, *Theodor Heuss*, Das Wesen der Demokratie, 1930, S. 1. Bereits am 9. November 1918 um 20.00 Uhr schreibt der Vorstand der SPD an den der USPD, dass das auf die Entscheidungsmacht der Arbeiter und Soldaten setzende Rätesystem Diktatur sei, während die SPD an demokratischen Grundsätzen festhalte. *Ernst Rudolf Huber*, Dokumente zur deutschen Verfassungsgeschichte, Bd. 3, 2. Aufl. 1966, S. 2 f. (Nr. 3).

47 *Ernst Rudolf Huber*, Deutsche Verfassungsgeschichte seit 1789, Bd. VI: Die Weimarer Reichsverfassung, rev. Nachdruck der 1. Aufl. 1993, S. 8 f.

48 Proklamation der Republik durch Staatssekretär *Scheidemann* am 9. November 1918 vor der am Reichstag versammelten Menge, *Ernst Rudolf Huber*, Dokumente zur deutschen Verfassungsgeschichte, Bd. 3, 2. Aufl. 1966, S. 1 f. (Nr. 2).

49 Verfassungsrechtlich war das nicht möglich, weil die Ernennung des Reichskanzlers Sache des Kaisers war (Art. 15 der Verfassung des Deutschen Reiches vom 16. April 1871). Aber durch die (antizipierte) Abdankung und Flucht ohne greifbare Thronfolge war ein institutionelles Vakuum entstanden (oder dies war jedenfalls vorauszusehen). Der Reichskanzler Prinz *Max von Baden* stand im Augenblick der Revolution als Legalitätsreserve bereit. Nur der Reichskanzler konnte auch die Rolle des Kaisers ausfüllen, wonach es immerhin denkbar (im Sinne von juristisch vertretbar) war, dass Prinz *Max von Baden* an Stelle des Kaisers *Friedrich Ebert* ernennen konnte. Aus diesem Grund konnten Heer und Beamtentum durchaus in vertretbarer Weise sich an eine die Verfassungskontinuität wahrende Legalitätsfiktion klammern, obwohl *Ebert* selbst seine Regierungsgewalt aus dem Rat der Volksbeauftragten revolutionär als provisorisch bis zu einer freien Wahl angesehen hat, schon weil er sonst von bewaffneten Kräften der Revolution (als Vertreter des überkommenen abgelehnten Systems) nicht anerkannt worden wäre.

50 Bei der Wahl zum 13. Deutschen Reichstag erlangte die SPD 34,8 % der abgegebenen Stimmen (bei einer Wahlbeteiligung von 85 %) und wurde auch (angesichts des Mehrheitswahlsystems nicht selbstverständlich) stärkste Fraktion vor dem Zentrum und den beiden liberalen Parteien sowie den Deutschkonservativen.

51 *Heinrich August Winkler*, Weimar 1918-1933. Die Geschichte der ersten deutschen Demokratie, 4. Aufl. 2005.

52 Die Verfassung des Deutschen Reiches vom 16. April 1871 war auf das besondere Verhältnis zwischen *Bismarck* und seinem preußischen König zugeschnitten. Das monarchische Übergewicht in der Verfassungsarchitektur war beinah verdeckt durch einen Monarchen, der nicht zum persönlichen Regiment neigte und einem Ministerpräsidenten und Reichskanzler, der sich (mit allerdings mitunter fragwürdigen Mitteln) regelmäßig der politischen Mehrheit des Reichstags versicherte und ein politischer Virtuose war. Mit *Wilhelm II.* und von ihm ausgewählten schwachen Kanzlern blockierte sich das Verfassungssystem mehr als dass es eine „Despotie" wurde: Die Großmacht in der Mitte Europas verlor Möglichkeiten zu politisch konzeptioneller Führung. Dies wog weit mehr als ein aggressiver, angeblich spezifisch preußisch-deutscher Militarismus bei den deutschen Fehlentscheidungen im Sommer 1914.

53 Art. 5 Abs. 1 der Verfassung des Deutschen Reiches vom 16. April 1871, Reichsgesetz-blatt 1871, S. 64 ff., abgedruckt in: Hermann-Josef Blanke (Hg.), Deutsche Verfassungen, 2003, S. 225 ff.

54 Die Pressefreiheit war im Reichspressegesetz von 1874 verankert (§ 1). Eine wichtige Grenze der Pressefreiheit war die Majestätsbeleidigung nach § 95 StGB. Vor dem Ersten Weltkrieg gab es im Deutschen Reich rund 4000 Zeitungen. Erst mit Beginn des Krieges 1914 wurde die volle Pressefreiheit kriegs- und belagerungsrechtlich im Sinne von § 30 Reichspressegesetz aufgehoben. Die Zensur wurde seit 1915 über das Kriegspresseamt und Militärzensurstellen in militärischen Angelegenheiten ausgeübt, während die zivilen Eingriffe milder ausfielen.

55 *Thomas Nipperdey*, Deutsche Geschichte, 1866-1918, Bd. II, Machtstaat vor der Demokratie, 1992, S. 643.

56 A. a. O., S. 480.

57 *Kurt Koszyk*, Deutsche Presse im 19. Jahrhundert. Geschichte der deutschen Presse, Teil II, 1966, S. 306.

58 *Jean-Francois Lyotard*, Das postmoderne Wissen. Ein Bericht, 8. Aufl. 2015, S. 74.

59 *Udo Di Fabio*, Herrschaft und Gesellschaft, 2018, drittes Kapitel, V.-VIII.

60 Wobei sowohl die USPD als auch die DNVP zum damaligen Zeitpunkt keineswegs vollständig als aktiv entschlossene Verfassungsfeinde eingeordnet werden dürfen, das gilt erst für die leninistisch-stalinistische KPD, den rechtsextremen Rand hin zur NSDAP und den rechten Rand der DNVP, der erst später unter *Hugenberg* bestimmend wurde.

61 *Jonathan Wright*, Gustav Stresemann. 1878-1929. Weimars größter Staatsmann, 2006, S. 171.

62 Stimmen gab die SPD vor allem an die linksradikale Konkurrenz von USPD und KPD ab mit der Folge, dass sie nicht mehr in das Kabinett eintreten wollte und eine Minderheitsregierung erzwang – eine Situation, die sich 1930 wiederholte.

63 Auch die nationalliberale DVP unter *Gustav Stresemann* gehörte nicht zu den erklärten Freunden der Weimarer Verfassung und verhielt sich beim Lüttwitz-Kapp-Putsch im März 1920 zumindest ambivalent (siehe *Jonathan Wright*, Gustav Stresemann. 1878-1929. Weimars größter Staatsmann, 2006, S. 160 ff.), auch wenn sie sich später konstruktiv an Regierungen beteiligte und *Stresemann* als Außenminister besonderes Ansehen erlangte.

64 *Kurt Tucholsky* zeigte ein schwankendes Verhältnis zur Weimarer Republik. Scharfe Angriffe auf die SPD-Führung und das kapitalistische System rückten ihn in die Nähe der republikfeindlichen KPD, anderseits wurde sein Flaggenlied auf Schwarz-Rot-Gold zu einer Hymne der Verteidiger der Republik, siehe *Verena Wirtz*, „Flaggenstreit". Zur politischen Sinnlichkeit der Weimarer Demokratie, in: Andreas Braune/Michael Dreyer (Hg.), Republikanischer Alltag. Die Weimarer Demokratie und die Suche nach Normalität, 2017, S. 51 ff.

65 Zur Frage der Begrifflichkeit, vom Selbstverständnis der Deutschen Republik und dem erst nach 1933 maßgeblich aufkommenden Begriff der Weimarer Republik, der immer auch etwas Abwertendes mit sich führte: *Peter Hoeres*, Die Kultur von Weimar. Durchbruch der Moderne, 2008, S. 12 f.

66 *Ernst Thälmann*, Reden und Aufsätze zur deutschen Arbeiterbewegung, herausgegeben vom Marx-Engels-Lenin-Stalin-Institut beim ZK der SED, in: *ders.*, Reden und Aufsätze zur Geschichte der deutschen Arbeiterbewegung, Bd. 1, Auswahl aus den Jahren

Juni 1919 bis November 1928, 1956, S. 238. Siehe auch: *Hermann Weber*, Kommunismus in Deutschland 1918-1945, 1983.

67 *Ernst Thälmann*, a. a. O., S. 247.

68 Siehe auch hier wieder exemplarisch *Ernst Thälmann*, a. a. O., S. 311; *Siegfried Bahne*, „Sozialfaschismus" in Deutschland. Zur Geschichte eines politischen Begriffs, International Review of Social History 10 (1965), S. 380.

69 Mit einem entsprechend kurzen 20. Jahrhundert der Extreme von 1914 bis 1991: *Eric John Ernest Hobsbawm*, Age of Extremes. The short twentieth century 1914–1991, 1994.

70 Für das Jahr 1920 anlässlich des Lüttwitz-Kapp-Putsches diagnostiziert sein Biograph: „Stresemann gestand der republikanischen Regierung, obwohl sie demokratisch gewählt war, nie ein Recht auf seine Loyalität zu. Erst nach der Niederlage der Kapp-Putschisten nähert er sich den Tatsachen, bleibt aber voller Hoffnung, es werde ein neuer Bismarck kommen, der diese Verfassung überwinde." *Jonathan Wright*, Gustav Stresemann. 1878-1929. Weimars größter Staatsmann, 2006, S. 165 f.

71 Siehe dazu *Heinrich August Winkler*, Der lange Weg nach Westen, Bd. 1: Deutsche Geschichte vom Ende des Alten Reiches bis zum Untergang der Weimarer Republik, 5. Aufl. 2010, S. 311 f.

72 Zur theoretischen Platzierung des politischen Prägeraums siehe *Udo Di Fabio*, Herrschaft und Gesellschaft, 2018, drittes Kapitel, VIII.

73 Vom „soldatischen Nationalismus" spricht: *Peter Hoeres*, Die Kultur von Weimar. Durchbruch der Moderne, 2008, S. 41 f.

74 *Christoph Möllers*, Staat als Argument, 2. Aufl. 2011.

75 *Heinrich August Winkler*, Weimar 1918-1933. Die Geschichte der ersten deutschen Demokratie, 4. Aufl. 2005, S. 302 f.

76 Siehe dazu *Kurt Wuchterl*, Bausteine zu einer Geschichte der Philosophie des 20. Jahrhunderts, 1995, S. 204 ff.

77 „Bolschewismus und Fascismus dagegen sind wie jede Diktatur zwar antiliberal, aber nicht notwendig antidemokratisch." *Carl Schmitt*, Die geistesgeschichtliche Lage des heutigen Parlamentarismus, 8. Aufl. 1996, S. 22.

78 A. a. O., S. 23.

79 Natürlich hat *Schmitt* hier recht, dieses Vorgehen ist „konstruiert" und nur axiomatisch abgesichert (siehe dazu *Udo Di Fabio*, Schwankender Westen, 2015, S. 65 ff.), aber seine eigenen organischen Anleihen und Einheitsprätentionen sind ebenfalls konstruiert.

80 *Carl Schmitt*, Die geistesgeschichtliche Lage des heutigen Parlamentarismus, 8. Aufl. 1996, S. 89.

81 Siehe zum mythischen Denken bei *Ernst Cassirer*: *Kurt Wuchterl*, Bausteine zu einer Geschichte der Philosophie des 20. Jahrhunderts, 1995, S. 304 ff.

82 „Der Verfassungspatriotismus, der völlig fixiert auf die Verfassung den Staat übersieht, mißbilligt den Ausnahmezustand und verdrängt die Möglichkeit seines Eintretens." *Josef Isensee*, Normalfall oder Grenzfall als Ausgangspunkt rechtsphilosophischer Konstruktion?, in: Winfried Brugger/Jörg Haverkate (Hg.), Grenzen als Thema der Rechts- und Sozialphilosophie, ARSP Beiheft Nr. 84, 2002, S. 51 ff.

83 *Ernst Jünger*, Der Kampf als inneres Erlebnis, 1922, S. 112, zitiert bei *Heimo Schwilk*, Ernst Jünger. Ein Jahrhundertleben, 2007, S. 237.

84 Vgl. a. a. O., S. 238 f.

85 *Markus Winkler*, Mythisches Denken zwischen Romantik und Realismus. Zur Erfahrung kultureller Fremdheit im Werk Heinrich Heines, 1995, S. 212.

86 *Thomas Müller*, Imaginierter Westen. Das Konzept des »deutschen Westraums« im völkischen Diskurs zwischen politischer Romantik und Nationalsozialismus, 2009.

87 *Rüdiger Safranski*, Romantik. Eine deutsche Affäre, 6. Auflage 2009, S. 175.

88 *Dieter Heyer/Werner Tschannerl*, Zur Ausgangskategorie des historischen Materialismus, Deutsche Zeitschrift für Philosophie, Bd. 34, Heft 9 (1986), S. 823 ff.

89 Der im Mittelpunkt stehende Mensch wird als Selbstschöpfer seines Schicksals begriffen, Entfaltung heißt Entwurf eines zukünftigen Daseins. Erst die Renaissance macht die Biographie, ja die Autobiographie, als Gradmesser des Entwicklungsgeschehens möglich: siehe *Anton Grabner-Haider/Klaus S. Davidowicz/Karl Prenner*, Kulturgeschichte der frühen Neuzeit. Von 1500-1800, 2014, S. 174.

90 Für den Humanisten *Erasmus von Rotterdam* "lumen rationis": *Anton Grabner-Haider/ Klaus S. Davidowicz/Karl Prenner*, Kulturgeschichte der frühen Neuzeit. Von 1500-1800, 2014, S. 65.

91 *Thomas Morus*, De optimo statu rei publicae deque nova insula Utopia, 1516. Siehe zur Bedeutungseinordnung: *Wilhelm Voßkamp*, Emblematik der Zukunft: Poetik und Geschichte literarischer Utopien von Thomas Morus bis zu Robert Musil, 2016, S. 17 ff.

92 Die Verabschiedung der Sozialfaschismusthese und der Übergang zur Volksfrontpolitik wurde von *Stalin* erst nach der Machtübernahme durch *Hitler* in Deutschland seit 1934 vollzogen, dann offiziell besiegelt 1935 auf dem VII. Weltkongress der Kommunistischen Internationale. Die Volksfront-Politik hielt bis zum Hitler-Stalin-Pakt 1939.

93 *Riccardo Bavaj*, Von links gegen Weimar. Linkes antiparlamentarisches Denken in der Weimarer Republik, 2005, S. 231.

94 *Peter Hoeres*, Die Kultur von Weimar. Durchbruch der Moderne, 2008, S. 76.

95 Dieser Frage war natürlich dadurch Dramatik genommen, dass bereits im 19. Jahrhundert das konstantinische System der Verschmelzung von Kirchengewalt und weltlicher Obrigkeit beendet war. *Martin Heckel*, Martin Luthers Reformation und das Recht. Die Entwicklung der Theologie Luthers und ihre Auswirkung auf das Recht unter den Rahmenbedingungen der Reichsreform und der Territorialstaatsbildung im Kampf mit Rom und den „Schwärmern", 2016, S. 789. Formell und auch für die alltagsweltliche Orientierung durchaus fortwirkend hatte jedoch das landesherrliche Kirchenregiment bis zum Ende der Monarchie Bedeutung.

96 Art. 137 Abs. 5 WRV: „Die Religionsgesellschaften bleiben Körperschaften des öffentlichen Rechtes, soweit sie solche bisher waren. […] Die Religionsgesellschaften, welche Körperschaften des öffentlichen Rechtes sind, sind berechtigt, aufgrund der bürgerlichen Steuerlisten nach Maßgabe der landesrechtlichen Bestimmungen Steuern zu erheben."

97 *Martin Heckel*, Martin Luthers Reformation und das Recht. Die Entwicklung der Theologie Luthers und ihre Auswirkung auf das Recht unter den Rahmenbedingungen der Reichsreform und der Territorialstaatsbildung im Kampf mit Rom und den „Schwärmern", 2016, S. 822 f.

98 Für die Literaturgeschichte Weimars siehe etwa *Walter Fähnders*, Avantgarde und Moderne 1890–1933. Lehrbuch Germanistik, 2. Aufl. 2010, S. 208 ff.

99 *Ian Kershaw*, Hitler. 1889-1936, 1998, S. 391.

100 Zum literarischen Agitpropverständnis: *Walter Fähnders*, Avantgarde und Moderne 1890–1933. Lehrbuch Germanistik, 2. Aufl. 2010, S. 247 ff. Siehe auch *Peter Hoeres*, Die Kultur von Weimar. Durchbruch der Moderne, 2008, S. 26 ff.

101 *Horst Möller*, Die Weimarer Republik. Eine unvollendete Demokratie, 9. Aufl. 2008, S. 251.

102 Mit dem Hinweis auf intellektuelle Grenzgänger wie *Ernst Niekisch*, siehe: *Peter Hoeres*, Die Kultur von Weimar. Durchbruch der Moderne, 2008, S. 27.

103 *Peter Hoeres*, Die Kultur von Weimar. Durchbruch der Moderne, 2008, S. 20.

104 *Horst Möller*, Die Weimarer Republik. Eine unvollendete Demokratie, 9. Aufl. 2008, S. 250.

105 *Thomas Anz*, Literatur des Expressionismus, 2. Aufl. 2010, S. 166 ff.

106 Die Bewältigung des Krieges, seine Deutung, sein Sinn und die Konsequenzen wurden in der deutschen Literatur von Antipoden wie dem 1920 erschienenen Tagebuch eines Stoßtruppführers „In Stahlgewittern" von *Ernst Jünger* und dem 1929 erschienenen Roman von *Erich Maria Remarque* „Im Westen nichts Neues" besprochen. Letzteres wurde das erfolgreichste Buch über den Ersten Weltkrieg überhaupt mit eminenter politischer Bedeutung im Ringen von rechtsnationalistischen Existenzerlebnissen und kosmopolitischem linken Pazifismus. Siehe dazu *Wolfgang Benz*, Der Aufbruch in die Moderne. Das 20. Jahrhundert, in: Ursula Büttner/Wolfgang Benz, Gebhardt. Handbuch der deutschen Geschichte, Bd. 18, 10. Aufl. 2010, S. 51 f.

107 *Andreas Conrad*, „Im Westen nichts Neues". Krieg im Kinosaal, in: Tagesspiegel vom 5.12.2010, https://www.tagesspiegel.de/berlin/im-westen-nichts-neues-krieg-im-kinosaal/3589604.html.

108 *Wolfram Bauer*, Wertrelativismus und Wertbestimmtheit im Kampf um die Weimarer Demokratie, 1968, S. 25.

109 *Ernst Troeltsch*, Naturrecht und Humanität in der Weltpolitik, in: Gangolf Hübinger (Hg.), Ernst Troeltsch. Kritische Gesamtausgabe, Bd. 15 – Schriften zur Politik und Kulturphilosophie (1918-1923), 2012, S. 496.

110 *Ernst Troeltsch*, Naturrecht und Humanität in der Weltpolitik, in: Gangolf Hübinger (Hg.), Ernst Troeltsch. Kritische Gesamtausgabe, Bd. 15 – Schriften zur Politik und Kulturphilosophie (1918-1923), 2012, S. 493 (503).

111 In *Hitlers* „Mein Kampf" klingt das rassenpolitisch gewendet gar nicht so unähnlich: „Bestimmte Ideen sind sogar an bestimmte Menschen gebunden. Das gilt am allermeisten gerade für solche Gedanken, deren Inhalt nicht in einer exakten wissenschaftlichen Wahrheit, als vielmehr in der Welt des Gefühls seinen Ursprung hat oder, wie man sich da heute so schön und ‚klar' auszudrücken pflegt, ein ‚inneres Erleben' wiedergibt. Alle diese Ideen, die mit kalter Logik an sich nichts zu tun haben, sondern reine Gefühlsäußerungen, ethische Vorstellungen usw. darstellen, sind gefesselt an das Dasein der Menschen, deren geistiger Vorstellungs- und Schöpferkraft sie ihre eigene Existenz verdanken." *Adolf Hitler*, Mein Kampf. Kritische Edition, 1. Bd., 2016, S. 303 f., 747, 751.

112 „Damit entsteht aber auch eine ganz andere Menschheitsidee: nicht die endliche Vereinigung der grundsätzlich gleichen Menschen in einer rational organisierten Gesamtmenschheit, sondern die Fülle kämpfender und im Kampf ihre höchsten geistigen Kräfte entfaltender Nationalgeister, der Spiegel Gottes in den weit über Nutzen und Wohlfahrt erhabenen individuellen Volksgeister." *Ernst Troeltsch*, Naturrecht und Humanität in der

Weltpolitik, in: Gangolf Hübinger (Hg.), Ernst Troeltsch. Kritische Gesamtausgabe, Bd. 15 – Schriften zur Politik und Kulturphilosophie (1918-1923), 2012, S. 493 (503).

113 *Ernst Troeltsch*, Naturrecht und Humanität in der Weltpolitik, in: Gangolf Hübinger (Hg.), Ernst Troeltsch. Kritische Gesamtausgabe, Bd. 15 – Schriften zur Politik und Kulturphilosophie (1918-1923), 2012, S. 493 (510 f.).

114 Zur Asymmetrie von politischen Machtlagen und der daraus folgenden besonderen Legitimitätsbedürfnisse siehe *Udo Di Fabio*, Herrschaft und Gesellschaft, 2018, zweites Kapitel, I.

115 Zu diesem seit den systemtheoretischen Arbeiten *Niklas Luhmanns* recht gut aufgeklärten Zusammenhang: *ders.*, Die Politik der Gesellschaft, 2000, S. 69 ff.

116 *Hugo Preuß*, Zum Verschwinden des Gegensatzes von DDP und SPD (1919), in: Detlef Lehnert (Hg.), Hugo Preuß. Gesammelte Schriften, Bd. IV, Politik und Verfassung in der Weimarer Republik, 2008, S. 77 (Hervorhebung im Original).

117 Man kann insofern die Dualität oder auch das supranationale Prinzip der Europäischen Union mit einer Verteilung der Gesetzgebungs- und Verwaltungskompetenzen über verschiedene Ebenen als vertikale Gewaltenteilung bezeichnen.

118 *Renate Mayntz*, Politische Steuerung und gesellschaftliche Steuerungsprobleme. Anmerkungen zu einem theoretischen Paradigma, in: Jahrbuch zur Staats- und Verwaltungswissenschaft Bd. I, 1987, S. 89 ff.; *Michael Th. Greven*, Kontingenz und Dezision. Beiträge zur Analyse der politischen Gesellschaft, 2000, S. 191 ff.

119 *Mariana Llanos/Detlef Nolte*, Die vielen Gesichter des lateinamerikanischen Präsidentialismus, GIGA Focus, Lateinamerika, Nr. 1 (Mai 2016), https://www.giga-hamburg. de/de/publikation/die-vielen-gesichter-des-lateinamerikanischen-praesidentialismus.

120 Siehe oben B. III.

121 *Friedrich Ebert* äußert in seiner Eröffnungsrede der Nationalversammlung: „Mit den alten Königen und Fürsten von Gottes Gnaden ist es für immer vorbei.“

122 Die öffentliche Meinungsbildung Weimars wies konstant starke antirepublikanische, ja verfassungsfeindliche Elemente auf, die aber bei den kurzen Phasen relativer wirtschaftlicher und politischer Stabilität ersichtlich zurückgingen, siehe dazu Kapitel C.

123 Art. 22 Abs. 1 WRV.

124 Einschlägige Regelungen finden sich in den Art. 73 bis 76 WRV.

125 Art. 43 Abs. 2 WRV.

126 Das jedenfalls klingt in der Bewertung von *Hugo Preuß* an und lässt sogar einen gewissen Stolz herauslesen insofern, als dass mit der Institution des Reichspräsidenten eine *pouvoir neutre* in das Verfassungssystem eingebaut war. Vom Reichspräsidenten wurden Gemeinwohl- und Ganzheitsvorstellungen unabhängig von der parteipolitischen Ausrichtung erwartet, siehe oben Anm. 116.

127 *Heinrich August Winkler*, Der lange Weg nach Westen, Bd. 1: Deutsche Geschichte vom Ende des Alten Reiches bis zum Untergang der Weimarer Republik, 5. Aufl. 2012, S. 407. Eine solche Wertung wird vor allem dann plausibel, wenn man die Repräsentations- und Integrationsfunktion für die nationale und staatliche Einheit nicht auf das Zeremoniell beschränkt, sondern politisch versteht: *Ernst Rudolf Huber*, Deutsche Verfassungsgeschichte seit 1789, Bd. VI: Die Weimarer Reichsverfassung, rev. Nachdruck der 1. Aufl., 1993, S. 309 f.

128 *Hugo Preuß*, Denkschrift zum Entwurf des allgemeinen Teils der Reichsverfassung vom 3. Januar 1919, abgedruckt in: Theodor Heuss (Hg.), Hugo Preuß. Staat, Recht und Freiheit. Aus 40 Jahren deutscher Politik und Geschichte, 1964, S. 368.

129 Wobei das Volkskaisertum und die erhebliche mediale Präsenz gerade *Wilhelms II.* als Integrations- und Legitimationsressource nicht unterschätzt werden dürfen. Insofern die Ambivalenz des letzten Kaisers durchaus auch wohlwollend darstellend: *Nicolaus Sombart*, Wilhelm II. Sündenbock und Herr der Mitte, 1996.

130 Siehe etwa: *Christoph Gusy*, Die Weimarer Verfassung, 1997, S. 102 f.

131 Der Präsident des Reichsgerichtes *Walter Simons* amtierte nach *Eberts* Tod bis zu *Hindenburgs* Amtsantritt als Stellvertreter des Reichspräsidenten.

132 Nach dem veränderten Art. 180 WRV endete die Amtszeit *Eberts* am 30. Juni 1925: „Der von der Nationalversammlung gewählte Reichspräsident führt sein Amt bis zum 30. Juni 1925."

133 Abgedruckt in *Walter Mühlhausen*, Friedrich Ebert. 1871-1925, 2. Aufl. 2007, S. 182.

134 *Walter Mühlhausen*, Friedrich Ebert. 1871-1925, 2. Aufl. 2007, S. 183.

135 *Walter Mühlhausen*, Friedrich Ebert. 1871-1925, 2. Aufl. 2007, S. 190.

136 *Walter Mühlhausen*, Friedrich Ebert. 1871-1925, 2. Aufl. 2007, S. 236.

137 Damit sollte die „sofortige Reaktionsfähigkeit der Reichsregierung" gesichert werden, siehe Antrag der Vertreter Bayerns, Sachsens, Württembergs, Badens und Hessens auf der zweiten Länderkonferenz vom 25./26. Januar 1919, *Ernst Rudolf Huber*, Dokumente zur deutschen Verfassungsgeschichte, Bd. 3, 2. Aufl. 1966, S. 31 (Nr. 41).

138 *Walter Mühlhausen*, Friedrich Ebert. 1871-1925, 2. Aufl. 2007, S. 189.

139 *Walter Mühlhausen*, Friedrich Ebert. 1871-1925, 2. Aufl. 2007, S. 193 f.

140 *Walter Mühlhausen*, Friedrich Ebert. 1871-1925, 2. Aufl. 2007, S. 196. Siehe hier auch zu den Warnungen von *Oskar Cohn* (USPD), der die Fantasie aufbrachte, sich vorzustellen, dass ein nicht sozialdemokratischer Präsident, ein deutschnationaler, ein Trabant der Hohenzollern oder vielleicht ein General in dieses einflussreiche Amt gelangen könne, a. a. O., S. 197.

141 *Ulrich Kluge*, Soldatenräte und Revolution, 1975, S. 263 ff.

142 Siehe dazu unten D. II. 1. c.

143 Eine *post festum* abgegebene Diagnose wie „Die materiellen Friedensbedingungen wogen schwer, waren aber erträglich", verbunden mit dem Hinweis, bei Lichte betrachtet hätte der Versailler Vertrag Deutschland sogar eine günstige außenpolitische Position verschafft (*Detlef J. K. Peukert*, Die Weimarer Republik, 14. Aufl. 2016, S. 54 f.), kann durchaus berechtigt sein, setzt dafür aber einen langfristigen Betrachtungshorizont mit Zukunftswissen voraus. Das, was man 1919 sehen konnte, war etwas anders: Versailles wirkte auch für sozialdemokratische und internationalistisch sozialisierte Politiker wie ein Programm zur Strangulierung des Landes.

144 *Otto Braun* und seine Koalitionsregierung waren ein gerne übersehenes Gegenbild zum angeblich funktionsunfähigen Weimarer Parteienstaat. *Otto Braun* war – allerdings mit Unterbrechungen – in einer Zeitspanne von 12 Jahren die meiste Zeit Ministerpräsident, er regierte zunächst mit einer Großen Koalition (also unter Einschluss der DVP) und dann von April 1925 an mit einer Weimarer Koalition von SPD/Zentrum/DDP ununterbrochen bis zum sog. Preußenschlag, nach dem er nur noch formell im Amt blieb.

145 *Otto Meissner*, Ebert Hindenburg Hitler. Erinnerungen eines Staatssekretärs 1918-1945, 1991, S. 39.

146 Siehe dazu unten Kapitel G.

147 Der Kommandeur der bayerischen Reichswehrdivision *Lossow* hatte sich dem Befehl *Seeckts* widersetzt und hatte nach seiner daraufhin erfolgenden Abberufung die Division widerrechtlich seiner Befehlsgewalt unterstellt. Das innenpolitische Chaos in Bayern nutzte *Hitler* zum Versuch eines Putsches, der aber am 9. November 1923 bereits an der bayerischen Polizei scheiterte.

148 *Andreas Wirsching*, Die Weimarer Republik. Politik und Gesellschaft, Enzyklopädie Deutscher Geschichte, Bd. 58, 2. Aufl. 2008, S. 13.

149 *Walter Mühlhausen*, Friedrich Ebert. 1871-1925, 2. Aufl. 2007, S. 789.

150 Es gab damals sogar Anträge auf einen Ausschluss aus der SPD, siehe *Heinrich August Winkler*, Weimar 1918-1933. Die Geschichte der ersten deutschen Demokratie, 4. Aufl. 2005, S. 277.

151 Siehe dazu unten F.I.

152 *Walter Mühlhausen*, Friedrich Ebert. 1871-1925, 2. Aufl. 2007, S. 870.

153 Wobei der deutsch diktierte Siegfrieden von Brest-Litowsk am ehesten ein – indes in der deutschen Öffentlichkeit weitgehend verdrängtes – Beispiel war.

154 Siehe dazu *Walter Mühlhausen*, Friedrich Ebert in der politischen Erinnerung und in der historischen Forschung, in: Michael Dreyer/Andreas Braune (Hg.), Weimar als Herausforderung, 2016, S. 159 ff.

155 Die von *Heinrich August Winkler* diagnostizierten Grenzen seiner politischen Befähigung (*ders.*, Der lange Weg nach Westen, Bd. 1: Deutsche Geschichte vom Ende des Alten Reiches bis zum Untergang der Weimarer Republik, 5. Aufl. 2010, S. 457) wiegen demgegenüber nicht so schwer. Respekt gegenüber rechtsstaatlich-bürokratischen Vorgängen und dass er vom Notverordnungsrecht in dramatischen Zeiten existenzieller Krisen der Republik reichlich Gebrauch machte, kann nicht wirklich das positive Urteil über *Friedrich Ebert* schmälern.

156 *Otto Geßler*, Reichswehrpolitik in der Weimarer Zeit, 1958, S. 331 f.

157 *Walter Mühlhausen*, Friedrich Ebert. 1871-1925, 2. Aufl. 2007, S. 892.

158 *Otto Geßler*, Reichswehrpolitik in der Weimarer Zeit, 1958, S. 339.

159 *Wolfram Pyta*, Hindenburg. Herrschaft zwischen Hohenzollern und Hitler, 3. Aufl. 2009, S. 41 ff.

160 *Wolfram Pyta*, Hindenburg. Herrschaft zwischen Hohenzollern und Hitler, 3. Aufl. 2009, S. 41.

161 *Wolfram Pyta*, Hindenburg. Herrschaft zwischen Hohenzollern und Hitler, 3. Aufl. 2009, S. 45.

162 *Jonathan Wright*, Gustav Stresemann. 1878 – 1929. Weimars größter Staatsmann, 2006, S. 310.

163 *Wolfram Pyta*, Hindenburg. Herrschaft zwischen Hohenzollern und Hitler, 3. Aufl. 2009, S. 246.

164 *Wolfram Pyta*, Hindenburg. Herrschaft zwischen Hohenzollern und Hitler, 3. Aufl. 2009, S. 247.

165 So beschreibt sein Biograph die Effekte seit der zweiten Jahreshälfte 1916 in einer allmählichen Ausrichtung seiner Umgebung, ihm zuzuarbeiten und die von ihm willig angenommene Instrumentalisierung seiner symbolischen Präsenz: *Wolfram Pyta*, Hindenburg. Herrschaft zwischen Hohenzollern und Hitler, 3. Aufl. 2009, S. 246.

166 *Golo Mann*, Deutsche Geschichte des 19. und 20. Jahrhunderts, 1992, S. 768.

167 Stenographischer Bericht über die öffentlichen Verhandlungen des Untersuchungsausschusses, Berlin 1919, S. 727-732.

168 *Karl Jarres* (DVP), *Otto Braun* (SPD), *Willy Hellpach* (DDP) und *Wilhelm Marx* (Zentrum) erzielten zusammen 88,1 % der Stimmen.

169 Die SPD war in der zweiten Reichstagswahl 1924 (Dezemberwahl) mit 26 % der Stimmen unter deutlichen Stimmengewinnen stärkste Partei geworden, hätte somit in einer großen Koalition den Kanzler gestellt und für die im Laufe des Jahres fällige Reichspräsidentenwahl damit erheblichen Einfluss auf ein Bündnis mit dem bürgerlichen Lager gewonnen. Das wären für die Wiederwahl *Friedrich Eberts* oder für einen anderen sozialdemokratischen Kandidaten günstige Voraussetzungen für einen Sieg, möglicherweise bereits im ersten Wahlgang, gewesen.

170 Wobei zuzugeben ist, dass das Kalkül auch gewesen sein mochte, aus Sicht der DVP der radikaleren rechten Konkurrenz die Möglichkeit einer (die weitere innenpolitische Normalisierung und sich bereits abzeichnende Chance auf außenpolitische Erfolge behindernde) Fundamentalopposition zu nehmen und sie in Hoffnung auf eine allmähliche Versöhnung mit den Spielregeln der Weimarer Republik gleichsam in die Verantwortung einzubinden. Doch der Preis, die Gegenleistung, die die DNVP verlangte, war hoch, zumindest aus heutiger Sicht zu hoch.

171 Näher zu diesem Ausschuss, der aus dem Reichsbürgerrat hervorging: *Wolfram Pyta*, Hindenburg. Herrschaft zwischen Hohenzollern und Hitler, 3. Aufl. 2009, S. 462 f.

172 *Otto Geßler*, Reichswehrpolitik in der Weimarer Zeit, 1958, S. 335.

173 *Wolfram Pyta*, Hindenburg. Herrschaft zwischen Hohenzollern und Hitler, 3. Aufl. 2009, S. 464.

174 *Wolfram Pyta*, Hindenburg. Herrschaft zwischen Hohenzollern und Hitler, 3. Aufl. 2009, S. 464.

175 *Holger Afflerbach*, Auf Messers Schneide. Wie das Deutsche Reich den Ersten Weltkrieg verlor, 2018, S. 256.

176 Der außenpolitisch redlich erworbene Stresemann-Mythos ging auch ex post so weit, anzunehmen, dass ohne seinen frühen Tod 1929 die Republik von ihm gerettet worden wäre (*Eberhard Jäckel*, Das deutsche Jahrhundert, 1996, S. 121), also von dem Mann, der den fatalen *Hindenburg* halb bewusst, halb unbewusst ins Amt manövriert hatte.

177 Das weniger als ein Jahr amtierende Kabinett Cuno bestand aus einer bürgerlichen Koalition aus Zentrum, DDP, BVP und DVP und wurde im Sommer 1923 von dem noch kurzlebigeren Kabinett Stresemann unter SPD-Beteiligung abgelöst, bevor Ende des Krisenjahres 1923 die Kabinette Marx und Luther wieder zur großen (bürgerlichen) Koalition ohne SPD-Beteiligung zurückkehrten – mit der für das Präsidentenwahljahr 1925 wichtigen Besonderheit der Beteiligung der DNVP im Kabinett Luther I.

178 *Friedrich C. Sell*, Die Tragödie des deutschen Liberalismus, 1953, S. 271. Der rechte Liberalismus fügte sich dem Eisernen Kanzler und verlernte, in großen politischen Zügen auf eigene Rechnung zu denken. „Solange Bismarck am Ruder war, bestand für die Liberalen keine Chance, sich durchzusetzen. Soweit sie sich nicht, wie die Nationalliberalen um Bennigsen, dem Kanzler fügten und nur noch parlamentarische Begleitmusik zu den Regierungsvorschlägen machten, blieb ihnen nichts übrig, als aussichtslose Opposition zu treiben." A.a.O., S. 272.

179 Ein Rückzug *Thälmanns*, der auch im zweiten Wahlgang noch rund 1,9 Millionen Stimmen erzielte, und womöglich eine Wahlempfehlung der KPD für *Marx* im zweiten

Wahlgang, hätte den relativ knappen Abstand von *Hindenburg* zu *Marx* von rund 900.000 Stimmen womöglich überbrückt.

180 Dabei ist offen gelassen, ob die Weimarer Parteien alles getan haben, um ihrerseits auf die DVP zuzugehen, nachdem deren Kandidat *Karl Jarres* im ersten Wahlgang deutlich die relativ meisten Stimmen (38,8 %) erhalten hatte. Aber eine solche Sichtweise entspricht nicht dem im Wahlkampf herrschenden Links-Rechts-Mechanismus: Die Mitte-Rechts-Partei DVP hatte mit *Jarres* einen rechten Kandidaten aufgestellt, den die Weimarer Mitte-Links-Parteien aus guten Gründen mit *Marx* zu schlagen hoffen durften. Siehe *Heinrich August Winkler,* Der lange Weg nach Westen, Bd. 1: Deutsche Geschichte vom Ende des Alten Reiches bis zum Untergang der Weimarer Republik, 5. Aufl. 2010, S. 458. Die Weimarer Koalition wurde von *Hindenburg* als Kandidat überrascht, sodass die Verantwortung für die Auswahl dieses ersichtlich ungeeigneten Kandidaten deutlich bei der DVP bleibt.

181 *Jonathan Wright,* Gustav Stresemann. 1878 – 1929. Weimars größter Staatsmann, 2006.

182 *Jonathan Wright,* Gustav Stresemann. 1878 – 1929. Weimars größter Staatsmann, 2006, S. 442.

183 Zur späteren Ausnutzung dieses charismatischen Kapitals siehe unten Kapitel H.

184 *Holger Afflerbach,* Auf Messers Schneide. Wie das Deutsche Reich den Ersten Weltkrieg verlor, 2018, S. 229 ff.

185 Der herrische Starrsinn *Hindenburgs* wurde als eine positive Eigenschaft des Feldherren hervorgehoben, gerade als er den Anteil *Ludendorffs* am Tannenberg-Sieg herunter spielen und seine eigene Standfestigkeit betonen wollte. *Wolfram Pyta,* Hindenburg. Herrschaft zwischen Hohenzollern und Hitler, 3. Aufl. 2009, S. 532. Diese erfolgreiche Inszenierung war Teil des öffentlichen Prägeraums spätestens seit 1916, wobei die Dolchstoßlegende zeigen sollte, was geschieht, wenn man sich irre machen lässt. An diesem Muster des Generalfeldmarschalls hielt der Gefreite *Hitler* bis zu seiner Selbsttötung in den Trümmern Berlins fest.

186 *Ernst Rudolf Huber,* Dokumente zur Deutschen Verfassungsgeschichte, Bd. 3, 2. Aufl. 1966, S. 382 (Nr. 354).

187 *Hindenburg* las akribisch Schriftstücke, bereitete sich auf Gespräche genau vor und machte danach Notizen, um daraus Anweisungen zu fertigen. *Wolfram Pyta,* Hindenburg. Herrschaft zwischen Hohenzollern und Hitler, 3. Aufl. 2009, S. 560.

188 Offenbar zur Vermeidung von Erbschaftssteuern wurde das Gut sogleich auf den Sohn Hindenburgs, *Oskar,* überschrieben, wobei der Reichspräsident ein lebenslanges Wohnrecht besaß. Im August 1933 schenkte *Hermann Göring* in seiner Funktion als preußischer Ministerpräsident *Hindenburg* auch noch die Domäne Langenau, gleich in der Nachbarschaft zu Gut Neudeck.

189 „Für den Osten muss, beginnend mit den besonders gefährdeten Gebieten, noch eine wirksame finanzielle Hilfsaktion hinzutreten. Viele landwirtschaftliche Betriebe, Güter wie Bauernhöfe, sind in einem Maße überschuldet und mit so hohen Zinsleistungen belastet, dass es ihnen unmöglich ist, aus den Erträgnissen auch nur die Zinsen aufzubringen und aus eigener Kraft die Überschuldung und damit den Verlust der Scholle abzuwehren. Hier müssen große Mittel bereitgestellt werden, um den Eigentümern Zuschüsse zu den übermäßig hohen Zinssätzen zu geben, ihnen die Umschuldung zu ermöglichen und ihnen den Besitz zu erhalten, der die Grundlage für die Existenz fast der gesamten Bevölkerung des Ostens ist. Geschieht dies nicht, dann ist der Zusam-

menbruch vieler Landwirte, die Abwanderung zahlreicher Menschen aus dem Osten unaufhaltbar." Auszug aus dem Brief *Hindenburgs* an den Reichskanzler *Müller* vom 18. März 1930, abgedruckt bei *Walter Hubatsch*, Hindenburg und der Staat. Aus den Papieren des Generalfeldmarschalls und Reichspräsidenten 1878-1934, 1966, S. 301.

190 *Wolfram Pyta*, Hindenburg. Herrschaft zwischen Hohenzollern und Hitler, 3. Aufl. 2009, S. 563.

191 Beide Handlungen waren über § 331 und § 332 StGB auch in der Weimarer Zeit unter Strafe gestellt.

192 Siehe dazu die Motivforschung im Hinblick auf die Wiederwahl 1932 bei *Wolfram Pyta*, Hindenburg. Herrschaft zwischen Hohenzollern und Hitler, 3. Aufl. 2009, S. 649.

193 *Walther Hubatsch*, Hindenburg und der Staat, Aus den Papieren des Generalfeldmarschalls und Reichspräsidenten 1878-1934, 1966, S. 63.

194 Bereits am 25. Oktober 1925 hatte sich die DNVP-Reichstagsfraktion gegen den Verbleib ihrer drei Minister in der Regierung Luther ausgesprochen. Die rechtsbürgerliche Koalition zerbrach an der verweigerten Zustimmung der DNVP zu den Locarnoverträgen, die dann später mit Stimmen der SPD und DDP ratifiziert wurden. Die Reichsregierung trat am 5. Dezember 1925 zurück, blieb bis Januar im Amt und wurde durch das nur bis Mai 1925 amtierende Minderheitskabinett Luther II. abgelöst.

195 *Gerold Ambrosius*, Staat und Wirtschaft im 20. Jahrhundert, 1990, S. 6.

196 Insgesamt wird der Weimarer Politik eine geradezu eindrucksvolle Kraft zur sozialpolitischen Innovation bescheinigt mit einer immensen Steigerung des Tempos der Sozialpolitik, während zugleich die Befähigung des jungen, krisengeschüttelten Staates, solche Neuerungen auf Dauer zu stellen und zu finanzieren, nicht Schritt halten konnte, *Gerd Bender*, Arbeitsvermittlung und Arbeitslosenversicherung in der Weimarer Republik – ein sozialrechtshistorischer Überblick, in: Hans-Peter Benöhr (Hg.), Arbeitsvermittlung und Arbeitslosenversicherung in der neueren deutschen Rechtsgeschichte, 1991, S. 137 (165). Mit einem Wort: Was aus Gründen politischer Legitimität legiferiert wurde, nahm zu wenig auf Tragfähigkeit Rücksicht; das wurde bei der Defizitentwicklung der Arbeitslosenversicherung mit großer politischer Dynamik ab 1929 deutlich sichtbar.

197 *Heinrich August Winkler*, Weimar 1918-1933. Die Geschichte der ersten deutschen Demokratie, 4. Aufl. 2005, S. 321.

198 *Heinrich August Winkler*, Weimar 1918-1933. Die Geschichte der ersten deutschen Demokratie, 4. Aufl. 2005, S. 322.

199 *Heinrich August Winkler*, Weimar 1918-1933. Die Geschichte der ersten deutschen Demokratie, 4. Aufl. 2005, S. 323.

200 Zu den Details: *Friedrich Völtzer*, Der Sozialstaatsgedanke in der Weimarer Reichsverfassung, 1992; siehe auch *Ludwig Preller*, Sozialpolitik in der Weimarer Republik, 1949; *Dietmar Petzina*, Die deutsche Wirtschaft in der Zwischenkriegszeit, 1977; *Harold James*, Deutschland in der Weltwirtschaftskrise 1924-1936, 1988, S. 209 ff.

201 *Heike Knortz*, Wirtschaftsgeschichte der Weimarer Republik, 2010, S. 181 f.

202 *Heike Knortz*, Wirtschaftsgeschichte der Weimarer Republik, 2010, S. 182 ff.

203 Grundlegend zur Debatte: *Klaus Novy*, Strategien der Sozialisierung. Die Diskussion der Wirtschaftsreform in der Weimarer Republik, 1978; siehe auch *Dietmar Petzina*, Die deutsche Wirtschaft in der Zwischenkriegszeit, 1977, S. 86.

204 Vgl. *Roman Köster*, Nationalökonomie und ordnungspolitische Diskussion in der Weimarer Republik, in: Werner Plumpe/Joachim Scholtyseck (Hg.), Der Staat und die Ordnung der Wirtschaft. Vom Kaiserreich bis zur Berliner Republik, 2012, S. 43 ff.

205 Vgl. *Hendrik Thoß*, Demokratie ohne Demokraten? Die Innenpolitik der Weimarer Republik, 2008.

206 *Roman Köster*, Nationalökonomie und ordnungspolitische Diskussion in der Weimarer Republik, in: Werner Plumpe/Joachim Scholtyseck (Hg.), Der Staat und die Ordnung der Wirtschaft. Vom Kaiserreich bis zur Berliner Republik, 2012, S. 43 ff.

207 Vgl. *Rüdiger Graf*, Die Zukunft der Weimarer Republik. Krisen und Zukunftsneigungen in Deutschland 1918-1933, 2008.

208 *Roman Köster*, Nationalökonomie und ordnungspolitische Diskussion in der Weimarer Republik, in: Werner Plumpe/Joachim Scholtyseck (Hg.), Der Staat und die Ordnung der Wirtschaft. Vom Kaiserreich bis zur Berliner Republik, 2012, S. 43 ff.

209 Dazu *Harold James*, Deutschland in der Weltwirtschaftskrise 1924-1936, 1988, S. 399.

210 Vgl. *Erich Maschke*, Grundzüge der deutschen Kartellgeschichte bis 1914, 1964, S. 20 ff.; *Jan-Otmar Hesse*, Abkehr vom Kartelldenken? Das Gesetz gegen Wettbewerbsbeschränkungen als ordnungspolitische und wirtschaftstheoretische Zäsur der Ära Adenauer, in: Hans Günter Hockerts/Günther Schulz (Hg.), Der ‚Rheinische Kapitalismus‘ in der Ära Adenauer, 2016, S. 29 ff.

211 Vgl. *Hans-Ulrich Wehler*, Deutsche Wirtschaftsgeschichte, Bd. 3, Von der Deutschen Doppelrevolution bis zum Beginn des Ersten Weltkrieges: 1849-1914, 1995, S. 1263.

212 Dazu *Erich Maschke*, Grundzüge der deutschen Kartellgeschichte bis 1914, 1964, S. 29 bzw. *Hans-Ulrich Wehler*, Deutsche Wirtschaftsgeschichte, Bd. 3, Von der Deutschen Doppelrevolution bis zum Beginn des Ersten Weltkrieges: 1849-1914, 1995, S. 633.

213 Vgl. *Lisa Murach-Brand*, Antitrust auf deutsch. Der Einfluss der amerikanischen Alliierten auf das Gesetz gegen Wettbewerbsbeschränkungen (GWB) nach 1945, 2004, S. 13 ff.

214 Siehe zur wirtschaftshistorischen Entwicklung *Mathias Schmoeckel*, Rechtsgeschichte der Wirtschaft, 2008, Rn. 387. Vgl. *Jan-Otmar Hesse*, Abkehr vom Kartelldenken? Das Gesetz gegen Wettbewerbsbeschränkungen als ordnungspolitische und wirtschaftstheoretische Zäsur der Ära Adenauer, in: Hans Günter Hockerts/Günther Schulz (Hg.), Der ‚Rheinische Kapitalismus‘ in der Ära Adenauer, 2016, S. 29 ff.

215 Vgl. *Horst Wagenführ*, Kartelle in Deutschland, 1931, XIII.

216 Dazu *Fritz Kleinwächter,* Die Kartelle. Einige Fragen der Organisation der Volkswirtschaft, 1883.

217 Vgl. *Jan-Otmar Hesse*, Abkehr vom Kartelldenken? Das Gesetz gegen Wettbewerbsbeschränkungen als ordnungspolitische und wirtschaftstheoretische Zäsur der Ära Adenauer, in: Hans Günter Hockerts/Günther Schulz (Hg.), Der ‚Rheinische Kapitalismus‘ in der Ära Adenauer, 2016, S. 29 ff.

218 Dazu *Dietmar Petzina*, Die deutsche Wirtschaft in der Zwischenkriegszeit, 1977, S. 60.

219 Schuld an der geringen Durchsetzungsmacht war allerdings auch die polarisierte Nationalökonomie: Dort existierten divergierende und sich scharf bekämpfende Schulen, sodass eine produktive Diskussion über die wirtschaftlichen Probleme nicht zustande kam und die Ausbildung eines Orientierungsmusters schwerfiel. Das ist umso bedeutender, da die Nationalökonomie als Modefach galt, u. a. auch deshalb, weil ihr am ehesten zugetraut wurde, die neuen sozialen, wirtschaftlichen und politischen Probleme zu beschreiben und zu erklären, vgl. *Roman Köster*, Nationalökonomie und ordnungspolitische

Diskussion in der Weimarer Republik, in: Werner Plumpe/Joachim Scholtyseck (Hg.), Der Staat und die Ordnung der Wirtschaft. Vom Kaiserreich bis zur Berliner Republik, 2012, S. 43 ff.; *ders.*, Die Wissenschaft der Außenseiter. Die Krise der Nationalökonomie in der Weimarer Republik, 2011.

220 Vgl. *Jan-Otmar Hesse*, Abkehr vom Kartelldenken? Das Gesetz gegen Wettbewerbsbeschränkungen als ordnungspolitische und wirtschaftstheoretische Zäsur der Ära Adenauer, in: Hans Günter Hockerts/Günther Schulz (Hg.), Der ‚Rheinische Kapitalismus‘ in der Ära Adenauer, 2016, S. 29 ff.

221 Vgl. *Julian Dörr/Maximilian Kutzner*, „Außerparlamentarischer Wachhund“? Die Entstehungsgeschichte der Aktionsgemeinschaft Soziale Marktwirtschaft und deren Aktivitäten zur Vermittlung der Wirtschaftsordnung in Deutschland, in: Vierteljahrschrift für Sozial- und Wirtschaftsgeschichte, 104 (2017), S. 487 ff.

222 *Alexander Rüstow*, Die staatspolitischen Voraussetzungen des wirtschaftspolitischen Liberalismus, in: Walter Hoch (Hg.), Alexander Rüstow. Rede und Antwort. 21 Reden und viele Diskussionsbeiträge aus den Jahren 1932 bis 1962, 1932/1963, S. 249 ff.

223 *Alexander Rüstow*, Die staatspolitischen Voraussetzungen des wirtschaftspolitischen Liberalismus, in: Walter Hoch (Hg.), Alexander Rüstow. Rede und Antwort. 21 Reden und viele Diskussionsbeiträge aus den Jahren 1932 bis 1962, 1932/1963, S. 249 ff. Zur Einordnung: *Julian Dörr*, Die europäische Kohäsionspolitik. Eine ordnungsökonomische Perspektive, 2017, S. 9 ff.

224 Vgl. *Harold James*, Deutschland in der Weltwirtschaftskrise 1924-1936, 1988, S. 399 ff.

225 *Harold James*, Deutschland in der Weltwirtschaftskrise 1924-1936, 1988, S. 399.

226 Vgl. *Harold James*, Deutschland in der Weltwirtschaftskrise 1924-1936, 1988, S. 54.

227 *Margarete Bosch*, Gelenkte Marktwirtschaft. Die geschichtliche Notwendigkeit einer Gestaltung der Wirtschaft, 1939.

228 *Heinrich August Winkler*, Weimar 1918-1933. Die Geschichte der ersten deutschen Demokratie, 4. Aufl. 2005, S. 327.

229 *Wilfried Feldenkirchen*, Die deutsche Wirtschaft im 20. Jahrhundert. Enzyklopädie Deutsche Geschichte, Bd. 47, 1998, S. 19.

230 http://www.bundesarchiv.de/aktenreichskanzlei/1919-1933/1dr/lut/lut1p/kap1_2/kap2_133/para3_4.html;jsessionid=68CC1E45055C4AE8BE8BF471D78AE7D0?highlight=true&search=Allen&stemming=false&pnd=&start=&end=&field=all#Start. Alle öffentlichen Haushalte zusammen (also Reich/Länder/Gemeinden und Sozialversicherungseinrichtungen) erzielten in der Zeit von 1926 bis 1930 Einnahmen zwischen 17 und 20 Milliarden Reichsmark. https://de.statista.com/statistik/daten/studie/249970/umfrage/staatshaushalt-der-weimarer-republik/.

231 Insgesamt sollten nach deutscher Berechnung bis 1932 55 Milliarden Mark tatsächlich bezahlt worden sein, siehe *Wilfried Feldenkirchen*, Die deutsche Wirtschaft im 20. Jahrhundert. Enzyklopädie Deutsche Geschichte, Bd. 47, 1998, S. 20. Zum Vergleich: Die deutsche Staatsverschuldung betrug 1919 nach kriegsbedingter Verschuldung (im Wesentlichen durch Staatsanleihen) 144 Milliarden Mark.

232 Vgl. *Carl-Ludwig Holtfrerich*, Die deutsche Inflation 1914-1923. Ursachen und Folgen in internationaler Perspektive, 1980, S. 153.

233 Zu einer detaillierten Beschreibung der Entwicklungsphasen: *Carl Bergmann*, Der Weg der Reparationen. Von Versailles über den Dawesplan zum Ziel, 1926; siehe auch *Dietmar Petzina*, Die deutsche Wirtschaft in der Zwischenkriegszeit, 1977.

234 Vgl. *John Maynard Keynes,* The Economic Consequences of the Peace, 1919.

235 Dazu *Dietmar Petzina*, Die deutsche Wirtschaft in der Zwischenkriegszeit, 1977, S. 78.

236 *Dietmar Petzina,* Die deutsche Wirtschaft in der Zwischenkriegszeit, 1977, S. 79.

237 *Carl Bergmann*, Der Weg der Reparationen. Von Versailles über den Dawesplan zum Ziel, 1926, S. 9.

238 *Philipp Heyde*, Das Ende der Reparationen. Deutschland, Frankreich und der Youngplan 1929-1932, 1998. Allerdings hätte es im Frühjahr 1929 einer erheblichen Kraft zur Prophetie bedurft, um die Dynamik der Weltwirtschaftskrise und die daraus folgende Bereitschaft der Westalliierten zum Verzicht auf deutsche Reparationen vorauszusehen, denn der ursprüngliche Young-Plan sah eine an damaligen Relationen gemessen ganz erhebliche jährliche Belastung (auf der in den Zwanzigerjahren immer wieder verhandelten 2-Milliarden-Reichsmark-Basis) bis 1988 vor.

239 *Werner Plumpe*, Wirtschaftskrisen. Geschichte und Gegenwart, 3. Aufl. 2012, S. 80.

240 *Werner Plumpe*, Wirtschaftskrisen. Geschichte und Gegenwart, 3. Aufl. 2012, S. 81 f.

240a *Heinrich August Winkler*, Weimar 1918-1933. Die Geschichte der ersten deutschen Demokratie, 4. Auflage 2005, S. 330.

241 *Heinrich August Winkler*, Weimar 1918-1933. Die Geschichte der ersten deutschen Demokratie, 4. Aufl. 2005, S. 330.

242 Siehe dazu: *Carl-Ludwig Holtfrerich*, Zu hohe Löhne in der Weimarer Republik? Bemerkungen zur Borchardt-These, in: Geschichte und Gesellschaft 10 (1984), S. 122 ff.

243 Unter Ordnungspolitik versteht man alle rechtlich-organisatorischen Maßnahmen, die langfristige Rahmenbedingungen für den Wirtschaftsprozess schaffen. *Gerold Ambrosius*, Staat und Wirtschaft im 20. Jahrhundert, 1990, S. 4.

244 *Gerold Ambrosius*, Staat und Wirtschaft im 20. Jahrhundert, 1990, S. 7.

245 *Wilfried Feldenkirchen*, Die deutsche Wirtschaft im 20. Jahrhundert. Enzyklopädie Deutsche Geschichte, Bd. 47, 1998, S. 8.

246 *Wilfried Feldenkirchen*, Die deutsche Wirtschaft im 20. Jahrhundert. Enzyklopädie Deutsche Geschichte, Bd. 47, 1998, S. 7. Eine Ausnahme bildete die Verbrauchsgüterindustrie, deren Kapitalstock stärker wuchs, a. a. O., S. 12.

247 *Wilfried Feldenkirchen*, Die deutsche Wirtschaft im 20. Jahrhundert. Enzyklopädie Deutsche Geschichte, Bd. 47, 1998, S. 13.

248 Als kontinentalen Beherrschungsanspruch Deutschlands formuliert dies der sich der Nazi-Diktatur ein weiteres Mal anbiedernde *Carl Schmitt*, Völkerrechtliche Großraumordnung mit Interventionsverbot für raumfremde Mächte, 3. Aufl. 1941.

249 *Charles P. Kindleberger*, Die Weltwirtschaftskrise 1929 bis 1939, 2. Aufl. 2011, S. 144.

250 *Charles P. Kindleberger*, Die Weltwirtschaftskrise 1929 bis 1939, 2. Aufl. 2011, S. 146.

251 *Charles P. Kindleberger*, Die Weltwirtschaftskrise 1929 bis 1939, 2. Aufl. 2011, S. 158.

252 *Werner Plumpe*, Wirtschaftskrisen, 3. Aufl. 2012, S. 82 f.

253 *Charles P. Kindleberger*, Die Weltwirtschaftskrise 1929 bis 1939, 2. Aufl. 2011, S. 170.

254 *Charles P. Kindleberger,* Die Weltwirtschaftskrise 1929 bis 1939, 2. Aufl. 2011, S. 173.

255 Siehe dazu die Notverordnung des Reichspräsidenten vom 4. September 1932: *Ernst Rudolf Huber*, Dokumente zur deutschen Verfassungsgeschichte, Bd. 3, 2. Aufl. 1966, S. 528.

256 „Die Zersplitterung des Parteienfeldes" nach *Karl Dietrich Bracher*, Geschichte als Erfahrung, 2001, S. 159.

257 § 6 Abs. 3 BWahlG.

258 *Ernst Rudolf Huber*, Deutsche Verfassungsgeschichte seit 1789, Bd. VI: Die Weimarer Reichsverfassung, rev. Nachdruck der 1. Aufl., 1993, S. 146.

259 Siehe auch *Willibald Apelt*, Die Wahlrechtsentscheidungen des Staatsgerichtshofs und die letzte Regierungsbildung im Freistaat Sachsen, AöR Bd. 57 (N. F. 18), (1930), S. 121 ff.

260 *Ernst Rudolf Huber*, Deutsche Verfassungsgeschichte seit 1789, Bd. VI: Die Weimarer Reichsverfassung, rev. Nachdruck der 1. Aufl., 1993, S. 149 sowie *ders.*, Deutsche Verfassungsgeschichte seit 1789, Bd. VII: Ausbau, Schutz und Untergang der Weimarer Republik, 1984, S. 732 ff.

261 Siehe nur etwa die Einstellung des Soziologen *Ferdinand Tönnies* mit der damals üblichen Einheitssehnsucht, *Alexander Wierzock*, Die Ambivalenzen eines Republikaners. Ferdinand Tönnies und die Weimarer Republik, in: Andreas Braune/Michal Dreyer (Hg.), Republikanischer Alltag, 2017, S. 69 (77).

262 Was natürlich durch die Praxis präsidialer und interfraktioneller Vorgespräche über die Regierungsbildung nicht widerlegt, sondern bestätigt wird.

263 „Aber wenn die Motive sich offen widersprechen, und etwa Deutschnationale und Kommunisten für einen Misstrauensantrag stimmen, so schließt doch offenbar die Verschiedenheit der Motive das notwendige und vernünftige Korrelat eines Misstrauensbeschlusses, nämlich die Möglichkeit des Vertrauens und einer neuen Regierungsbildung aus. Der Misstrauensbeschluss ist dann ein Akt bloßer Obstruktion. Hier kann die Pflicht zum Rücktritt nicht bestehen, jedenfalls dann nicht, wenn gleichzeitig die Auflösung des Reichstags angeordnet wird.", *Carl Schmitt*, Verfassungslehre, unveränderter Nachdruck der 1. Aufl. von 1928, 1989, S. 345.

264 *Rüdiger Graf*, Die Zukunft der Weimarer Republik: Krisen und Zukunftsaneignungen in Deutschland 1918-1933, 2008.

265 Schon 1926 bezeichnete *Thälmann* die Kritik an *Stalin* als ungehörige Kühnheit, siehe *Bert Hoppe*, In Stalins Gefolgschaft. Moskau und die KPD 1928-1933, 2007, S. 86.

266 *Ernst Rudolf Huber*, Deutsche Verfassungsgeschichte seit 1789, Bd. VI: Die Weimarer Reichsverfassung, rev. Nachdruck der 1. Aufl., 1993, S. 150.

267 *Ernst Rudolf Huber*, Deutsche Verfassungsgeschichte seit 1789, Bd. V: Weltkrieg, Revolution und Reichserneuerung, 1978, S. 970 ff.

268 *Ernst Rudolf Huber*, Deutsche Verfassungsgeschichte seit 1789, Bd. VI: Die Weimarer Reichsverfassung, rev. Nachdruck der 1. Aufl., 1993, S. 150.

269 *Ernst Rudolf Huber*, Deutsche Verfassungsgeschichte seit 1789, Bd. VI: Die Weimarer Reichsverfassung, rev. Nachdruck der 1. Aufl., 1993, S. 152; *ders.*, Deutsche Verfassungsgeschichte seit 1789, Bd. IV: Struktur und Krisen des Kaiserreiches, 2. Aufl. 1994, S. 253.

270 *Ernst Rudolf Huber*, Deutsche Verfassungsgeschichte seit 1789, Bd. VI: Die Weimarer Reichsverfassung, rev. Nachdruck der 1. Aufl., 1993, S. 153 f.

271 Siehe näher unten I.II.1.

272 Siehe näher unten I.III.

273 1928 hatte die Mandatsverteilung als Ergebnis der Reichstagswahl den sog. Bürgerblock so geschwächt, dass praktisch die Große Koalition unter Führung der starken SPD unausweichlich war.

274 *Ernst Rudolf Huber*, Deutsche Verfassungsgeschichte seit 1789, Bd. VII: Ausbau, Schutz und Untergang der Weimarer Republik, 1984, S. 949.

275 Die Kampfansage der SPD an die Mitte Januar 1925 gebildete Mitte-Rechts-Regierung unter Reichskanzler *Luther* mit der Formulierung vom „rücksichtslosen Kampf"

gegen diese Rechtsregierung wirkte im Hinblick auf die öffentliche Meinungsbildung wie eine Befreiung, der sich jedoch angesichts der konstruktiven Außenpolitik unter Außenminister *Stresemann* dann rasch auch wieder staatspolitische Verantwortung zugesellte, *Heinrich August Winkler*, Weimar 1918-1933. Die Geschichte der ersten deutschen Demokratie, 4. Aufl. 2005, S. 275.

276 *Jonathan Wright*, Gustav Stresemann, 2002, S. 454.

277 Dem rechten Flügel der DNVP um *Hugenberg* oder *Tirpitz* ging es um "totale Opposition gegen das Weimarer System", siehe Hermann Weiß/Paul Hoser (Hg.), Die Deutschnationalen und die Zerstörung der Weimarer Republik. Aus dem Tagebuch von Reinhold Quaatz 1928-1933, 1989, S. 15.

278 *Heinrich August Winkler*, Weimar 1918-1933. Die Geschichte der ersten deutschen Demokratie, 4. Aufl. 2005, S. 274.

279 Siehe auch *Helmut Schelsky*, Die Bedeutung des Schichtungsbegriffs für die Analyse der gegenwärtigen deutschen Gesellschaft, in: ders., Auf der Suche nach Wirklichkeit, 1965, S. 331 ff.

280 *Heinrich August Winkler*, Weimar 1918-1933. Die Geschichte der ersten deutschen Demokratie, 4. Aufl. 2005, S. 285.

281 Ein Beispiel dafür ist die Rückkehr zu Schutzzöllen für Getreide und andere Agrarprodukte entsprechend dem Bülow-Tarif von 1902, der unter der Reichsregierung Luther I auf Betreiben der DNVP durchgesetzt wurde. „Die Schutzzölle vermochten die deutsche Landwirtschaft vor dem starken internationalen Preisverfall somit nicht zu schützen, führten aber in der Folge zu anhaltend unrentabler Produktion und erhöhten mittelfristig über die künstlich erhöhten Preise für den Endverbraucher indirekt auch die Lohnkosten." *Heike Knortz*, Wirtschaftsgeschichte der Weimarer Republik, 2010, S. 123.

282 *Jonathan Wright*, Gustav Stresemann, 2002, S. 445.

283 *Jonathan Wright*, Gustav Stresemann, 2002, S. 455.

284 Dass der Minister außenpolitisch durchaus auf Bismarckschem Niveau operierte, zeigt seine Rückversicherung gegenüber Sowjetrussland in einem Neutralitätsabkommen, um dem Eindruck entgegenzuwirken, mit Locarno könne sich ein antisowjetisches Bündnis bilden, in dem die Westmächte einem irgendwann wieder aufgerüsteten Deutschland freie Hand nach Osten gäben.

285 *Heinrich August Winkler*, Weimar 1918-1933. Die Geschichte der ersten deutschen Demokratie, 4. Aufl. 2005, S. 309.

286 *Heinrich August Winkler*, Weimar 1918-1933. Die Geschichte der ersten deutschen Demokratie, 4. Aufl. 2005, S. 309. Bezeichnenderweise schwankte die Parteiführung der SPD in diesem Kalkül und wurde durch den angekündigten Rücktritt der Regierung Luther I nach Unterzeichnung der Locarno-Verträge von ihrem taktischen Dilemma entlastet.

287 *Heinrich August Winkler*, Weimar 1918-1933. Die Geschichte der ersten deutschen Demokratie, 4. Aufl. 2005, S. 310.

288 Zum soziokulturellen Hintergrund bis zum Flaggenkompromiss von 1871 zurückgehend: *Verena Wirtz*, „Flaggenstreit". Zur politischen Sinnlichkeit der Weimarer Demokratie, in: Andreas Braune/Michal Dreyer (Hg.), Republikanischer Alltag, 2017, S. 51 ff.

289 Der Verfassungsausschuss der Nationalversammlung schlug vor, als ‚Reichsfarbe' solle zwar Schwarz-Rot-Gold gelten, als ‚Schifffahrts-, Marine- und Kolonialflagge' jedoch nach wie vor die Farben des Kaiserreiches. Daraus wurde in Art. 3 WRV: „Die

Reichsfarben sind schwarz-rot-gold. Die Handelsflagge ist schwarz-weiß-rot mit den Reichsfarben in der oberen inneren Ecke."

290 *Verena Wirtz*, „Flaggenstreit". Zur politischen Sinnlichkeit der Weimarer Demokratie, in: Andreas Braune/Michal Dreyer (Hg.), Republikanischer Alltag, 2017, S. 51 (60 f.).

291 *Siegfried Bahne*, Willi Münzenberg (1889–1940), in: Heinz-Dietrich Fischer (Hg.), Deutsche Presseverleger des 18. bis 20. Jahrhunderts, 1975, S. 336 ff.

292 Die AIZ entstand 1924 aus der Illustrierten „Sowjetrussland im Bild". Ihre Auflage dürfte gegen Ende der Weimarer Republik etwa 500.000 (1931) mit mindestens je vier Lesern oder mehr (wegen der in finanzschwachen Kreisen üblichen Mehrfachnutzung) gewesen sein; genaue Erhebungen fehlen. Siehe dazu mit affirmativer Konnotation: *Gabriele Ricke*, Die Arbeiter Illustrierte Zeitung, Gegenmodell zur bürgerlichen Illustrierten, 1974.

293 *Thorsten Eitz/Isabelle Engelhardt*, Diskursgeschichte der Weimarer Republik, Bd. 1, 2015, S. 143.

294 Siehe dazu näher unten Kapitel H.

295 Siehe etwa *Ludwig Bernhard*, Der „Hugenberg-Konzern". Psychologie und Technik einer Großorganisation der Presse, 1928, S. 65 ff. mit der Darstellung der Beteiligung *Hugenbergs* an der Scherl-GmbH und a. a. O., S. 94 ff. mit einer Darstellung der Truststrukturen.

296 *Klaus-Peter Hoepke*, Alfred Hugenberg als Vermittler zwischen großindustriellen Interessen und Deutschnationaler Volkspartei, in: Hans Mommsen/Dietmar Petzina/Bernd Weisbrod (Hg.), Industrielles System und politische Entwicklung in der Weimarer Republik. Verhandlungen des internationalen Symposiums in Bochum vom 12.-17. Juni 1973, 1974, S. 914 ff.

297 *Ludwig Bernhard*, Der „Hugenberg-Konzern". Psychologie und Technik einer Großorganisation der Presse, 1928, S. 94 ff.; *Dankwart Guratzsch*, Macht durch Organisation. Die Grundlegung des Hugenbergschen Presseimperiums, 1974.

298 *Dankwart Guratzsch*, Macht durch Organisation. Die Grundlegung des Hugenbergschen Presseimperiums, 1974, S. 308.

299 Im Reichstag hat er (anders als in der Nationalversammlung) zwischen 1920 und 1929 kein einziges Mal das Wort ergriffen, *Heidrun Holzbach*, Das „System Hugenberg". Die Organisation bürgerlicher Sammlungspolitik vor dem Aufstieg der NSDAP, 1981, S. 99.

300 *Valeska Dietrich*, Alfred Hugenberg. Ein Manager der Publizistik, 1960, S. 49.

301 Siehe dazu *John A. Leopold*, Alfred Hugenberg. The Radical Nationalist Campaign against the Weimar Republic, 1977, S. 35 ff.

302 Zitiert bei *Heidrun Holzbach*, Das „System Hugenberg". Die Organisation bürgerlicher Sammlungspolitik vor dem Aufstieg der NSDAP, 1981, S. 168.

303 *Gerhard Schulz*, Zwischen Demokratie und Diktatur: von Brüning zu Hitler. Der Wandel des politischen Systems in Deutschland von 1930-1932, 1992, S. 52.

304 So wird *Paul Silverberg* zitiert bei *Heinrich August Winkler*, Weimar 1918-1933. Die Geschichte der ersten deutschen Demokratie, 4. Aufl. 2005, S. 316.

305 *Ulrich Schüren*, Der Volksentscheid zur Fürstenenteignung 1926, 1979, S. 146.

306 Das hätte nach Art. 76 Abs. 1 Satz 3 WRV eine qualifizierte Mehrheit, nämlich die Mehrheit nicht nur der abgegebenen Stimmen, sondern auch der Stimmberechtigten erfordert.

307 BA Koblenz R 43 I/2206 fol. 220-225. Hindenburg griff damit eine Streitigkeit auf, die schon am 17. Dezember 1925 von *Wilhelm Kahl* als Vorsitzendem des Rechtsausschusses angemerkt worden war. *Kahl* hatte den Reichskanzler ersucht, dem Rechtsausschuss ein Rechtsgutachten zuzuleiten, welches prüfen sollte, ob die Gesetzesentwürfe (Drs. Nr. 1527 und 1539) verfassungsändernd seien, BA Koblenz R 43 I/2206 fol. 36; *Ulrich Schüren*, Der Volksentscheid zur Fürstenenteignung 1926, 1979, S. 147; BA Koblenz R 43 I/1409 fol. 187-192; Bezugnahme auf das Gutachten abrufbar unter: http:// www.bundesarchiv.de/aktenreichskanzlei/1919-1933/011/lut/lut2p/kap1_1/kap2_123/ para3_5.html?highlight=true&search=I/2206 %20fol.%2036&stemming=false&%20 pnd=&start= &end=&field=all.

308 In seiner stark wertenden Arbeit über Plebiszite weist *Otmar Jung* sehr richtig auf das Verbitterungspotential („Kampfbund der Entrechteten") der deklassierten bürgerlichen Mitte mit ihren weltkriegs- und inflationsbedingten Sparverlusten hin: *Otmar Jung*, Direkte Demokratie der Weimarer Republik. Die Fälle „Aufwertung", „Fürstenenteignung", „Panzerkreuzerverbot" und „Youngplan", 1989, S. 32 ff.

309 *Rainer Stentzel*, Zum Verhältnis von Recht und Politik in der Weimarer Republik. Der Streit um die sogenannte Fürstenenteignung, Der Staat 39 (2000), 284.

310 Woraus gefolgert wird, dass trotz hier vorliegender optimaler politischer Ausgangsbedingungen belegt werde, dass das Quorum zu hoch gewesen sei, *Otmar Jung*, Direkte Demokratie der Weimarer Republik. Die Fälle „Aufwertung", „Fürstenenteignung", „Panzerkreuzerverbot" und „Youngplan", 1989, S. 59. Jedoch wird man auch gewichten müssen, dass die Weimarer Verfassung den Reichstag vor volatilen, letztlich von Minderheiten betriebenen Obstruktionen mit dem hohen Quorum schützen wollte.

311 *Heinrich August Winkler*, Weimar 1918-1933. Die Geschichte der ersten deutschen Demokratie, 4. Aufl. 2005, S. 349.

312 *Heinrich August Winkler*, Weimar 1918-1933. Die Geschichte der ersten deutschen Demokratie, 4. Aufl. 2005, S. 349.

313 *Otmar Jung*, Direkte Demokratie der Weimarer Republik. Die Fälle „Aufwertung", „Fürstenenteignung", „Panzerkreuzerverbot" und „Youngplan", 1989, S. 54.

314 *Otmar Jung*, Direkte Demokratie der Weimarer Republik. Die Fälle „Aufwertung", „Fürstenenteignung", „Panzerkreuzerverbot" und „Youngplan", 1989, S. 56.

315 *Otmar Jung*, Direkte Demokratie der Weimarer Republik. Die Fälle „Aufwertung", „Fürstenenteignung", „Panzerkreuzerverbot" und „Youngplan", 1989, S. 57.

316 Zum Hintergrund: *Otmar Jung*, Direkte Demokratie der Weimarer Republik. Die Fälle „Aufwertung", „Fürstenenteignung", „Panzerkreuzerverbot" und „Youngplan", 1989, S. 67 ff.

317 Entsprechend sah Art. 53 der Verfassung des Deutschen Reiches vom 16. April 1871 für die Kriegsmarine den Oberbefehl des Kaisers vor.

318 Die Heeresstärke betrug im Juli 1919 noch fast 500.000 Mann, wurde dann durch Erlass vom 7. Juli 1919 reduziert auf 200.000 Mann. Diese Stärke wurde Mitte 1920 erreicht und wäre von dem Reichswehrminister und dem Chef der Heeresleitung als unerlässliche Mindestzahl gerne behalten worden, ein solches Ansinnen war indes bei den Alliierten nicht durchsetzbar. Bis zum 1. Oktober 1920 musste nach alliierten Vorgaben das Reichsheer auf 150.000, bis zum 1. Januar 1921 auf 100.000 Mann, eingeteilt in zehn Brigaden (Divisionen), verringert sein, *Ernst Rudolf Huber*, Deutsche Verfassungsgeschichte seit 1789, Bd. VI: Die Weimarer Reichsverfassung, rev. Nachdruck der 1. Aufl.,

1993, S. 584 f. Nach Inkrafttreten des Friedensvertrags am 10. Januar 1920 wurden die Freikorps aufgelöst, was ein Anlass für den Lüttwitz-Kapp-Putsch war, a. a. O., S. 587.

319 *Ernst Rudolf Huber*, Deutsche Verfassungsgeschichte seit 1789, Bd. VI: Die Weimarer Reichsverfassung, rev. Nachdruck der 1. Aufl., 1993, S. 579.

320 *Ernst Rudolf Huber*, Deutsche Verfassungsgeschichte seit 1789, Bd. VI: Die Weimarer Reichsverfassung, rev. Nachdruck der 1. Aufl., 1993, S. 604.

321 Siehe dazu *Udo Di Fabio*, Herrschaft und Gesellschaft, 2018, zweites Kapitel, VI.

322 § 36 Wehrgesetz 1921:

„[1] Die Soldaten dürfen sich politisch nicht betätigen. Innerhalb Deutschlands ist eine solche Betätigung auch den Militärbeamten untersagt.

[2] Den Soldaten ist die Zugehörigkeit zu politischen Vereinen und die Teilnahme an politischen Versammlungen verboten.

[3] Für die Soldaten ruht das Recht zum Wählen oder zur Teilnahme an Abstimmungen im Reiche, in den Ländern oder in den Gemeinden. Die Vorschriften des Friedensvertrags vom 28. Juni 1919 über die Berechtigung zur Teilnahme an den darin vorgesehenen Abstimmungen bleiben unberührt.

[4] Die Angehörigen der Wehrmacht haben das Recht, nach freier Wahl Zeitungen zu halten. Der Reichswehrminister kann bestimmte Zeitungen verbieten, sofern ihr Inhalt die militärische Zucht und Ordnung oder die Aufrechterhaltung der Verfassung gefährdet."

323 „Der Reichswehrminister teilte mit, dass er im Reichswehrministerium eine Organisationsänderung für notwendig gehalten habe, um dem Reichswehrminister persönlich stärkere Einflussnahme auf die Dienstgeschäfte des Ministeriums zu ermöglichen. Er habe daher ab 1. März 1929 ein ‚Ministeramt‘ vorgesehen, in dem alle politisch wichtigen Fragen des Ministeriums zentralisiert werden sollen. (…) Der Reichswehrminister teilte mit, dass zum Chef des Ministeramts mit dem 1. März 1929 Generalmajor von Schleicher ernannt sei.", aus dem Protokoll der Sitzung des Reichsministeriums vom 27. Februar 1929, abgedruckt in: *Walter Hubatsch*, Hindenburg und der Staat: Aus den Papieren des Generalfeldmarschalls und Reichspräsidenten 1878 bis 1934, 1966, S. 290.

324 Die außenpolitische Erfahrung unter *Stresemann* und die Annäherung an Frankreich ließen solche Überlegungen als durchaus realistisch erscheinen, ja sogar die Erfüllung der Reparationsforderungen und eine Erlaubnis zur maßvollen Wiederaufrüstung unter den Bedingungen einer auch die Westmächte treffenden Weltwirtschaftskrise in einen Konnex zu setzen.

325 Diese Konkurrenz war so stark, dass Handgreiflichkeiten zwischen Abgeordneten der SPD und der KPD im Reichstag verzeichnet wurden, siehe etwa die genüssliche Beobachtung eines DNVP-Abgeordneten, dargestellt in: Hermann Weiß/Paul Hoser (Hg.), Die Deutschnationalen und die Zerstörung der Weimarer Republik. Aus dem Tagebuch von Reinhold Quaatz 1928-1933, 1989, S. 37 und dort Fn. 28 auch über den Anlass.

326 Die Erfüllung des Young-Plans schien konservativ-reaktionären Kreisen bis hin zum Reichspräsidenten erforderlich, um die Souveränitätsbeschränkungen des Versailler Vertrages loszuwerden und auch die finanzpolitische Kontrolle des Budgets zurück zu erlangen, vgl. dazu *Herbert Hömig*, Brüning – Kanzler in der Krise der Republik. Eine Weimarer Biographie, 2000, S. 133.

327 BVerfGE 90, 286 (388 f.); 121, 135 (155). „Die auf die Streitkräfte bezogenen Regelungen des Grundgesetzes sind darauf angelegt, die Bundeswehr nicht als Machtpotential

allein der Exekutive zu überlassen, sondern sie als „Parlamentsheer" in die demokratisch rechtsstaatliche Verfassungsordnung einzufügen.", BVerfGE 140, 160 (187 f.).

328 Zitiert bei *Ernst Rudolf Huber*, Deutsche Verfassungsgeschichte seit 1789, Bd. VI: Die Weimarer Reichsverfassung, rev. Nachdruck der 1. Aufl., 1993, S. 629.

329 Dazu näher unten H. III.

330 Wenn für *Carl Schmitt* eine randständige Stellung in der Staatsrechtslehre bescheinigt wird, gilt das mit der sich steigernden Krise der Republik allerdings nur noch eingeschränkt, denn die politische Rechtsverschiebung blieb naturgemäß auch hier nicht folgenlos. „In der zunehmenden politischen und geistigen Auswegslosigkeit gerieten die bürgerlich-liberalen ‚Vernunft-Republikaner' Schritt für Schritt in eine Minderheitenposition.", *Michael Stolleis*, Geschichte des Öffentlichen Rechts in Deutschland, Bd. III, 1914-1945, 1999, S. 185.

331 Entsprechende Verbindungslinien werden diagnostiziert etwa bei *Herbert Hömig*, Brüning – Kanzler der Krise der Republik. Eine Weimarer Biographie, 2000, S. 132 f.

332 Dazu unten I. II.

333 So eine Einschätzung des Generals *von Noeldechen* zu *Meissners* Memoiren vom 24. Februar 1951, Dokumentation zum Sturz Brünings, Vierteljahresheft für Zeitgeschichte 1 (1953), S. 274.

334 Insofern war die Vorschrift im Wortlaut etwa dem Art. 64 Abs. 1 GG entsprechend, wobei man heute nur von einem förmlichen Akt der präsidialen Ernennung ausgeht, aber doch im Extremfall, etwa bei Zweifeln an der förmlichen oder materiellen Befähigung des Kandidaten, ein Prüfungsrecht diskutiert, *Hermann Butzer*, Hat Adenauer damals richtig hingeschaut? Anmerkungen zur These von der politischen Machtlosigkeit des Bundespräsidentenamtes, NJW 2017, 210 (211); zur Weimarer Diskussion *Gerhard Anschütz*, Die Verfassung des Deutschen Reiches, 14. Aufl. 1933, Nachdruck 1960, Art. 53, Anm. 1.

335 *Geßlers* Rücktritt vom 19. Januar 1928 erfolgte offenbar weniger aus gesundheitlichen Gründen als vielmehr im Verlauf der Lohmann/Phoebus-Affäre, die ein Aufrüstungsprogramm betraf, das am Haushalt des Reiches vorbei mit schwarzen Kassen heimlich organisiert worden war.

336 Dazu näher *Wolfram Pyta*, Hindenburg. Herrschaft zwischen Hohenzollern und Hitler, 3. Aufl. 2009, S. 515.

336a A. a. O., S. 516.

337 Es ginge deutlich zu weit, *Groener* für einen servilen Zuträger wie etwa *Meissner* zu halten, aber er wusste eben auch, dass seine Position an *Hindenburg* hing, *Wolfram Pyta*, Hindenburg. Herrschaft zwischen Hohenzollern und Hitler, 3. Aufl. 2009, S. 517.

338 *Wolfram Pyta*, Hindenburg. Herrschaft zwischen Hohenzollern und Hitler, 3. Aufl. 2009, S. 543.

339 *Wolfram Pyta*, Hindenburg. Herrschaft zwischen Hohenzollern und Hitler, 3. Aufl. 2009, S. 519.

340 Eine Kanzlerschaft *Hugenbergs* war angesichts der antidemokratischen Haltung des rechten Exponenten einer rechtsstehenden Partei hochproblematisch, sie blieb für die nächsten zwei Jahre immer mal wieder virulent.

341 *Herbert Hömig*, Brüning – Kanzler in der Krise der Republik. Eine Weimarer Biographie, 2000, S. 134.

342 *Herbert Hömig*, Brüning – Kanzler in der Krise der Republik. Eine Weimarer Biographie, 2000, S. 135.

343 *Heinrich August Winkler*, Weimar 1918-1933. Die Geschichte der ersten deutschen Demokratie, 4. Aufl. 2005, S. 331.

344 Der insoweit maßgebliche Art. 146 Abs. 1 und Abs. 2 WRV lautete:
„(1) Das öffentliche Schulwesen ist organisch auszugestalten. Auf einer für alle gemeinsamen Grundschule baut sich das mittlere und höhere Schulwesen auf. Für diesen Aufbau ist die Mannigfaltigkeit der Lebensberufe, für die Aufnahme eines Kindes in eine bestimmte Schule sind seine Anlage und Neigung, nicht die wirtschaftliche und gesellschaftliche Stellung oder das Religionsbekenntnis seiner Eltern maßgebend.
(2) Innerhalb der Gemeinden sind indes auf Antrag von Erziehungsberechtigten Volksschulen ihres Bekenntnisses oder ihrer Weltanschauung einzurichten, soweit hierdurch ein geordneter Schulbetrieb, auch im Sinne des Abs. 1, nicht beeinträchtigt wird. Der Wille der Erziehungsberechtigten ist möglichst zu berücksichtigen. Das Nähere bestimmt die Landesgesetzgebung nach den Grundsätzen eines Reichsgesetzes." Siehe näher zu diesem Problem *Willibalt Apelt*, Geschichte der Weimarer Verfassung, 1964, S. 329 ff.

345 *Heinrich August Winkler*, Weimar 1918-1933. Die Geschichte der ersten deutschen Demokratie, 4. Aufl. 2005, S. 331.

346 *Heinrich August Winkler*, Weimar 1918-1933. Die Geschichte der ersten deutschen Demokratie, 4. Aufl. 2005, S. 336 f.

347 Siehe dazu etwa im Jahrgang 1930, der einen insgesamt sehr schmeichelhaften Bericht aus Moskau über die günstigen Möglichkeiten, gute Nahrung für wenige Kopeken in einer Stoloweija einzunehmen, während die Bourgeoisie zwar noch üppig schlemmen, aber doch auch mit GPU und dem konfiszierenden Steuerbeamten rechnen müsse. Neben einigen Unzuträglichkeiten scheine hier eben doch die Zukunft der Menschheit hervor – *Heinz Pol*, Moskau 1930, Die Weltbühne 26-1, 1930, S. 910 f.

348 *Jan-Werner Müller*, Das demokratische Zeitalter, eine politische Ideengeschichte Europas im 20. Jahrhundert, 2018, S. 141.

349 *Karl Polak*, Die Weimarer Verfassung. Ihre Errungenschaften und Mängel, 3. Aufl. 1952, S. 40.

350 Zitiert bei *Heinrich August Winkler*, Weimar 1918-1933. Die Geschichte der ersten deutschen Demokratie, 4. Aufl. 2005, S. 344.

351 *Heinrich August Winkler*, Weimar 1918-1933. Die Geschichte der ersten deutschen Demokratie, 4. Aufl. 2005, S. 342 f.

352 *Wolfram Pyta*, Hindenburg. Herrschaft zwischen Hohenzollern und Hitler, 3. Aufl. 2009, S. 485.

353 Das betraf allerdings weniger die Gutsnachbarn wie *Elard von Oldenburg-Januschau*, wo sich *Hindenburg* offenbar wohl fühlte, aber keinen politischen Rat suchte, der über die Interessen- und Stimmungslage ostelbischer Agrarier hinausging. *Wolfram Pyta*, Hindenburg. Herrschaft zwischen Hohenzollern und Hitler, 3. Aufl. 2009, S. 564.

354 *Heinrich August Winkler*, Weimar 1918-1933. Die Geschichte der ersten deutschen Demokratie, 4. Aufl. 2005, S. 362.

355 *Wolfram Pyta*, Hindenburg. Herrschaft zwischen Hohenzollern und Hitler, 3. Aufl. 2009, S. 567, wobei man nicht umhin kommt, die Einschätzung der Fähigkeiten *Schleichers* auch als Satire zu lesen. Die Fantasie war letztlich eine destruktive, die die geweckten

politischen Kräfte nicht annähernd rational einschätzte. *Schleicher* blieb ein politisch dilettierender Militär, allerdings – und das machte ihn so gefährlich – in der Tat mit rascher Auffassungsgabe, rastloser Energie und der Fähigkeit zur fein eingefädelten Intrige.

356 Siehe *Horst Möller*, Die Weimarer Republik. Eine unvollendete Demokratie, 9. Aufl. 2008, S. 81.

357 *Andreas Dorpalen*, Hindenburg in der Geschichte der Weimarer Republik, 1966, S. 177.

358 Ebd.

359 *Ursula Büttner*, Weimar – die überforderte Republik 1918-1933, in: dies./Wolfgang Benz, Gebhardt. Handbuch der deutschen Geschichte, Bd. 18, 10. Aufl. 2010, S. 562.

360 *Herbert Hömig*, Brüning – Kanzler in der Krise der Republik. Eine Weimarer Biographie, 2000, S. 167. Damit konnte nicht allein das aktuelle Defizit der Arbeitslosenversicherung gemeint sein. Ein solches Volumen hätte man vermutlich für eine durchgreifende Ankurbelung des Arbeitsmarktes und antizyklische Impulse zur Verfügung haben müssen. Aber man wusste schon nicht, wie das Defizit der Reichsanstalt im März 1930 von etwa 630 Millionen Reichsmark bei 2,3 Millionen Hauptunterstützungsempfängern finanziert werden sollte, wobei die Zahl der Erwerbslosen noch erheblich ansteigen sollte. Siehe zu den Zahlen und zu einem interessanten Vergleich zur Situation in Großbritannien: *Christian Berringer*, Sozialpolitik in der Weltwirtschaftskrise. Die Arbeitslosenversicherungspolitik in Deutschland und Großbritannien im Vergleich 1928-1934, 1996, S. 266.

361 *Knut Borchardt*, Zwangslagen und Handlungsspielräume in der großen Wirtschaftskrise der frühen Dreißigerjahre, in: Michael Stürmer (Hg.), Die Weimarer Republik. Belagerte Civitas, 2011, S. 318 ff.

362 Dabei wird man allerdings auch in Rechnung zu stellen haben, dass die USA und England um 1931 nicht nur Exportschranken für die deutsche Wirtschaft errichteten, sondern auch durch gezielte Destabilisierung ihrer Währung die Reichsmark in eine exportschädliche Aufwertungssituation manövrierten, die in der Tat mit einer maßvollen Inflationierungspolitik von Deutschland hätte beantwortet werden können – solange, bis die internationale Kreditfähigkeit oder außenpolitischer Druck dem Grenzen gesetzt hätte.

363 *Herbert Hömig*, Brüning – Kanzler in der Krise der Republik. Eine Weimarer Biographie, 2000, S. 138.

364 *Herbert Hömig*, Brüning – Kanzler in der Krise der Republik. Eine Weimarer Biographie, 2000, S. 138 f.

365 *Herbert Hömig*, Brüning – Kanzler in der Krise der Republik. Eine Weimarer Biographie, 2000, S. 140 zitiert nach *Rudolf Morsey*, Brünings Kritik an der Reichsfinanzpolitik, in: Erich Hassinger u. a. (Hg.), Geschichte. Wirtschaft. Gesellschaft, 1974, S. 373.

366 „Die Gründe, die Schleicher veranlasst hatten, auf Brüning zu setzen, erläuterte der General seinem zivilen Verbündeten Otto Meissner folgendermaßen: Brüning sei ‚als Zentrumsabgeordneter mit konservativer Einstellung, als erfahrener Politiker und national bestimmter ehemaliger Frontsoldat der geeignete Mann; ihm würden die Rechtsparteien keine grundsätzliche Gegnerschaft entgegenbringen und er würde auch in der Reichswehr Vertrauen genießen. Auf der anderen Seite wäre Brüning durch seine sozialpolitische Einstellung auch bei den Sozialdemokraten sehr geschätzt'.", *Heinrich August Winkler*, Weimar 1918-1933. Die Geschichte der ersten deutschen Demokratie, 4. Aufl. 2005, S. 363.

367 *Herbert Hömig*, Brüning – Kanzler in der Krise der Republik. Eine Weimarer Biographie, 2000, S. 145, stellt es etwas zu konjunkturpolitisch verengt dar, wenn er sagt: „Der Streit zwischen der Volkspartei und der SPD beruhte unter anderem darauf, dass die Erhöhung des Arbeitnehmeranteils zur Sozialversicherung die Massenkaufkraft schwächte, während höhere Zahlungen der Arbeitgeber die Lohnkosten verteuerten und zu Entlassungen führten."

368 *Herbert Hömig*, Brüning – Kanzler in der Krise der Republik. Eine Weimarer Biographie, 2000, S. 146.

369 *Herbert Hömig*, Brüning – Kanzler in der Krise der Republik. Eine Weimarer Biographie, 2000, S. 147.

370 *Otto Geßler*, Reichswehrpolitik in der Weimarer Zeit, 1958, S. 492.

371 *Heinrich August Winkler*, Der lange Weg nach Westen, Bd. 1: Deutsche Geschichte vom Ende des Alten Reiches bis zum Untergang der Weimarer Republik, 5. Aufl. 2010, S. 486.

372 *Heinrich August Winkler*, Der lange Weg nach Westen, Bd. 1: Deutsche Geschichte vom Ende des Alten Reiches bis zum Untergang der Weimarer Republik, 5. Aufl. 2010, S. 485.

373 *Wolfram Pyta*, Hindenburg. Herrschaft zwischen Hohenzollern und Hitler, 3. Aufl. 2009, S. 567.

374 „Grundlage dieser Abgrenzung aller staatlichen Funktionen und Zuständigkeiten ist die Verfassung. Nach der alten Definition liegt ihr Wesen in der Teilung der Gewalten. Das entspricht dem Gedanken des Rechtsstaates. Für den Ausnahmefall müssen allerdings immer Vorbehalte gemacht werden. Die Diktatur ist immer etwas Abnormes, weil bei ihr die rechtsstaatliche Begrenzung der Befugnisse abhängig bleibt von der Lage der Sache, d. h. vom Ermessen des Ermächtigten, und zwar in unberechenbarem Umfang, weil sich hier nicht, wie sonst aus der normalen Situation von selbst eine vernünftige Abgrenzung im Laufe der Zeit ergibt.", *Carl Schmitt*, Die Diktatur. Von den Anfängen des modernen Souveränitätsgedankens bis zum proletarischen Klassenkampf, 3. Aufl. 1964 (unveränderter Nachdruck der 2. Aufl. von 1928), S. 239. Die erste Auflage dieser Schrift stammt aus dem Jahr 1921.

375 *Carl Schmitt*, Der Hüter der Verfassung, 4. Aufl. 1996, S. 159.

376 *Rudolf Smend*, Das Recht der freien Meinungsäußerung, VVDStRL 4 (1928), S. 44 (46).

377 Siehe dazu *Christoph Gusy*, Die Weimarer Reichsverfassung, 1997, S. 448, der aus einer solchen allgemeinen Diagnose auch auf die dann plausible Haltung stößt, dass die Weimarer Verfassung keiner Reform bedurfte oder unfähig war, weil die Herausforderungen außerhalb ihrer Einwirkungsmöglichkeiten lägen. Gleichzeitig erzeugt allerdings ein solches Prägebild auch eine latente Bereitschaft, radikalen politischen Botschaften zu folgen, die wie KPD oder NSDAP den Systembruch auf ihre Fahnen schrieben, einschließlich einer Veränderung jener externen, globalen Bedingungen, sei es durch Weltrevolution oder durch einen rassisch imprägnierten Weltanschauungskrieg.

378 „Es gab auch Anzeichen, dass sich große Teile der ‚Machtelite' von der Reichsregierung, wenn nicht gar von der parlamentarischen Regierungsweise abzuwenden begannen.", *Heinrich August Winkler*, Der lange Weg nach Westen, Bd. 1: Deutsche Geschichte vom Ende des Alten Reiches bis zum Untergang der Weimarer Republik, 5. Aufl. 2010, S. 485.

379 *Herbert Hömig*, Brüning – Kanzler in der Krise der Republik. Eine Weimarer Biographie, 2000, S. 149.

380 Zitiert bei *Heinrich August Winkler*, Der lange Weg nach Westen, Bd. 1: Deutsche Geschichte vom Ende des Alten Reiches bis zum Untergang der Weimarer Republik, 5. Aufl. 2010, S. 487.

381 *Herbert Hömig*, Brüning – Kanzler in der Krise der Republik. Eine Weimarer Biographie, 2000, S. 152.

382 *Herbert Hömig*, Brüning– Kanzler in der Krise der Republik. Eine Weimarer Biographie, 2000, S. 152.

383 *Heinrich August Winkler*, Der lange Weg nach Westen, Bd. 1: Deutsche Geschichte vom Ende des Alten Reiches bis zum Untergang der Weimarer Republik, 5. Aufl. 2010, S. 489.

384 Davon rückte er auch nach dem für seine Partei verheerenden Wahlausgang der Reichstagswahl vom 14. September 1930 nicht ab, wie eine Aufzeichnung von Staatssekretär *Meissner* vom 1.8.1931 über ein erstes Gespräch nach der Wahl zwischen *Hugenberg* und *Hindenburg* beweist, in: Walter Hubatsch, Hindenburg und der Staat. Aus den Papieren des Generalfeldmarschalls und Reichspräsidenten 1878-1934, 1966, S. 305 (Nr. 75).

385 *Wolfram Pyta*, Hindenburg. Herrschaft zwischen Hohenzollern und Hitler, 3. Aufl. 2009, S. 579.

386 *Horst Möller*, Die Weimarer Republik. Eine unvollendete Demokratie, 9. Aufl. 2008, S. 200 f.

387 *Ian Kershaw* beschreibt die Beziehung Hitlers zu einem seiner ersten und wichtigsten Förderer, dem weltläufigen Harvard-Absolventen und Münchner Kunsthändler *Ernst Hanfstaengel* wie folgt: „Hanfstaengel war fasziniert von dem subalternen, kleinbürgerlichen Hitler in einem schäbigen blauen Anzug, äußerlich irgendwie zwischen Unteroffizier und Handlungsgehilfen, gezielter Unbeholfenheit und zugleich so viel Redegewalt, wenn er vor einem Massenpublikum sprach." und „Entsetzt beobachtete er Hitler dabei, wie er den ihm angebotenen Wein zuckerte. Doch, fügte Hanfstaengel hinzu, ‚hätte er ihn sogar pfeffern können, denn jeder naive Akt steigerte meinen Glauben an seine hausbackene Ehrlichkeit'.", *Ian Kershaw*, Hitler. 1889-1936, 1998, S. 238.

388 *Ian Kershaw*, Hitler. 1889-1936, 1998, S. 386.

389 Zitiert bei *Ian Kershaw*, Hitler. 1889-1936, 1998, S. 386.

390 *Thomas Mann*, Ein Appell an die Vernunft, Essays, Bd. 3, 1994, S. 259 ff.

391 Es ist frappierend, wie sich das deutsche Schicksal ein weiteres Mal unter demselben fatalen *Hindenburg* mit seinen strategisch-politisch unbegabten Ratgebern, zuerst *Ludendorff* in der OHL und jetzt *Schleicher* als Berater der Reichswehr in politischen Fragen verwirklichte.

392 Siehe unten I.II.

393 *Heinrich August Winkler*, Der lange Weg nach Westen, Bd. 1: Deutsche Geschichte vom Ende des Alten Reiches bis zum Untergang der Weimarer Republik, 5. Aufl. 2010, S. 497.

394 Unter dem Schutz der parlamentarischen Immunität verstießen sie dadurch ostentativ gegen das von der preußischen Regierung *Braun* verhängte Uniformverbot.

395 *Heinrich August Winkler*, Der lange Weg nach Westen, Bd. 1: Deutsche Geschichte vom Ende des Alten Reiches bis zum Untergang der Weimarer Republik, 5. Aufl. 2010, S. 496.

396 *Andreas Dorpalen*, Hindenburg in der Geschichte der Weimarer Republik, 1966, S. 199.

397 Damit gemeint ist eine Demonstration der „nationalen Opposition" am 11. Oktober 1931 in Bad Harzburg, wo neben NSDAP, DNVP und Stahlhelm auch der Alldeutsche Verband, Generäle, Angehörige ehemaliger Herrscherhäuser und Wirtschaftsführer teilnahmen. Es handelte sich um den Versuch einer Verkörperung der Illusionen *Hindenburgs*: die Einheit der nationalen Rechten als Gestaltungskraft eines anderen Deutschlands als das von der Weimarer Verfassung konstituierte.

398 Siehe oben H.IV.3.

399 *Golo Mann*, Deutsche Geschichte des 19. und 20. Jahrhunderts, 14. Aufl. 1992, S. 779.

400 Aufzeichnung von Staatssekretär *Meissner* über den Empfang *Hugenbergs* durch den Reichspräsidenten am 1. August 1931, in: *Walther Hubatsch*, Hindenburg und der Staat. Aus den Papieren des Generalfeldmarschalls und Reichspräsidenten 1878-1934, 1966, S. 305 (Nr. 75).

401 *Ursula Büttner*, Weimar – die überforderte Republik 1918-1933, in: dies./Wolfgang Benz, Gebhardt. Handbuch der deutschen Geschichte, Bd. 18, 10. Aufl. 2010, S. 630.

402 Die stark rationalisierte Schwerindustrie war nur zu 50 % ausgelastet – eine Lage, die nur durch Hebung der Massenkaufkraft oder durch Exportsteigerungen zu verändern war.

403 Siehe dazu die Verordnung des Reichspräsidenten über die Darmstädter und Nationalbank vom 13. Juli 1931, RGBl. 1931 I, S. 359.

404 Verordnung des Reichspräsidenten zur Sicherung der Haushalte von Ländern und Gemeinden vom 24. August 1931, RGBl. 1931 I, S. 453 mit dem Inhalt: „Aufgrund des Artikels 48 Abs. 2 der Reichsverfassung wird verordnet: Die Landesregierungen sind ermächtigt, alle Maßnahmen, die zum Ausgleich der Haushalte von Ländern und Gemeinden (Gemeindeverbänden) erforderlich sind, im Verordnungswege vorzuschreiben. Sie können dabei von dem bestehenden Landesrecht abweichen. Die Landesregierungen können insbesondere bestimmen, dass und in welcher Weise die Personalausgaben und andere Ausgaben der Länder und Gemeinden (Gemeindeverbände) herabgesetzt werden. Verpflichtungen aus Verträgen bleiben unberührt, soweit es sich nicht um Personalausgaben handelt."

405 „Deflationspolitik ohne Rücksicht auf Verluste": *Ursula Büttner*, Weimar – die überforderte Republik 1918-1933, in: dies./Wolfgang Benz, Gebhardt. Handbuch der deutschen Geschichte, Bd. 18, 10. Aufl. 2010, S. 631.

406 *Heinrich August Winkler*, Weimar 1918-1933. Die Geschichte der ersten deutschen Demokratie, 4. Aufl. 2005, S. 376, der darauf hinweist, dass entsprechende Vermutungen sich im Wesentlichen auf sehr spät (1970) nach dem Tode *Brünings* erschienene Memoiren stützen, während es in der praktischen Politik an Hinweisen fehlt.

407 *Christoph Gusy*, Die Weimarer Reichsverfassung, 1997, S. 409 f.

408 Vgl. *Florian Pressler,* Die erste Weltwirtschaftskrise. Eine kleine Geschichte der großen Depression, 2013.

409 Ausführlich dazu *Jan-Otmar Hesse/Roman Köster/Werner Plumpe*, Die Große Depression. Die Weltwirtschaftskrise 1929-1939, 2014.

410 Vgl. *Knut Borchardt*, Zwangslagen und Handlungsspielräume in der großen Weltwirtschaftskrise der frühen dreißiger Jahre: Zur Revision des überlieferten Geschichtsbildes, Jahrbuch der Bayerischen Akademie der Wissenschaften, 1979, S. 87–132. An der sich entzündenden Kontroverse nahmen in- und ausländische Autoren teil (wie *Carl-Ludwig Holtfrerich* oder der Borchardt-Schüler *Albrecht Ritschl*). Die Debatte hierzu ist bis heute

im Gange, siehe z. B. Carl-*Ludwig Holtfrerich*, Zu hohe Löhne in der Weimarer Republik? Bemerkungen zur Borchardt-These, Geschichte und Gesellschaft 1984, Heft 10, S. 122 ff.

411 *Dietmar Petzina*, Die deutsche Wirtschaft in der Zwischenkriegszeit, 1977, S. 8.

412 Ein öffentlich aufgelegtes Arbeitsbeschaffungsprogramm, wie es dann allzu spät von *Schleicher* ins Auge gefasst wurde, wäre klüger gewesen.

413 Persönliche Darlegung des Reichspräsidenten über die Vorgänge und die Vorgeschichte seiner Wiederkandidatur, Schreiben an *von Berg-Markienen*, in: *Walther Hubatsch*, Hindenburg und der Staat. Aus den Papieren des Generalfeldmarschalls und Reichspräsidenten 1878-1934, 1966, S. 312 (Nr. 81).

414 *Golo Mann*, Deutsche Geschichte des 19. und 20. Jahrhunderts, 14. Aufl. 1992, S. 769.

415 *Golo Mann*, Deutsche Geschichte des 19. und 20. Jahrhunderts, 14. Aufl. 1992, S. 769.

416 Allerdings ist nicht zu übersehen, dass sich die nationalkonservative gemäßigte Rechte jenseits von *Hugenberg* bereits in einem Dilemma befand und zum zweiten Wahlgang, nachdem ihr Kandidat *Duesterberg* („Kampffront Schwarz-Weiß-Rot") in der ersten Runde enttäuschend abgeschnitten hatte, letztlich zur Wahlteilnahme und zugleich praktisch zur Wahlenthaltung aufrief. Der Stahlhelm rief seine Anhänger auf, ihre Stimme „weder für eine Parteidiktatur noch für das System" abzugeben (*Ernst Rudolf Huber*, Deutsche Verfassungsgeschichte seit 1789, Bd. VII: Ausbau, Schutz und Untergang der Weimarer Republik, 1984, S. 935). Im Zweifel wird man dann eben doch *Hindenburg* gewählt haben.

417 Gemeint ist das Handeln der Kaiserdeputation, jener Abordnung von 32 Mitgliedern der Frankfurter Nationalversammlung, die dem preußischen König *Friedrich Wilhelm IV.* 1849 die erbliche deutsche Kaiserwürde antrug.

418 So der König in einem Brief an seinen Berater *Joseph von Radowitz* vom 23.12.1848, also noch Monate vor dem Antrag.

419 *Ernst Rudolf Huber*, Deutsche Verfassungsgeschichte seit 1789, Bd. VII: Ausbau, Schutz und Untergang der Weimarer Republik, 1984, S. 937.

420 *Ernst Rudolf Huber*, Deutsche Verfassungsgeschichte seit 1789, Bd. VII: Ausbau, Schutz und Untergang der Weimarer Republik, 1984, S. 939.

421 *Ernst Rudolf Huber*, Deutsche Verfassungsgeschichte seit 1789, Bd. VII: Ausbau, Schutz und Untergang der Weimarer Republik, 1984, S. 939.

422 Verordnung des Reichspräsidenten zur Sicherung der Staatsautorität vom 13. April 1932, RGBl. I, S. 175; siehe *Ernst Rudolf Huber*, Deutsche Verfassungsgeschichte seit 1789, Bd. VII: Ausbau, Schutz und Untergang der Weimarer Republik, 1984, S. 943.

423 Siehe dazu die Aussage von *Adolf von Carlowitz*, dem langjährigen Mitarbeiter *Schleichers* und Zivilreferenten für juristische Spezialfragen in der Wehrmachtabteilung bis Juli 1932, vom 7. Februar 1949: „Die Frage des SA-Verbots stand schon sehr lange zur Debatte. Als es erlassen wurde, herrschte im RW helles Entsetzen darüber, dass Gr. sich als RIM nicht an den vereinbarten Plan hielt. Man versuchte, das SA-Verbot zu verhindern. Seitens Schleichers und Hammerstein sind ehrliche Versuche gemacht worden, Groener unter Hinweis auf die für die RW entstehende Gefahr zu beeinflussen. (…) Letzten Endes hat diese ganze Angelegenheit den Sturz des Kabinetts Brüning ausgelöst. Um Brüning ging das Ringen schon lange. Doch war zu diesem Zeitpunkt nicht geplant, ihn zu stürzen. Der Vorstoß Groeners führte zur Krise des Kabinetts Brüning. Groener war als Reichsinnenminister stark beeinflusst durch die Haltung des preußischen Innenministeriums, in dem hauptsächlich Ministerialdirektor Dr. Menzel, weniger Severing,

auf ein Verbot der SA drängte." Dokumentation zum Sturz Brünings, Vierteljahreshefte für Zeitgeschichte Jahrgang 1 (1953) Heft 3, S. 271.

424 Dokumentation zum Sturz Brünings, Vierteljahreshefte für Zeitgeschichte Jahrgang 1 (1953) Heft 3, S. 274.

425 Dabei bleibt letztlich unklar, ob *Schleicher* der große Strippenzieher war oder mehr reaktiv einfühlsam mit den Interessen der Reichswehr im Gepäck auf Eingebungen des zum wirklichkeitsentrückten Starrsinn neigenden *Hindenburg* reagierte, der wiederum ein offenes Ohr für seine sehr weit rechts stehende soziale Umgebung hatte. Für diese differenzierte Einschätzung spricht die Aussage eines nicht von *Schleicher* ausgehenden Drucks auf *Hindenburg* im Frühjahr 1932 nach dem Motto „So geht es nicht weiter": „Der Druck auf Hindenburg ‚So geht es nicht weiter' verdichtete sich immer mehr. Man muss sich vorzustellen suchen, was geschehen wäre, wenn Brüning nun die innenpolitische Initiative (Entpolitisierung der Wehrverbände) ergriffen hätte. Alles spricht dafür, dass der alte Herr ihn wahrscheinlich als Kanzler behalten hätte. Schleicher hat in dieser Situation ebenso wie früher sicher nichts direkt zum Sturz Brünings unternommen. Da er aber beim alten Herrn damals eine außerordentlich starke Stellung hatte, so ist anzunehmen, dass auch in diesem Fall sein Rat, ob es so weiter gehe, eingeholt worden ist. Es ist durchaus denkbar, dass er auf diese Frage seiner Überzeugung gemäß mit einem ‚Nein, so geht es nicht weiter' geantwortet hat. Das kann beim alten Herrn entscheidend gewirkt haben, denn Schleichers Einfluss war damals kaum zu überbieten." *Adolf von Carlowitz*, Dokumentation zum Sturz Brünings, Vierteljahreshefte für Zeitgeschichte Jahrgang 1 (1953) Heft 3, S. 271.

426 *Adolf von Carlowitz*, Dokumentation zum Sturz Brünings, Vierteljahreshefte für Zeitgeschichte Jahrgang 1 (1953) Heft 3, S. 271.

427 *Udo Di Fabio*, Herrschaft und Gesellschaft, 2018, zweites Kapitel, VI.

428 *Heinrich August Winkler*, Weimar 1918-1933. Die Geschichte der ersten deutschen Demokratie, 4. Aufl. 2005, S. 398.

429 *Heinrich August Winkler*, Weimar 1918-1933. Die Geschichte der ersten deutschen Demokratie, 4. Aufl. 2005, S. 396.

430 *Heinrich August Winkler*, Weimar 1918-1933. Die Geschichte der ersten deutschen Demokratie, 4. Aufl. 2005, S. 398 f.

431 *Heinrich August Winkler*, Weimar 1918-1933. Die Geschichte der ersten deutschen Demokratie, 4. Aufl. 2005, S. 402.

432 Selbst in der traditionell als politisch rot geltenden Hansestadt Hamburg schiebt sich die NSDAP knapp vor die SPD (31,2 % zu 30,2 %) und auch hier bildet sich, wenn man die 16 % der KPD-Stimmen und die 4,3 % der DNVP-Stimmen zusammen mit dem NSDAP-Anteil rechnet, eine antidemokratische Obstruktionsmehrheit.

433 Auch Württemberg allerdings wählt am 24.4.1932 keine Obstruktionsmehrheit.

434 Artikel 45 der preußischen Verfassung von 1920: „Der Landtag wählt ohne Aussprache den Ministerpräsidenten. Der Ministerpräsident ernennt die übrigen Staatsminister."

435 *Ernst Rudolf Huber*, Deutsche Verfassungsgeschichte seit 1789, Bd. VII, Ausbau, Schutz und Untergang der Weimarer Republik, 1984, S. 953.

436 *Ernst Rudolf Huber*, Deutsche Verfassungsgeschichte seit 1789, Bd. VII, Ausbau, Schutz und Untergang der Weimarer Republik, 1984, S. 953.

437 Verhandlungen des preußischen Landtages 1932/33, Bd. 1, Sp. 305 ff.

438 *Ernst Rudolf Huber*, Deutsche Verfassungsgeschichte seit 1789, Bd. VII, Ausbau, Schutz und Untergang der Weimarer Republik, 1984, S. 964.

439 *Ernst Rudolf Huber*, Deutsche Verfassungsgeschichte seit 1789, Bd. VII, Ausbau, Schutz und Untergang der Weimarer Republik, 1984, S. 978.

440 *Ernst Rudolf Huber*, Deutsche Verfassungsgeschichte seit 1789, Bd. VII, Ausbau, Schutz und Untergang der Weimarer Republik, 1984, S. 985 f.

441 *Ernst Rudolf Huber*, Deutsche Verfassungsgeschichte seit 1789, Bd. VII, Ausbau, Schutz und Untergang der Weimarer Republik, 1984, S. 988.

442 Es scheint so, dass sich selbst der SPD-Innenminister *Severing* die Reichsexekution jedenfalls im Hinblick auf das Kommando über die preußische Polizei gewünscht habe, damit die NSDAP nicht durch irgendeine parlamentarische Absprache hier in den Besitz der Kommandogewalt gekommen wäre.

443 *Ernst Rudolf Huber*, Deutsche Verfassungsgeschichte seit 1789, Bd. VII, Ausbau, Schutz und Untergang der Weimarer Republik, 1984, S. 1020. Das war zweifelhaft, weil die Reichsexekution nach Art. 48 Abs. 1 WRV voraussetzte, dass ein Land die ihm nach der Reichsverfassung oder den Reichsgesetzen obliegenden Pflichten nicht erfüllt und vorliegend Pflichtverstöße nicht ohne weiteres auszumachen waren. Siehe näher zur Diskussion aus der Perspektive des maßgeblichen Prozeßvertreters des Reichs *Carl Schmitt*: *Stefan Hermanns*, Carl Schmitts Rolle bei der Machtkonsolidierung der Nationalsozialisten. Ein Engagement auf Zeit, 2017, S. 202 ff.

444 Siehe zur Idee des „Neuen Staats" im Umfeld von *Carl Schmitt*, der sich eng an das im Sommer 1932 noch bestehende Papen-Schleicher Duumvirat anschmiegte: *Reinhard Mehring*, Carl Schmitt. Aufstieg und Fall. Eine Biographie, 2009, S. 290 f.

445 In der Kabinettssitzung vom 11. Juli 1932 forderte der mit *Schleicher* und *Papen* zu diesem Zeitpunkt im Einverständnis handelnde Reichsinnenminister *Wilhelm Freiherr von Gayl* (DNVP) die „Endlösung" des preußischen Problems: „Die junge, immer weitere Kreise erfassende Bewegung Adolf Hitlers musste, um die in ihr lebendigen nationalen Kräfte dem Wiederaufbau des Volkes nutzbar zu machen, von den ihr unter Brüning und Severing angelegten Fesseln befreit und zum erfolgreichen Kampf gegen den internationalen Kommunismus geführt werden. (…) Um die Bahn für (diese) Aufgabe freizumachen und dabei das Reich gegen die schwarz-rote Preußen Regierung durchzusetzen, (war) der Gegensatz Reich/Preußen ein für alle Mal aus der Welt zu schaffen." Zitiert bei *Christopher Clark*, Preußen. Aufstieg und Niedergang. 1600-1947, 2008, S. 732.

446 Entscheidung des Staatsgerichtshofs für das Deutsche Reich vom 25. Oktober 1932, RGZ 138, S. 1 (31 ff.).

447 „Danach ist der Inhalt der angefochtenen Verordnung verfassungsgemäß zulässig, soweit er als eine bloße Verschiebung von Zuständigkeiten, als eine Übertragung von Geschäften und Befugnissen von der Landesregierung auf ein Reichsorgan aufgefasst werden kann, dagegen mit der Reichsverfassung nicht vereinbar, weil durch die Verordnung in andere Vorschriften der Reichsverfassung eingegriffen wird." RGZ 138, 1 (89). Es wäre einerseits nicht leicht gefallen, Fristvorschriften zur Neuwahl des Reichstages unter die Rubrik „bloße Abgrenzungen der Zuständigkeiten" zu subsumieren. Andererseits ist diese Unterscheidung des Reichsstaatsgerichtshofs alles andere als überzeugend, denn die „bloßen Zuständigkeitsabgrenzungen" waren in Wirklichkeit die Grundbausteine der vertikalen Gewaltenteilung in Reich und Länder. Was vertikal die Existenz des Landes Preußen als vom Volk regierter Gliedstaat des Reiches letztlich überspielte, hätte mit

derselben, aber eben auch keiner intensiveren Eingriffstiefe für das horizontale Verhältnis zwischen den beiden unmittelbar demokratisch legitimierten Verfassungsorganen des Reiches gegolten. Zur Rezeption der Entscheidung im präsidialen „Notstandslager": *Volker Neumann, Carl Schmitt als Jurist*, 2015, S. 277 ff.

448 Vorherrschend ist die Auffassung, das Leipziger Urteil hätte teils dem Kläger, teils dem Beklagten recht gegeben, so etwa *Heinrich August Winkler*, Der lange Weg nach Westen, Bd. 1: Deutsche Geschichte vom Ende des Alten Reiches bis zum Untergang der Weimarer Republik, 5. Aufl. 2010, S. 525. Das ist prozessual richtig, aber wenn man gewichtet, hat das Reich sein eigentliches Ziel durchgesetzt und nicht die geschäftsführende Landesregierung. Es ging dem Reich gewiss nicht um die Ausübung des Stimmrechts des Landes Preußen im Reichsrat und letztlich auch nicht um die Suspendierung von Grundrechten, sondern um den Griff auf die preußische Polizei, den sie behielt.

449 Dort wurde auch gerügt, dass solche Geschäftsordnungsänderungen nach den Usancen (ungeschriebenen Regeln) der Geschäftsordnungsautonomie nur für den übernächsten Landtag festgeschrieben werden durften, siehe oben Kapitel I.II.3.

450 Siehe dazu *Kurt Wolzendorff*, Staatsrecht und Naturrecht in der Lehre vom Widerstandsrecht des Volkes gegen rechtswidrige Ausübung der Staatsgewalt. Untersuchungen zur deutschen Staats- und Rechtsgeschichte, 1916. Das intrikate Problem im Herbst 1932 lag allerdings darin, dass ein vom Volk gewählter Reichspräsident gegen ein vom Volk gewähltes Verfassungsorgan vorgehen wollte, um die Substanz der Verfassung oder jedenfalls die Einheit des Staates zu retten. Ging es gar um ein Widerstandsrecht *gegen* das Volk?

451 BGHZ 3, 94 (107). Siehe auch *Martin Kriele*, Staatsphilosophische Lehren aus dem Nationalsozialismus, ARSP, Beiheft 18, Rechtsphilosophie und Nationalsozialismus, 1983, S. 210 ff.

452 BVerfGE 58, 1, Ls. 2a – Eurocontrol I; 123, 267 (350) – Lissabon; 133, 277 (316) – Antiterrordatei; 140, 317 (341) – Europäischer Haftbefehl II; *Frank Schorkopf*, Staatsrecht der internationalen Beziehungen, 2017, § 2 Rn. 218.

453 Die Mannschaftsstärke der preußischen Polizei war ursprünglich von den Alliierten auf 85.000 Mann beschränkt und als dezentral organisiert verlangt worden, siehe *Stefan Naas*, Die Entstehung des Preußischen Polizeiverwaltungsgesetzes von 1931, 2003, S. 46. 1932 dürfte die Mannschaftsstärke der preußischen Polizei etwa derjenigen der Reichswehr entsprochen haben und sie verfügte in bestimmten Einheiten (kasernierte Polizei) auch über schwere Waffen (insbesondere Maschinengewehre). Siehe näher *Peter Leßmann-Faust*, Die preußische Schutzpolizei in der Weimarer Republik. Streifendienst und Straßenkampf, 2012.

454 Das entspricht jedenfalls der Einschätzung *Hindenburgs*, der auf den Vorschlag, *Meissner* zum Nachfolger *Otto Geßlers* im Amt des Reichswehrministers zu machen, gesagt haben soll, er sei „ein zu kleines Format" (Hermann Weiß/Paul Hoser (Hg.), Die Deutschnationalen und die Zerstörung der Weimarer Republik. Aus dem Tagebuch von Reinhold Quaatz 1928-1933, S. 26).

455 *Heinrich August Winkler*, Der lange Weg nach Westen, Bd. 1: Deutsche Geschichte vom Ende des Alten Reiches bis zum Untergang der Weimarer Republik, 5. Aufl. 2010, S. 517 f.; siehe auch *Joachim Petzold*, Franz von Papen, 1995, S. 69, der darauf hinweist, dass diese Äußerungen nicht nur bei der politischen Linken, sondern auch in süddeutschen Ländern für erhebliche Beunruhigung sorgte.

456 *Christopher Clark*, Preußen. Aufstieg und Niedergang, 1600-1947, 2008, S. 733.

457 *Max Weber*, Gesammelte Aufsätze zur Religionssoziologie, Bd. 1, Neudruck der Ausgabe von 1920, 2014, S. 550.

458 *Ernst Rudolf Huber*, Dokumente zur deutschen Verfassungsgeschichte, Bd. 3, 2. Aufl. 1966, S. 522 (Nr. 459).

459 *Heinrich August Winkler*, Der lange Weg nach Westen, Bd. 1: Deutsche Geschichte vom Ende des Alten Reiches bis zum Untergang der Weimarer Republik, 5. Aufl. 2010, S. 517.

460 *Joachim Petzold*, Franz von Papen, 1995, S. 21 f.

461 Eine Rechtsauffassung, die man nicht teilen musste, siehe die Erklärung der Reichsregierung vom 13. September 1932 (*Ernst Rudolf Huber*, Dokumente zur deutschen Verfassungsgeschichte, Bd. 3, 2. Auflage 1966, S. 533[Nr. 470]).

462 *Ernst Rudolf Huber*, Dokumente zur deutschen Verfassungsgeschichte, Band 3, 2. Auflage 1966, S. 529 (Nr. 466).

463 *Ernst Rudolf Huber*, Dokumente zur deutschen Verfassungsgeschichte, Band 3, 2. Auflage 1966, S. 534 (Nr. 471).

464 Akten der Reichskanzlei, Das Kabinett von Schleicher, Bd. 1, Dokumente, Nr. 73, Der Preußische Ministerpräsident an den Reichskanzler. 28. Januar 1933.

465 Siehe oben F.IV.2.

466 Siehe oben F.IV.1.

467 *Heinrich August Winkler*, Weimar 1918-1933. Die Geschichte der ersten deutschen Demokratie, 4. Aufl. 2005, S. 533.

468 *Heinrich August Winkler*, Weimar 1918-1933. Die Geschichte der ersten deutschen Demokratie, 4. Aufl. 2005, S. 534 f.

469 *Heinrich August Winkler*, Weimar 1918-1933. Die Geschichte der ersten deutschen Demokratie, 4. Aufl. 2005, S. 539.

470 *Ian Kershaw*, Hitler. 1889-1936, 1998, S. 491.

471 *Ian Kershaw*, Hitler. 1889-1936, 1998, S. 490.

472 *Heinrich August Winkler*, Weimar 1918-1933. Die Geschichte der ersten deutschen Demokratie, 4. Aufl. 2005, S. 554.

473 *Heinrich August Winkler*, Weimar 1918-1933. Die Geschichte der ersten deutschen Demokratie, 4. Aufl. 2005, S. 556.

474 Siehe Anm. 9.

475 Verordnung des Reichspräsidenten zum Schutze des Deutschen Volkes vom 4. Februar 1933 (Eingriffe in die Presse- und Versammlungsfreiheit) und Verordnung des Reichspräsidenten zum Schutz von Volk und Staat vom 28. Februar 1933 (Reichstagsbrandverordnung), mit der wesentliche Grundrechte der Weimarer Verfassung (Beschränkungen der persönlichen Freiheit/Unverletzlichkeit der Wohnung/Recht auf Eigentum) außer Kraft gesetzt und die sogenannte Schutzhaft politischer Gegner der NSDAP in SA-Folterkellern, bald auch in Lagern, legalisiert wurden.

476 *Willibalt Apelt*, Geschichte der Weimarer Verfassung, 1964, S. 439: „Die Verfassung von Weimar und der von ihr geformte Staat haben mit dem Gesetz vom 24. März 1933 aufgehört zu existieren."

477 Unter dem unerträglichen Applaus von Juristen wie *Carl Schmitt*, siehe dessen Beitrag: Der Führer schützt das Recht, DJZ 1934, S. 945 ff.

478 Zur Sichtweise vor 1945: *Reinhold Horneffer*, Das Problem der Rechtsgeltung und der Restbestand der Weimarer Verfassung, Zeitschrift für die gesamte Staatswissenschaft 99 (1939) Heft 1, S. 148 ff.; für die Zeit nach 1945 siehe: *Friedrich Karl Fromme*, Von der Weimarer Verfassung zum Bonner Grundgesetz, 3. Aufl. 1999, S. 20 f.

479 Im Ergebnis auch *Friedrich Karl Fromme*, Von der Weimarer Verfassung zum Bonner Grundgesetz, 3. Aufl. 1999, S. 20.

480 *Peter Schulz-Hageleit*, Geschichtsbewusstsein und Zukunftssorge. Unbewusstheiten im geschichtswissenschaftlichen und geschichtsdidaktischen Diskurs, 2004, S. 134.

481 *Francis Fukuyama*, The End of History and the Last Man, 1992.

482 *Peter Scholl-Latour*, Die Welt aus den Fugen, Betrachtungen zu den Wirren der Gegenwart, 2012; *Udo Di Fabio*, Welt aus den Fugen, FAZ v. 14. September 2015.

483 „Unter diesen Umständen kann in all den Jahren seit 1919 von einem normalen Funktionieren der Verfassung kaum je die Rede sein. Sie konnte sich deshalb auch nicht organisatorisch aus sich heraus weiter entwickeln. Denn sie blieb einer ständigen Zerreißprobe ausgesetzt." *Christian-Friedrich Menger*, Deutsche Verfassungsgeschichte der Neuzeit. Eine Einführung in die Grundlagen, 8. Aufl. 1993, Rn. 359. Die wenigen Verfassungsentwicklungen, die zu beobachten sind, betreffen vor allem die Unitarisierung, dies fügt sich aber letztlich vom Konflikt zwischen dem Reich und Bayern zu Beginn der Zwanzigerjahre bis zum sogenannten Preußenschlag von 1932 in eine Destruktionstendenz ein.

484 Natürlich kann man einwenden, das Grundgesetz sehe ja noch – anders als die Verfassungsrechtslage Preußens damals – den Bundespräsidenten vor, der ja dann einen *Göring* nicht hätte ernennen müssen, aber was hätte eine dann fällige Neuwahl gebracht?

485 *Christian-Friedrich Menger*, Deutsche Verfassungsgeschichte der Neuzeit. Eine Einführung in die Grundlagen, 8. Aufl. 1993, Rn. 363.

486 *Claus Christian Malzahn*, Angst vor der Unregierbarkeit, Die Welt vom 26. Juni 2018, S. 5.

487 *Heinrich August Winkler*, Interview in der Tageszeitung Die Welt vom 29. Juli 2018.

PERSONENREGISTER

BILDNACHWEIS

Bild 1: Seite 31
© Bundesarchiv, Bild Y 1-6C4431-19366, Fotograf: ohne Angabe

Bild 2: Seite 32
© Bundesarchiv, Bild Y 1-6C43-2105-67, Fotograf: ohne Angabe

Bild 3: Seite 46
© Bundesarchiv, Bild Y 10-265-2-26910, Fotograf: ohne Angabe

Bild 4: Seite 165
© Bundesarchiv, Bild 102-06379, Fotograf: Georg Pahl

Bild 5: Seite 178
© Bundesarchiv, Bild 102-13171, Fotograf: Georg Pahl

Bild 6: Seite 221
© Bundesarchiv, Bild 146-1996-039-22A, Fotograf: ohne Angabe,
Agentur: Keystone

Bild 7: Seite 231
© Bundesarchiv, Bild 146-2012-0056, Fotograf: ohne Angabe

Bild 8: Seite 242
© Bundesarchiv, Bild 102-14381, Fotograf: Georg Pahl

Bild 9: Seite 244
© ullstein bild, Mediennummer 00261514